대중음악SOUND연구소 / 가슴네트워크 기획
대중음악 무크지 시리즈

대중음악
SOUND
all around music
vol.9 | 우리시대 여성 싱어송라이터

score♪

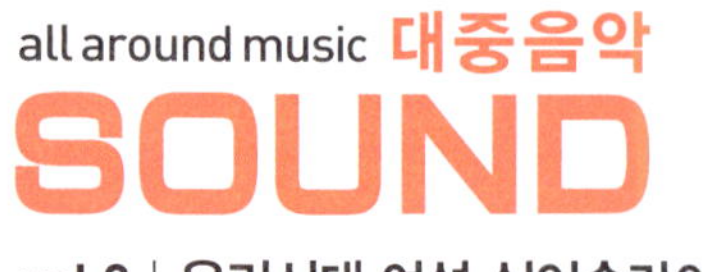

all around music 대중음악
SOUND
vol.9 | 우리시대 여성 싱어송라이터

{ 커버스토리 }

우리시대 여성 싱어송라이터
– 한국 대중음악씬의 새로운 조류

서문

1. 장필순(Jang Philsoon)

2. 한희정(Han HeeJung)

3. 요조(Yozoh)

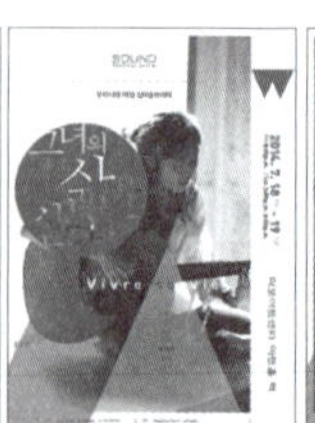

{ 특집 }

대중음악박물관 운영방안

서문

대중음악박물관에 관한 '무엇을 어떻게' 운영할지에 대한 밀도 있는 논의와 체계적인 연구의 필요성 _ 박준흠 · 214

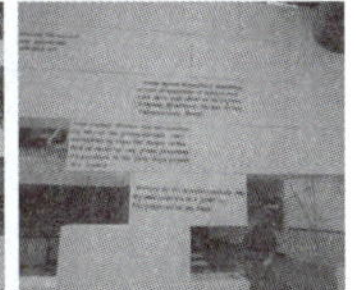

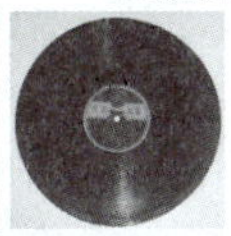

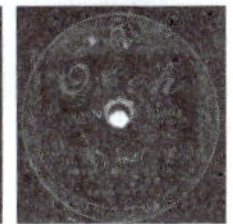

{ 부록음반/악보 }

우리시대 여성 싱어송라이터

**■ SOUND FESTIVAL 2014 공연,
다음뮤직&대중음악SOUND 9호 인터뷰**

■ 대중음악SOUND 9호 인터뷰

대중음악SOUND연구소와 SOUND FESTIVAL 2014, 한국음악산업학회

대중음악SOUND연구소 홈페이지

1.

'대중음악SOUND연구소'와 무크지 '대중음악SOUND' 는 기획 측면에서 보면 쌍둥이라고 볼 수 있다. 대중음악 SOUND연구소는 2010년 9월에 발족을 했는데, 당시는 내가 관심 갖고 있었던 몇 가지를 지속적으로 추진해서 결과물을 얻기 위한 방안으로 조직 형태가 필요하다는 생각을 하던 시 기였다. 일례로 대학/대학원에 '음악산업 학제'를 만드는 일이 나 '대중음악자료원'을 만드는 일, '대중음악진흥위원회'와 같 은 민간정책기관을 만드는 일은 혼자서 할 수 있는 일도 아니 고 공론화를 통해 정부정책에 반영되어야 가능한 일이기 때 문이다. 그래서 막연하게 '음악산업정책연구소' 형태를 생각했 고, 가슴네트워크는 주식회사로 만들어서 영리사업을 하고, 연구소는 사단법인으로 만들어서 비영리 연구사업을 주로 하 겠다는 야심찬 계획까지 가졌었다. 물론 지금은 생각을 바꿔 서 대중음악SOUND연구소로 내가 하고 있는 일들을 정리하 고 있는 단계이다.

음악산업정책연구소 기능을 가진 대중음악SOUND연구소 발족을 생각했던 주요한 이유는 그간 음악산업에 관한 연구 가 실질적으로 전무했다는 점 때문이었다. 이는 음악산업 진 흥을 위해서 현재 우리가 무엇을 해야 하는 지에 대한 기본적인 '인식의 공감대'조차도 마련 하지 못한 상황이었기 때문이다. 왜냐하면 그 '인식의 공감대'는 기본적으로 '대중음악에 대 한 이해'[1]와 폭넓은 산업정보 그리고 이를 바탕으로 한 심도 깊은 '분석'을 바탕으로 마련될 수 있기 때문이다. 솔직히 말해서 2000년대 들어와서 한국에서 음악시장이 붕괴된 이유와

대안에 대해서 전반적인 공감대를 가져본 적이 있었나? 이에 관해 각 개인들이 산발적으로 얘기를 하고, 지엽적으로 보이는 대안들은 무수히 나왔지만 그게 공감 수준으로 이끌어졌던 적은 단 한 번도 없었는데, 이는 음악산업, 음악정책 연구가 이뤄지지 않는 '시스템의 문제'에서 기인한다고 생각한다. 이게 한국 음악산업에 관한한 '슬프지만 진실'이다.

일례로 2012년에 음악산업계 일각에서 영화계의 영화진흥위원회 사례처럼 '대중음악진흥위원회' 설립을 준비하면서 그해 9월에 추진위원회를 결성했지만, 국회헌정기념관에서 추진위원회 결성식만 거행하고 언론보도만 했지 후속작업은 없었다. 당연히 후속작업으로 대중음악진흥위원회의 역할은 무엇이고, 어떤 사업예산과 조직을 갖춰서 어떤 일들을 한다는 정밀한 연구가 이뤄졌어야 했지만 그게 공론화되지도 않았고, 추진위원회 내에서도 진행이 되지 않았다. 그래서 대중음악SOUND연구소에서는 대중음악SOUND 6호를 온전히 '대중음악진흥위원회' 설립방안과 향후 위원회에서 할 사업들을 제안하는 데에 지면을 할애했다. 그 과정에서 안 사실은 우리가 대중음악진흥위원회 설립을 강력하게 요구하지만 그간 누구 하나 이에 대해 구체적으로 생각해 본 사람도 없고, 간단한 연구 작업조차도 한 사람이 없었다는 점이다. 정말로 아주 간략한 페이퍼 몇 개 정도가 다였다.(대중음악SOUND 1호에 실렸던 수준의 정책연구.) 그래서 '대중음악진흥위원회' 추진위원회 결성식에서도 마땅히 내 놓을 자료가 없었지만, 이후에도 공식적으로 어떻게 해 나가야 할지에 대해 감이 잡히지 않았을 것으로 생각한다. 그 때 대중음악SOUND 6호 작업은 변변히 참고할만한 자료 하나 없이 행한 정말로 '맨 땅에 헤딩' 하는 작업이었다. 이게 현재 한국 대중음악계의 현실이다.

그래서 대중음악SOUND연구소에서 발행하는 '대중음악SOUND'는 연구소의 정기간행물 성격이면서 연구결과물을 대외적으로 공유하는 방안이고, '기획 측면에서 보면 쌍둥이'라고 얘기한 것이다. 또한 그간의 경험으로 보면 출판매체는 인력과 자본이 열악한 상황에서 가장 단시간 내에 효율적으로 소기의 성과를 얻기 위한 방안으로 여긴다. 그런데 왜 '연구결과물을 대외적으로 공유하는 방안'을 생각했을까?

----

1 2005년부터 한국콘텐츠진흥원에서 '음악산업백서'가 발행되고 있고, 여기에는 기본적인 음악산업 데이터가 실리고 있다. 그래서 한국 음악산업이 분석되고 있다고 착각할 수 있는데, 여기는 음악시장의 로-데이터가 실리는 것이라 산업적인 유의미한 데이터를 마련하기 위해서는 추가적인 '분석' 작업이 필요하다. 하지만 아직 그 단계까지 가지 못했는데, 이는 전문연구인력과 예산의 부족 그리고 결정적으로 분석 작업 필요성에 대한 공감을 만들어내지 못했기 때문이다. 또한 아직까지 기론된 적조차 없는 '대중음악에 대한 이해'는 심각한 수준이다. 대중음악은 예술이면서 산업이고, 음악소비자는 '음악 문화' 안에서 소비를 한다. 왜 영미권이나 일본의 음악소비자들은 30살이 넘어서도 음악소비를 멈추지 않는다고 생각하나? 2010년대 들어 한국에서 영화소비자의 70%가 30~40대로 변화되었는데, 이는 영미권이나 일본의 대중문화 소비자들의 일반적인 경향일 것이고, 이게 한국의 대중문화 장르 중에서는 처음으로 영화에 적용된 사례라고 생각한다. 영미권에서는 대중음악도 '음악 문화' 안에서 소비되고, 이로써 30~50대 음악소비자가 상당히 존재하는 이유일 것이다. 그렇다면 2000년대 들어서서 한국에서 음악시장이 붕괴된 이유의 핵심에는 대중음악을 단순히 '엔터테인먼트' 관점에서만 바라본 이유 또한 클 것이다. 어찌 보면 인터넷과 MP3 불법다운로드 문제는 음악시장 붕괴의 부차적인 문제일 수가 있고, 음악사업자가 수익을 올리기 어려운 환경과 함께 대중음악에 대한 근본적인 이해 부족이 주요 요인일 수가 있다.

2.

그간 글에서 몇 번 밝혔는데, 개인적으로 '음악정책'에 관심을 갖게 된 것은 양질의 음악 콘텐츠를 만들어 내는 것만으로는 음악시장이 성장하지 못한다는 점을 파악했기 때문이었다. 왜냐하면 음악시장이 성장하려면, 특히 영미권 음악시장처럼 비주류 음악(언더그라운드 음악)이 전체 음악시장에서 20~40% 정도를 차지한 상태로 성장하려면 '음악 생산, 유통, 소비에 관한 인프라'가 필요하기 때문이다. 그리고 한국과 같이 '근본적으로 음악산업에 속하지 않는' 공중파방송이 음악홍보에서 가장 강력한 힘을 발휘하는 지극히 왜곡된 상황에서는 현실적으로 정부의 음악정책이 절대적으로 필요하다. 능력 있는 한 개인이나 기업이 해결할 수 있는 문제가 아니라 음악산업을 정상적으로 진흥시키기 위한 명확한 정부정책이 절대적으로 필요하다고 생각하는 입장이다. 이런 생각을 갖게 된 것은 2002년 무렵이기 때문에 벌써 10년도 더 된 일이고, 그동안 나름대로 많은 생각과 연구를 했기 때문에 일반 사람들의 인식 수준과는 많이 다르다고 할 수 있다. 당연히 10년 넘게 직업적으로 연구한 사람의 사고 체계는 다를 수 밖에 없지 않겠는가?

한데 문제는 일반 사람들뿐만 아니라 음악산업계 내에 있는 사람들하고도 인식이 다른 경우를 그동안 무척 많이 경험했다. 누가 옳고 그름의 문제를 떠나서 많은 경우 '인식의 지평'이 매우 한정적임을 확인한 적이 너무 많았다. 어떨 때는 마치 내가 외계인 같다는 생각이 들 때도 있었고, 그러다보니 어떤 자리에 가서 얘기를 할 때 상황에 맞춰서 얘기를 할 수 밖에 없는 경우도 많았다. 어떤 사람이 미처 인식하지 못한 부분을 짧은 시간 내에 설득을 한다는 것은 무척 어려운 일이기 때문이다. 물론 설명하는 내 능력이 부족하기 때문일 수도 있겠지만.

일례로 한국에서 음악산업이 정상적으로 성장하기 위해서 대학/대학원에 '음악산업 학제'가 필요하다고 생각한 것은 대략 2003년 무렵부터였고, 이 때는 내가 '대중음악 개혁을 위한 연대'(대개련)에서 활동하던 시기였다. 앞서 얘기한 것처럼 2002년 무렵부터 음악정책에 관심을 갖기 시작했는데, 혼자서 해결할 방안을 몰라서 대개련 활동에 참여했었다. 이 모임에는 문화연대도 수평적으로 참여하고 있었고, 나 같은 민간전문가도 자발적으로 참여를 했었다. 대개련은 2003년 한 해 동안 약 10번의 '대중음악 진흥을 위한 포럼'을 기획했었고, 거의 매달 음반, 음원, 공연, 유통, 방송, 라이브클럽, 저작권 등의 주제를 정해서 포럼을 진행했었다. 현황 분석을 통한 '문제점 도출과 대안 마련'이 핵심 관심사였고, 내가 대략 7~8번 발제를 했던 것으로 기억한다. 물론 내가 뛰어난 전문가여서 발제를 했다기보다 다른 사람보다 시간도 좀 많았고, 또한 하겠다는 의지가 강해서였을 것이다. 덕분에 음악산업에 관한 기본적인 공부를 할 수 있었고, 이는 이후 활동을 하는데 있어 개인적으로 중요한 자양분이 된 것이 확실하다. 그런데 2003년의 월례포럼을 하면서 근본적으로 답답함을 느꼈던 부분들 중에 하나는 음악산업 전문연구 시스템이 없는데 이를 어떻게 해결할 수 있을지에 관한 점이었다. 더 근본적으로는 결국 '음악소비자의 유입 확대와 소비 지속성'이 음악시장 성장에서의 핵심인데 이는 문화적인 맥락, 사회적인 맥락과도 연결되기 때문에 단순히 좋은 가수, 노래가 나온다고 음악시장이 커지지 않을 것임을 체감한 점이다. 그래서 혁신적인 기획과 정책이 필요할뿐만 아니라 한국 사회에서는 어쩔 수 없이 '아카데미' 안으로 대중음악이 들어가야 한다고 생각했다. 현실적으로도 음악산업, 음악정책, 대중음악사 연구와 같이 비영리 영역에서 작업할 수 밖에 없는 일들은 대학 안에서나 가능하다. 또한 음악산업 전문인력 양성 문제만 하더라도 특히나 한국 사회에서는 '학위'가 주어지지 않으면 쉽지가 않다는 점을 공감할 것이다. 그러나 이처럼 간단한 '음악산업 학제' 문제 하나만 보더라도 서로 공감하면서 얘기할 수 있는 사람을 만나기란 쉽지 않다. 이는 그만큼 한국 사회 내에서 존재하는 음악산업의 근본 문제에 대해서 깊이 있는 성찰을 할 수 있는 분위기가 조성되지 않았기 때문으로 여긴다.

이런 이유로 대중음악SOUND를 통해서 '연구결과물을 대외적으로 공유하는 방안'을 택했다. 정말로 음악산업 현안에 대한 소통을 원했고, 음악산업계도 공감대를 가지고 문화부와 얘기하면서 적절한 음악정책 수립을 요구하기를 바랬기 때문이다.

3.

그동안 '대중음악SOUND연구소'의 실체를 드러내기 위해서 먼저 홈페이지부터 만들어야겠다는 생각을 수차례 했으나 실행에는 옮기지 못했었다. 그 이유는 비용의 문제도 있었지만 정확하게 어떤 모습으로 보여주고, 어떤 내용을 담아서 어떤 방식으로 운영할지에 대한 결정을 못했기 때문이다. 또한 연구소 홈페이지 하나 덜렁 내놓기에는 뭔가 부족하다는 생각 때문이었는데, 이는 연구소 홈페이지를 단순히 '대중음악SOUND'의 홈페이지로 오인할 우려도 있고, 이슈를 만들기도 어렵기 때문이었다. 그래서 올해 들어 한국음악산업학회(http://www.korami.org)와 SOUND FESTIVAL(http://www.soundfestival.kr) 런칭을 겸해서 대중음악SOUND연구소(http://www.ksoundlab.com) 홈페이지를 '이제서야' 제작하게 되었다.

원래 '한국음악산업학회'는 개인적으로 몇 년 전부터 창립을 생각하던 학회였는데, 학계뿐만 아니라 음악산업계 전반에 계신 원로, 중진들을 임원진(이사 이상)으로 위촉해야 하는 문제로 누구랑 같이 학회 창립을 도모할 것인지를 고민해왔다. 그러던 중 작년 7월에 성대 경영대학/예술대학에 재직하고 있는 김재범교수님이 창립 작업 제안을 했었고, 그 자리에서

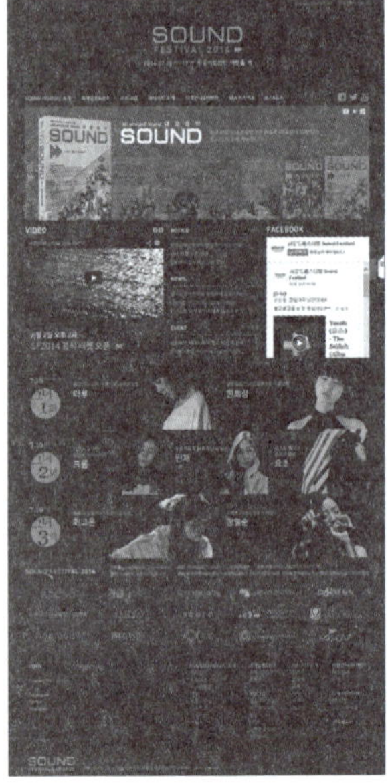

▲ 한국음악산업학회 홈페이지.
▼ SOUND FESTIVAL 2014 홈페이지

승낙했었다. 하지만 작년 하반기에 진행하기에는 개인 일정이 너무 빡빡해서 미루다가 올해 3월부터 창립 작업을 같이 시작했다.

그리고 'SOUND FESTIVAL'도 작년 10월부터 시도를 했었던 '음악소비자 저변확대 프로젝트'의 현재 버전이다. 원래는 대중음악SOUND 7호 '한국 인디명곡 100선'을 기반으로 국영문 부클릿이 담긴 CD박스셋도 제작하고, CD박스셋에 참여하는 뮤지션들과 함께 유럽 소재의 한국문화원들을 순회공연하는 원대한 프로젝트에서 출발했다. 지금도 이 계획은 좋은 기획이라고 생각하는데, 공연과 함께 텍스트 기획을 같이한다는 점 때문이다. 그간의 K-POP 해외진출 또는 소개에서 '텍스트'가 같이 나간 적이 있었나? 기껏해야 화보가 다이다. 영미권의 음악소비자 입장에서 보면, 만약 그들이 '한국 음악'에 관심이 있다면 소개 텍스트 읽기를 원할 것이고, 그게 아니더라도 '한국 대중음악 100년'과 같은 텍스트는 한국문화 홍보 차원에서도 정부에서 예산 들여서 진행해야할 사업이라고 생각했었다. 충분히 예산대비 가치 있는 문화사업이라고 여긴다. 하지만 이런저런 이유로 진행이 되지 못했고, 그걸 국내로 방향을 돌린 것이 현재 SOUND FESTIVAL의 시작이다.

현재 '대중음악SOUND연구소'와 연구소에서 주최/주관하는 'SOUND FESTIVAL', 연구소에서 주관하고 추진하는 '한국음악산업학회'를 기획 측면에서 연동하여 운영하고 있는데, 이 또한 인력과 자본이 열악한 상황에서 가장 효율적으로 결과물들을 얻어내기 위한 방안으로 선택한 '멀티태스킹(multi-tasking) 기획'의 일종이라고도 할 수 있다. 그래서 대중음악SOUND연구소–SOUND FESTIVAL 2014–한국음악산업학회 홈페이지는 디자인과 구조, 기능이 서로 연동되어 있고, 운영은 대중음악SOUND연구소에서 일괄로 한다.

4.

현재 부산광역시는 '영화도시 부산'의 위상을 갖고 있지만, 부산에 영화사들이 모여 있고, 부산에 영화관들이 운집한 것은 아니다. 대신 '부산국제영화제'가 아시아 영화마켓의 중심으로 자리를 잡았고, 영화진흥위원회와 같은 영화정책 수립기관이 이전을 하면서 문화부 내에서도 영화산업 주무부서는 부산으로 이전된 것이나 마찬가지이다. 그래서 부산은 명실상부하게 '영화도시'이다.

　나 또한 2005~2006년 광명시 주최의 '광명음악밸리축제' 예술감독을 하면서 '음악도시 광명' 프로젝트에 참여했었다. 2006년 6월 지방선거에서 지자체장과 소속 정당이 바뀌면서 광명시의 도시마케팅정책은 없던 일이 되어버렸지만 두고두고 아쉬운 일이다. 그런데 왜 '음악(산업)도시'를 도시마케팅정책으로 표방하는 지자체 하나 없을까? 대중음악SOUND연구소에서는 도시마케팅정책으로서의 '음악(산업)도시'를 연구해보려 한다.

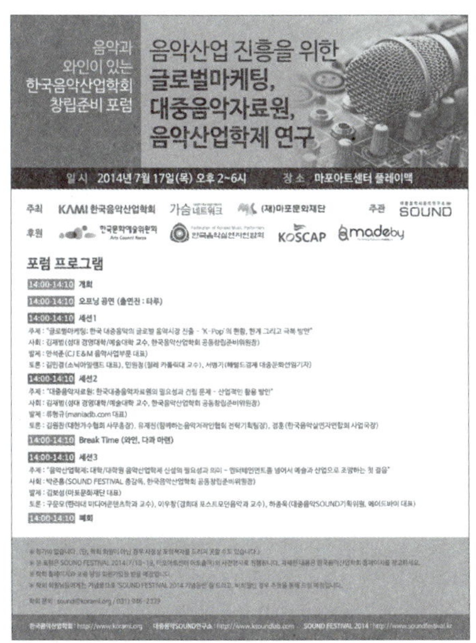

포럼(음실연회보) 광고

5.

* '한국음악산업학회 창립준비 포럼' 보도자료 일부 발췌 :

　대중음악SOUND연구소는 2010년에 발족한 이래 음악산업, 음악정책, 대중음악사를 연구하고 있는 최초의 민간 연구소이다. 발족한 이래 연구소에서는 1년에 두 번 대중음악 전문무크지 '대중음악SOUND'를 발행하고 있고, 또한 대중음악과 관련된 연구사업, 기획사업, 컨설팅을 진행해 오고 있다. 현재 연구소 주관으로 '한국음악산업학회'를 11월 초 예정으로 창립준비를 하고 있다. 그리고 그 이전에 학회 창립을 홍보하기 위하여 7월 17일(목) 오후 2시에 마포아트센터 플레이맥에서 '한국음악산업학회 창립준비 포럼'을 개최한다. 포럼 타이틀은 "음악산업 진흥을 위한 글로벌마케팅, 대중음악자료원, 음악산업학제 연구"이고, 이는 SOUND FESTIVAL 2014(7/18~7/19)의 사전행사 성격이기도 하다. 학회 창립준비위원장은 김재범 교수(성대 경영대학/예술대학)와 박준흠 연구소장(대중음악SOUND연구소, 서울종합예술학교 공연제작학부 교수)이 공동으로 맡고 있다.

　한국음악산업학회 창립의 의미로는 "대중음악이 엔터테인먼트를 넘어서 산업과 예술로써 조망되고, 아카데미(연구와 정책, 전문인력 양성) 영역으로 진입하는 첫 걸음"이라고 얘기할 수 있다. 학회는 한국음악산업을 진흥시키는 근본적인 역할을 할 것이다. 한국에서는 음악산업 관련 학회가 처음 만들어지는 것이고, 현재 음악산업계, 학계, 기관, 협회, 언론 등에 폭넓은 참여를 요청하고 있다.

박준흠 | 편집인, 대중음악SOUND연구소장

커버스토리

우리시대 여성 싱어송라이터
– 한국 대중음악씬의 새로운 조류

서문

– 2013년, 여성 싱어송라이터의 의미 & SOUND FESTIVAL 2014 _ 박준흠

1. 장필순(Jang Philsoon)

"매끈하게 불러서 노래 잘한다는 소리를 듣는 것 보다는 내가 하는 얘기를 귀 기울일 수 있게 하는 보컬을 원한다." _ 박준흠

2. 한희정(Han HeeJung)

"예전에 선호했던 것은 이미지나 소리였지만 이제는 메시지에 관심이 더 간다. 그게 변화라고 할 수 있다." _ 지승호

3. 요조(Yozoh)

"나는 내가 노래를 할 때 스스로가 제일 마음에 든다. 음악적으로 외로워지지 않으려는 삶을 살고 있다." _ 조원희

4. 타루(Taru)

"나 자신이 광야로 나가야겠다 싶었다. 모험 없이는 새로운 것을 얻을 수 없을 거라는 생각이 들었다." _ 정일서

5. 최고은(Choi Gonne)

"색과 향기가 없는 음악을 하고 싶지 않았다. 무섭더라도 그 중심으로 들어가자는 결심을 했다." _ 권석정

6. 민채(Minchae)

"나는 내 목소리를 높이는 것 보다 작지만 아름다운 소리, 의미가 깃든 소리를 찾고 싶다." _ 하종욱

7. 프롬(Fromm)

"누군가의 삶을 아름답게 만들어 주는 음악을 하고 싶다. 내 음악이 누군가 삶의 BGM이 되었으면 좋겠다." _ 함영준

8. 오지은(Oh Jieun)

"3집은 힐끗 듣기에는 '오지은, 발톱 빠졌네' 할 수도 있지만요. 사실은 그게 아니고, 너무 많이 긁어서 발톱이 뭉개진 것 같은 손인 거죠." _ 지승호

2013년, 여성 싱어송라이터의 의미
& SOUND FESTIVAL 2014

2013년 한국 대중음악을 나름 정리한다면 '여성 싱어송라이터들의 해'로 불러도 좋을 것 같다. 작년에 신보를 발표하고 SOUND FESTIVAL 2014에 출연하는 장필순, 한희정, 요조, 타루, 최고은, 민채, 프롬 뿐만 아니라 오지은, 희영, 수상한 커튼, 나는 모호, 김가영, 손지연, 정란, 조정희, 홍혜주, 김윤아(자우림) 등은 예상치 못했던 작품으로 놀라움을 준 경우도 있고 이전과 동일하게 믿음을 저버리지 않은 경우도 있다. 이들은 마지 같이 모여서 의기투합이라도 한 것 마냥 균일하게 잘 만든 음반들을 발표했다.

또한 한국 인디음악씬은 그간 다분히 '남성 싱어송라이터'들이 주도했던 음악씬이었다는 점을 상기할 필요가 있다. 주요한 1세대 인디 뮤지션들을 보더라도 다 남자들이었고, 인디 음악에서 '작품'을 얘기할 때 여기는 주로 남자들의 세상이었다. 그런 점에서 본다면, 아마 한국에서 인디음악씬 탄생 이래 2013년 같은 해는 처음이지 않나 한다. 그동안 대개 '음악적 성취'를 반영한 것이 아닌 마케팅용어에 가까운 것으로 의심을 받았던 '홍대 여신'이 정말로 muse 의미의 '홍대 여신'으로 거듭난 것도 주목을 할 필요가 있다. 이런 점들이 SOUND FESTIVAL 2014에서 2013년 한국 대중음악의 주요한 경향으로 '여성 싱어송라이터'를 선정한 이유다.

대중음악SOUND연구소는 '우리시대의 여성 싱어송라이터 7인' 인터뷰 연재를 'Daum뮤직 스페셜 기획연재'에서 매주 진행했다. 인터뷰는 타루(4/14)부터 시작해서 한희정(4/21), 프롬(4/28), 민채(5/7), 요조(5/12), 장필순(5/19), 최고은(5/26) 순으로 진행되었다. Daum뮤직에서는 공간 제한으로 인터뷰를 압축해서 실을 수 밖에 없었는데, 이번 대중음악SOUND 9호에서는 인터뷰 원문을 가감 없이 수록했다. 또한 개인 사정상 SOUND FESTIVAL 2014(& Daum뮤직 인터뷰)에 출연할 수 없었던 오지은도 추가로 인터뷰를 진행했다. 오지은을 제외한 7명은 7월 18~19일에 마포아트센터에서 진행할 SOUND FESTIVAL 2014에 출연한다. 근래에 보기 드문 공연이 될 것이라고 여긴다. **SOUND**

- 대중음악SOUND연구소 : http://www.ksoundlab.com
- SOUND FESTIVAL 2014 : http://www.soundfestival.kr
- 한국음악산업학회 : http://www.korami.org

박준흠 | 편집인, 대중음악SOUND연구소장

장필순(Jang Philsoon)

"매끈하게 불러서 노래 잘한다는 소리를 듣는 것 보다는
내가 하는 얘기를 귀 기울일 수 있게 하는 보컬을 원한다."

장필순 인터뷰

일시 2014년 4월 11일(금) 오후 4시

장소 제주시 애월읍 장필순 자택

대담 장필순 VS 박준흠

정리, 글 박준흠(서울종합예술학교 공연제작학부 교수)

사진 김훈(SOUND 사진작가)

진행 대중음악SOUND연구소

박준흠 | 대중음악SOUND연구소장

대중음악SOUND 발행인&편집인, SOUND FESTIVAL 2014 총감독, 가슴네트워크 대표, 서울종합예술학교 공연제작학부 교수, 한국음악산업학회 공동창립준비위원장. 서브(1997~1999), 쌈넷/쌈지사운드페스티벌(2000~2001), 광명음악밸리축제(2005~2006), 광주청소년음악페스티벌(2008), 인천펜타포트페스티벌(2010), 한국대중음악라이브홀릭(2011) 등을 기획했다. 저서로는 『이 땅에서 음악을 한다는 것은』, 『대한인디만세』, 『축제기획의 실제』, 『한국 음악창작자의 역사』, 『한국 대중음악 100대 명반』 등 여러권이 있다. 현재 음악산업정책과 대중음악사 연구에 매진하고 있다.

SOUND
FESTIVAL 2014

우리시대 여성 싱어송라이터

그녀의 사람을 살다

Vivre sa vie

장필순
한희정
요조
타루
최고은
민채
프롬

2014. 7. 18 Fri - 19 Sat
Fri 8:00p.m. / Sat 3:00p.m. 8:00p.m.

마포아트센터 아트홀 맥

주최 가슴네트워크 made by (재)마포문화재단
협력 DHm뮤직 오픈하우스 score

주관 대중음악SOUND연구소 made by
후원 한국문화예술위원회 서울종합예술학교 AUDIOGUY jazzpeople HYANG MUSIC

장필순은 1984년 KBS '젊음의 행진' 출연 시 한 음반기획자의 눈에 띄어서 가수로 정식 데뷔하게 된다. 그녀가 가수로 데뷔하게 된 그 음반은 그녀와 함께 다섯손가락, 장완진 등이 참여한 [캠퍼스의 소리](1984)라는 컴필레이션 음반이었는데, 이 음반에는 김선희와 듀엣 '소리 두울'로 참여했다. 이후 그녀는 들국화, 해바라기, 따로 또 같이 등의 콘서트에 게스트 또는 코러스로 참여하여 1989년 솔로 데뷔 음반을 발표하기 전에 많은 사람들에게 노래 잘하는 가수로 이름이 알려졌었다. 그리고 소리 두울은 1988년에 1집을 발표했다. 강인원의 디렉팅으로 〈아침 햇살〉〈눈이 오는 날〉 등이 실린 이 음반은 장필순의 개성을 거의 살려주지 못한, 평범한 여자 듀엣 음반 이상은 아니었다. 1989년에는 영화 '굿모닝 대통령'의 주제가를 오석준, 박정운과 트리오로 불렀고, 이후 한동안 오·장·박 활동도 병행하게 되었다.

그 해에는 가수 활동 5년만에 김현철의 프로듀싱으로 〈어느새〉가 담긴 솔로 데뷔 음반을 발표하였다. 김현철이라는 당시의 감각적인 신성에 의해서 조율된 그녀의 1집은 김현철의 〈어느새〉〈점점 더〉 외에도 손진태의 〈빨간 리본〉〈잊고 싶을 뿐〉〈내 작은 가슴속에〉가 실린 젊은 뮤지션들의 새로운 감성이 담긴 음반으로 대중에게 사랑을 받았다. 1991년 손진태, 유영석, 장기호, 조규찬, 송홍섭이 프로듀서와 편곡자로 참여한 2집은 손진태의 〈외로운 사랑〉을 담고 있었다. 하지만 조동익이 음반 디렉터로 참여하기 시작한 1992년 3집 [이 도시는 언제나 외로워…]부터 사실상 장필순의 본 모습이 제대로 음반에 반영되기 시작한다. 〈가난한 그대 가슴에〉〈강남 어린이〉 등이 실린 3집은 가사에 좀더 치중하는 그녀의 모습을 볼 수 있었고, 조동익의 참가로 지난 음반보다는 포크적인 느낌을 더 많이 준다. 1995년 4집은 과도기적인 음반으로 〈아쉬운 시간〉 등에서는 5집을 예고한다. 그리고 그녀의 마스터피스인 5집 [나의 외로움이 널 부를 때]가 드디어 1997년에 나온다.

사실 5집이 나오지 않았다면 장필순은 노래 잘 하는 여자 가수 정도로만 자리매김될 수도 있었다. 그러나 그 음반은 1997년 국내 대중음악계가 양산한 음반들 중에서 [신중현 트리뷰트] 음반, 한상원 2집 [Funky Station]과 같이 거론될 수 있을 정도로 놀랄 만한 완성도를 갖고 있는 음반이었다. 이 음반은 3집 이후 조동익과 같이 한 음악 작업의 결과가 완벽하게 그 결실을 맺었음을 보여주었고, 조동익 밴드(조동익, 함춘호, 윤영배, 박용준, 김영석)의 세션은 조동익, 윤영배, 장필순이 공동으로 작업한 곡들에 너무도 역동적으로 매치되고 있음을 느끼게 한다. 또한 이 음반에서 가장 놀랄 만한 점은 〈그래!〉〈넌 항상〉〈사랑해 봐도〉을 들어보면 알 수 있겠지만 장필순의 곡 쓰기 작업이 완숙한 경지에 올랐다는 점이다. 한영애가 4집 [불어오라 바람아] (1995)에서 보여준 것과 같이 그녀도 5집을 통해서 싱어송라이터로 인정받을 수 있게 되었다. 그리고 2002년에는 대부분의 음악마니아들이 '올해의 앨범'으로 인정하는 [soony6]를 발표했다.

2005년부터는 제주도에 완전히 정착을 하는데, 2009년에 함춘호와 함께 듀엣으로 CCM 음반 [그는 항상 내 안에 있네]를 발표하면서 특이하게도 '90년대 조동익밴드 세션'을 부활시킨다. 그리고 작년 11년만에 7집 [Soony Seven]을 발표하면서 세간의 이목을 다시 집중시켰다. 함께 제주에 둥지를 튼 음악적 동반자 조동익이 총괄 프로듀서를 맡았고, 하나뮤직의 음악적 동료 박용준, 이규호, 고찬용 등이 참여했다. '한국 대중음악 100대 명반'에도 선정됐던 6집에 비해 일렉트로닉 요소는 줄고 어쿠스틱한 색채는 강해졌다.

역시 이 음반에서 눈 여겨 봐야 할 점은 조동익의 존재이다. 하나뮤직의 기둥은 조동진 선생이지만, 1990년대에 실질적으로 하나뮤직을 이끈 이는 조동익이었다는 점이다. 즉, 하나뮤직은 '조동진으로 상징되는 하나뮤직'과 '조동익으로 상징되는 하나뮤직'이 있는데, 후자는 '조동익밴드'가 참여한 세션작들이 대변한다. 김광석 [다시 부르기 2집](1995), 안치환 4집(1995), 조동진 5집(1996), 장필순 5집(1997) 등과 같은 1990년대 한국 대중음악 명반들이다. 2009년 함춘호&장필순의 [그는 항상 내 안에 있네]로 다시 음악적인 시동을 걸었고, 이번 7집 [Soony Seven]으로 1990년대 그 '조동익밴드' 세션을 부활시켰다. 이는 〈눈부신 세상〉〈무중력〉〈너에게 하고 싶은 얘기〉〈1동 303호〉에서 드러나고, 여기에 일조한 이는 키보드 연주자 박용준이다.

또한 조동진 5집은 장필순 음악에 일정 부분 영향을 준 것으로 생각한다. 장필순은 당시에도 〈넌 어디서 와〉에 참여했었다. 이런 점들을 본다면 장필순의 6~7집은 '조동진, 조동익 음악의 또 다른 현재'라는 생각이다. 아쉽게도 조동진, 조동익 형제는 더 이상 본인의 이름으로 음반 작업을 하고 있지 않는데, 장필순이 이들을 대표해서 음반 작업을 하고 있다고나 할까. 그래서 적어도 장필순 5집부터는 장필순, 조동익의 듀엣 앨범 같은 느낌이 있다.

박준흠 여기(제주도에서)서 사는 건 어떤가?

장필순 뭐, 별다를 게 있나. 사람 사는 건 다 똑같은 것 같다.(웃음) 그냥 사는 방법만 달라진 거지... 처음 왔을 땐 정신없고, 할일이 너무 많고 그랬는데, 지금은 그런 게 좀 정리가 되었다. 특별히 외부 일은 워낙에 안 했으니까, 그냥 조용히, 조용히 지내다가 작년 연말에나 오랜만에 앨범 냈다. 몸도 마음도 바빴었는데, 한숨 돌리고 나니까 또 언제 그랬냐는 듯 일상이다.

박준흠 평소에 텃밭 같은 데 자주 나가서 일하는지?

장필순 봄엔 온종일 나가 있다.(웃음)

박준흠 전화도 잘 안 받으시는 것 같더라.(웃음)

장필순 (웃음) 알다시피 예전에도 그랬잖나. 여기 오니까 더 그렇고. 친한 친구들은 전화 안 받으면 아, 나가있나 보다 한다. 특히 요즘이 제일 심하다. 아침에 마당에 나가면 밥도 거기서 먹고, 해 떨어질 때까지 종일 마당에 있게 된다.

박준흠 혹시 전화 받는 게 싫은 건가? 전화나 인터넷이나 이런 것에 대한 염증?

장필순 싫다기보다... 내 생각엔, 범위가 너무 넓어지는 걸 별로 안 즐기는 것 아닐까 싶다. 많은 사람을 알고, 사귀고, 그런 걸 즐기는 사람들도 있는데... 예를 들면 옆집에 누가 새로 이사를 오면 누가 왔는지 알고 싶고 들여다보고 싶고 할 수 있는데, 그런 거에 전혀 관심이 없는 것 같다. 어찌

보면 매우 개인적이라 할 수도 있겠지만, 굳이 내가 먼저 시작하지는 않는 것 같다. 그런 모든 일들을. 상대방이 마음을 쓰면 그것에 대해 고마워하는 마음은 있지만, 내 스스로 누굴 먼저 찾아가서 사귀거나 만나거나 하지는 않는다. 어렸을 때부터도 그랬다.

박준흠 이번 [soony seven] 같은 경우에는 지금 한 얘기들과는 다르게 소통이랄까... 상대에게 다가가려는 노력 같은 걸 표현한 노래들이 있지 않나? 〈너에게 하고 싶은 얘기〉나 이런 노래들 보면.

장필순 음... 그게 우리가 일반적으로 생각하는 그런 거 보다는 뭐라고 해야 할까... 좀 정제된, 걸러진 그런 만남? 계산 하에서 걸러지는 게 아니라. 지금은 모든 게 너무 복잡하니까 좀 단순해졌으면 하는 생각? 요즘은 앞에서 얘기했던 거처럼 인터넷이다 뭐다 해서 온통 정보가 공유되는 세상이잖나. 그런 걸 다 알고 살지 않아도 살아가는데 충분하고 별 지장이 없는데, 그런 게 너무 사람들한테 당연시되니까 사람관계도 그런 것 같다. 둘만 알아도 충분한 걸, 이게 막 가지치고 또 가지치고 하다보면 나중에 걷잡을 수 없이 되고. 어떻게 생각하면 분명히 누군가에게는 친구이기도 하고 좋은 인간관계일 수 있는 사람들인데 그런 이유 때문에 그 관계에 소홀해지게 된다는 거다. 차라리 가까운 몇 사람들끼리 충실할 때, 그 관계가 더 보기 좋다고 생각한다.

박준흠 아티스트로 활동을 안 할 때는 상관없을 수도 있지만, 음반을 발표하고 나서 매체 인터뷰도 하고, 전국투어도 하려면 어쩔 수 없이 평소의

그런 삶과는 다르게 살아야 할 필요도 있을텐데.

장필순 내 경우는 그렇게 다르지 않다. 일단 내가 직접적으로 부딪히는 사람들은 연주인들이 다고, 기자 분들 만날 때 좀 힘들긴 했는데, 그건 또 어떻게 보면 내가 앨범을 낸 과정 같은 걸로 여긴다. 내 자신을 위해서라기보다 같이 앨범을 만들고 고생한 사람들이 있으니까. 같이 작업하고 홍보하고 또 그 음반으로 수익이 있어야 하는 친구들도 있

고, 나 역시도 마찬가지지만. 음반을 낸 주인공으로서 해야 할 최소한의 것들을 한 거다. 조금 힘들기도 했고 즐기지는 못하지만 의무감으로 하는 것도 있고.

공연도 사실 무대에서 노래하고 내려오면 나는 그걸로 끝이라고 생각한다. 그 안에서만 충실하면 된다. 그 외적인 일은 내가 하는 게 아니니까. 공연은 오히려 힘들지 않다. 중간에서 스텝들이 다

들 알아서 해주니까. 하다못해 돈 문제 까지도. 그 일을 지금은 푸른곰팡이라는 후배들이 해주고 있다. 그 외에 큰 차이는 못 느끼는데, 다만 사는 곳이 멀다 보니 올라갔다 내려왔다 하는 게 보통 일이 아니더라. 그래도 그 몇 달 고생하고 지나니까 재밌었고, 그걸 하고나니까 쉬는 게 더 재미있다. 또 여기가 이랬지 하고 오히려 더 절감하게 되는 것도 있다. 좋은 쪽으로(웃음). 무료할 수도 있으니까. 왜냐면, 이런 곳에서는 변화라는 게 풍경 또는 계절마다 들리는 소리 같은 것 외에는 없다보니까.

박준흠 예전에 심심한 게 좋다고 했었는데?

장필순 사람이 오래 그렇게 있다 보면, 심심한 게 좋은 사람도 가끔 무료해질 때가 있지 않겠나. 나도 그럴 거고. 아직까지는 '아, 너무 심심해'라고 생각한 적은 없고, 잘 지내는 것 같다.(웃음) 앞으로 십년 정도 지나고 또 십년 정도 지나면 뭔가 재미없을 수도 있지 않겠나. 장담은 못하니까. 그래서 그렇게 한번씩 정신없이 움직이고 다니다 오면, 여기가 더 좋고 애착도 가고 그렇다.

박준흠 작년에 한 인터뷰 내용을 보면 공연준비하고 매체인터뷰하고 특히나 카메라가 돌아가는 공연을 대할 때는 긴장을 많이 한다고 얘기했다. 어떤 점 때문에 긴장하게 되나? 굉장히 경험이 많지 않은가.

장필순 그런데도 그게 참 습관이 안 되는 것 같다. 아마 규칙적이지 않아서일 수도 있고. 항상 그래왔다면 나중에 점점 무뎌질 수도 있을 거고, 또는 그걸 이용해서 내가 더 잘할 수 있는 뭔가를 생각해볼 수도 있을 텐데. 앨범 한 번 낼 때마다, 그래봐야 몇 년에 한번이니까 매번 처음 하는 기분이 든다. 그래서 신문이나 다른 매스컴이나, 직접적인 게 아닌 뭔가가 중간에서 중개자 역할을 하는 게 익숙해지지가 않고, 약간 불안하다고 해야 할까. 사실 잘하지 못하니까 그럴 수도 있는데.(웃음) 불안하달까 믿지 못하는 게 있는 거다. 분명히 나는 이렇게 얘기했는데, 다른 표현이 돼버리고, 방송을 통한 공연도 이렇게 했는데 나중에 모니터 해보면 전혀 의도하지 않은 소리로 나와지고. 그런 것들에 대한 불안감이 있다.

박준흠 전달하고 싶은 바가 왜곡되는 걸 두려워하는 건가?

장필순 내가 생각하지 않은 다른 방향으로 확 틀어져서 오해의 여지가 있는 걸 왜곡이라고 한다면, 그냥 너무 다른 거다. 내가 생각한 거랑. 공연이란 건 내가 소리를 잡고 만들고 엔지니어랑 싸워가면서 같이 사운드를 만드는 건데, 방송은 해도 해도 그게 해결이 안 나는 것 같다. 물론 요즘은 예전에 비하면 엄청 사운드도 좋아지고 시스템도 나아졌다고들 하지만... 방송녹화나 인터뷰나 하고나서 나중에 보게 되면 이젠 내 노래는 안 듣고(웃음)... 예전에는 내가 노래를 못했으면 어쩌나 이런 걸 걱정했는데, 지금은 노래를 잘하고 못하고가 엄청나게 중요한 건 아니더라는 거다. 노래 잘하는 사람은 너무 많으니까. 단지 그 사람이 무대에 섰을 때 얼마만큼 대중하고 교감하는 느낌 같은 것이 방송을 통해 잘 전달이 되며, 이 사람이 음악에서 어떤 면을 보여주려 했는지가 포착이 되는지를 주의 깊게 본다. 집에서 화면을 통해서 보더라도 공연을 본 거 같은 느낌… 아직은 그런 것들이 충분하진 않더라.

다큐나 예능 프로에서 제의가 들어오면 잠깐은 고민한다. 누구말대로 불러줄 때 해야지 이런 생각 하다가도, 만약 나가서 내가 무슨 얘길 하면 그게 곱하기 2가 되고 곱하기 20이 되고… 이런 걸 생각하면 "아, 내가 원하는 것들이 많이 무너질 수도 있겠다"는 두려움도 있다. 그러니까, "아 잇, 안 해!" 이런 게 아니라(웃음), 고민하다가 "아니, 안 할래. 지금이 좋아" 이렇게 된다. 욕심이 없는 게 아니라, 어찌보면 그게 욕심인거지. 나만의 욕심이 될 수도 있을 것 같다.

박준흠 굉장히 디테일한 얘길 한 것 같은데, 그럼 음반이나 공연 활동을 통해서 전달하고 싶은 바를 직접적으로 말해 달라.

장필순 한가지로만 말하기엔 이제는 너무 음악을 오래한 것 같다. 맨 처음 노래를 시작할 때는 내가 하고 있는 것에 대한 열정, 사랑, 그게 막 보여지잖나… 젊었을 때는. 근데 지금은 내가 음악을 하기 위해서 무대에 섰을 때 "저 사람이 오십이 넘은 나이에도 저렇게 열정적으로 노래를 하고 있구나"라고 보이기보다는, "아, 저 사람은 저렇게 사는구나" 그리고 나를 통해서 뭔가를 얻어간다라는 느낌을 주는 것을 생각한다. 특히나 음악이라는 건 심정적인 거 아닐까, 마음에 대한. 내가

의도했든 의도치 않았든 내 팬들이 얘기하기를, 너무 힘들었는데 용기를 얻었다거나 혹은 너무 슬픈데 오히려 더 슬픈 음악을 들어서 나는 행복함을 잠깐 느꼈다라든가… 뭐 지금 그 정도면 된 거 같다.

조금 한가로운 곳에 와서 살다보니, 아니 한가하다기 보다는 다른 곳에 와서 지내다보니까, 예전에 내 생활도 나름대로는 심플하게 산다고 생각했지만 그렇지 않았다는 거다. 너무나 많은 것들이 주변에 있었던 거였다. 그런 게 보이지 않으니까 처음에는 그립다가 차차 잊혀지더라. 예전에는 나도 아이쇼핑 하는 것도 너무 좋아하고 그랬다. 주변에 친구가 많지 않으니까 가까운 음악하는 동생들이랑 잠깐 같이 나가서 구경하고 그러는 거 좋아했는데, 지금은 뭐 일년에 후배랑 한 두 차례 정도 보게 되나? 서울 갈 일이 많지 않으니까. 지금도 가면 재미는 있지만 대신에 금방 지친다.(웃음) 한 군데 구경하다 나오면 지쳐서 그만 가자고 한다.(웃음) 그렇게 변하긴 했지만, 내가 오래 가졌던 어떤 습성을 버리기가 쉽지는 않은 거다. 그런데 그런 것들에 대해서 사람들이랑 같이 얘길 하다보면 분명히 내가 이렇게 느끼는 것처럼 내 음악을 듣는 사람들도 느끼지 않겠나. 그럼 자기가 사는 곳을 한번 둘러볼 수도 있을 거고, 내가 상처를 준 사람을 보듬어 볼 수도 있을 거고. 나쁜 만이 아니라 모든 음악하는 사람들이 악한 걸 추구하진 않을 거다. 다만 나는 내 나름의 스타일대로, 색깔대로 좀 선하게 풀고 싶은 거다. 그게 제일 큰 것 같다. 자기도 모르게 악해지는 사람이 너무나 많으니까. 자기 의지 하에 악해지는 게 아니라, 그 사람을 탓하기 이전에 주변에 무서운 일

들이 너무 많은 것 같다. 그게 그 사람을 약해지게 만드는 것 같다. 그런 것도 한사람 한사람 서로 알아가다 보면 "아, 그래 이런 게 이랬지" 하고 뭔가 개선의 여지도 있을 거고.

박준흠 혹시 사람이라든지 어떤 환경으로 인해서 뭔가 상처받을 걸 기반으로 얘기하고 있는 것인가?

장필순 결국 그렇지 않겠나. 사람이 태어날 때부터 그런 걸 안고 태어나진 않을 테고. 사람이 살아가면서 꼭 상처받는다기보다는 겪는 일들을 통해서 그 안에서 자기도 모르게 무서운 습관이 든 사람도 있을 것이고. 기준은 각자 다르지만 우리가 일반적으로 생각했을 때 사람들은 그걸 상식이라고 하지만. 우리가 뭔가 서로가 편한 습관이 들었을 때 혹은 나쁜 습관이 들었을 때, "아, 쟤네

는 왜 저 모양일까?"라고 얘기하잖나. 내 음악이 그런 걸 조금 돌아볼 수 있고, 혹은 말씀하신대로 상처받아서 그게 조금 치유될 수 있다면 그것으로 족할 것 같다. 어떤 이념이나 가치관이나 이런 걸 이젠 그다지 무겁게 생각하고 싶진 않다.

> "내가 뭔가 범위를 넓히기보다는, 그냥 우물 안의 개구리일지라도 그 안에서 정말 더할 나위 없는 '깊이'를 갖고 싶은 마음이 커진다."

박준흠 작년 말에 했던 매체 인터뷰를 보니까 약간 의아하게 생각되는 부분이 있다. 2005년도에 제주도에 정착했던 이유가, 6집 앨범을 정말 열심

히 준비했고 그래서 제대로 된 평가를 받고 싶었던 마음이 있었는데 그게 안 된 것에 대한 좌절감과 실망이 커서였다고 얘기한 것을 봤다.

장필순 여기에 온 직접적인 이유는 아니다.

박준흠 '내려놓았다'는 표현도 있었다.

장필순 어찌 보면 그 이후로 활동도 거의 안하고 작업도 안했던 게 그 앨범에 대한 후유증이 분명히 있긴 했다. 이렇게 했는데 세상이 바라보지 않는다는 거. 그게 뭐 "아, 이렇게 하면 정말 너무나 멋있을 거야"하면서 작업한 앨범은 아니고, 그냥 내 안에서 나한테 최선을 다했고 너무나 열심히 한 앨범인데, 게다가 또 다른 방식으로 시도해본 녹음이었다. 에너지도 너무나 많이 쏟아 부었고. 그런데 그 결과가 기운빠지긴 했다. 물론 박준흠 씨처럼 알아봐주고 좋은 얘기 해준 사람도 있었지만… 그런 앨범이 묻히는 게 안타깝다고 얘기할 수 밖에 없는 그 상황이 싫었다. "내가 너무나 잘했는데 사람들이 왜 이걸 모를까"가 아니라, 그런 이야기 그런 노래를 듣지 않는다는 것에 좀 기운 빠지는 건 있었다. 그렇다고 그것 때문에 제주도에 내려온 건 아니다.

박준흠 2002년에 [soony6] 나온 후 제가 일산에서 인터뷰 했을 때, 내게는 꽤나 인상 깊었던 대목이 몇 군데 있었다.

장필순 내가 뭐라고 얘기했었나?(웃음)

박준흠 그 때 "6집에 관한 이전 인터뷰를 보면, 일부로 건조한 느낌으로 가장 작은 소리를 낸다는 기분으로 노래를 불렀다, 라고 말하면서 관조적

으로 세상을 보는 느낌이 난다, 라고 얘기를 했는데 관조적으로 세상을 본다는 얘기는 어떤 의미인가? '희노애락'이 없어졌다는 의미인가?"라는 질문에 "그럴 수도 있다. 희노애락이라는 게 구분이 잘 안 가는 것 같다. 기쁠 때와 슬플 때, 내가 힘들어 할 때가 이제는 결국엔 다 같다는 생각이 든다. 예전의 나의 모습과 지금의 모습은 너무 많이 변해있는데 그걸 열정이 식었다고 보기에는 표현이 좀 다른 것 같고, 어떻게 보면 열정은 지금이 더 많이 생겼다. 음악에 대한 열정은 더 많아졌지만 이제 급해지지 않은 것 같고, 기쁠 때 너무 기쁘고 슬플 때 너무 슬프고 했던 마음이 없어졌다고 살아가는 일이 재미없지는 않다. 지금이 난 더 좋다. 옛날에는 누가 미우면 막 화가 났는데 지금은 정말로 그런 게 없어졌다. 내가 다 이해를 하는 게 아니라 이해를 하고 싶다. 언제부터 그랬는지는 모르겠는데 음악이 날 이렇게 만들어준 것 같다. 내 음악이 변해가면서 나도 거기에 동요돼 간 것 같다"라는 대답을 했었다. 그래서 6집에 대해 당시 많은 음악평론가들이 다들 명반이라고 얘기하고, 본인도 앞서 얘기한 것처럼 그런 마음을 갖고 있기 때문에 일반인들의 평가나 상업성을 획득하거나 하는 문제에 연연하진 않을 거라고 생각한 부분이 있었다.

장필순 연연하진 않는다.

박준흠 어떤 종류의 '실망감'인가? 좀 더 구체적으로 얘기해 줄 수 있나?

장필순 첫째로는 나를 위한 것도 있겠지만 누군가에게 들려주고 같이 공감하고 싶은 마음이 있기 때문에 대중음악을 하는 것 아니겠나. 나나 조동

익 형이나 뭐랄까 재미있게 얘기하면 너무 앞서갔는지는 모르겠지만(웃음), 음악적으로. 그런데 결과적으로는, 녹음이 끝나고 한참 인터뷰 몇 번하고 나서는 그 다음에 진행되는 상황들이 그냥 마스터베이션이 돼버린 거다. 그게 아니었는데. 결코 그 음반은 그럴 의도가 아니었다. 거기에 대해서 화가 나거나 혹은 슬프거나 그러기보다도 우울하더라(웃음). 그렇다고 적극적으로 "아, 그럼 우리가 사람들이 들을 수 있게 좀 더 대중적으로 다른 방법을 찾아볼까?" 그러질 않았다.

요즘은 내 나이 또래 사람들이 나 말고도 활동하는 사람도 많고, 작년 그리고 올해 들어서는 다시 또 나처럼 음반 내는 사람도 많더라. 나는 다시 활동하려고 음반을 낸 건 아니지만, 어쨌든 음반이 나오면 한차례의 신고식을 치르게 되잖나. 그런데 지난번엔 이렇게 해서 안됐으니까 이번엔 이래볼까, 하는 양보심이 아직은 안 생기는 것 같다. 말하기가 조심스러운데... 내가 생각하고 구상하고, 나 혼자 뿐이 아니라 몇 사람이 그렇게 작업했다. 박용준 씨는 이번에 앨범 곡 작업은 처음이었지만 항상 녹음은 같이 했던 친구고, 이번 앨범은 오히려 윤영배가 빠지고 박용준이 들어온 거나 마찬가진데, 완전히 정예 멤버로 항상 녹음을 하고 있다 보니까 작업하는 사람들끼리 의견일치만 되면 다른 건 별로 망설이지 않게 된다. 그렇지만 이게 대중성이 있을까, 아니면 어떤 식으로 홍보를 할까, 앨범이 나오고 나서의 과정까지도 실은 주도면밀하게 작전을 짜고 해야 한다. 내가 할 수 있는 선 안에서, 또 내 성향에 맞게. 그렇지 못했을 때 분명히 언젠가 내가 지칠 거고. 그런 생각을 하면서 하다 보니까 아직은 그 부분에서 양보심이

안 생긴다. 그것도 또 욕심일 수 있겠는데.

박준흠 앞으로 앨범이 몇 장은 더 나오겠다.(웃음)
장필순 이번 앨범도 그렇다. 사실 나는 기대를 안 했는데, 6집 앨범 나왔을 때 보다 사람들이 훨씬 좋은 얘기도 많이 해주고, 화제 거리도 많이 됐었고. 오랜만에 앨범이 나와서 그런 것에 대한 이슈도 됐었던 것 같다. 그런데 실은 내가 막 신나서 뭔가를 하거나 그렇게 안 되더라. 그랬다면 내가 바람타고서 "그래, 이때야" 하면서 엄청나게 뭔가 할 수도 있을 텐데.(웃음) 그게 나쁜 마음이 아니라, 그런 게 안 생기는 거 보니까 앨범을 내면서도 답답한 부분이 있다. 나도 답답하고 소통하고 싶은 마음이 있는 사람한테도 답답하고. 그래서 내가 뭔가 범위를 넓히기보다는, 그냥 우물 안의 개구리일지라도 그 안에서 정말 더할 나위 없는 '깊이'를 갖고 싶은 마음이, 점점 나이 먹으면서 그런 쪽으로 자꾸 생각이 가는 것 같다. 예를 들어 작년 연말 같은 상황을 부딪치면 되게 힘들긴 한데, 그 상황이 지나면 내가 생각하고 있는 이게 더 편안하더라.

박준흠 스스로 '50대 초반'이란 나이를 몇 차례 언급했는데(웃음), 이번 음반에서 〈눈부신 세상〉이나 〈너에게 하고 싶은 얘기〉, 〈1동 303호〉 같은 주요 곡들을 듣고 있으면, 정서적으로 한국의 '일

반적인 50대 초반의 여성'들하고 많이 다르다는 인상을 받는다. 일단 내가 받는 느낌은 매우 맑고 때가 타지 않았다는 것이다. 어떻게 가능했나?

장필순 내가 그런가?(웃음) 그 역시 일맥상통할 것 같다. 넓게 보지 않으니까 복잡할 것도 없고. 나는 제주에 와서 너무 적응을 잘했다. 그래서 내가 이런 면에서 이렇게 변했구나 하는 걸 못 느꼈었다. 너무 적응을 잘했기 때문에 스스로도 놀랐다. 사람이 이렇게 환경에 적응을 하고 사는구나, 했었다. 처음엔 많이 흥분하고, 몸을 쓰고, 점점 얼굴이 까매지고, 주근깨도 생기고... 그런데도 그런 게 별로 두렵지 않았다. 그건 지금도 마찬가지지만, 처음에 그랬었기 때문에 내가 어떻게 변화돼 가는지도 몰랐다. 그런데 해가 가고 달이 가고 그러면서 느껴지는 게, 내가 참 많이 변했더라. 기존에 내가 원래 갖고 있는 마음은 변함이 없겠지만. 결국 음... 말하자면 그렇게 잘 되지는 않지만, 결국에는 '착하게 살아야 된다'라는 거. 이게 쉽지가 않다. 그럴려면 계속 생각을 해야 한다. 이건 당연하지, 잘 하는 일이야, 이건 착한 일이야, 좋은 일이야 하고...

이런 시골에서 사시는 분들도 그냥 생각 없이 살면, 그 상황 상황에 막 살다보면 그런 걸 돌아볼 시간이 잘 안 생긴다. 자기가 의식적으로 노력을 해야 되겠더라. '착하게 살아야지'라는 생각이 너무 유치하게 느껴질 수도 있는데, 어느 순간에 '아, 착하게 살아야지' 하고 누군가를 딱 바라보면, 그 사람을 봤을 때의 내 마음이 다르다. 훨씬 그 사람이 다르게 보이고, 뭐랄까 좀 마음이 넓어지는 기분? 그 작은 공간 안에서도 그런 생각으로 그런 게 변화되는데, 진짜 넓은 데서 더 많은 사람들이 그런 생각을 한다면 얼마나 그 에너지가 더 크겠나? 나는 이제 그렇게 넓은 곳에 가서 생활하고 할 자신은 없고.

이번 앨범 작업하고 나서 들은 청자들의 이야기가 나는 전혀 의도하지 않았는데, 음악이 너무 깨끗하고 제주의 자연이 느껴진다고 한다. 아날로그적이려고 노력하지도 않았다. 앞으로는 철저하게 아날로그적인 걸 할 거지만. 이번 앨범에서는 그런 게 전혀 없었는데도 그런 얘길 들으니까 "아, 그래 사람이 지내고 있는 곳의 모습이 그 사람의 몸과 마음에 물들긴 하나보다" 그런 생각이 든다.

박준흠 두 가지 측면에서 말하고 싶은데, 음악적인 부분에 있어서는 개인적으로 좀 다르게 생각하는 부분이 있다. 먼저 표현을 하거나 창작에 대한 동기의 부분에서는 제가 '맑고 때가 타지 않았다'는 표현을 했는데, 이는 장필순 씨 본인이 지키고 싶은 무엇이 있는 것인가? 또한 본인이 '선하게 사는 삶'에 대해서 말했듯이, 정말로 소중하게 생각하는 뭔가가 있고 그걸 음악적으로 표현하고 싶은 것인가, 하는 생각이 들었다. 그리고 음악적인 부분은 세간의 평가하고 내 생각이 많이 다른데, 그건 뒤에서 다시 얘기하겠다.

장필순 지금 뭔가 가운데 와있는 느낌? 왜냐면 나 자신이 오랫동안 습관화되어 있던 공간에서 다른 장소로 옮겨와서 그런지 '중간'에 있다는 기분이 든다. 이제 한 9년, 10년 정도 되니까. 그런데 그게 맞고 틀린 걸 잘 모르겠는 게, 내가 배운 상식이나 무언가를 바라볼 때 갖는 기준이나 그런 게 '도시의 마인드'다. 그런데 이곳에 와서 지내다보니까, 흔히들 좋은 표현으로 '전원'이라고 하지만

전원이 그렇게 아름답지만은 않다.(웃음) 정말 많은 노동과 땀과 육체의 고통이 필요하다. 그래서 처음에는 시골의 농부들을 보면 너무 존경스럽더라. 그 분들과 아직 그렇게 많은 얘길 해보진 않았지만, 농사짓고 사는 걸 천직으로 생각하고 살면서도 이곳에 있는 것이 마냥 행복하지만은 않다는 얘길 듣기도 하고.

또 하나는 시골 분들이 사는 생활방식이라고 해

야 하나… 일부는 너무 좋은데, 어떤 방법이라고 해야 할까 아니면 습관 이런 건, 나랑 너무 안 맞는 게 있다. 어떤 게 자연스러운지를 아직 잘 모르겠다. 아주 쉬운 예를 들면, 나는 쓰레기를 절대 함부로 버리지 않는데, 시골 분들은 쓰레기를 진짜 잘 버리신다. 담배꽁초도 아무데나 휙 버리시고, 약주하시면 빈 병도 거기다 휘릭 던져두고 가시고. 농사짓고 남은 폐작물 같은 것들, 유기농법 하지 않는 분들은 여러 가지 도구 같은 것들 사용하시니까 그것들 쓰고 나서 둘둘 말아서 그냥 담장 밖으로 던지고.(웃음) 내가 지내왔던 '문화의 습성'으로는 그런 게 너무 보기 싫더라. 그들이 사는 모습은 너무 좋은데, 어딜 가나 그런 게 아무렇지도 않고. 이게 계몽의 부족일까, 아님 그냥 이 사람들은 누군가 계몽을 해도 뭔가 더 중요하다고 생각하는 걸 갖고 사는 걸까, 그런 생각을 하게 되더라. 내가 여기 와서 제일 좋았던 게 숲이었다. 그런데, 산과 그 숲에 그런 것들이 얼룩져가는 걸 보니까 너무 마음이 아팠다. 나한테는 그게 굉장히 데미지가 컸다. 가는 곳마다 보이지 않는 곳을 잘 들여다보면 냉장고 같은 것도 버려져 있고. 도시라는 곳은 굉장히 모던하고 세련된 곳이고, 거기서는 절대로 사람들이 하지 말아야할 일들 중에 하나로 생각하는데, 여기 분들은 너무나 아무렇지 않게 하시더라. 처음에 그게 나한테는 상처가 컸다. 그래서 한 2, 3년을 아침마다 쓰레기를 주웠다. 거의 매일. 환경미화원 아저씨가 나중에 인사할 정도로.(웃음) 큰 비닐봉투나 수레 같은 걸 끌고 나가보면 담배꽁초, 펜션에 여행오신 분들이 가면서 차 밖으로 버린 아기들 하기스 같은 것들이 보인다. 이러다보면 없어지겠지 하면서 나는 오

기로 몇 년을 했는데, 지금은 잘 안한다. 너무 힘들어서.

저희 집 옆에 캠핑장이 생겼는데, 주인이 인사하러 왔더라. 학교 후배라고. 사람이 아주 좋다.(웃음) 주변에 갑자기 우뚝 솟은 다른 건물이 들어오는 것 보다는, 혹은 못된 이웃이 들어오는 것보다는 외려 캠핑장이 낫겠다 싶었다. 물론 마음 같아선 주변에 몇 만평을 사서 혼자 있고 싶은데(웃음), 그럴 능력은 안 되니까. 그런데 그게 하나 들어왔는데도 아주 힘들더라. 그래서 이제는 도시에 나가서 사는 건 힘들 것 같고, 그런 걸 보면 내가 아직도 정신적으로 어딘가에서 못 벗어난건가 하는 생각도 든다. 또 새벽부터 머리카락이 하얗게 센 어르신이 돼지 밥주려고 경운기에 짬밥 얻으셔서 코에 뭐 막 묻히셔서 가시는 거 보면 너무 멋있고 보기 좋고.(웃음) 그러다가 또 돌아서서 오다가 누가 쓰레기 막 버리는 거 보면 화가 나고.(웃음) 그렇게 나는 계속 가운데 있다. 요즘 다큐에서도 숲에 대한 이야기, 자연에 대한 이야기를 많이 하는데, 사람이 이걸 치운다고 그게 지켜지는 걸까 아니면 숲도 살아있기 때문에 스스로 자정능력이 있는 걸까, 그런 것도 궁금하다.

박준흠 도시는 도시대로 시골은 시골대로 감내해야 할 것들이 있다는 얘긴가?

장필순 그렇다. 분명히 있다고 본다. 어쨌든 문화랄까, 혜택이랄까 이런 건 일단 도시로 먼저 가지 않나. 시골 사람들이 혜택을 못 받는 게 참 많다. 그런데 어떤 것은 그 혜택이 없어서 좋은 것도 있고, 또 어떤 것은 절실히 그 혜택이 주어져야 할 것들이 있다. 아무튼 좀 의식이 있는 사람들이 뭔

가를 마음에 담고 이런 곳에 와서 정착해서 산다고 하면, 그런 사람들이 조금 더 마음을 열고 적극적일 수 있는 어떤 여지가 필요한데... 시골에 오면 진짜 너무 막막하다. 이웃집 가서 보기도 되게 어색하고. 아파트에 살 때 앞집과 교류도 안 하고 살던 사람이 갑자기 여기 와서 얼마나 힘들겠나. 또 살아보면 뭐 약국이 있나 병원이 있나. 노후에 걱정되거나 필요한 걸 해소시켜줄 수 있는 시스템이 없으니까, 여기서 갑자기 누가 아프면 제주 시내까지 나가야 되는 거다. 거길 가도 아직까지는 의료진에 대한 신뢰도 부족하고. 그러니까 이런 곳에 와서 그런 걸 좋게 같이 지키고 개선해 나갈 수 있는 사람들이 올 수 있음에도 불구하고, 그걸 뒷받침해줄 수 있는 게 없는 거라는 생각이 어느 날 들더라.

박준흠 7집 음반만 듣고 장필순 씨를 대할 때는 피상적인 의견을 얘기할 수밖에 없지 않나 하는 생각이 든다. 그게 아까도 말했듯이 만나서 얘기 나누기 전에 음악만 들으면 한국의 일반적인 50대 여성과는 좀 다른 맑고 때타지 않은 느낌이다.(웃음)

장필순 박준흠 씨가 얘기하는 것도 도시 삶에서의 여성들의 모습을 많이 비춰본 걸 거다. 여기서 내 나이 또래 여자들 보면 다 얘기들 같다. 길 가다가 꽃 하나 꽂고도 좋아라 하고. 여기서의 삶이라는 게, 자기가 인생을 즐길 수 있는 방법이라는 게 도시처럼 다양하거나 그렇지가 않으니까. 돈이 많이 있어도 여기서는 해소할 수 있는 게 많지 않기 땜에 그런 게 자꾸 심적으로 오는 거다. 예를 들어 우울하다거나 신랑이랑 다퉜다거나 할

때 서울에서는 어디 가서 비싼 옷을 하나 사 입었다거나, 친구들이랑 노래방 같은 데 가서 노래를 불렀다거나 한다면, 여기서는 남편이랑 싸우면 산책을 한번 한다거나 그렇게 뭔가 방법이 바뀌는 거다. 그러다보면 그게 결국에 막 뭔가를 푸는 것 보다는 자기를 좀 다스릴 줄 알아 가는 것 같다. '너무 애가 말을 안 들어', '남편이 어떻고', '너무 화가 나' 하면서 어디 가서 폭발시키는 것보다는 뭐랄까 돌멩이 딱 던지고 난 다음에 수면이 점점 더 잠잠해지게끔 만드는 게 숲인 것 같다. 나뿐만 아니라 이런 곳에 사는 여자들 보면, 정신없는 아줌마들도 더러 있지만(웃음) 대부분 그렇다. 특히나 제주도 사람들은 육지라고 그러잖나? 육지에서 오는 아줌마들은, 내 나이 또래들 만나보면 다르게 사는 사람들이 너무 많다.

그리고 내 또래 친구들이 있는데 내가 평소에 만나진 않지만 나도 학교를 다녔으니까 동창이 있고 그 친구들이 가끔 문자도 보내고 그러는데... 얘기하면 겁나는 게, 만나면 얘기할 게 없는 거다. 걔네들끼리는 너무나 할 얘기가 많은데. 자식 교육 얘기부터 남편 얘기, 드라마 얘기, 유행 얘기... 나는 거기 가면 항상 꿔다 논 보릿자루가 되더라. 그래서 그냥 문자로는 안부 묻고 하고 마음속으로는 친구지만 뭔가 살아가는 이야기들을 공유하지 못한다. 그런데 오히려 이런 시골에 이사 오는 분들 만나서 얘기하다보면 서로 통하는 부분이 가끔 생긴다. 가치관이 다르고 서로 생각하는 게 다른데도. 예를 들면 "저기 양배추 밭에 수확하고 파헤친 거 있다는데 그거 뜨러 안 갈래?" 이러면 다들 이만한 주머니 하나씩 들고 나오고... 브로콜리도 여기서는 흔한 채

소 중의 하나니까, 농부들이 내일 브로콜리 밭 뒤집을 건데 필요하면 따가라고 연락을 주면 또 서로들 연락해서 가고. 그렇게 삶의 방식이 바뀌다보니 뭔가 예전보다 돈에 연연하는 것도 덜해졌다. 나도 예전엔 돈에 연연했다. 도시에 살 땐 돈 없으면 어떡하나. 당장 전기세라도 내야 되는데.(웃음) 여기서는 뭐 추우면 나무하고, 그런 식으로 모든 게 몸을 써야 한다. 봄에 맛있는 나물 먹고 싶으면 저기 읍내까지 내려가서 마트에서 채소를 사느니 밭에서 키우고. 이왕이면 약 안 주고 내가 키우면 깨끗하게 먹을 수 있으니까. 시골 살면 너무 할 일이 많으니까 오히려 게을러지는 면도 생기더라. 너무 할 일이 많으니까 그런 거로 부지런해지지 않는 거다. 그냥 밭에서 캐다 먹으면 되니까 하고서는.(웃음) 예전엔 그렇게 몸에 좋다 그래도 안 먹다가 요즘은 쑥국을 먹는 거다. "그래, 이 맛이야" 하면서. "이래서 어르신들이 봄에 쑥 따다가 쑥 버무려 먹고 쑥 된장국 해 드시고 그랬구나" 하면서. 아무튼 그렇게 변한다.(웃음) 어떻게 보면 나도 모르게 내가 엄청나게 변한 거고, 아마 그런 변화된 모습이 사람들한테 보여 지는 거 아닐까. 분명히 달라진 건 확실하다.

박준흠 작년에 [soony seven] 나오기 전 2009년에 함춘호 씨랑 듀엣으로 만든 CCM 음반 [그는 항상 내 안에 있네]가 있다. 이 음반이 나왔을 당시는 정확하게 잘 몰랐었는데, 이번에 7집을 듣고 다시 들어보니까 이 음반이 어떤 의미인지가 감이 잡히는 게 있다. 7집의 전조적인 성격이란 생각이 들고, 단순 CCM 이라기보다 '90년대 조동익 밴드의 세션의 부활'이란 생각이 들 정도다. 특히 두 번째 노래 〈조금 알 것 같아요〉 같은 경우가 대표적이다. 조동익 선생은 90년대에 본인 음반내고 더 이상 활동을 안 하고 있는데, 결론적으로 말하자면 현재의 장필순 씨의 음악은 조동진 선생이나 조동익 선생의 현재의 모습을 음악적으로 투영하고 있는 게 아닌가한다.

하나뮤직에는 크게 조동진 선생의 음악스타일이 있었고, 또 다른 하나는 조동익밴드 스타일의 음악이 있었다. 대략 이 CCM 음반 부터해서 [soony seven]에서는 90년대 조동익 밴드 세션이 다시 재현된 게 아닌가하는 생각이 든다. 전체적인 맥락에서 보면 오히려 장필순씨 6집 [soony6] 같은 경우가 예외적인 음반이 아닌가 한다. 일반적으로 사람들이 얘기하듯이 일렉트로닉 색채가 가미된 음악이고, 반면 7집에 대해서는 혹자는 어쿠스틱하다는 표현을 하는데 그게 아니라 '조동익 밴드 세션'로 얘기하는 것이 적절해 보인다.

장필순 아, 그런가? 음... 어떤 곡이나 그 음악 자체, 앨범에 대한 해석은 저희보다 다른 사람이 더 잘해주는 것 같다. 지금도 박준흠 씨가 잘 풀어 낸 것 같다.(웃음) 음악을 하고 또 음반을 내고 하면 사실 프로인건데, 사실상으론 이 음반이 이번엔 어떤 느낌의, 어떤 색깔의, 어떤 스타일의 음악일지 이런 걸 생각하지 않는다. 그저 그때 가장 치중해있는 혹은 몰두해있는 곡에 대한 얘기나 멜로디나 그런 걸 가장 잘 전달할 수 있는 방법을 찾는 것 같다. "아, 나는 지금 테크노 뮤직이 너무 좋아" 해서 그런 걸 하는 게 아니라, 이번에는 이렇게 해서 이런 얘기를 담고 싶은데 그럼 이걸 어떤 식으로 풀면 좋을까... 하는 식으로. 이미 오래 전부터도 음악이 한 가지 장르를 벗어 난지는 오래 됐잖나. 어떤 음악을 하는 사람이든지.
앨범 하나하나마다 기억이 다 나는데, 6집 작업 할 때는 철저하게 외롭게 작업했다고 할까. 그저 조동익 씨랑 둘이 싸워가며 둘이 진짜 외롭게 작업했다. 윤영배가 있었지만 영배는 한참 후배다 보니까. 같이 의논을 많이 하긴 했지만 아무래도 내 앨범이다 보니 내가 많이 싸우게 되는 거다. 속된말로 피 터지는 싸움을 하게 되는, 그때는 철저하게 누구의 간섭도 없었던, 그런 작업이었던 것 같다. CCM 음반 작업 할 때는... 오랜만에 한 1980~90년대로 갔었던 기분? 그런 기분이 있었다. 동시녹음이란 것도 너무 오랜만에 해봤었고, 백퍼센트 리얼로 녹음한 것도 너무 오랜만이었고. 오랜 친구들하고 마주 앉아서 오랜만에 회포 푸는 기분? 그런 게 좀 있었다. 그래서 그 나름의 색깔이 만들어지는 것 같다.

박준흠 CCM 음악이란 생각이 별로 안 든다. 그런데 이전 인터뷰에 나와 있듯이, 단지 함춘호 씨가 부추겨서 음반 작업을 하게 된 건가?
장필순 맞다. 단지, 부추겼다.(웃음) 항상 CCM에 대한 마음 같은 건 있었는데, 왜냐면 우리 가족이 다 크리스천이기도 하고. 일종의 뭐랄까 부모님에게 좀 효도하는, 그런 기분도 있었다. 어머님이 굉장히 원하셨다. 첫째로는 가장 기본은 신에게 바치는 음악이지만, 앨범이 나왔을 때 어머님

이 되게 좋아하고 기뻐하실 것 같은 생각? 그게 있었고. 항상은 아니라도 한번 하면 좋을 텐데 하는 생각은 있었는데 이왕 하는 거, 다들 열심히 하지만 기분에 내켜서 하지는 말아야겠다는 생각을 했었다. 많은 준비와 그리고 음반이 나왔을 때 오랫동안 들려지면 좋겠다는 마음이 있었다. 함춘호 오빠는 항상 CCM 쪽의 일을 많이 하셨으니까, 학교도 그런 쪽에서 가르치고 계시고, 몇 번 그렇게 얘길 하다가 어느 날 갑자기 쑥 내려와서 얘길 한 거다. 조동익 씨랑도 같이 얘기했었다. 함춘호 오빠가 "그럼 우리 둘이 해볼까나?" 해서 조동익 씨도 좋을 것 같다고 얘기했다.

박준흠 그리고 CCM 음반을 내게 된 동기에 대해서 좋은 CCM 음반을 해보고 싶었다는 열망을 얘기한 적이 있는데, 본인이 생각하는 좋은 CCM이 어떤 건가?
장필순 내가 말한 좋다는 건, 포괄적인 의미는 아니다. 나 역시도 크리스천이지만, CCM이라든가 가스펠이라든가 이런 것들을 듣다보면 항상 뭔가 한정돼있는 걸 느끼게 되더라. 오히려 음악적인 색깔은 점점 더 대중화되어 있고 가요처럼 나오고 하는데, 예를 들면 노래하는 방법이나 아니면 그 내용을 전달하는 표현이나 그런 쪽에서는.
어찌 보면 내가 얕기 때문에 그걸 할 수 있었을지도 모르겠다. 깊으면 할렐루야, 하나님은 이 세상의 삶의 진리시고, 그런 표현이 나온다고들 하더라. 그렇게 신의 이름을 부르게 되고 그렇게 된다는 얘길 어렸을 때부터 들었다.
나는 옛날부터 그런 게 별로 나한테 안 맞았나보다. 교회생활 열심히 하고 성가대도 수십 년하고

그랬지만. 교인들 안에서는 얼마든지 그게 가능하지만 외부로 나갔을 때는 사람들에게 뭔가를 같이할 수 있는, "어, 노래 좋네. 교회에서는 이런 음악도 하는 구나" 하는, 호기심 같은 걸 좀 갖게 해줄 수 있는 게 필요하지 않나 싶었다. 모든 건 호기심에서 시작되니까. 종교 역시도 사람이 성인이 되고나서는 호기심에서 들어오든가, 아니면 뭔가에 상처받고 기로에 섰을 때 들어오든가 그런 건데. 대부분 CCM 보면 너무 끼리끼리 얘기하는 것 같은 스토리가 많더라.

내가 좋은 CCM이라고 했던 건. 믿지 않는 사람들 또 관심 없어하는 사람들도 들으면서 과연 신의 존재가 뭘까 라고 한번 궁금해하기도 하고, 그리고 들었을 때 거부감을 갖지 않는 상태에서 노래를 좀 들었으면 하는 거다. "어, 알고 봤더니 이게 종교음악이었대." 하지만 들어보면 그게 종교음악이긴 하지만 그 노래 안에, 그 노랫말 안에, 그 노래하는 방법 안에, 나는 노래하는 방법을 참 중요하게 생각하는데, 그 사람이 들으면서 자기를 적용시킬 수 있었으면 했다. 그걸 몇 번 경험해 보고나니까 이런 작업을 할 수 있었던 것 같고, 함춘호 오빠도 같이 하면서 다 체크해주고 그러면서 표현이 색다른 것 같다고 얘기했다. 이틀 만에 녹음했다. 두 번 올라가서 이박삼일 있으면서 녹음을 했는데, 스튜디오에 딱 두 번 들어가서 동시녹음으로 했다. 노래도 다 그 자리에서 가이드를 세우고 하고. 그래서 사실, 내 개인적으로는 아쉬운 면이 굉장히 많은 앨범이다.

그런데 아까 초반에 얘기했듯이 노래도 이제는 잘 해야 되겠다는 게, 들려지는 거에 있어서 내가 그런 거에 비중이 많이 가벼워진 거 같은 생각이 든다. 나이 먹으면서. 이것 역시도 그런 마음이 있었기 때문에 내가 수용할 수 있었던 것 같다.(웃음) 부정하고 싶었는데 사실.(웃음) 왜냐면 비행기 타고 올라가서 다음 날 바로 녹음하고 그러니까 컨디션이 영 아닌데, 주변에서 격려를 좀 해주더라. 고민하고 있을 때 용준이도 그랬고 조동익 씨도 모니터 하면서 목소리는 좀 그런데 '전달력'은 참 좋은 것 같다고. 노래 잘해서 매끈하게 불러서 노래 잘한다는 소리 듣는 것 보다 네가 하는 얘기를 귀 기울여주는 게 좋지 않겠냐고.(웃음)

그래서 했는데, 지금도 들으면 노래를 잘했다기보다는, 내가 노랫말 하나 하나를 곱씹은 느낌은 난다. 듣는 사람들은 자연스럽고 좋다 해주시지만, 어쨌든 나한테는 종교음악이었기 때문에 그런 마

음으로 하다보니까 그런 면이 있었던 거 같다. [soony seven] 같은 경우는, 이걸 시작하면서 너무나 많은 시간 동안 고민을 하고, 다시 하는 게 맞는 건지 고민도 했다. 그런데 무슨 일을 할 때든 사람이 한 가지 이유만으로 하지는 않는다고 생각한다. 중요한 이유 하나야 있겠지만, 생각해보면 "이것도 이렇고 저것도 이렇고 해서 이건 해야 되겠네"라는 동기가 만들어진다. 여러 가지 이유가 있었는데, 그래도 배운 게 도둑질이라고(웃음) 여기 있으면서 이리저리 뭔가 해놓은 것들을 한 번 더 흔적을 남겼으면 하는 욕심이 있었다. 그래서 시작했다. 작업하는 동안 힘들었지만 또한 재미있었다. 다시 '아, 이랬지' 하면서. 박용준 씨 같은 경우는 자주 내려와서 작업을 여기서 같이 했다.

또 이 앨범 이전에 윤영배 씨 앨범을 했었잖나. 홈 레코딩으로 [좀 웃긴]이란 음반도 했었는데, 그때 그걸 옆에서 도와주면서 음악 얘기도 하면서 조금씩 생각이 들었던 것 같다. 음악에 조금씩 빠질 수 있는 계기가 되었다. 윤영배 씨의 [좀 웃긴] 음반은 윤영배 씨 빼고 조동익 씨랑 나랑 너무 열심히 한 것 같다.(웃음) 그 뭐랄까, 다시 막 흥분이랄까, 긴장감도 되게 좋았다. 그리고 나니까 [soony seven] 하는데 서두르지 않고 좀 더 차분하게 할 수 있었던 것 같다.

박준흠 좀 전에 "다시 음악을 하는 게 맞는 것인가?"라는 질문을 스스로 했다고 얘기했는데, 그

건 어떤 의미인가?

장필순 여기 내려와서는 사실은 '다시는 안하겠다' 는 아니지만, 하겠다 안하겠다에는 아무런 생각 이 없었다. 이러다 말면 마는 거고 하게 되면 하는 거고, 그런 식이었다.

박준흠 그런데 또 좀 전에는 "음악적으로 양보하 고 싶지 않은 욕심이 굉장히 많다"고도 했는데?

장필순 그러니까 그런 게 있기 때문에 일단 음악 을 하게 되면 이전 방식처럼 해서 다시 뭔가 주변 에 있는 애들만 힘들게 하고, 같이 작업하는 사람 들 심신을 지치게 하는… 그런 걸 내가 되풀이할 필요는 없다고 본다. 나 하나로 끝내고 나 하나로 만족해야지. 그런 면에서 생각했을 때는 안 할 것 같았지만, 음악적으로는 또 양보가 안 되니까. 그 런데 그러고 내려와서 멋있는 말로 '자연을 벗 삼 아' 살다보니까(웃음), 음악이 하고 싶은 마음이 저 절로 안 들더라. 또 예전에는 음악을 하면서도 꾸 준히 해야 하는 이유가 경제적인 이유가 없지 않 았다. 여기 오니까 빚만 없으면 살겠더라. "아, 이 렇게 사는 것도 참 좋다" 이런 생각이 들면서 굳 이 내가 음악으로 다시 돈 벌 일은 없을 것 같은 생각도 들었다. 그러다가 윤영배가 문득 제주에 와서부터 음반을 내기 시작했잖나.

박준흠 그런데 윤영배씨는 갑자기 어떻게 한꺼번 에 음반을 3장(2010년 [이발사], 2012년 [좀 웃긴], 2013년 [위험한 세계])을 내게 된 건가?(웃음)

장필순 그동안 뭔가가 많이 쌓여 있었겠지. 항상 나서서 하지 않고 뒤에 있었잖나. 자기가 자기 목 소리로 노래하다보니까 하나 하고나면 또 뭔가 생

각나고. 지금도 그 친구는 열정이 넘친다. 어쨌든 그렇게 하는 걸 보고, 또 주변에 음악 하는 후배 들도 꾸준히 찾아와서 '하셔야죠!'는 아니지만, 풀 도 뜯어주고, 나무도 패주고 그러면서 "아, 나한 테는 이런 친구들이 있었구나" 하는데 어느 날 이 친구들이 얘기를 조심스럽게 꺼내면서 "형이랑 누 나가 해야 우리도 하지 않겠나?" 이런 식의, 약간 말도 안 되는 얘기를 했다.(웃음) 그러니까 우리가 아직 그 친구들한테는 선배로서 필요한 존재가 될 수도 있겠구나, 그렇다면 우리가 할 수 있는 게 뭘까, 그렇게 여러 가지 것들이 다 합쳐져서 다시 앨범을 내게 된 것 같다.

박준흠 그럼 음악하는 후배들이 두 분한테 바라 는 건 뭘까?

장필순 바라는 거… 공연 좀 많이 하라는 얘긴 자주 한다. 그래야 놀러간다고, 가서 밥 먹는다 고.(웃음). 글쎄, 바라는 걸 잘 얘길 안한다. 우리 한테 '이랬으면 좋겠어요'라는 얘기를 잘 안 하는 것 같다. 음… 사람은 다 칭찬에 약하지 않나. 후 배들이 칭찬 많이 해준다.

박준흠 음악을 다시 하고 싶은 마음이 들게끔 칭 찬을?

장필순 그렇다. 그런 마음을 많이 일으켜준다. 그 리고 또 한 가지는 기다려주고. 그러면서 보채지 않고. 앨범을 내놓고 이 앨범의 결과 자체에 연연 하지 않는 마음이, 예전에도 그랬지만 지금도 그 런 게, 오히려 후배들 앨범이 진짜 잘됐으면 좋겠 다. 그래서 걔네들은 이걸로 생활도 어느 정도 할 수 있고, 그로 인해서 좋은 음악도 더 많이 자꾸

자꾸 할 수 있는 용기가 생기고, 기운 빠지는 일이 좀 없었으면 한다.

그런데 요새는 음악을 알리는 방법도 너무 많이 바뀌고, 이렇게 음반을 온전하게 예전처럼 정규앨범을 낸다는 거에 크게 의미를 부여하지 않더라. E.P도 있고 싱글만 내기도 하고 아니면 음원만도 올리고. 내 밑에 아주 가까운 건 아니지만 그래도 왕래가 있는 대중적인 후배들도 보면 그렇게 하고 있는 경우가 많고, 그렇게 해야 한다고 얘길 한다. 하지만 예전의 그 어쿠스틱한 정서가 쉽게 바뀌지가 않잖나. 음반이 나오면 이렇게 악보(7집 음반에 수록된 악보)를 펼쳐보고 읽고 하는 재미도 음반을 내는 목적중의 하난데.(웃음) 이번에 악보를 열심히 그렸는데, 이걸 보고선 "이걸 어떻게 이렇게 했지?"라고 하는 사람은 많지 않더라. 그걸 기대하진 않았지만 누군가는 나와 같이 이렇게 생각하는 사람이 있지 않을까. 이것에 대해서 칭찬을 들으려는 게 아니라 이걸 볼 줄 알았으면 좋겠는 거다.

박준흠 좋아하는 사람들 있다.

장필순 너무 중요한 건데. 그리고 이번에 코드부터 멜로디까지 수십 차례 수정을 거쳐서 악보를 그렸냐면, 내 앨범에 제대로 된 악보가 별로 없더라. 그래서 누군가 카피를 하면 서로 나눠주고 공유하고 그랬나보더라. 그것에 대해 뭔가 미안한 마음? 그래서 이번에 일일이 코드까지 다해서 넣자, 언제 또 할지 모르는 건데 그러고 한 건데. 요즘 젊은 친구들 중에 이런 걸 즐기는 친구들이 있긴 있지만 정말 이제는 많지 않아 보인다. 다운받아 음악 듣고... 그러니까 앨범 재킷도 점점 무성의해지는 것 같다. 인터넷 들어가서 보면 싱글이라고 여자들은 자기 사진 좀 뽀샤시하고 야사시하게 해서 찍고, 남자들은 마스크 크게 댕겨서 찍고, 오히려 아주 옛날 앨범처럼 그렇게 하더라. 결국 앨범 재킷에 정성을 안 들이는 거 같다. 그런 거에 대해서도 힘이 되는 건 아니겠지만 내가 하면 그래도 우리 후배들이라도 영향받지 않을까. 이번에 이규호 씨도 3단 디지팩으로 한다고.(웃음)

"베이스 하나, 기타 하나, 업라이트 피아노 하나. 진짜 리버브 없이 녹음한 그런 앨범 하나 만들면 어떨까? 잘 때 잠이 솔솔 오는 앨범. 첫 곡부터 끝 곡까지 진짜 느려 터진 앨범."

박준흠 조동익 선생은 다시 음악을 하실 생각이 없으신 건가? 김창기 씨가 최근에 와서 굉장히 성실하게 창작을 하고 음반도 내고 있는데 저번에 페이스북에서 보니까 조동익 선생이 다시 음악활동을 재개한다는 소식을 듣고서 프로듀싱을 맡기고 싶다, 이런 취지의 얘길 한 걸 본적이 있다.

장필순 한 두어 차례 부탁이 왔었는데, 아직까지는... 근데 또 워낙에 김창기도 조동익씨를 잘 아니까. 쿨하게 그럼 다음에 하지 뭐 그러고.(웃음) 그 친구도 복잡하게 사는 스타일이 아니다. 어찌 보면 굉장히 현명한 거다.

박준흠 근데 사실 작년에 나왔던 김창기씨 2집에서 가장 아쉬웠던 게 프로듀싱이다.

장필순 그건 뭐, 듣는 사람 취향일 것 같다. 오히려 그런 어레인지로 인해서 좀 더 대중적으로 알릴 수 있는 기회가 됐을 거라는 생각도 한다.

박준흠 정말로 그렇게 생각되나?

장필순 왜냐면 2000년에 하나뮤직에서 김창기가 독집음반 [하강의 미학] 냈을 때, 우리는 너무 좋은 음반이라고 생각하지만 어쨌든 그것도 많이 알려지진 못했잖나.

박준흠 김창기 씨의 [하강의 미학]하고 2년 뒤에 나온 장필순 씨의 6집이 2000년대 나온 하나뮤직의 명반이라는 생각이 든다.

장필순 김창기 노래가 일단 가사가 너무나 좋으니까. 그때 앨범도 정말 담았다 담았다가 터진 노래들이었다. 이번에도 너무 오랜만에 나왔다. 엑기스만 들어가 있는 느낌이 든다. 노랫말들이 너무 좋다. 이번에 5월에 온다더라. 동문들이랑 놀러.(웃음)

박준흠 조동익 선생의 음반 계획은?

장필순 음악은 계획으로만 되진 않는 것 같다. 오히려 다른 건 계획을 세우는데. 씨를 3월에 뿌려서...(웃음) 이런 건 하는데. 철저한 뭐가 있는 게 아니고, 어찌 보면 음악은 프로라고 하지만 그걸 지나는 모든 건 더할 나위 없이 아마추어적인 것 같다. 이번에 이규호 앨범도 사실은 베이스를 한 두곡만 편곡하려고 부탁을 했는데, 동익 형이 워낙에 연구하고 파고드는 스타일이라(웃음) 음악을 다 듣고서는 베이스를 다 치고 싶은데 어떡하지... 하더라. 그건 계획된 건 아니잖나. 그래서 이번에 규호가 앨범내면서 고생 좀 했다.(웃음) 워낙에 혼자서 작업하는 게 몸에 배어있다 보니, 세션으로 베이스를 치는 사람들은 이해를 못하는 상황인거지. 그냥 치면 되는데 연구를 하니까. 그런데 그러다보니까 음반이 더 좋아지지 않겠나. 한번 할 거 두번 하면 더 좋고, 두번 할 거 세번 하면 또 다른 게 나올 수 있고.

박준흠 그런데 조동익 선생이 유독 장필순 씨 음반에 공을 들이는 이유가 뭐라고 생각하는지?

장필순 일단 너무나 오랜 음악 동지고, 그리고 내가 마음이 넓은 게 아닐까 싶다.(웃음) 나도 만만치 않은데 조동익 씨도 워낙에 음악적 고집이 세다보니 뜻이 안 맞으면 힘들 텐데 같이 공유되는 부분이 많은 것 같다. 그게 갈수록 서로 달라지면 절대 같이 못했을 텐데, '어!' 하는 그런 순간이 있다.(웃음) 그런 순간이 많아지는 거, 다른 사람하고 할 때는 못 느끼는 그런 희열을 느끼는 거. 같이 작업할 때, 나는 여기가 너무 좋은데 이 사람이 옆에서 마늘 까고 앉아 있으면 재미없지 않나. 그러다보니 이제 와서 다른 사람하고 하는 건 나로서도 상상이 안 된다. 그렇다고 음악을 혼자서 원맨밴드처럼 하는 건 내 취향에는 안 맞는다. 나는 되도록 다른 사람하고 더 같이 하고 싶다. 우리가 예전에 했던 아날로그 음악처럼. 이번에도 녹음할 때 신석철도 전화가 와서 "누나, 드럼 싣고 배타고 갈까요?" 그러더라.(웃음) "오면 좋지. 그런데 드럼 놓을 자리가 없어." 그랬다. 진짜 욕심 같아선 작더라도 제대로 된 스튜디오가 있었으면 좋겠다. 뭐, 이제 여기 이상순이 이사 와서 거기 스튜디오가 있으니까.(웃음)

박준흠 그러면 이상순 씨 스튜디오를 사용할 수 있는 건가?(웃음)

장필순 나나 동익이 형이나 성격상 그게... 뭐, 이 효리 같은 경우는 모르지만 이상순은 예전부터 잘 아는 동생인데도, 또 누구의 남자가 되고나니까 거기가 개만의 집은 아니잖나. 그런 게 좀 마음 편치 않은 게 있다. 나나 동익 형이나 성격이 내 것 아닌 건 잘 안 건드리려는 편이다.

앞으로도 뭘 하게 되면, 둘이 일단 같이 있으니까 어떤 계획이 생기면 항상 의논할 수 있지 않겠나. 그게 제일 좋은 에너지인 것 같다. 정말 내가 "베이스 하나, 기타 하나, 업라이트 피아노 하나. 진짜 리버브 없이 녹음한 그런 앨범 하나 만들면 어떨까? 잘 때 잠이 솔솔 오는 앨범. 첫 곡부터 끝 곡까지 진짜 느려 터진 앨범." 그러면, "그래 한번 생각해보자" 그러고 나선 그 다음부터 계속 그거에 대해서 얘길 하게 된다. 그게, 같이 있기 때문에 가능한 작업 과정이 있다. 박용준이라는 후배도 녹음할 때 여기에 한 보름씩 와있으면, 그게 서울에 있을 때 오늘 녹음하고 가고 내일 다시 보고 할 때랑은 완전히 다른 모양새가 만들어지는 거다. 참 신기하다. 밤에도 작업한다고 밤을 새고 있으니까. 작업은 여럿이 하지만 어찌 보면 원맨밴드나 마찬가지인 사운드가 나오는 거다. 어느 것 하나도 억지로 갖다 붙인 것 같은 느낌이 최대한 안 들게 되더라.

박준흠 박용준 씨 세션에 대한 얘기가 나와서 하는 말인데, 함춘호 씨와의 음반 작업이나 이번 음반에서 〈너에게 하고 싶은 이야기〉 등을 들어보면, 박용준 씨의 키보드 연주가 이제는 장필순 씨 앨범 세션에서의 개성을 드러내는 한 파트가 된 것 같다.

장필순 박용준 씨가 1969년생인데 음악하는 친구들 중에도 닭띠가 진짜 많다. 김현철, 박용준, 윤종신, 우리 베이스 치는 정렬이, 또 우리 엔지니어인 이종학 등. 최대한 물이 오른 기분? 이제야 이 친구의 손가락이 피아노를 연주할 때 슬픔도 들리고. 워낙에 음악을 잘하는 얘기는 했지만. 내가 봤을 때는 얼마든지 수월하게 음악 할 수 있었는데 자기가 선택해서 좀 어려운 길을 가는 게 아닌가 한다. 그냥 뭐 김광진이랑 같이 음악하고 이러면 돈 벌고 재미있게 음악하고 편곡하면서 살 수도 있었을텐데.

박준흠 조동익 선생 얘기를 조금 더 이어가면, 프로젝트로나마 '어떤날'이 한번 정도만이라도 재결성해서 한 몇 차례만이라도 공연을 했으면 좋겠다고 생각하는 사람들이 굉장히 많다. 나도 그걸 바라는 사람들 중의 한 명이다. 가능할까?(웃음)

장필순 글쎄, 사람의 일은 또 모르는 거니까. 내가 얘기해서 되겠나.(웃음) 난 동익 형이 무대에 설 일은 없을 것 같은 생각이 든다. 같이 지내보니까 그동안 고만큼이라도 무대에 서서 뭔가 했던 게 너무 기특하더라.(크게 웃음) 무대에 서고 이런 걸 정말 힘들어하고, 요만큼이라도 흡족해지지 않았을 때를 매우 힘들어한다. 내가 물어보면 항상 그런다. 자기가 너무 모자라기 때문에 그런 실수한 걸 들려줘서 무슨 소용 있냐고. 오래 해갖고 노력해서 완성된 걸 사람들한테 들려주고 감상할 수 있

게 해줘야 되는데… 그러더라.

예전에 '세실'에서 공연을 한 적이 있었는데, 동익 형이 세션을 했다. 그게 내 공연 때였는지 낯선 사람들 공연 때였는지… 이병우랑 중간에 같이 연주곡을 했었다. 이병우가 게스트로 나와서 [동경] 앨범에 있는 곡 중에 한 두 곡정도 그렇게 연주했었는데 중간에 동익 형이 틀렸었나보더라. 그런데 사람이 연주하다가 틀릴 수도 있지.(웃음) 지금도 남이 하는 건 틀려도 "야, 틀리면 어때, 라이브가 최고지" 이러는데, 본인이 그런 건 용납이 안 되는 거다. 성격이 좀 그런 게 있어서. 그래서 무대 위에서 틀렸는데, 안치더라. 다들 막 당황해서 이러니까 오빠가 한번만 다시 하자고.(웃음) 그래서 무대 위에서 다시 연주했던 기억이 난다. 사람들이 막 박수치고. 약간 그런 면에서 되게 완벽주의자 같다. 그런 성향이 음악에도 영향을 주니까, 무대에 올라가서 완벽하게 하지 않으면 라이브 하는 것도 무섭고 힘들고 그런 것 같다.

그런데 주변에서도 얘기 많이 한다. 작년엔가 재작년엔가 형이 정말 오랜만에, 몇 년만에 서울에 올라가니까 그때 다 만났었다. 정원형 오빠, 김광민 오빠, 이병우 등. 하여튼 그 또래들 다 모여서 술 한잔하고 놀고 그랬는데, 그때도 이병우 씨는 동익 오빠가 하자고 하면 긍정적일 것 같다는 생각이 들었다. 즐겁게 할 거라는 얘기다. 동익 형도 보면, 싫어서가 아니라… 옆에서 후배들도 얘기는 가끔 한다. "한번 하시지." 뭐 이러면 '헤헤' 웃고 말지, 싫어, 좋아 이게 없다.

박준흠 '1986년 어떤날의 재현'은 개인적으로 꼭 한번 공연기획을 해보고 싶은 '한국 대중음악사

에서의 결정적인 순간'이라고 생각한다.

장필순 무대에 서야 공연을 할 텐데.(웃음)

박준흠 마지막으로 7집으로 다시 와서 얘기하면, 첫 번째 수록곡인 조동진 선생의 〈눈부신 세상〉을 추천 곡으로까지 얘기했는데, 음반에서 중요한 의미로 생각하고 있는 것인가? 그리고 1996년에 조동진 선생의 5집 [새벽안개]를 보게 되면 〈넌 어디서 와〉라는 노래에도 참여를 했다. 조동진 선생은 장필순 씨에게는 음악적으로 어떤 영향을 준 것인가?

장필순 음악적인 면도 그렇고 음악하시면서 살아가는 모습? 그런 것도 그렇고 다 본이 됐다. 나도 좀 세서 많이 혼난다.(웃음) 일단은 그 분의 표현력에 항상 감동하고, 쓰신 글은 누구도 쉽게 따라할 수 있는 부분은 아닌 것 같다. 음악하시는 선배님들도 많고 곡 쓰는 분들도 많이 있고 그렇잖나. 그런데 김민기, 이주원 오빠와는 또 다르게, 표현이 내가 느꼈을 때는 꽤 세련된 표현이라고 할까, 글들의 표현이 되게 도시적인 느낌. 그러면서도 그 안에서 뭔가 자연을 얘기하는 부분도 참 많고. 그런 표현 방법이 너무 좋고, 나도 그렇게 하고 싶고. 또 사시는 모습이 바람직하다고 할 수는 없지만 참 좋다.(웃음)

박준흠 어떤 게 바람직하지 않다는 건가?(웃음)

장필순 뭐라고 표현하긴 참 힘든데... 보통 사람들이 먼 데서 봤을 땐 참 멋있게 사는 분 같지만, 안에 깊이 들어 가보면 쉽게 말해 현실성 없이 사시는 거지.(웃음) 그런데 그게 그렇게 나쁘지 않아 보인다. 나는.

박준흠 개인적인 경험을 얘기하게 되면, 사실 조동진 선생의 음악을 정말로 좋아하게 된 건 서른이 넘어서이다. 20대 때는 오히려 피상적으로 좋아했던 것 같다.

장필순 (맞장구치며) 그러니까 그게 조동진 형 음악의 매력이기도 하다. 또 요즘 세상에 어찌 보면 앞선 건지 처진 건지도 모르겠을 정도의 그런 이미지가 느껴지는 거. 그러니까 한참을 들어야 느껴지고 알겠는 그런 음악. 노래 처음 듣고 우는 후배도 있었다. 그렇지만 나도 처음에는 "아, 너무 좋아" 이러지 않았었다. 나는 그게 매력 있는 것 같다. **SOUND**

| *discography* | 장필순

1집 (1989/동아기획)

가수 활동 5년만에 김현철의 프로듀싱으로 역시 김현철의 곡 〈어느새〉가 담긴 솔로 데뷔 음반을 발표한다. 손진태의 〈빨간 리본〉〈잊고 싶을 뿐〉〈내 작은 가슴속에〉 등도 수록되었다.

2집 (1991/동아기획)

손진태, 유영석, 장기호, 조규찬, 송홍섭이 프로듀서와 편곡자로 참여한다. 장필순 작사, 손진태 작곡의 〈외로운 사랑〉 등이 수록되었다.

이 도시는 언제나 외로워... (1992/서울음반)

3집. 조동익 곡 〈가난한 그대 가슴에〉, 조동진 곡 〈제비꽃〉 등이 수록되었다. 장필순 음반의 음악감독으로 조동익이 본격적으로 등장한다.

Best Collection – 그대가 울고 웃고 사랑하는 사이 (1993/하나뮤직)

스튜디오 라이브. 〈방랑자〉〈눈이 오는 날〉〈어느새〉 등이 수록되었다. 음반 녹음 당시 공연을 진행하고 있었는데, 한날은 공연 세션의 느낌이 너무 좋아서 이를 그대로 스튜디오로 옮겨서 녹음한 것이 이 음반이라고 한다.

Jangpilsoon (1995/킹레코드)

4집. 조동익 곡 〈하루〉, 장필순 작사, 고찬용 작곡의 〈나누니니나〉, 장필순 곡 〈순간마다〉, 장필순 작사, 조동익 작곡의 〈아쉬운 시간〉, 윤영배 곡 〈노란 모자〉, 이무하 곡 〈길〉 등이 수록되었다. 싱어송라이터로서 장필순의 시작이고, 스스로가 말하는 본인 음악에서의 새로운 출발점이다.

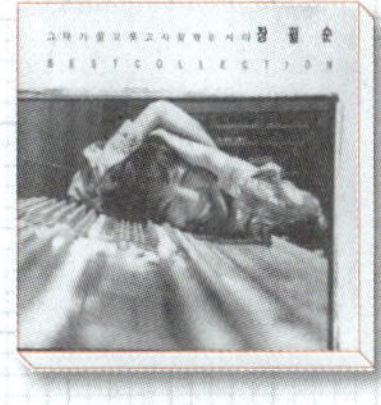

나의 외로움이 널 부를 때 (1997/하나뮤직)

5집. 이 음반은 장필순의 쾌거이기도 하지만 김광석의 [다시부르기 2] 이후 조동익밴드의 절정이기도 하다. 그리고 한국의 여성 포크 뮤지션이 보여줄 수 있는 것의 전부를 보여주었다고 해도 과언이 아닐 정도의 완성도를 만들어냈다. 장필순의 음악적 표현이 음반에 제대로 반영되기 시작한 것은 조동익이 음반디렉터로 참여하기 시작한 1992년 3집 [이 도시는

언제나 외로워...]부터였다. 〈가난한 그대 가슴에〉〈강남 어린이〉 등이 실린 3집은 가사에 좀 더 치중하는 그녀의 모습을 볼 수 있었고, 조동익의 참가로 지난 음반보다는 포크적인 느낌을 더 많이 주었다. 그리고 그녀의 마스터피스인 본 앨범이 1997년에 나왔다. 사실 5집이 나오지 않았다면 장필순은 노래 잘 하는 여자 가수 정도로만 자리매김될 수도 있었다. 이 음반은 3집 이후 조동익과 같이한 음악 작업의 결과가 완벽하게 그 결실을 맺었음을 보여 주었고, 조동익밴드(조동익b, 함춘호g, 윤영배g, 박용준key, 김영석d)의 세션은 조동익, 윤영배, 장필순이 공동으로 작업한 곡들에 너무도 역동적으로 매치되고 있음을 느끼게 한다. 이 음반의 세션은 이전과는 다른 모습을 보여주었는데 〈첫 사랑〉〈나의 외로움이 널 부를 때〉를 제외하고는 박용준의 키보드 연주가 없는 심플한 록 밴드 세션이라는 점이다. 그런데 결과적으로 이 점이 장필순 노래에 역동적인 힘을 부여했고, 메시지 전달력을 향상시켰다. 이 음반의 압권은 조동익의 〈TV, 돼지, 벌레〉인데 이 곡은 도시 삶의 외로움과 무료함을 잘 표현한 곡으로 생각된다. 그 외에 윤영배의 〈스파이더 맨〉〈빨간 자전거 타는 우체부〉도 뛰어난 곡들이다. 또한 〈그래!〉〈넌 항상〉〈사랑해 봐도〉을 들어보면 알 수 있겠지만 장필순의 곡 쓰기 작업이 완숙한 경지에 올랐다는 점이다. 한영애가 4집에서 보여준 것과 같이 그녀도 5집을 통해서 싱어송라이터로 인정받을 수 있게 되었다. 장필순은 자신의 5집 노래에 대해서 "그 곡들은 희망이 담겨 있긴 하지만 현실의 버거움을 노래하고 있다. 이는 나의 느낌이자 색깔이다"라고 하였다.

soony6 (2002/하나뮤직)

이 앨범은 전작과 마찬가지로 조동익, 윤영배, 장필순이 나누어 곡을 썼고 조동익이 프로듀싱과 편곡을 담당했다. 그리고 전작과의 차이점이라면 조동익밴드의 세션 대신 조동익 혼자 세션(기타, 베이스, 프로그래밍)을 전담하였다는 점이다. 이들은 아날로그 방식 대신 하드디스크 레코드 방식을 도입해 보다 '차갑고, 거칠고, 건조한' 소리를 만들어내고 싶었다고 하고, 포크와 발라드, 록적인 부분보다는 '라운지팝과 일렉트로니카'의 방식으로 이 앨범을 만들어내고 싶었다고 얘기한다.

이 음반에서는 자신의 앨범 [Movie]에서 〈프롤로그〉나 〈현기증〉〈이탈〉 등의 테크노적인 음악을 시도하면서도 그 안에서 자신의 정서를 결코 놓치지 않았던 조동익의 역량이 절대적인 역할을 하였고, 그의 능력은 〈헬리콥터〉〈신기루〉 등의 다소 거칠고 건조한 질감의 사운드와 〈동창〉〈어떻게 그렇게 까맣게〉 같은 따뜻한 포크적인 감성의 이질적인 트랙들을 전혀 어색하지 않게 한 앨범 안에 담아낸 것만으로도 충분히 입증되었다.

또한 장필순은 지난 앨범보다 한층 성숙된 곡 쓰기로 〈soony rock〉과 〈어떻게 그렇게 까맣

게〉 같은 매력적인 노래들을 만들어냈고, 전작에서 〈스파이더맨〉과 〈빨간 자전거 타는 우체부〉 등의 노래들에서 최고의 송라이팅을 보여줬던 윤영배 역시도 이 앨범에서 〈헬리콥터〉와 〈동창〉 등의 훌륭한 곡들을 다시 한번 제공했다.

함춘호&장필순 [그는 항상 내 안에 있네] (2009/시니즈)

우리시대 대표적인 여성 싱어송라이터 장필순과 1980년대부터 전설적인 기타 세션으로 이름을 높였던 기타리스트 함춘호의 첫 번째 프로젝트 앨범이다. 함춘호와 장필순의 첫 번째 신앙적 고백을 담은 이 작업에는 박용준(키버드), 김정렬(베이스), 신석철(드럼) 등 두 사람의 음악적 동지들이 대거 참여하고 있다. 일반적인 CCM 음반과는 다른 질감의 음반이고, 자신의 신앙을 강요하지 않으면서도 신의 존재를 한번쯤을 생각하도록 만드는 격조 높은 CCM 곡 작업이다. 그리고 가장 특이한 점은 〈조금 알 것 같아요〉를 들어보면 알겠지만, 1990년대 '조동익밴드' 세션의 부활이 담겼다는 점이다. 특히 박용준의 키보드 연주는 이전 조동익밴드 음악의 색채를 담고 있어서 매우 반가웠다.

Soony Seven (2013/푸른곰팡이)

1. 눈부신 세상 2. 무중력 3. 너에게 하고 싶은 얘기 4. 그리고 그 가슴 텅 비울 수 있기를 5. 맴맴 6. 1동 303호 7. 휘어진 길 8. 빛바랜 시간 거슬러 9. 난 항상 혼자 있어요
2005년에 서울 생활을 접고 제주에 정착한 장필순이 홈레코딩으로 완성한 음반이다. 함께 제주에 둥지를 튼 음악적 동반자 조동익이 총괄 프로듀서를 맡았고, 하나뮤직의 음악적 동료 박용준, 이규호, 고찬용 등이 참여했다. '한국 대중음악 100대 명반'에도 선정됐던 6집에 비해 일렉트로닉 요소는 줄고 어쿠스틱한 색채는 강해졌다. 6집이 100% 디지털 사운드였다면, 이번에는 음악 자체는 아날로그로 가되 필요한 곳에 전자음을 집어넣으려 했다고 한다. 직접 작사·작곡한 타이틀곡 〈너에게 하고 싶은 얘기〉는 음악에서 가장 중요하게 여긴다는 '소통'을 노래한다. 조동진의 5집 앨범에 실린 곡을 리메이크한 〈눈부신 세상〉은 장필순이 "앨범에서 전하려는 이야기를 담고 있는 노랫말"이라고 밝힌 곡이며, 〈1동 303호〉는 도시인의 고단한 일상을 전한다.
7집을 통해 바라는 바는 "첫 곡 〈눈부신 세상〉부터 마지막 곡 〈난 항상 혼자 있어요〉까지 음반을 빠짐없이 듣게 하고 싶고, 그래서 듣는 사람으로 하여금 이 여자가 부르는 게 무엇인지 느끼게 하고 싶었다. 어차피 나는 누군가 들어주길 바라며 부르는 거니까"라고 한다. 특이한 지점으로 〈눈부신 세상〉 중간에서 남성적인 톤으로 샤우팅이 나오는데, 사실은 장필순 본인의 목소리란 점이다. 이에 대해 "대중, 청자, 그리고 회색 하늘 아래 사는 사람들

을 대변하고 싶었어요. 소리 한번 못 지르는 현대인들을 위해서"라는 얘기를 했다.

역시 이 음반에서 눈 여겨 봐야 할 점은 조동익의 존재이다. 하나뮤직의 기둥은 조동진 선생이지만, 1990년대에 실질적으로 하나뮤직을 이끈 이는 조동익이었다는 점이다. 즉, 하나뮤직은 '조동진으로 상징되는 하나뮤직'과 '조동익으로 상징되는 하나뮤직'이 있는데, 후자는 '조동익밴드'가 참여한 세션작들이 대변한다. 김광석 [다시부르기 2집](1995), 안치환 4집(1995), 조동진 5집(1996), 장필순 5집(1997) 등과 같은 1990년대 한국 대중음악 명반들이다. 이후 조동익은 2002년 장필순 6집을 마지막으로 활동이 뜸하다가 2005년에 제주도에 정착했다. 그러다가 2009년 함춘호&장필순의 [그는 항상 내 안에 있네]로 다시 음악적인 시동을 걸었고, 이번 7집 [soony seven]으로 1990년대 그 '조동익밴드' 세션을 부활시켰다. 이는 〈눈부신 세상〉〈무중력〉〈너에게 하고 싶은 얘기〉〈1동 303호〉에서 드러나고, 여기에 일조한 이는 키보드 연주자 박용준이다. 이 점에서 본다면, 장필순 6집은 오히려 조동익밴드 궤적에서 벗어나는 음반이고, 다시 이전 조동익밴드 음악으로 회귀한 작품은 아이러니컬하게도 CCM 음반으로 불리는 2009년 함춘호&장필순의 [그는 항상 내 안에 있네]이다.

또한 조동진 5집은 장필순 음악에 일정 부분 영향을 준 것으로 생각한다. 장필순은 당시에도 〈넌 어디서 와〉에 참여했었다. 이런 점들을 본다면 장필순의 6~7집은 '조동진, 조동익음악의 또 다른 현재'라는 생각이다. 아쉽게도 조동진, 조동익 형제는 더 이상 본인의 이름으로 음반 작업을 하고 있지 않는데, 장필순이 이들을 대표해서 음반 작업을 하고 있다고나 할까. 그래서 적어도 장필순 5집부터는 장필순, 조동익의 듀엣 앨범 같은 느낌이 있다.

■ 기타

햇빛촌 1집 [햇살이 있는 풍경] (1984/오아시스)
이정한(v, g), 함영국(v, g), 최기웅(v, g), 김일준(v, g), 신유미(v, g), 염기정(v, g), 한승민(v, g), 김선희(v, g), 장필순(v, g)

V.A. [캠퍼스의 소리] (1984/서라벌레코드)
소리두울 〈바람에 실려온 마음〉〈종이비행기〉

V.A. [우리노래전시회 II] (1987/동아기획)
소리두울 〈코스모스〉

소리두울 1집 (1988/서울음반)

장필순(v), 김선희(v)

OST [굿모닝 대통령] (1989/지구레코드)

오장박 〈내일이 찾아오면〉, 장필순 〈방랑자〉

오석준, 장필순, 박정운 [오석준/장필순/박정운] (1990/뮤직디자인)

〈방랑자〉〈내일이 찾아오면〉〈내 마음은 항상 그대 곁에〉 등 수록

V.A.[겨레의 노래1] (1990/서울음반)

장필순 〈자장가〉

V.A. [한톨의 사랑이 되어 1] (1995/나이세스)

장필순, 최덕신 〈엔젤리(기아로 죽어간 아프리카 난민촌의 어린이)〉

OST [너희가 재즈를 믿느냐](1996/대영AV)

장필순 〈아무도 모르게〉〈Sunday Morning〉

이정식 [Collaboration] (1996/삼성뮤직)

장필순 〈오래된 친구〉〈거리의 크리스마스〉〈For Wedding〉〈색칠을 할까?〉〈순간마다〉

한희정(Han HeeJung)

**"예전에 선호했던 것은 이미지나 소리였지만
이제는 메시지에 관심이 더 간다. 그게 변화라고 할 수 있다."**

한희정 인터뷰

일시 2014년 3월 25일(화) 오후 3시

장소 합정역 근처 파스텔뮤직 사무실

대담 한희정 VS 지승호

정리, 글 지승호(프리랜서 인터뷰어)

사진 김훈(SOUND 사진작가)

진행 대중음악SOUND연구소

지승호 | 프리랜서 인터뷰어

중3때 레드제플린을 듣고 대중음악에 빠져들었다. 전영혁 편집장의 월간팝송을 탐독하면서 '다이아몬드 보다 소중한 음악들이 있음'을 깨달았고, 성시완의 '음악이 흐르는 밤에'를 듣고 자란 '성시완의 아이들'이기도 하다. 전업 인터뷰어로 40여권을 단행본을 냈다. 만약 다시 태어난다면 록밴드의 기타리스트가 되고 싶은 정도로 음악을 좋아하지만, 깊이 있는 지식은 갖추고 있지 못하다.

SOUND
FESTIVAL 2014
우리시대 여성 싱어송라이터
그녀의 사람을 살다
Vivre sa vie
장필순
한희정
요조
타루
최고은
민채
프롬

2014. 7. 18 Fri - 19 Sat
Fri 8:00p.m. / Sat 3:00p.m. 8:00p.m.
마포아트센터 아트홀 맥

주최 가슴네트워크 amadeby (재)아포문화재단
협력 뮤직 오픈하우스 score
주관 대중음악 SOUND연구소 amadeby
후원 서울종합예술학교 AUDIOGUY jazzpeople HYANG MUSIC

지난해 대중음악계의 가장 큰 흐름 중 하나는 '여성 싱어송라이터'의 귀환이었다. 7번째 앨범으로 돌아온 장필순을 필두로 오지은, 선우정아, 요조, 타루, 프롬, 최고은 등이 앨범을 발표했다. 한희정도 솔로 2집 [날마다 타인]을 발표했고, 한국대중음악상 팝부문 후보에 오를만큼 음악적인 성취를 인정받았다.

한희정은 김영준이 이끄는 메이저 그룹인 더더를 통해 데뷔했다. 탈퇴한 박혜경의 공백을 메꾸며 2001년 더더의 3집 [The Man In The Street]를 냈고, 2003년에 밴드 형태로 발매한 4집 [The The Band]는 제1회 한국대중음악상 '올해의 앨범'을 수상하기도 했다. 이후 데미안에서 활동하던 정상훈과 함께 프로젝트 그룹 푸른새벽을 결성해 4장의 음반을 발표하면서 그들만의 감성으로 매니악한 팬들을 확보했다.

2008년 [너의 다큐멘트] 앨범으로 솔로로 데뷔한 한희정은 작사, 작곡, 편곡, 연주, 프로듀싱까지 담당하는 다재다능한 면모를 보이면서 홍대씬 뿐만 아닌 대한민국을 대표하는 여성 싱어송라이터로서의 면모를 보였다. '원조 홍대 여신'이라는 이미지는 한희정에게 영광이기도 하고, 굴레가 되기도 했다. 그 이미지 탓에 음악적인 평가 면에서 다소 손해를 입는 느낌이 있었으나 2013년 발표한 [날마다 타인]을 통해 그것마저 극복해가는 것으로 보인다. 다양한 컨셉의 공연 역시 매진행진을 하며 인기 공연으로 자리매김하고 있다.

2001년에 데뷔해 벌써 데뷔 14년차를 맞는 한희정은 즐겁게 음악을 하면서도 음악적인 고집도 대단해보였다. 준비에 들어갔다는 다음 앨범이 기대된다.

"내가 음악하는 사람이라는 것을 각인시켜준 앨범이라 만족스러웠다."

지승호 지난해 2집 내고 나서 스스로 그 결과물과 그 반응들에 대해서 만족스러우셨나요?

한희정 일단은 제가 음악하는 사람이라는 것을 각인시켜준 앨범이라 만족스러워요. 음악에 있어서는 그렇게 큰 변화라든지, 새로운 시도랄 것이 그렇게 많지는 않았거든요. 있다면 스트링 편곡 정도였는데요. 그것을 음악의 전면에 내세운 것은 처음이었기 때문에 그 부분에 있어서는 새로운 시도라고 할 수 있지만, 음악적인 면에서는 늘 해오던 방식이었어요.

지승호 다른 분들이 보기에는 〈흙〉이라는 타이틀 곡과 코믹한 뮤직비디오 때문에 색다르게 느꼈던 것 같습니다. 타이틀곡으로 〈날마다 타인〉과 〈흙〉 둘 중에서 고민하시다가 고르셨던 것 같은데요.

한희정 일단은 관심을 끄는 트랙이 필요했어요. 제가 가지고 있던 이미지 때문에 쉽게 부각이 되지 않을 것 같다는 것이 가장 큰 우려였어요. 어차피 듣는 사람들에 따라서 모든 곡들은 다르게 느끼질 것이고, 〈흙〉 한 곡이 유일하게 흥겨운 트랙이잖아요. 그런데도 앨범 전체를 그렇게 생각하시는 분들이 더러 있더라구요. 재밌는 반응 중 하나는 흥겨울 줄 알고 찾아서 들었는데, 곡들이 다 음산해서 무서웠다는 반응이었어요.(웃음)

지승호 앨범 활동을 보면서 어떤 면에서는 편하게 즐기신다는 느낌이 들었지만, 기존의 팬들이 가지고 있는 이미지를 배신한다는 두려움은 없었나요?(웃음)

한희정 남성팬이 줄기는 했어요.(웃음) 여성 팬의 비율이 좀 높아지기는 했는데, 저는 대중 앞에 나서는 일 자체가 불편하기 때문에 어떤 이미지든 사실, 오히려 제 모습이 아닌 것으로 보여지는 것이 가장 불편하죠. 그래서 어떻게 보면 이번 이미지가 제가 가지고 있는 수많은 모습 중에서 가장 저다운 모습이라서 즐길 수 있었던 것 같아요.

지승호 어머니께서도 공연하시는 걸 보고 "어떻게 저 성격에 공연을 하냐?"라고 하신다고 들었는데요. 솔로 1집 나오면서부터 앨범 재킷을 비교해보면 점점 한희정씨 얼굴이 작아지면서 없어지거든요.(웃음)

한희정 그런가요?(웃음)

지승호 데뷔 앨범에서는 얼굴이 크게 나오고, [끈]에서는 엎드려 있는 모습이 나오고, [잔혹한 여행]에서는 멀리서 찍은 전신 사진이구요. 이번 2집에서는 아예 그림이거든요.(웃음)

한희정 하하. 그리고 보니 그러네요. 글쎄요. 제 무의식이 그렇게 작용했는지 모르겠네요.(웃음) 사실 일러스트를 재킷으로 쓰려고 했던 것은 [끈]에서 하려고 했다가 못했던 것이라, 사실 무의식과는 상관없는 일 같긴 해요. 자연스럽게 그렇게 흘러간거죠.

지승호 첫 번째 솔로 앨범을 내실 때는 처음으로 상업적인 고려를 했다고 말씀하셨는데요. 아무래도 홍대 여신이라는 이미지와 분리될 수 없었던

것 같고요. 거기서부터 조금씩 벗어날려고 했던, 그런 이미지보다는 나는 음악으로 승부하겠다는 마음이 작용했던 것 같기도 합니다. 외모만 가지고 얘기되는 게 불편하니까 그걸 벗어나기 위해서.(웃음)

한희정 지금은 제가 드러나는 부분들에 대해 받아들이려고 노력해서 많이 편해진 상태인데요. 앨범 재킷이라는 것이 가장 쉽게 나를 알리는 매체 잖아요. 그래서 첫 솔로 앨범은 '이런 음악을 하는 사람이다'라는 식으로 제 얼굴을 재킷에 넣었어요. 다들 못 알아봐서 그게 문제였던거죠. 도대체 누구냐고 그러시더라구요.(웃음) 그 다음 앨범들부터는 음악이랑 맞는 커버를 골랐죠.

지승호 〈날마다 타인〉에서는 관악기를 쓰시다가 뒷부분에서는 50인조 오케스트라까지 나오는데요.

한희정 스트링 편곡은 오래전부터 했던 건데, 스트링만을 가지고 노래를 만든다는 것은 저로서는 처음 있었던 일이었어요. 그걸 또 1번 트랙으로 놓은 것은 사실 좀 이례적이었죠. 처음에는 피아노로 먼저 만들었다가 피아노로 만드는 것이 재미가 없어져서 첼로를 넣기 시작했고, 첼로를 넣다 보니 재밌는 거예요. 그래서 첼로도 넣고, 바이올린도 넣고 하다보니까 후렴구에 가서는 50인조급으로 되더라구요. 그래서 녹음한 친구가 고생을 좀 했죠.

"학창 시절에는 문학에 크게 관심이 없는 사람이었다. 음악을 해야겠다고 마음을 먹는 순간부터 많이 읽기 시작했다."

지승호 100비트와의 인터뷰에서 "〈엄마, 이 편지는〉이나 〈날마다 타인〉은 전과 비교해 크게 다를 바 없는 가사인 반면 〈무소음〉이나 〈흙〉은 내가 변화를 맞고 있다는 반증이 아닐까 생각한다. 그 변화를 스스로도 재미있다고 여기고 있다"라고 말씀하셨는데요.

한희정 옛날에는 직설적인 것을 별로 좋아하지 않았어요. 푸른새벽 가사나 이후의 가사들만 보더라도 이게 도대체 무슨 말이야, 싶은 것들이 참 많았죠. 그런데 〈흙〉의 가사는 정말 너무 직설적이잖아요. 있는 사실 그대로를, 느낀 것 그대로를 노래하는거니까. 〈무소음〉도 마찬가지구요.

지승호 그 전에는 경험들이나 이런 것들을 은유적으로 표현했다면 직유법으로 표현하기 시작했다는 건가요?

한희정 굳이 구분을 하자면 이전에는 언어를 어떤 메시지를 전달하는 목적으로 쓰지 않았던 거죠. 가사를 이미지나 사운드의 일환으로 생각했었구요. 언어를 통해서 전달하는 것이 메시지라기보다는 소리, 그리고 어떤 언어에서 느껴지는 이미지, 저는 언어라는 것이 정말 신기한 게 얘가 소리가 되기도 하고, 이미지가 되기도 하고, 메시지가 되기도 하거든요. 그 중에서 가장 선호했던 방식은 메시지보다는 이미지나 소리였어요. 이제는 어떤 메시지에 관심이 더 가게 된 거죠. 그게 변화라고 할 수 있겠네요.

지승호 가사를 쓰실 때 영감을 주는 것들이 있나요?

한희정 말로는 설명하기 힘든데요. 뭔가, 뭐라고 표현해야 되지.(웃음) 가사가 써지는 순간이 있거든요. 그 순간의 어떤 느낌이 있는데요. 말로 표현하기는 힘드네요. 물론 가사를 써야 되겠다 하고 쓸 때도 많죠. 폼 잡고 있다가 그 느낌이 오면 써지게 되는 것 같아요.

지승호 〈바다가〉는 허수경 시인의 시를 노랫말로 만드셨잖아요.

한희정 〈바다가〉와 〈이 노래를 부탁해〉는 가사가 먼저 있었죠. 〈바다가〉는 좋아하는 시여서.

지승호 책도 좋아하시고, 시도 좋아하시는 것 같아요.

한희정 좋아할뿐, 많이는 못 읽어요. 다독은 힘들고, 요새는 하는 일이 좀 많아져서 틈틈이 보고

EDIYA COFFEE

있어요.

지승호 음악 활동하고 공연 외에 다른 일도 하고 계시나요? 바쁘다고 하셨는데요.

한희정 일단 발레도 열심히 배우고요.(웃음) 작년에 제가 연극 음악을 한 적이 있어요. 그 연극 연출을 하시는 분과 뭔가 새로운 형태의 공연을 만들어보자 했었고, 또 다른 작가님들과도 얘기를 나눴었는데요. 그 작업을 계속 못하고 있어요. 공연도 있고, 새 앨범도 계획이 잡혀서 해야 되고… 얼마 전에는 친하게 지내는 음악 감독님 부탁으로 영화 음악에 몇 곡 참여했어요.

지승호 음악 가사와 시의 차이가 있다고 생각하세요?

한희정 한강 작가님도 음악에 있어서 가사는 시가 아니겠냐고 말씀하셨는데요. 저는 그렇게 생각하지 않아요. 어떻게 시겠어요?(웃음) 물론 시적인 가사도 있죠. 그런데 제가 쓰는 가사는 시랑 거리가 먼 것 같고, 가사는 그냥 가사인 것 같아요. 하지만 약간의 자랑을 좀 하자면 어제 연극 연출하시는 분과 잠깐 통화를 했는데, 후배 연출가가 연출하는 [본:다]라는 연극에 제 노래 〈나는 너를 본다〉라는 곡을 추천했대요. 그 곡이 마음에 들어서 그 공연에 쓰고 있다고 하는데요. 그 얘기를 하시면서 "[날마다 타인] 앨범 잘 듣고 있다"고, "왜 이렇게 글을 잘 쓰냐?"고, 가사를 보고 놀랐다고 작가해도 되겠다고 하시더라고요.(웃음)

지승호 가사를 잘 쓰시는 이유는 아무래도 책을 많이 읽어서인가요?

한희정 그렇게 많이 읽지는 못했어요. 사실 그렇잖아요. 음악을 많이 들어봤다고 해서 노래를 다 만들 수 있는 것도 아니고, 책을 많이 읽었다고 해서 글을 다 잘 쓸 수 있는 것은 아니지만, 일단은 도움이 많이 되는 것 같아요. 학창 시절에는 문학에 크게 관심이 없는 사람이었어요. 음악을 해야겠다고 마음을 먹는 순간부터 많이 읽기 시작했죠. 정말 재미있더라구요.

지승호 어떻게 보면 가사를 잘 쓰기 위해서 읽으신 거네요. 파울로 코엘료, 한강, 최승자 작가 등을 좋아한다고 들었습니다.

한희정 전례를 찾아보기 위해, 잘 쓴 글이란 어떤 것인지를 공부하기 위해서 한 거죠.(웃음) 그렇게 불순한 의도로 읽기 시작했는데요. 지금은 문학 자체를 너무 좋아하고 즐기고 있어요.

지승호 말씀하신 것처럼 학창시절에 책을 많이 읽으신 것도 아니고, 학과도 행정학과를 중퇴한 것으로 알고 있는데요. 더더 3집으로 데뷔하면서부터 가사를 쓰기 시작하셨잖아요.

한희정 더더 3집은 다 사랑노래, 그 당시 어린 여자 애가 쓸 수 있는 가사였죠. 문학적이지도 않았고, 누구나 쓸 수 있는 종류의 가사였기 때문에. 또 그런 가사여야 했고요.

지승호 음악 활동을 지속적으로, 하고 싶은 음악을 하려면 하기 싫은 일도 해야 되지 않나요?

한희정 그렇죠. 어떻게 보면 노후 대책 같은 건데.(웃음) 우리나라의 음악산업이 이상하게 된 거예요. 옛날에는 음악과 음반이 먼저였거든요. 그런데 지금은 어떤 이슈나 이벤트가 먼저가 된 거죠.

지승호 예전에 "음원시장이 거대한데, 실제적으로 뮤지션의 입지는 나아지지 않고 있다"고 하셨잖아요.
한희정 누구나 느끼고 있죠. 음악을 하는 사람들은 모두 느끼고 있어요. 다만 그것에 대항할 힘이 아직 없고, 뮤지션들이 사실 잘 뭉치지를 못해요. 개인 작업을 하는 사람들이기 때문에. 뭉쳐도 안 될 판에 안 뭉치고 있는 거죠.(웃음)

지승호 "페스티발이 활성화되는 것은 좋지만, 페스티발만 즐긴다"고도 하셨는데요. 페스티발이 활성화되긴 했지만, 그게 뮤지션들에게 실질적으로 도움이 많이 되진 않는다는 얘기 같은데요.
한희정 보탬은 많이 돼요. 설 무대가 많다는 것은 뮤지션들한테 좋은 거잖아요. 푸른새벽 할 때는 큰 무대에 섰던 적도 별로 없고, 작은 클럽에서 안 좋은 장비로 공연을 많이 했었죠. 그런데 그때 공연 보러 온 사람들의 표정을 아직도 잊을 수가 없어요. 정말 음악을 들으러 온 사람들인 거예요. 그런데 최근에 페스티발 같은 큰 무대에서 공연할 일이 많잖아요. 관객들 중에는 "쟤 뭐 재밌는 거 할려고 하나?" 하는 기대감이 더러 보여요. 페스티벌이 많아진다는 얘기도 그런 서비스 면에서 관객들에게 즐거움을 주는 공연들이 많아지는 거죠. 물론 어떤 뮤지션들의 음악을 좋아해서 들으러 오는 사람들이겠지만, 놀러오는 거죠. 그게 나쁘다는 생각은 안 해요. 그것대로 좋은 면이 있죠. 하지만 예전과 지금 관객의 표정은 많이 달라요.

지승호 예전에 신해철 씨가 표현한 것처럼 음악과

음악가에 대한 리스펙트가 줄어들었다는 건데요. 예전에는 커피 한잔을 준비하고, 진공관 앰프를 데우고, LP를 재킷에서 꺼내서 비닐에서 꺼낸 후 판을 한번 닦잖아요. 그리고 그걸 턴테이블에 올리고 20여분을 들은 후 다시 뒤집어서 사이드 B를 듣게 되는데요. 지금은 CD 시대를 지나 MP3 시대를 지나 인터넷 스트리밍 서비스를 받는 시대라 조금만 마음에 안 들면 다른 노래로 휙휙 넘어가는 건데요. 거기에 음악가들이 적응하기도 해야 될 것 같고요.
한희정 그 부분이 현재의 음원시장과 관련이 있어요. 너무 헐값에 팔리는 거죠.(웃음) 그건 정말 부조리한 일이거든요. 정말 이상한 상황이에요. 정말 이상한 상황인데, 이상하다고 생각하지 않고, 사람들이 들어요. 심지어 뮤지션들 중에서도 그런 서비스를 받는 사람들이 있어요. 저는 안 씁니다. 한 달에 얼마내면 100곡 다운로드 이런 식으로 많이 하잖아요. 트위터에 이이언씨가 그런 글을 올린 적이 있어요. 음원이 판매되고 있는 실정에 대해서. "마트에 있는 모든 제품을 월 9900원에 이용하실 수 있습니다, 아니 그게 어떻게 가능하죠?"라고 물었어요. 9900원에 판매되는 이윤을 마트 몫은 우선 제한 후에 남은 수익을 가지고, 잘게 가루 내어서 판매자들에게 주거든요. 그런 셈이죠.

지승호 공연 때마다 계속 새로운 컨셉으로 하시는데요. 올 초에 했던 '타인의 겨울'은 2집을 어쿠스틱한 컨셉으로 하셨는데요. 그렇게 하다보면 준비도 많이 해야 되고, 힘들 것 같은데요.

한희정 많이 힘들어요. 한 달 넘게 공연 생각 밖에 못해요.

지승호 그렇게 되면 매진되어 봐야 대관료도 내야 하고.

한희정 그렇죠. 인건비도 안 나와요. 같이 하는 사람들 밥도 사줘야 되고.(웃음)

지승호 요즘 '댄싱머신 컨셉'으로 계속 공연을 하시는데요.(웃음)

한희정 올해까지만 하려구요.(웃음)

지승호 뮤직비디오에서 발레를 하시는데, 어색한 것은 컨셉인가요? 아니면?(웃음)

한희정 제가 학원에서 그렇게 해요. 아무리 해도 나아지지가 않아요. 주위 사람들이 그만두라고 해요. 배운지 1년 반이 됐는데, 늘지를 않아요.

지승호 몸치인건가요?(웃음)

한희정 그렇다고 볼 수 있죠. 저는 인정하고 싶진 않지만, 주위에서 몸치래요.(웃음)

지승호 모던가야금 연주자 정민아씨가 발레를 추천했다고 하던데요?

한희정 민아씨는 굉장히 역동적인 사람인데, 발레를 시작했다고 해서 "그래서 민아씨가 달라보였나" 싶더라구요. 저도 그렇게 달라지고 싶어서 하

기 시작했죠. 저는 초급은 아니고, 중급과 초급 사이예요. 민아씨는 중급과 고급 사이. 추는 걸 본 적은 없는데 잘할 것 같아요.

지승호 이번 솔로 2집 앨범에서 기존 스타일의 노래도 창법이 더 성숙해졌다는 평을 듣는데요. [잔혹한 여행]이후 3년간 발성 연습을 한 덕이라면서요.

한희정 [잔혹한 여행] 앨범까지는 정기적으로 연습을 하지 않았거든요. 그러다보니까 하는 것만 하게 되는 것, 그게 싫었어요. 나는 이만큼하고 싶은데, 이것밖에 안되네, 그만큼을 극복하기 위해서 연습을 했죠. 목소리가 크게 달라지지는 않을 거예요. 제가 가지고 태어난 것이기 때문에. 다만 성대 자체가 근육인데 근육을 너무 방치해뒀던 것 같아요. 노래도 하면 늘거든요. 목소리도 살짝 풍부해지고, 힘이 있게 되고, 그래서 이번 앨범에는 그렇게 불렀죠.

지승호 방금 성대 자체가 근육이라고 말씀하셨는데, 운동선수들도 계속 운동을 해서 근육을 유지해야 되고, 운동 마다 필요한 근육이 다르지 않습니까? 노래에 맞는 근육을 개발하고 해야 되는데, 그것도 계속 고민을 해야 되고, 내 몸에 맞는 근육인건지 본인만이 알 수 있을 것 같은데요. 계속 불러봐야 될 것 같구요.

한희정 그래서 더더욱 연습이 필요하구요. 정말 노래를 잘했던 유명한 사람들 있잖아요. 타고난 사람들, 그런 사람들이 최근에는 잘 못 부르는 모습을 많이 봐요. 안타깝죠. 관리를 잘 했더라면 좋을텐데, 타고나는 것은 연습해도 안되는 게 있

잖아요. 저는 연습하는 게 맞는 사람인 것 같아요. 제가 추구하는 발성은, 정말 자연스러운데, 뭔가가 있는, 정말 자연스럽고, 좋은데, 뭔가 느껴지는 게 있는 그런 목소리예요.

지승호 밴드를 하는 과정에서 혼자 공부를 하고, 실험을 해 온 것 같은데요.

한희정 실험이라고 치면 그 이전의 것들이 시행착오가 되기 때문에 실험은 아니고요. 저는 혼자 다 해야 되는 성격인거죠. 누구한테 맡기지를 못하는, 그런 사람 있잖아요. 누가 뭐 하고 있으면 '내가 할께, 이리 줘봐' 이런 사람인거죠.

지승호 어떻게 보면 더더에서 나오게 된 것도 음악적으로 '이거 내가 할 게' 할 수 있는 입장도 아니고, 아무래도 김영준씨가 음악적 영향력을 더 많이 행사할 수 밖에 없으니까 그랬던 건가요?

한희정 영준이 오빠 팀이니까요. 더더 4집 나오고, '여기까지구나' 라는 생각을 했어요. 단적인 예를 들면 이런 거죠. 영준 오빠가 쓴 곡 중에서, 가사는 제가 쓰고, 가이드만 불러 놓고, 이 곡은 좀 아닌 것 같으니까 빼자고 해서 뺐던 곡이 있어요. 그런데 그게 5집에 실려 있는 거예요. 그때 생각했죠. 나오길 잘했다고.(웃음)

지승호 더더 4집 같은 경우는 상업적인 성공은 못했을지 몰라도 음악평론가들의 평이 좋았지 않습니까? 그래서 어떤 분들은 '결과물이 좋았는데, 왜 탈퇴했을까?', 이런 얘기도 했던 것 같은데요.

한희정 사실 제가 나가겠다고 했을 때 5집까지 해보자고 잡았어요. 근데 제가 재미없어져서.(웃음)

지승호 정상훈씨와 2001년에 푸른새벽을 결성하셨죠.

한희정 2001년 2월인가 3월에 처음 알게 돼서 클럽 빵에서 공연을 한 것은 겨울쯤부터였어요.

지승호 더더 밴드에서보다 훨씬 더 역할도 키웠고, 1집도 평이 좋았는데요.

한희정 저는 비중에 있어서 욕심은 없어요. 같이 작업을 하면서 느껴지는 재미를 중시하죠. 영준 오빠는 음악적 실험이나 성취 이전에 성공을 해야 하는 사람이었고, 상훈 오빠 같은 경우는 그런 것 보다는 하고 싶은 것을 하자는 사람이었기 때문에 그런 면에서 저랑 맞았어요. 그래서 같이 작업 하면서도 재미있었고.

지승호 푸른새벽은 언제든지 같이 할 수 있는 게 열려 있다고 말씀하셨던 것 같은데요. 재작년에 김연수씨와 함께 한 크리스마스 앨범도 있었구요.

한희정 크리스마스 앨범도 정말 뜬금없이 하게 됐어요. 늘 연락은 하고 지내니까, 어느날 문득 "너 세곡만 불러라" 하는 거예요. '그래' 했더니 "그러면 그냥 푸른새벽으로 작업을 하자"고 하더라구요. 그래서 제 앨범 작업하다말고 뜬금없이 하게 된 건데, 2주만에 뚝딱 만들었어요.

지승호 대중음악SOUND에서 뽑은 '인디 명곡 100선'에는 더더의 〈작은새〉, 푸른새벽의 〈스무살〉이 선정되었습니다. 만든 노래들 중에서 그 두 곡이 들어간 것에 동의하시는 편인가요? 다른 게 훨씬 좋은데, 하는 생각이 들 수도 있을 것 같은데요.(웃음)

한희정 저는 평에는 크게 신경을 안 써요. 솔로 2집을 듣고 "이런 음악하는 사람인 줄 몰랐다. 이렇게 재능 있는 사람인줄 몰랐다"고 하시는 분들이 계세요. 저는 그 이전부터 계속 그렇게 해왔었는데, 다만 제 이미지만 확 바꾼 건데, 그게 그 앨범을 부각시킨 거예요. 녹음, 연주, 편곡, 프로듀싱까지 제가 했는데, 동료 뮤지션들도 잘 몰라요. 믹싱한 분들이 다 해준줄 알더라구요.

지승호 내가 한 거니까 다 알줄 알고, 1집 나올 때도 별 말씀을 안 하셨다고 하셨잖아요.
한희정 생색을 내야 된데요. 저는 생색을 내는 것이 부끄러워서 안했는데, 그렇게 하지 않으면 모른다는 거죠. 저는 비평이라는 것이 그런 것과 많이 연관이 있는 것 같아요. 어떤 사람은 앨범 리뷰조차 그런 식으로 써요. 믹싱, 프로듀싱 등의 이해 없이 편견, 선입견을 가지고 쓰는 거예요. 그래서 저는 평가에 크게 연연하지 않아요.

지승호 어떻게 보면 초기에 '홍대 여신'이라는 컨셉으로 알려지게 된 것이 음악적으로는 저평가를 받게 하는 역할을 하게 된 것 같은데요.
한희정 사실 그래서 많이 홍보가 됐을 거예요. 아마 그 이름 때문에. 사람들은 쉽게 볼 수 있는 것을 먼저 보잖아요. 그런 것을 좋아하고, 그런데 장

기적인 측면에서는 저에게 약간 해가 된 거죠.

지승호 이번 앨범을 통한 활동이 그 이미지를 깨고자 하는 면도 있는 건가요?
한희정 그래서 엉뚱한 이미지를 가지고 가야겠다, 라고 생각을 한 거죠.

지승호 물론 예능이긴 하지만, '방송의 적'에서 "이제 홍대 여신이 아니라 '홍대 댄싱머신'으로 불러달라"고 하는 대사가 나오는 것처럼 좀 편해지신 것 같기도 한데요. 원조 '홍대 여신'으로 불리는 분들이 다들 그 얘기들을 싫어하거나 달갑지 않게 생각한다고 들었습니다.
한희정 아니, 저는 싫지는 않아요. 여신이라고 해주는데 누가 싫어요. 여신이 너무 많을뿐. 그러니까 저는 여신 안 해도 돼요. 그 사람들 하게하고, 저는 다른 거 하고 싶어요.(웃음) 저는 곡 만드는 것이 제일 재밌는 사람이니까, 그거 하는 사람으로.

지승호 앨범 타이틀이 전부 '관계'를 연상시키는 경우는 많지 않았던 것 같은데, 그렇게 관계에 천착했던 이유는 뭔가요?
한희정 제가 사교적인 편이 못돼요. 사람을 사귀는데 재주가 없어요. 낯도 많이 가리고 해서, 폐쇄적인 사람이 더 세상에 관심을 갖는 것처럼 관계에 재능이 없어서 관계를 공부한 것일 수도 있죠.

지승호 다음 앨범은 관계를 벗어난 컨셉의 앨범을 하겠다고 하셨는데, 이제 관계에 대해서 많이 알

게 됐다, 자신 있으니까 다른 걸 해보겠다는 건가요?(웃음)

한희정 하하하. 친구가 많이 생겼어요. 음악하는 친구들도 많이 생기고, 음악 안하는 친구들도 많이 생겼구요.

지승호 서늘한 날을 목표로 작업 중이라고 하던데, 다음 앨범에서는 어떤 것을 보여주실 생각이신가요?

한희정 쉽게 말하자면 한희정표 발라드. 2집에서도 〈더 이상 슬픔을 노래하지 않으리〉 같은 곡들을 가장 좋아하는 분들이 계세요. 〈드라마〉나 〈멜로디로 남아〉 같이 느린 노래들, 그리고 어쿠스틱한 노래들이 제 목소리랑 잘 맞는데요. 그래서 아예 기타와 첼로와 바이올린, 그리고 제 목소리까지 4중주로 편곡할 계획이에요. 작년 단독 공연에서 한두 곡을 바이올린과 첼로와 기타에 노래했는데, 참 좋더라구요.

지승호 인터뷰 때마다 밴드 멤버를 구하기 힘들어서 작업에 어려움을 겪은 얘기가 나오거든요. 처음에는 솔로로 데뷔하지 않으려고 했는데, 멤버를 구하기 어려워서 솔로로 데뷔했다는 말씀도 하셨구요.

한희정 푸른새벽을 하면서 저의 또 다른 메인이 되는 프로젝트를 하려고 했어요. 저는 리듬을 좋아했고, 그래서 리듬에 능통한 드러머, 그리고 드럼을 치지만 시퀀싱도 가능한 멤버를 찾았죠. 그런데 없더라구요.

지승호 사실 연주하는 사람은 굉장히 많을텐데, 본인의 음악에 맞는 연주자를 구할 수 없었다는 얘기로 들리는데요.

한희정 한번은 정말 정말 유명한 분의 메일을 받은 적도 있어요. 제 데모를 들으시고는 연락주셨는데요. 정말 대선배님이고, 그래서 제 눈을 의심했죠. 그런데 그 분이 맞았고, 정중하게 거절을 했어요.

지승호 본의 아니게 그 분도 상처를 받았겠네요. 나름 용기를 내서 같이 작업하고 싶다고 했는데, 아무리 정중해도 어쨌든 거절은 거절이잖아요. (웃음)

한희정 그렇죠. 그런데 너무 거대한 분이라, 제 팀이 아니라 그 분의 팀이 될 것 같은 느낌이 들어서. 음악적인 면이 아니고, 외부에서 보여지는 이미지 자체가. 그런 선입견을 피하고 싶었거든요. 그래서 거절했죠.

지승호 그동안 혼자 작업을 했음에도 불구하고, 남들이 그렇게 느꼈던 부분에 대한 피해의식 같은 것일 수도 있었을 것 같은데요. 이이언씨하고 작업을 했을 때도 이이언씨가 프로듀싱을 한 것으로 생각을 하고.

한희정 이이언씨가 연주까지 하지 않았냐고, 그 사람이 기타를 다 연주해준 줄 알았다고 하는 사람도 있었어요. 제가 약간 그래보이는 게 있나봐요. 누가 다 해줄 것 같고.

지승호 연약해 보이는 이미지가 있죠.

한희정 실제로는 제가 다 해야 되는 그런 사람인데. 보여지는 것은 그런가봐요.

지승호 [날마다 타인]은 3년 전에 떠올렸다고 하셨는데, 타이틀이 정해지면 곡을 쓰는 편인가요? 홈페이지 보면 어느날 뜬금없이 '날마다 타인', '끈' 이런 글자가 올라오는데, 그게 어떻게 보면 시작이라는 선전포고인 것 같기도 하구요.

한희정 시작이 될 수도 있고, 만들다보면 떠오를 수도 있어요. [날마다 타인] 같은 경우는 그 텍스트가 시작인거죠. 그 텍스트를 가지고 해야겠다고 마음먹은 지 2년 만에 곡을 쓰기 시작했는데요. 보통은 가사 쓰면서, 노래를 만들어 나가면서 자연스럽게 정해지는 것 같아요.

지승호 보통 우울함을 탈피하기 위해서 곡을 쓴다고 하셨는데, 1집의 〈우리 처음 만난 날〉 같이 밝은 노래도 있잖아요.

한희정 그 노래는 그런 곡을 만들어야겠다고 생각해서 만든 곡이고요. 밝은 상태여서 자연스럽게 만들어진 곡은 없는 것 같아요. 〈우리 처음 만난 날〉 같은 곡은 부를 때 제가 아닌 것 같은 느낌이 들 때가 있었어요. 그런데 최근에는 이런 생각이 들더라구요. 아주 나한테 없는 면은 또 아니니까, 나도 그럴 때가 있었지, 하는.

지승호 밴드 하실 때 아무래도 우울한 정서의 노래들이 많았고, 그 노래들이 너무 잘 어울리다보니까 푸른새벽의 팬들 중 일부에서는 "어떻게 이렇게 밝은 노래를, 배신감 느낀다"는 반응도 있었던 것 같은데요.(웃음)

한희정 하하하. 푸른새벽 팬들은 저에 대한 편견의 갑이죠.(웃음) 그 어떤 리스너들 중에서도 최고라고 할 수 있는데요. 제가 그런 것만 했으면 좋겠나 봐요.

지승호 아까 말씀하신 것처럼 공연할 때 가장 진지한 관객이고 그럴텐데. 그 분들 중에서 남아 있는 팬들은 "아, 여러 가지를 가진 사람이구나" 하고 편해졌을 것 같구요.(웃음)

한희정 인정했겠죠. 푸른새벽만 할 사람은 아니라는 것을. 그런데 푸른새벽의 감성을 늘 가지고 있는 거죠. 그것만 하지 않을 뿐인 거지.

지승호 달파란씨가 믹싱을 하셨는데, 프로듀싱이 아니라 믹싱만 한 것은 처음이라고 들었거든요. 이 분도 음악적 고집이 상당하신 분이잖아요.

한희정 에피소드가 하나 있는데요. 어떤 곡에서 달파란 샘이 "이건, 그래 내가 하나 해 준다"는 셈 치고, 뭘 하나 하셨어요. 믹스를 하시다가 "귀찮아서 안 할라고 했는데, 내가 이거 하나 해 준다"고 되게 선심 쓰듯이 해주신 거예요. 그런데 저는 그게 마음에 안 들었던 거죠.(웃음)

지승호 하하하. 또 상처를 받으셨겠네요. 큰 맘 먹고 했는데, 정중하게 거절을.(웃음)

한희정 감사하지만, 이건 안 하는 게 좋을 것 같아요, 하고 뺀 적이 있어요. 이건 처음 얘기하는 거예요.(웃음) 달샘이 프로듀싱 안하고 믹스만 하신 것은 처음이라 "아, 믹스만 한다는 것은 이런 기분이구나" 하시더라구요. 처음 알았대요. 믹스가 정말 잘된 것 같아서 감사하죠.

지승호 [이야기 해주세요] 앨범에 참여하셨는데요. 〈이 노래를 부탁해〉가 첫 번째 곡으로 들어갔잖아요. 모여서 들었는데, 모든 사람들이 그 곡을 꼽았다고 하던데요. 내노라하는 분들이 참여했기 때문에 기분이 좋으셨을 것 같은데요. 인정받았

다는.(웃음)

한희정 인정의 분위기는 아니었구요.(웃음) 첫 번째 트랙으로 적당하다는 거였죠. 노래들이 다 좋았어요. 다들 진지하게 작업을 했었고. 그 컴필레이션 음반을 만들면서 너무 재밌었어요. 너무 재

있고, 즐겁게, 하지만 진지하게 함께 앨범을 만들었죠. 소규모 아카시아 밴드의 송은지씨가 그 앨범을 기획하면서 이 앨범이 하나의 몸처럼 다가갔으면 좋겠다는 것에 착안해서 저는 목소리로만 노래를 만들었어요. 그래서 첫 트랙 같이, 인트로처럼 느껴졌을 것 같아요.

지승호 [이야기 해주세요] 앨범을 작업하고, 공연하는 과정에서 은지씨나 다른 분들하고 다들 친해지신 것 같아요. 관계에 대해서, 친구도 많이 생겼다고 하신 부분이 그 부분에서도 해소가 된 것 같은데요.(웃음)

한희정 맞아요. 은지씨한테 그래서 너무 고마워요.(웃음) 은지씨하고 나이가 같은데, 존댓말을 하거든요. 언젠가 황보령 언니랑 셋이 밥을 먹으면서 얘기를 하는데, 은지씨랑 저랑 존댓말을 하니까 깜짝 놀라면서 "너네 서로 존대말해?" 하길래 "네, 우리 내외하는 사이예요" 라고 했죠.(웃음) 친해진 계기가 그러니까, 더 돈독한 유대감이 드는가 봐요.

지승호 사회 문제에 대해서 관심이 많으시잖아요.

한희정 저는 사회의식이라고 거창하게 생각하지는 않고, 제가 살고 있는 세상이니까 좋아졌으면 하는 바람에서 얘기해요. 저는 제 위주인거예요.(웃음) 내가 여기 살고 있는데, 이 세상이 나쁘게 흘러가는 것은 볼 수가 없는 거죠. 언젠가 나의 2세가 살 수도 있고, 내가 사랑하는 사람들이 지금 살고 있구요.

지승호 노래할 때는 얌전한데, 평소에는 '4차원'

적이라고 하는 사람도 있던데요.

한희정 친한 사람들한테는 그런 모습을 보여주죠. 어렸을 때는 친구가 별로 없었으니까 제 여동생한테 주로 보여줬었는데요. 여동생이 저한테 항상 또라이라고 했었어요. 엄마, 아빠도 그 모습은 몰라요.

지승호 어떤 것을 보여주셨길래.(웃음)

한희정 모르겠어요. 그냥 저의 있는 그대로를 보여주는데, 또라이래요.(웃음)

지승호 회사도 다닌 적이 있으시고, 동대문에서도 일한 적이 있다고 들었는데, 지금은 전업으로 하셔도 괜찮은 건가요?

한희정 부모님이 의류업을 하셨어요. 그래서 도와드리면서 앨범 작업을 했죠. 그러다가 다른 일을 하면서 돈을 버는 것과 음악하면서 돈을 버는 것이 별반 차이가 없다는 걸 알았어요. 그래서 지금은 음악만 하고 있어요.

> "어렸을 때는 큰 영감을 주거나, 감동을 주거나, 그렇게 영향을 주는, 사명감 같은 것을 가지고 했는데, 하다보니까 제가 재밌는 것이 짱이더라구요."

지승호 아티스트로서의 지향점이랄까, 앞으로 어떤 음악을 하고, 어떤 음악가로 기억되고 싶다는 것이 있으신가요?

한희정 어렸을 때는 그런 게 있었죠. 큰 영감을 주거나, 감동을 주거나, 그렇게 영향을 주는, 사명감 같은 것을 가지고 했는데, 하다보니까 제가 재미있는 것이 짱이더라구요.(웃음) 그러다보면 사람들이 "아, 이 사람은 어떤 음악을 하는 사람"이라고 자연스럽게 생각하게 되겠죠.

지승호 음악을 잘하기 위한 욕심도 굉장히 많으신 것 같구요. 어떤 인터뷰에서 음악과 연애의 공통점에 대해 "둘 다 환희와 절망을 동시에 품고 있지. 미숙해서 열정적이기도 하고. 나는 음악 쪽에 더 중독돼 있어. 단 한 번의 환희를 위해 수만 개의 절망을 겪어야 한다고 해도 포기할 수 없거든"이라고 표현도 하셨거든요.(웃음) 그만큼 음악에 대해서 뭐라고 할까, 몰입 같은 것이 있다는 얘기인데요.

한희정 저만의 고집이 있죠. 어렸을 때부터 습득하면서 키워온 저만의 감성이 있구요. 그걸 표현하면서 또 달라지는 저만의 작법이 있구요. 그런데 그것을 저는 어떠한 틀에 고정시키고 싶지는 않아요. 최대한 해보고 싶어요. 최대한 해보고, 좋은 것을 만들고 하면서.

지승호 즐겁게, 라고 하는 것은 어떻게 듣기에는 쉬엄 쉬엄의 의미로 들릴 수도 있는데요. 어떤 사람은 마라톤을 즐겁게 할 수도 있는 거구요. 나름 자기의 한계를 시험하면서 즐거움을 찾는다는 생각이 듭니다.

한희정 그렇게 표현하신 게 맞을 거예요. 그렇다고 해서 제가 완벽주의자는 아니에요. 동료 뮤지션들 중에는 저를 그렇게 생각하는 사람들이 있기는 한데요. 물론 그 완벽주의라는 것이 상대적인 개념일 수도 있기 때문에. 제가 다른 어떤 뮤지션을 볼 때는 "너무 완벽주의 아냐" 이렇게 생각할 수도 있거든요. 저는 제 한계나 제 능력을 잘 알고 있는 것 같아요. 그 안에서 추구하는 거죠. 하고 싶은 것을 하기 위해서 할 수 있는 것을 하고 있는 거예요.

지승호 만 피스짜리 퍼즐을 맞추는 게 취미라도 힘든 일이거든요. 좋아하지 않으면 못하는 일이고, 그렇지 않은 사람에게는 고문이잖아요. 그런 것을 좋아하니까 즐겁게 할 수 있는 그런 느낌이랄까요? 최근에 다른 분들 음악 많이 들으셨나요?

한희정 최근에는 음악은 많이 못 들었고, 영화를 많이 봤어요.

지승호 영화도 보면 음악처럼 폭넓게 좋아하시더라구요. 허진호 감독의 '봄날은 간다'하고 '혹성 탈출'을 같이 좋아하시는데요.(웃음)

한희정 둘 다 좋아해요. 저는 헐리우드의 대자본이 들어간 상업영화도 좋아하거든요. 예를 들면 '아이언맨' 같은 것도 좋아하구요. 그런데 '인디펜던스 데이'인가 그런 영화는 정말 싫어요.

지승호 최근에는 어떤 영화를 재미있게 보셨나요?

한희정 웨스 앤더슨 감독의 '그랜드 부다페스트 호텔'을 재밌게 봤어요. 그 감독 영화를 좋아해요. 그리고 짐 자무쉬 감독의 '오직 사랑하는 이들만이 살아 남는다'도 재미있었구요. '논스톱'도 봤구요. 꽤 많이 봤네요. 요새 극장을 자주 가는 것 같아요.

지승호 영화를 좋아하시는데, 다시 영화에 출연하고 싶으신 생각은 없나요?(웃음)

한희정 영화에 출연했던 것은 영화 음악을 만드는 것이 재미있을 것 같아서 출연한 건데, 그게 조건이었어요. 음악 영화기 때문에 뮤지션이 스스로 출연해야 된다고 해서. 공연하는 장면들이 꽤 많이 나오거든요. 노래 만드는 씬이라든지. 그 영화 이후로 두어번 시나리오를 받았는데, 거절을 했죠.

지승호 지금까지 내셨던 앨범 중에 가장 애착이 가는 앨범은 어떤 건가요?

한희정 너무 많아서. 벌써 10장이 됐더라구요. 최근 앨범이 가장 애착이 가네요.

지승호 지금까지 냈던 앨범들이 스스로에게 각각 의미가 있었을 것 같구요. 특별히 의미가 있는 앨범이 있었을 것 같은데요. 어떤 계기가 됐다든지.

한희정 일단 한희정 1집은 솔로의 첫 앨범이라 그런 면에서 의미가 있을 거구요. 이번 앨범은 앞으로 제가 가야할 이정표가 되어 준 것 같아서 의미가 있는 듯해요.

지승호 정규 앨범과 EP를 내는 기준이 있나요? EP를 듣고 짧아서 아쉬우니까 '좀 늘려서 정규 앨범을 내지' 하는 팬들도 있잖아요.

한희정 느낌이 좀 달라요. 말로 표현하기는 좀 힘들어요. [잔혹한 여행]도 그 앨범을 너무 좋아하는 분들이 왜 EP로 냈냐, 두어곡만 더해서 정규앨범으로 내지, 그런 분들이 많았거든요. 그런데 저한테는 느낌이 안 왔어요.

지승호 [잔혹한 여행] 나왔을 무렵 인터뷰를 보니까 세곡을 〈잔혹한 여행〉, 〈드라마 밴드 버전〉, 나머지 전부들이라고 꼽으셨는데, 지금 시점에서 가장 좋아하는 곡은 어떤 건가요?

한희정 지금 있는 앨범 중에서 세곡을 고르는 게 맞는 것 같아요. 〈무소음〉 좋아하구요, 〈나는 너를 본다〉, 〈날마다 타인〉을 좋아해요.

지승호 그런데도 타이틀 곡은 〈흙〉을 선택하셨네요.(웃음)

한희정 귀에 가장 쉽게 들어오니까요.

지승호 솔로 작업과 밴드 작업은 어떤 차이가 있나요? 장단점도 있고 스스로 느끼는 행복감의 차이도 있을 것 같은데요.

한희정 밴드에 대한 열망을 다른 표현으로 하면, 저의 음악적인 메이트를 원한다는 것이 될 거예요. 나도 그렇고, 다른 멤버도 그렇고, 서로에게 큰 영감을 주거나, 서로 큰 재밌는 지점을 교차해서 공감할 수 있고, 공감할 수 있는 부분들이 많은 그런 팀을 해보고 싶죠. 될 수 있을지는 모르겠어요. 그게 밴드여야 한다면 더더욱이나. 밴드는 적게는 세명에서 많게는 대여섯명까지 있는데, 마음 맞는 서너명을 한꺼번에 만나서 관계를 유지하는 일이 그렇게 쉽지가 않은 거죠.

지승호 어떤 사람하고 같이 작업을 하다가 깨졌을 때 상처를 받는 것이 두려워서 같이 작업하는 것을 두려워하는 것은 아닌가요?

한희정 그렇진 않아요. 앞일을 누가 알겠어요. 같이 팀을 하고 싶은 사람을 못 만난거죠. 사실 친

하게 지내는 뮤지션이 많아야 팀도 해보자고 하는데 아는 사람이 별로 없어서 그런 것일 수 있어요.(웃음)

지승호 언어유희를 즐기는데, 그 코드가 맞는 사람이었으면 좋겠다는 말씀도 하셨는데요.
한희정 유머코드가 맞는다는 것은 정말 중요한 일이예요.

지승호 그게 음악적 견해보다 더 중요한건가요?(웃음)
한희정 하하하. 음악적인 지점들이 완전히 같으면 또 재미가 없죠. 좀 다르고, 스펙트럼도 넓고, 좋아하는 부분들이 많이 겹치고, 그러면서 시너지가 나는 사람이면 좋겠는데, 그게 유머코드가 다르면 겹치기가 힘들더라구요.

지승호 밴드 멤버의 조건 같은 것은 있나요?
한희정 글쎄요. 일단 프로의식이 있으면 좋겠고 열려 있는 사람이면 좋겠어요. 유머러스한 사람이면 좋겠구요.

지승호 본인께서 여러 가지 면을 가지고 계시구요. 이번 앨범 재킷도 그런 의미로 받아들이는 사람들이 많았거든요. 내 안의 타인들의 얼굴이 CD 형태로 만들어진 것을 들춰보고 있는.

2011/02/11에 홈페이지에 쓰신 글이 "내가 가진 수많은 얼굴 중 가장 대조적인 두 얼굴이 있습니다. 그것을 꺼내어 나란히 놓았다가 살며시 포개어 보기도 합니다. 웃는 것 같기도 하고 우는 것 같기도 한 그 얼굴이 낯설게 느껴집니다"라는 글이었는데요. 그 두가지 얼굴이라면 어떤 얼굴들인 건가요?

한희정 글쎄요. 단어로 표현하자면 기쁨과 슬픔 같은, 서로 반대가 되는 단어들이 있죠. 사람의 얼굴이라는 것은 어떠한 단어 안에 한정할 수 없잖아요. 그냥 극적인 두 얼굴이라고 하는 것은 그 수많은 모습 중에 가장 대조될 두 개를 뽑은 거예요. '두 얼굴의 여자'라는 공연 때문에 쓰게

된 글인데, 루시아(lucia)로 활동하고 있는 규선이를 저와 똑같은 옷을 입혀서 게스트로 등장하게 했죠.

> "〈우리 처음 만난 날〉 같은 곡은 다시는 쓰지 못하겠죠. 그 곡은 그 당시에도 일부러 만든 곡이었고, 앞으로도 쓸 수 없을 것 같아요."

지승호 본인에게 팬은 어떤 의미인가요?

한희정 앞으로도 음악을 할 수 있게 해주는 고마운 사람들. 혼자 방구석에서 작업하는 것을 좋아

한다고 하지만, 들어주는 사람이 없으면 불가능한 일이잖아요. 그들이 있기 때문에 계속 할 수 있는 거죠.

지승호 음악을 만드실 때 수용자들을 의식하고 만드시는 것은 아니잖아요.

한희정 완전히 배제하지는 않아요. 정말 실험적인 예술만을 추구한다면 저는 완전히 다른 음악을 할 거예요. 판매가 되는 것이고, 들으면서 제가 느낄 때 좋아야 되기도 하고, 어떤 사이트에서 유료로 다운받고 싶게 만들어야 하기 때문에.

지승호 이번 황보령씨 어쿠스틱 앨범에 한 곡 피처링을 하셨죠?

한희정 곡 쓴 사람이 아는 분이예요. 저한테 두 곡 정도 보내주면서 하고 싶은 곡을 하라고 했는데, 그 곡이 저는 좋았어요.

지승호 어떻게 보면 사람 나이가 숫자에 불과하다고 할 수 있지만, 마흔 넘어가다보면 음악 색깔도 바뀌고 그래야 되지 않나 하는 생각을 하시는 분들도 있구요. 동안이시라 그렇지, 얼마 안 남으셨잖아요.(웃음) 그때쯤 되면 어떤 변화를 줘야 되나, 하는 고민을 하고 계신가요?

한희정 〈우리 처음 만난 날〉 같은 곡은 다시는 쓰지 못하겠죠. 그 곡은 그 당시에도 일부러 만든 곡이었고, 앞으로도 쓸 수 없을 것 같아요. 아는 언니가 이런 얘기를 한 적이 있어요. 어렸을 때 어떤 밴드를 하는데, 그 밴드 노래를 하면서 문득 이런 생각이 들더래요. 내가 나이 마흔이 되서도 이 노래를 부르고 있으면 어떻게 하지. 질문하신

것과 비슷한 맥락이겠네요. 저는 사실 그 나이이기 때문에 할 수 있는 게 있다고 생각해요.

지승호 사람이 어떤 나이를 계기로 변할 수도 있지만, 그렇지 않고 예전의 것을 가지고 그 나이에 맞게 조금씩 확장해가면서 넓어질 수도 있는 거니까요. 푸른새벽 노래를 라이브에서는 안하시죠?

한희정 제 솔로 공연 때는 안하죠.

지승호 팬들 중에서는 한두곡씩 해줬으면 좋겠다고 생각하시는 분들도 계시지 않나요?

한희정 올초 공연에는 게스트로 상훈 오빠를 불렀어요. 푸른새벽으로 공연을 했죠. 친구가 보면서 울었대요. 내가 지금 푸른새벽 노래를 듣고 있다니, 하면서. 그런데 주위에서 훌쩍 훌쩍 소리가 들리더래요.(웃음)

지승호 그런 분들을 위해서라도 두 분이 그런 자리를 자주 마련해야겠네요.(웃음)

한희정 이제 자주는 못하죠.

지승호 홍대씬도 처음 데뷔하실 때하고 많은 변화가 있었을 것 같은데요.

한희정 음악에 대한 관심보다는 즐기기 위한, 혹은 가십거리를 위한, 콘텐츠들이 많이 생겨났어요. 실질적으로 클럽들은 많이 줄었고, 90년대 말에 있었던 클럽들이 대부분 사라졌죠. 저는 가끔 빵에 공연보러 가거든요. 그때나 지금이나 똑같아요. 사람들이 잘 안와요.

지승호 홍대가 너무 상업적인 공간으로 변해서 싫

다는 말씀도 하셨는데요. 공연할 수 있는 공간이 많이 없어졌죠.

한희정 공연할 수 있는 곳은 많이 생겼어요.

지승호 홍대 클럽으로 한정짓자면요.

한희정 그렇죠. 클럽은 많이 사라졌죠. 날 것 그대로 들을 수 있는, 여과 없이 새로운 것을 들을 수 있는, 개성 넘치는, 그런 곳이 사라지고 있다는 것은 좋지 않은 일이죠.

지승호 인디 뮤지션으로서의 정체성이랄까요? 그런 것을 가지고 계신건가요?

한희정 사람들이 개념을 어떻게 정리하는지 모르겠어요. 스스로 앨범을 제작하는 사람이고 회사에서는 매니지먼트와 유통을 맡고 있고, 그런 면에서 보면 저는 인디뮤지션이죠. 그렇게 따지면 10cm도 인디뮤지션인데, 10cm는 정말 유명하잖아요.

지승호 간섭 없이 독립적으로 음악을 할 수 있다는 의미인 것 같은데요. 크라잉넛도 대중적인 밴드라고 할 수 있지만, 여전히 클럽에서 노래하잖아요. 앨범을 만들 때 독립적인 방식으로 만들구요.

한희정 그런 면에서는 인디 뮤지션이라고 할 수 있겠네요.

지승호 본인의 뮤지션으로의 장점은 뭐라고 생각하세요?

한희정 잘 모르겠어요. 비교를 못하겠어요. 뭐가 더 낫지?(웃음) 그건 다른 사람들이 판단하겠죠.

제가 그걸 할 필요가 있나요?

지승호 음악적으로 욕심이 나는데, 지금은 좀 아쉽다. 더 갖췄으면 좋겠다, 하는 부분이 있나요?

한희정 그런 부분은 있죠. 지금 하고 싶은 작업을 하기 위해서는 더 많은 것이 필요해요. 더 스펙트럼이 넓어야 하고, 스스로 느끼고 있는 많은 필요한 부분들이 있어요.

지승호 보통 음악 작업 순서는 어떻게 되나요?

한희정 곡마다 달라요. 어떤 곡은 드럼을 먼저 프로그래밍하기도 하고, 어떤 곡은 기타를 먼저 치기도 하고, 어떤 곡은 흥얼거리다가 멜로디가 먼저 나오기도 하고, 어떤 곡은 가사를 먼저 쓰기도 하죠. 건반을 먼저 친 곡도 있구요.

지승호 푸른새벽 시절 '새벽을 닮은 목소리'라는 수식어를 들었는데, 당시에는 싫어하셨다면서요. 활동을 할 때마다 수식어가 하나씩 붙었을텐데요. 지금은 그런 수식어에 대해서 편해지신 건가요?

한희정 어쩔 수 없다고 생각하는 거죠. 많은 사람들이 한결 같이 똑같은 이미지로 생각하지도 않을 것이니까. 어쩔 수 없는 부분인 것 같아요.

지승호 디씨인사이드 인터뷰를 보니까 굉장히 의연하게 대처하시던데요. 가서 리플도 달고, 인터뷰에서도 굉장히 솔직하게 말씀하시는 것이 인상적이던데요.

한희정 아, 그때. 제가 화장을 잘 못해요. 평소에 안하고 다니고, 푸른새벽으로 공연할 때는 거의 안했어요. 그런데 디씨인사이드에서 어떤 분이 푸른새벽 '공감' 영상을 캡쳐해서 올리고, 그 옆에는 데뷔 앨범 재킷 사진과 비교해서 올린 거예요. 그 날 두시간 동안 메이크업을 했어요. 전문가의 손 길로 속눈썹도 하나 하나씩 다 붙이고, 그래서 댓 글로 "저 때는 화장을 내가 해서..." 라고 올렸었 죠.(웃음)

지승호 게임도 자주 하시나요? 스타크래프트를 열심히 하신 적도 있으시잖아요.

한희정 요새 게임은 거의 못해요. 모바일 게임도 안하구요. 옛날에는 마비노기도 하고, 스타크래 프트 좋아했어요. 제 밴드 베이시스트와 게임 친 구였거든요. [잔혹한 여행] 앨범 녹음 전에 스타크 래프트2가 나온 거예요. 너무 궁금해서 참을 수 가 없는 거죠. 저희 녹음실 엔지니어랑 다 같이 피시방 가서 여덟 시간 동안 게임했어요. 녹음 전 날인데.(웃음)

지승호 다른 취미는 없나요?

한희정 영화 보고 책 읽고, 그냥 앉아 있고.(웃음) 요리에 취미를 붙였는데, 취미를 붙이면 안 될 것 같아요.

지승호 2013년 여성 싱어송라이터들의 활약이 돋 보였습니다. 장필순, 선우정아, 오지은, 강아솔, 요조, 한희정, 프롬, 타루, 최고은씨 등이 앨범을 냈는데요. 우연치고는 너무 많은 분들이 돌아왔 는데, 그 분들이 '올해는 같이 한번 내보자'하고

작심하고 내지는 않았을 것 같은데요.(웃음)

한희정 저는 3년만에 낸 앨범이었는데, 그게 딱 맞는 시기가 있나봐요. 작정하고 내지는 않았 죠.(웃음)

지승호 올해 다른 특별한 계획은 있으신가요?

한희정 가을 발매를 목표로 앨범 작업 중인데 어 떻게 될지는 모르겠어요. 일단 그 작업에 매진하 고 있어요. 그걸 해야 다른 것을 할 수 있는데, 빨 리 해야죠.

지승호 책 내는 뮤지션들도 많잖아요. 책은 계획 이 없으신가요?

한희정 네. 그런 질문 많이 받아요. 저는 있는 책 읽기도 참 바빠요. 이렇게 좋은 책들이 많은데.

지승호 요즘 어떤 책들을 재밌게 읽으셨어요?

한희정 제가 인문학 책은 잘 안 읽고 문학 서적만 읽었는데, 소설 쓰시는 분이 몇 권 추천해주셔서 '모든 것은 빛난다' 재미있게 읽었어요. 미국의 두 철학자가 같이 집필한 책인데, 사는 것에 대한 얘 기예요. 살아가는 것, 삶에 대한.

지승호 한희정에게 음악이란 어떤 의미인가요? 식 상하지만 늘 끝 무렵에 나오는 질문이니까요. 그 리고 대답도 매번 다르죠.(웃음)

한희정 그렇죠. 재작년에 [날마다 타인] 작업하 면서 한강 작가님이 이런 말을 해주셨어요. 독일 의 현대무용가 피나 바우쉬가 영화 '피나'에서 그 런 말을 해요. "dance, dance... otherwise we're lost"라고. 그 말을 인용하면서 "열심히 쓰고, 열

심히 만들고, 열심히 부르면서 살아가자"고 말씀하셨어요. 참 위로가 되더라구요. 음악은 내 삶이야 그건 좀 부끄럽고, 계속 쓰고 만들기 때문에 계속 살아갈 수 있는 것 같아요. 그렇지 않으면 피나의 말처럼 길을 잃을 것이기 때문에.

지승호 한희정에게 타인은 어떤 존재인가요? 2집 작업을 하시면서 타인의 의미에 대해서 한번 더 곱씹어 보셨을 것 같은데요.

한희정 '시네도키, 뉴욕'이라는 영화에서 필립 세이모어 호프만이 연극 연출가로 나와요. 항상 다른 사람 작품만 각색해서 연출하다가 거대한 상금을 받고, 자신을 중심으로 등장인물만 1300명이 되는 거대한 연극을 만들어요. 우리가 살아가면서 삶이라 할 수 있는 이 시간의 흐름 안에 꽉 차 있는 것이, 관계잖아요. 사랑도 그렇고, 가족도 그런건데. 마무리를 이렇게 하더라구요. 결국 그들은 모두 나 자신이 될 수 있고, 나는 나고, 나는 너고, 너는 너고, 너는 나다, 이런 식의 경계 없는, 경계를 굳이 나눌 필요가 없는거죠. 지금 타인은 그렇게 생각돼요.

지승호 그런 의미에서 타인이 누군지를 생각하다 보면 타인하고 다른 지금의 나, 한희정이라는 사람이 어떤 사람인지에 대해서도 생각해보셨을 것 같은데요.

한희정 그런 생각은 늘 하죠. 조금씩 낯설어져요. 갑자기 내 손을 보거나 지금 하고 있는 일을 문득 다시 떠올리거나, 지금 내가 여기 앉아 있는 것을 문득 인지할 때, 나라는 존재가 너무 낯설죠. 내가 지금 여기 있구나, 내가 여기 존재하고 있구나,

하는 사실을 새삼 느끼는 거예요. 최근에 저는 낯설게 느껴질 때가 많았어요. 뮤직비디오 편집을 제가 했는데 편집하는 동안 저를 계속 보잖아요. 정말 제가 아닌 것 같더라구요.

지승호 그런 경험을 남들보다 많이 하시는 거잖아요. 보통 사람들도 자기가 듣는 목소리와 녹음으로 듣는 목소리가 달라서 '어, 내 목소리가 이래?' 하고, 끔찍하다고 생각하는 경우도 있잖아요. 음악하시면서 자신의 목소리를 계속 듣고, 영화에 출연해서 자신을 모습을 보다보니까 더 그런 생각이 들 수 있을 것 같은데요.

한희정 좀 다른 차원인 것 같아요. 말로 어떻게 표현해야 될지 모르겠네요.

지승호 사람들과의 관계에 있어서 두려워하거나, 살면서 이런 부분들이 무섭다고 생각하시는 것이 있나요? 사람들이 각자 가진 트라우마가 다르잖아요.

한희정 믿었던 사람한테 실망한 적이 있어요. 그런 부분에 있어서 좀 조심하려고 하는 편이예요. 그때는 어렸고, 그저 나의 모든 것을 여과없이 다 보여주면, 나를 잘 알거란 생각을 했는데, 모르더라구요. 나의 모든 것을 다 보여준다고 해서 나를 잘 아는 것은 아니더군요. 지금 친하게 지내는 친구들은 모든 것을 보여주기도 하지만, 조심스럽게 대하죠. 배려도 하고, 약간의 거리를 둘 때도 있고.

지승호 그게 사실 관계에 있어서 맞는 태도이긴 한데, 뭔가 공허한 느낌이 들 때도 있을 것 같은데요.

한희정 오히려 예전의 경험이 더 공허했기 때문에. 가족들한테 막 하는 사람들 있잖아요. 가족이기 때문에 다 받아줄 것이다. 저는 그렇지 않거든요. 나 자신에게도 지켜야할 예의가 있는 것처럼. 거리를 두는 거라고 할 수 있는데, 벽을 치는 것이 아니라 배려와 예의라고 생각하고 있어요.

지승호 지난번 디씨인사이드 인터뷰에서도 예전에 뮤지션이랑 연애했냐는 질문을 받았을 때 연애했다는 얘긴 밝혔지만, 거기에 대해서 구구절절히 밝히는 것은 옳은 것 같지 않다고 하셨잖아요. 그게 만났던 사람에 대한 예의라고 생각하신건데, 요즘 방송에서는 그런 것을 얘기하게 만들잖아요. 방송과 거리를 두는 것은 그런 이유도 있는 건가요?

한희정 동생(배우 한주완)이 유명해지면서 같이 출연하겠냐는 제의를 한두번 받았어요. 같이 출연해서 나눌 얘기가 어려웠을 때 얘기라든지, 가족사나, 개인적인 일들이잖아요. 저는 음악하는 사람이고, 대중 앞에 나설 때는 음악하는 사람으로서 음악에 대한 얘기를 하고 싶으니까 출연하지 않겠다고 했죠.

지승호 동생이 잘돼서 그런 제의가 오는 것이 한편으로는 기쁘면서도 나는 십년을 넘게 음악을 해왔는데, 가십거리 비슷하게 소비되는 것이 불편하셨겠네요.

한희정 아까도 말씀드렸듯이 받아들이기로 했으니까요. 동생이 잘되는 일은 저에게도 기쁜 일이니까요. 동생은 지금보다 더 유명해질 거고, 세계적인 배우가 될 것이기 때문에.(웃음)

지승호 음악을 통해 대중들에게 더 노출되고 싶다는 생각은 안 해보시는 건가요? 해보니까 나는 그런 게 적성에 안 맞는 사람이라고 생각하시는 건가요?

한희정 그렇죠. 뮤지션이 자기를 노출할 수 있는 통로가 없잖아요. 예능하고 있는 사람들을 보면 참 잘한다는 생각이 들기도 하지만, 한편으로는 저런 방식으로 노출할 수 밖에 없네, 하는 생각이 들기도 하니까. 그 부분에 있어서는 저도 늘 고민하고 있어요. 저에게만 한정이 되는 얘기가 아니니까, 모든 뮤지션들이 같이 고민해봐야 될 문제고, 모든 매체와 리스너들이 다 함께 고민해봐야 되는 문제겠죠.

지승호 어떤 감독님의 경우 묘비명에 뭐라고 쓰여

졌으면 좋겠냐는 질문에 '육십몇편의 장편과 단편
을 연출한 감독, 여기 잠들다'라는 답을 했는데,
한희정씨의 경우 뭐라고 쓰실건가요?

한희정 저는 그냥 화장할건데요. 화장해서 뿌려
달라고 할거예요.(웃음)

지승호 SOUND FESTIVAL 2014에 참여합니다.
7월 18일(금)~19일(토) 마포아트센터에서 공연이
열리는데, 팬들에게 인사 한마디 한다면요? (한희
정 공연은 7월 18일 저녁 8시) 그리고 마지막으로 해
주실 말씀은 없으신가요?

한희정 인터뷰하면서 음악 생활을 정리하는 시
간을 갖게 됐어요. 정말 오래 했네요. 그리고
SOUND FESTIVAL 2014에 참여하게 되어서 기
쁩니다. 저의 엄청난 댄스를 기대해주세요. **SOUND**

▶ 더더(The The)

The Man In The Street (2001/ENE Media)

한희정의 존재를 드러내기 시작한 첫 번째 앨범. 더더의 리더 김영준은 음악 경력이 없는 한희정을 택하는 모험을 했고, 그로부터 2년 가까이 매일 10시간 가까이 보컬 트레이닝을 시켰다고 한다.

4th The The Band (2003/서울음반)

제1회 한국대중음악상 '올해의 앨범'을 수상한 음반. 박준흠은 "이번 더더 4집 [The The Band]는 작년 김광진 4집처럼 현재 한국 오버그라운드 뮤직씬에서 나올 수 있는 최고 수준의 앨범"이라고 평가하기도 했다. 이 앨범에 수록된 〈작은 새〉는 대중음악SOUND가 뽑은 인디명곡 100선에 들어갔고, 100beat 선정 2000년대 베스트 앨범 100 국내 35위에 오르기도 했다.

▶ 푸른새벽(Bluedawn)

Bluedawn (2003/Cavare Sound)

정상훈과 만든 프로젝트 밴드 푸른새벽의 첫 번째 앨범. 이 앨범에 수록된 〈스무살〉은 대중음악SOUND가 뽑은 인디명곡 100선에 들어가기도 했다. 한희정은 이때부터 팬들로부터 '새벽을 닮은 목소리'라는 애칭을 얻었다.

Submarine Sickness + Waveless (2005/Pastel Music)

[Submaine Sickness]와 [Waveless] 2장으로 발매된 EP 앨범. 파스텔뮤직으로 옮겨 낸 첫 번째 앨범으로 푸른새벽 골수팬들이 가장 푸른새벽답다고 말하는 앨범이기도 하다.

보옴이 오면 (2006/Pastel Music)

푸른새벽의 두 번째 앨범. 한희정이 개인적으로는 푸른새벽 첫 번째 앨범보다 더 좋아하고, 많이 듣는 앨범이라고 한다. 100beat 선정 2000년대 베스트 앨범 100에 국내 25위에 오르기도 했다. 푸른새벽의 정규 앨범은 중고CD가 고가에 거래되고 있다.

푸른새벽 with 김연수 − Blue Christmas (2012/Pastel Music)

정상훈에게 몇곡 정도 피처링을 부탁받고 흔쾌히 응한 후 푸른새벽의 이름으로 발매되었다. 많은 팬들이 푸른새벽을 다시 보고 싶어하지만, 앞으로 그런 기회는 거의 없을 듯하다.

▶ 한희정

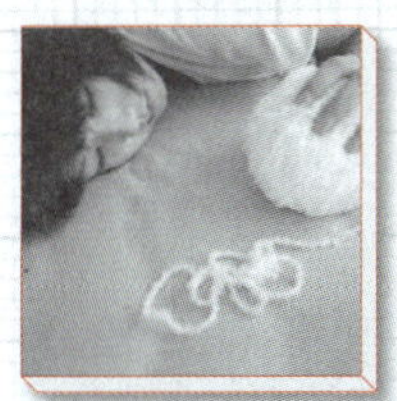

너의 다큐멘트 (2008/Pastel Music)

정규 솔로1집. 처음으로 상업적 고려를 했다는 이 앨범에는 앞으로는 만들지 못할 것 같다고 스스로 말한 밝은 느낌의 히트곡 〈우리 처음 만난 날〉이 수록되어 있다. 광주 민주화 운동에 관한 노래인 〈잃어버린 날들〉 같은 곡들을 통해 사회에 대한 관심도 드러낸 바 있다.

끈 (2009/Pastel Music)

늘 관계에 천착해온 한희정의 첫 번째 EP 앨범. 한희정은 사람과의 관계가 늘 쉽지 않았기 때문에 관계에 천착해왔던 것 같다고 말했다.

잔혹한 여행 (2010/Pastel Music)

타이틀 곡 〈잔혹한 여행〉의 감성을 좋아하는 팬들로부터 몇 곡을 추가해서 정규 앨범으로 만들지 그랬냐는 말을 들었던 EP 앨범. 〈드라마〉라는 곡에 보컬 피처링으로 참여한 MOT의 이이언은 "처음에는 내가 프로듀서의 역할을 하면 되겠구나 생각했는데, 오산이었다. 그녀는 이미 훌륭한 프로듀서였고, 모든 작, 편곡과 연주, 녹음을 혼자 도맡아 해냈다"고 말했다.

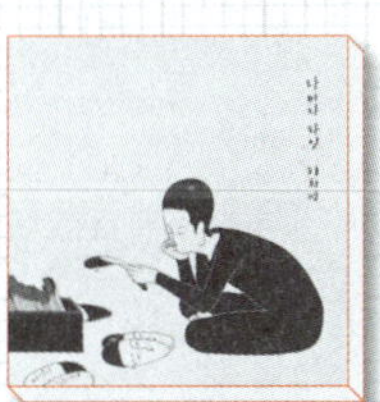

날마다 타인 (2013/Pastel Music)

솔로 2집 앨범. 〈흙〉이라는 독특한 노래와 코믹한 뮤직비디오로 이미지 변신을 시도했다. 하지만 나머지 곡들은 "기존에 해왔던 방식에 몇 가지 새로운 시도를 더 했을뿐"이라고 스스로 말한다. 현재까지의 앨범 중에서 한희정 스스로가 가장 만족스러워하는 앨범으로 한국대중음악상 팝부문 최우수 음반 후보에 오르기도 했고, 프로듀싱 외에 믹싱 작업만을 따로 맡지 않는 달파란이 믹싱을 맡기도 했다.

요조(Yozoh)

"나는 내가 노래를 할 때 스스로가 제일 마음에 든다.
음악적으로 외로워지지 않으려는 삶을 살고 있다."

요조 인터뷰

일시 2014년 4월 3일(목) 오후 2시
장소 매직스트로베리사운드 사무실
대담 요조 VS 조원희
정리, 글 조원희(영화감독, 대중음악평론가)
사진 김훈(SOUND 사진작가)
진행 대중음악SOUND연구소

조원희 | 영화감독, 대중음악평론가

전직 뮤지션, 현직 영화감독인 동시에 평론가. 창작과 평론, 음악과 영화라는 두 쌍의 쌍칼
을 차고 있는 자.

SOUND
FESTIVAL 2014
우리시대 여성 싱어송라이터
그녀의 사람을 살다
Vivre sa vie
장필순
한희정
요조
타루
최고은
민채
프롬
2014. 7. 18 Fri - 19 Sat
Fri 8:00p.m. / Sat 3:00p.m. 8:00p.m.
마포아트센터 아트홀 맥
주최 가슴네트워크 made by (재)마포문화재단
협력 dm 뮤직 오픈하우스 score
주관 대중음악 SOUND연구소 made by
후원 한국문화예술위원회 서울종합예술학교 AUDIOGUY jazzpeople HYANG MUSIC

여성 싱어송라이터. 본명 신수진. 1980년대 초반에 태어나 21세기의 시작과 함께 대중음악 신에 투신. 2004년 허밍어반스테레오의 객원 보컬로 존재감을 드러내기 시작. 2007년 소규모아카시아밴드와 함께 앨범 [YOZOH with 소규모아카시아밴드]를 발표하면서 주목받는 보컬리스트로 대중들에게 각인됐다.

2008년에 발표한 솔로 앨범 [Traveler]를 통해 싱어송라이터로서의 본격적인 활동을 시작했다. 작사, 작곡, 편곡과 프로듀싱까지 손댄 이 앨범을 통해 이전까지 보여줬던 이미지와 차별되는 사운드와 메시지를 전달한 바 있다. 대중적인 지명도 역시 높아져 각종 드라마와 영화의 OST에 참여했으며 연기자, 방송 진행자 등의 활동으로 영역을 넓혔다.

2013년에는 두 번째 솔로 앨범 [나의 쓸모]를 발표. 프로모션 트랙 〈화분〉과 〈춤〉은 물론 모든 곡이 주목받았고, 2014년에는 '부루다와 함께하는 YOZOH in CAFE'라는 제목으로 전국 투어 공연을 했다.

조원희 어릴 때 어떤 노래를 즐겨 들었나?

요조 김정호. 부모님이 좋아하셨다. 〈님〉, 〈하얀
나비〉 같은 노래들. 아직도 김정호가 각인이 돼
있다. 이글스나 비틀즈 같은 올드팝이나 양희은,
송창식 등의 포크세대 음악을 부모님이 아주 좋
아하셨다. 어릴 때 그래서 그런 음악을 많이 들었
다. 산울림, 장사익, 빅토르최 등도 마찬가지.

조원희 어릴 때 들었던 그런 음악들이, 본인의 음
악에 영향을 줬나?

요조 인터뷰 때 간혹 받는 질문이라 영향 받은 걸
까 생각 해 본 적은 있는데, 솔직히 잘은 모르겠
지만 받았다고 우기고 싶은 마음이 크다. 이유는
효도하는 것 같은 기분이 들기 때문이다. 진짜 영
향을 받았을 것이다. 내가 느끼지 못할 수도 있지
만. 솔직한 입장으로는 고집부리는 심정으로, "받
았을 것이다."라고 생각한다.

조원희 어린 시절, 오디오가 거실에 있었는가?

요조 방이 하나였다.

조원희 그렇다면 부모님과 자연스럽게 부모님이
듣는 음악을 공유할 수 있었을 것 같다. 나의 어
린 시절만 해도 한 공간에서 함께 음악을 들을 기
회가 많아 부모, 형제가 듣는 음악을 따라 듣는
경우가 많았는데, 요즘은 음악을 듣는 시스템과
미디어 자체가 개인화 되어 있다. 그래서 부모님

의 영향이나 형 누나의 영향을 받기가 어려운 것
같다. 그래서 그런지 요즘 음악을 시작하는 뮤지
션들의 음악을 들어보면 전 세대와 단절된 느낌을
주는 경우가 많다.

요조 나는 단절 된 지도 몰랐다. 그런데 확실히
방금 말한 부분은 그렇겠다, 하는 생각이 든다.
옛날보다 어린 시절에 음악을 접하게 되는 계기들
이 훨씬 개인적인 상황일 것이라는 추측은 가능
하다. 내가 요즘 음악을 잘 듣지 않기 때문에 그
부분에 대해서 많은 생각은 해보지 않았다.

조원희 그렇다면 요즘엔 어떤 음악을 많이 듣는
가? 어디 가서 신청곡을 한다던가 하는.

요조 그럴 때도 항상 옛날 노래들 신청한다. '노
래 신청하면 틀어주는' 곳에 가면 언제나 김정호
나 김정미 노래 같은 것들을 신청하고, 근래의 노
래로 넘어와도 1980~90년대 정도. 유재하, 조규
찬이나 장필순, 공일오비, 듀스, 김건모, 룰라도
듣고...

조원희 (당신의) 청춘의 송가들인가?

요조 거기서 멈춰 있는 것 같다. 그 이상의 노래
들, 최근 걸 그룹 보이 그룹의 노래들은 스스로
심각하다 생각할 정도로 잘 모른다.

조원희 요조 씨가 활동하는 필드를 한정하긴 싫
지만 어쨌든 그래도 소위 '홍대 앞 인디 씬'이라는
표현을 해 보자면, 같은 씬에서 활동하는 팀의 음
악은 어떤가?

요조 같은 씬의 음악을 많이 듣는 편도 아니다.
들었던 것만 계속 듣고 다양하게 안 듣는 느낌이

다. 가끔 술자리에서 "이거 들어봐라" 하면 환영하며 가끔 들어보는 편이다. 책을 읽는 것에 대한 지적 욕구처럼 '많이 듣고 싶고 많은 음악을 알고 싶고하는 그런 욕망이 음악 쪽으로는 별로 없는 것 같다.

조원희 내가 홍대 앞에서 음악을 하던 시절에는 같은 씬에서 활동하는 사람들과의 동료 의식을 느끼기 위해서라도 찾아 들었던 기억이 있다. 현재 같은 씬에서 활동하는 이들과의 동료 의식 같은 건 있는지.

요조 동료 의식도 별로 없는 것 같다. 물론 같은 회사 내 아티스트들은 각별한 데가 있다. 특히 옥상달빛 같은 경우에는 앨범 작업을 할 때부터 모니터링을 도와줄 정도로 그런 사이가 됐다. 회사 내의 아티스트는 예외적인데 그 외에는 스스로 "심하게 무심한 게 아닌가?"하는 생각이 들 정도다.

조원희 요즘 가장 관심 있는 부분은 어떤 것인가? 음악도, 책도, 음식도 좋고.

요조 날씨가 너무 좋아서, 오늘은 안 좋지만, 꽃도 일찍 피고 그래서 그런지 몰라도 자꾸 여행을 가고 싶은 생각이 많이 든다. 이전에도 지방 투어를 한 두 달 했더니 그 관성이 남아있는 편이다. 주말 정도에는 어디로 가야 될 것 같은 생각. 집에 못 있겠다. 그렇다고 여행을 갈 순 없지만 어쨌든 밖으로 나가서 해 있는데서 책을 읽던지, '멍 때리' 던지 하는 게 좋다.

조원희 원래 돌아다니는 걸 좋아하는 편인가?

요조 날이 좋을 때, 해가 떠 있을 때는.

조원희 인터뷰를 위해서 요조 씨의 음악을 아주 초기부터 다시 들어 보았다. 본인은 어떻게 생각할지 모르겠는데, 굉장히 많이 바뀌었다. 창법부터 시작해서 장르도 많이 넘나들었고. 그런 변화가 어떻게, 본인의 성격과 연관이 있을까?

요조 딱히 성격과는 연관 있는지는 모르겠는데, 그 부분이 새삼스럽게 느껴지지는 않는 게, 나는 워낙 한결같은 사람이 아니라서. 어떤 날은 이 사람이 좋다가도 다음 날 되면 싫어질 때도 있고, 싫어졌다가도 좋아질 수 있고, 본인 자체가 워낙 '팔랑팔랑' '나풀나풀' 그런 사람이라서 해 왔던 음악을 들어보면 한결같지 않은 게 당연한 일인 것 같기도 하다. 그리고 그만큼 시간도 오래 지났기 때문에, 아무래도 20대의 나와 30대의 나는 많은 차이가 있을테니까. 그런 부분도 많은 영향이 있을 것 같다.

조원희 옛날에 힙합도 했더라. 동영상을 한 번 찾아 봤다. 랩도 잘 하던데. 사실 힙합을 하다 다른 장르로 가는 경우가 그리 많지 않은 것 같다. 힙합을 처음 시작한 동기와 어떻게 변화하게 됐는지 그 이유도 궁금하다.

요조 랩을 하게 된 동기는 우연이었다. 당시 흑인

음악을 좋아했다. 중학교 2~3학년 때부터 미국 팝을 접하면서 머라이어 캐리, 휘트니 휴스턴, 보이즈투맨 등의 음악을 듣다가 너무 좋으니까 조금씩 안으로 들어가게 됐다. 특히 여자 가수들을 좋아해서 브랜디, 모니카, TLC, 마야 등등으로 파고 들어갔다. 흑인음악은 경계가 오버랩 되는 경우가 많지 않은가. 그래서 힙합도 많이 듣고 그런 상태에서 대학에 들어가서 그런 음악을 듣고 공유하고 싶은 마음에 흑인음악 동아리에 들어가게 됐다. 힙합 장르에는 지식이 얕았으니 선배들의 권유에 의해 이것 저것 들었다. 그 동아리 내에서도

친구들이 곡을 만들고 노래하고 이러다 보니 우연하게도 사람이 없어서 노래와 랩을 하게 된 적이 있다. 특히 여자가 약간 부족해서 그랬는데, 옆에서 잘한다 하니까 진짜 내가 잘하는 줄 알고 하게 된 것이다. 그러다 허밍 어반 스테레오의 이지린 씨가 친구인데, 집도 가까웠다. 그가 작업하던 곡의 가이드를 불러달라고 해서 글자 그대로 가이드처럼 불렀는데 그 상태를 가지고 앨범을 냈다. 그 앨범의 반응이 그리 나쁘지 않았고, 그래서 내 안에서 전환기처럼 "노래에 소질이 있나?"하는 생각이 들었다. 동아리 내에서만 우리

끼리 '으쌰으쌰' 하는 반응이 아니라 내가 모르는 사람들이 집단적으로 그 노래를 좋아해주는 상황을 보니 "내 목소리가 이럴 수 있나?"하는 것을 다시 생각해 볼 수 있게 됐다. 그 때부터 노래하는 일에 많은 관심이 갔던 것 같다. 스물 세 살 때였다.

조원희 그때까지만 해도 'May'라는 활동명을 썼었던 걸로 기억한다. 허밍 어반 스테레오와의 작업이 어떤 하나의 계기가 될 수 있었을 듯?

요조 터닝 포인트 같은 때였다. 실제로 그 작업을

들고 나에게 다른 작업의 제안도 들어오기 시작했다.

조원희 그래서 힙합에서 일렉트로니카 계열로 갔다가, 소규모 아카시아 밴드와의 작업을 통해 포크 계열로 또 선회를 했다. 그 때는 누가 제안을?

요조 소규모 아카시아 밴드의 민홍 오빠와 코러스를 하며 함께 공연하던 시절이었다. 그 때 민홍 오빠가 "프로듀스를 해 줄테니 나랑 앨범 만들어 보자"라는 제안을 했다. 워낙 그 때는 일렉트로닉 장르 노래를 많이 불러 왔기 때문에 나와 친한 사

이의 사람들은 포크라는 장르가 '안 어울릴 것 같다'고 했었다. 나는 어쨌든 제대로 그런 장르의 노래를 불러본 적 없으니 모험이라고 할 수 있었지만 '재미있겠다' 싶었다. 어쨌든 장르는 달라도 내가 노래한다는 부분은 달라지지 않는 거니까. 그래서 재미있게 작업을 했다.

조원희 정규 1집 [Traveler] 같은 경우에는 어떻게 보면 소규모 아카시아 밴드 시절과 일렉트로니카 시절이 합쳐진 느낌도 났던 것 같은데, 그 앨범을 낼 때 중점을 뒀던 것 어떤 부분인가.

요조 '싱어송라이팅'이었다. 소규모 아카시아 밴드 앨범은 몇 곡 가사만 썼고 전곡을 민홍 오빠가 만들었다. "다음 앨범 땐 니가 만들어라"라는 말을 들었다. 그 전까지는 기타도 못 쳤을 때니까. 기타도 못 치고 공부한 적도 없고 그래서 "내가 어떻게 만드나" 하고 막막했다. 그런데 "아니다. 할 수 있을 것이다"라는 말을 들었다. 그래서 기타도 그 때부터 연습하고 습작도 해 보고, 혼자 그렇게 하다 곡이 모아졌다. 1집 때는 어찌 보면 내가 가지고 있는 정체성이라는 부분에서 단단하지 않은 시절이었을 것이다. 다 처음 해 보는 일이었으니까. 곡을 만들고 기타를 치고 그런 모든 부분에서. 어떤 사람들은 그렇게 안 듣는 사람들도 있고 사람마다 취향이 다르지만 나 자신에게 1집은 좌충우돌 같은 느낌이 있다. 재미있었다.

조원희 그럼 1집 앨범을 내기 전까지는 기타 말고도 다른 악기를 다루지 못했었나?

요조 초등학교 때 피아노 정도.

조원희 본인이 연주와 송라이팅을 시작하고 나서도 변화가 있었을 것이다. 나도 작곡을 시작하면서 내 목소리에 맞춰서 노래를 만들기 시작하니까 딱 내 목소리에 맞는 곡만 만들게 됐었다. 그런 식의 변화 같은 게 있었겠지?

요조 이전까지는 남들이 깔아놓은 바탕에 멜로디를 만들어 버릇 하다가 처음부터 내가 만들기 시작하니까 진짜 내가 뭘 잘하고 못하는지 내가 나를 알아가는 시간이 됐다.

조원희 처음에 곡 쓰기 시작할 때는 보통 딱 꽂히는 코드 진행이 있게 돼 있다. 어떤 거였나?

요조 그게 바로 〈에구구구〉의 진행이었다. C-A-D-G, '너의 침묵에~'(이루어질 수 없는 사랑) 엄마에게 양희은 씨의 그 노래를 배웠다. 그래서 그 코드가 나에게 익숙하니 〈에구구구〉가 바로 그 노래의 영향을 받은 셈이다.

조원희 1집과 2집은 많이 다른 것 같다. 사운드에 접근하는 방식부터 시작해 가사의 내용이나 표현, 멜로디를 만들어가는 방식 같은 것들에 차이가 있는데, 어떤 개인적 터닝 포인트 같은 것이 1집과 2집 사이에도 있었기 때문일까?

요조 앞서 말한 허밍 어반 스테레오의 피쳐링 같이 하나를 콕 찝을 전환점은 없었다. 1집 발표하고 2집 발표하기까지 5년이 지났다던데, 그 5년간 조금씩 나도 모르게 뭔가 변화가 있었던 것 같다.

정확히 뭔지는 잘 모르겠지만. 나는 사람들에게 "5년 전의 너랑 지금 너랑 똑같니? 그냥 시간이 지나서 나도 늙었나보지." 라고 하고 마는데, 변화의 이유가 뭔지는 나도 잘 모르겠다.

조원희 요즘 작업을 할 때, 송라이팅의 방법은 어떤 식인가? 메시지를 먼저 생각한다거나, 악상이 떠오른다거나 하는 작업의 씨앗들. 그런 것들을 어떻게 꺼내나?

요조 1집 때부터 그랬는데 언제나 가사가 먼저 나와야 곡이 그 다음에 나온다. 어떤 뮤지션들은 뜻 없는 말로 흥얼거리며 멜로디를 먼저 만들고는 나중에 가사를 덮는 경우가 있는데, 나는 정반대다. 가사를 먼저 만들어 놓고 가사에 맞춰 멜로디 만드는 방식이 나의 버릇이다.

조원희 오히려 고전적인 방식인 듯 하다.

요조 그런가?

조원희 1990년대 이전 작곡가들은 작사가에게 먼저 가사를 달라고 하는 경우가 더 많았다.

요조 얼마 전 영화 '화이'의 OST 작업을 할 때, 가이드 곡을 두 곡 정도 먼저 보내달라는 요청을 받았다. 그 쪽에서는 "가사는 없어도 되고, 대략 느낌만 알면 되니 허밍으로 흥얼흥얼 해서 보내달라"는 것이었다. 그런데 나는 그게 안 된다. 가사가 없으니까. 그래서 가사부터 써서 만들어 보냈는데, 두 곡의 가사가 모두 다르고, 그 중 선택된 것이 〈Alice in Weird Land〉였고, 선택되지 않은 것이 이영훈의 '내가 너의 작곡가' 프로젝트 음반에 실린 〈Ephemera〉였다. 어떻게 보면 내 방식이

경우에 따라 답답한 경우가 있다.

조원희 피쳐링 아티스트에서 공동작업, 그리고 솔로 아티스트로 1집과 2집을 내는 변화 과정 속에서 프로듀싱 욕심이 생겼을텐데.

요조 1집 때 이미 프로듀싱 욕심이 있었다.

조원희 아티스트가 프로듀싱에 욕심을 내는 게 장단점이 있지 않나. 본인 스스로 밸런스 맞출 생각을 할 것 같은데.

요조 장단점이 분명히 있다. 기본적으로 프로듀싱은 곡을 만든 사람이 직접 하는 게 가장 본인이 흡족할 수 있는 방법이지 않나 하는 생각이 드는 한편, 주변의 밴드하는 친구들에게 들어 보면 실력 있는 프로듀서와 같이 하는 게 어찌 보면 '중구난방 될 수 있는 걸' 하나로 눌러준다던지, 자기가 모르는 어떤 부분을 부각시켜준다던지, 아티스트가 못 보는 부분을 프로듀서가 부각시켜준다는 점에서 프로듀서가 따로 있는 것도 매력있는 것 같다. 그런데 1집 때부터 워낙 내가 이걸 다 콘트롤 해보고 싶다는 욕심이 있었기 때문인지 이번 앨범에서도 따로 프로듀서를 두려는 생각을 안 했다.

"아니, 내가 먼저 이 집을 버린 거야, 그러면서 꽃이 자조적으로 웃는, 그리고 마지막에는 '화분 앞에 버려진 집'이라고 말하며 끝나는 노래"

조원희 1집 앨범을 낼 때와 2집 앨범을 낼 때, 소속사가 바뀌었다. 소속사의 변경이 무슨 변화를 줬나?

요조 많은 변화를 줬다. 나쁘게 얘기하려는 게 아니라 두 소속사의 입장이 많이 다르다. 이전 소속사는 소규모 아카시아 밴드와 내고, 1집 내고 하면서 내가 인디 씬에서 많이 주목받는 것 같은 사람이 되다 보니까 나를 더욱 부각시키고 싶었을 것이다. 하지만 본인은 부합을 못 했다. 회사에서는 이윤 추구, 이미지 기여 등 회사에서 추구할 수 있는 여러 의도를 투영시키려 했다. 그게 나와는 맞지 않았다. 나도 힘들고, 회사도 답답했을 것이다. 계약 끝나고 혼자서 회사 없이 9개월을 활동했다. 그러다 현 소속사에 들어오게 됐다. 내가 처음 내건 조건은 나의 음악적 부분에 터치하지 말아 달라. 그리고 앨범을 빨리 내라고 재촉하지 말아달라는 것. 그래서 2집 앨범이 늦어진 것도 있다. 회사에서는 빨리 내줬으면 하는데 말은 못하고...

조원희 여유를 얻었을 듯.

요조 진짜 마음 편하게 했다.

조원희 그 여유가 이번 앨범에 긍정적인 영향을 줬나.

요조 그 여유라는 것도 그렇고, 회사에서의 바라는 나의 이미지 같은 게 아예 없으니까 그런 부분에서도 훨씬 자유롭게 할 수 있었다.

조원희 (2집 수록곡인) 〈화분〉의 가사가 인상 깊었다. 어떻게 쓰게 됐나?

요조 아까 말씀 드렸듯 그 5년간 이러저런 일이

있었다. 그 5년이 긴지 짧은지 모르겠다. 그 시간 동안 정신적으로, 이걸 늙었다고 표현해야 할지 모르겠는데, 약간 '애늙은이' 같이 된 부분이 있는 것 같다. 〈화분〉은 사람들의 자기합리화, 사람들의 '정신승리' 등을 관찰하다 나오게 된 것이다. 누가 연애를 하다 차였을 때 "원래 내가 차려고 했어" "원래 우리는 잘 될 인연이 아니었어" 이런 것을 보면 '용쓴다' 이런 생각들을 하며 살았는데, 그게 사실 그렇게 하지 않으면 살기 힘든 세상이라는 생각이 들었다. 삶에서 겪을 이런저런 좌절 앞에서 "내가 원래 이렇게 하려 했어" 혹은,

"원래 이렇게 될 수밖에 없었어" 이런 자기 합리화가 구차한 게 아니라, 그냥 삶을 견딜 수 있게 해주는 중요한 부분 중 하나라는 것이다. 옆에서 아무리 '괜찮아' 해줘도 그것도 한계가 있고, 자기가 구차해 보일지라도 "괜찮아, 원래 내가 바라던 바였어" 이런 식으로 생각하는 사람들이 슬퍼보이기 시작했다. 나 역시 마찬가지로 똑같았으니까. 나도 참 슬퍼보이고 다른 사람들도 그렇고… 그런 부분을 이해할 수 있게 되면서 쓴 곡이 화분이다. 집 앞에 화분 하나가 놓여있으면 당연히 버려졌다고 생각할 수 있다. 그래서 버려졌나? 했는데 꽃

이 "아니, 내가 먼저 이 집을 버린 거야" 그러면서 꽃이 자조적으로 웃는, 그리고 마지막에는 '화분 앞에 버려진 집'이라고 말하며 끝나는 노래. 물론 정답은 없는 것이지만 누구나 이렇게 산다는 이야기를 하고 싶었다.

조원희 〈이불 빨래〉 같은 경우엔 조지 마틴(비틀즈의 프로듀서)의 향취가 느껴졌다. 편곡 할 때, 공동 편곡자와 어떤 이야기를 많이 하는지 궁금하다.

요조 정환 오빠(루빈)와 공연하기 시작한 지 오래됐다. 3~4년 정도 됐는데, 그러다보니 나의 스타일을 너무 잘 안다. 그래서 〈이불 빨래〉 작업 때는 노래를 만들고 나서 연주를 하며 들려줬다. 내가 노래를 부르면 코드를 잘 모르니까 오빠가 적었다. 이런 느낌으로 녹음하고 노래하고, 그 노래를 만들 땐 유난히 장난스러운 기분이 돼서 오빠도 연주를 개구지게 했던 것 같다. 나도 코러스 만들면서 장난스러웠다. 드라이어 소리도 넣고.

"나는 음악을 많이 듣는 사람도 아니고 오히려 책을 많이 보고, 영화를 더 많이 본다. 날 좋을 때 밖에서 술 먹고 그런 걸 더 좋아한다."

조원희 아까 화이 OST 이야기도 했는데, 영화, 드라마 OST 작업을 할 때 개인적인 성과는 어떤 게 있나?

요조 아무래도 쓰임새가 약간 다르다. OST는 영상이 주는 감동을 극대화하는 역할 하니까, 그래서 그 '조금만 더 가까이' 할 때도 내가 출연을 했다는 게 약간 좀 극에 대한 몰입을 방해했지만, 어쨌든 영상하고 같이 묶어서 큰 극장에서 선보여주고 있는 상황 자체가 주는 감동이 또 있더라. 그래서 혼자 감동 받고 그랬다.

조원희 연기 이야기 나왔는데 언급을 안 할 수가 없다. 영화 두 편에 출연했다. 그 중 '카페 느와르'는 정성일 감독이 직접 제안 한 것인가?

요조 정성일 감독이 내가 노래하는 유튜브를 보시고 제안을 했다. 미팅을 하는데 출연을 생각 해보라고 하더라. 연기 경험도 전무한데다 연출자가 정성일이라는 굉장한 인물이라서 부담감이 컸다. 처음엔 못하겠다고 그랬었다. 그때 감독님이 여러 가지로 설득했다. 그 설득 중에 가장 설득력 있었던 부분은 "요조 씨가 연기 경험이 없기 때문에 제안 하는 거다"라는 말을 했다. 그래서 내가 연기를 못 함으로 인해 못하는 걱정은 할 필요 없다고 하셨고. 그래서 그때 "그래? 에라 모르겠다. 욕 먹어도 나는 몰라요." 이런 생각이 들었다. 그래서 수락을 했다.

조원희 연기 계속 할 건가?
요조 좋은 경험이었다. (웃음)

조원희 사진도 찍고 글도 쓰고, 책도 얼마 전에 나왔고. 대중음악이 아닌 다른 문화와의 교류에 얼마나 비중을 두고 있나?
요조 어쩌면 그 비중이 음악보다 더 클지도 모른다는 생각이 든다. 앞서 말했듯 나는 음악을 많이 듣는 사람도 아니고 오히려 책을 많이 보고, 영화를 더 많이 본다. 날 좋을 때 밖에서 술 먹고 그런 걸 더 좋아한다. 음악이 전부는 아닌 것 같다.

조원희 그런 다른 것들이 음악에 또 영향을 많이 주지 않나.

요조 그래서 좋다. 책, 놀이, 영화 등이 음악을 할 때 많은 영향력을 주기 때문에 그래서 더 좋다.

조원희 요즘 무슨 책 보고 있지?

요조 남태연 교수님의 '왜 정치는 우리를 배신하는가'를 읽고 있다. 누가 선물해 주셨다. 내가 워낙 정치 쪽으로 아는 게 없어서. 아주 쉬운 책이었다. 친절한 어조로, 개인교습 하듯. 보면서 많이 배우고 있다. 한국의 정치사에 대해. 아 우리나라가 이랬구나, 4.19가 이런 것이었구나. 하면서.

조원희 요즘 사회적인 분위기가 본인에게 자기 검열을 하게 만들지 않나?

요조 그런 부분 분명히 있고, 농담이 농담으로 소비되지 않는 이상한 현상이 있다. 사실 이상한 고집 같은 게 있어서 '상관없다'라고 밀어붙이지만 그럴수록 자신이 상처받게 되는 입장이 되다 보니 어쩔 수 없이 본능적으로 어느 선 이상으로는 발 넣으려고 하지 않는다. 왜냐하면 내가 다칠 수 있고 다쳤을 때 의연하게 아무렇지 않게 넘길 수 있을만큼 강하지 않은 사람이라는 걸 스스로 잘 알기 때문이다.

조원희 아티스트들에게 자기검열은 독이 될 수 있을텐데.

요조 그래서 완곡하고 비밀스럽게 하려고 노력한다. 〈나의 쓸모〉도 나에게는 굉장히 정치적인 노래다. 대선 끝나고 만든 노래다. 박근혜 대통령이 선출되는 되는 순간을 실시간으로 방송 보면서 든 생각을 담은 노래인데, 나만 알고 있는 부분이다.

조원희 그런 비밀을 이야기해도 되나?

요조 그런데 재미있는 사실은 신문사 같은 데 이런 이야기를 해도 안 쓴다. 대선 다음 날 만든 노래다. 이야기를 해도 기자분이 "아 그래요?" 그러고는 안 쓰더라.

조원희 나는 쓸 거다.

요조 (웃음)

조원희 최근 '카페 투어', 이런 것이 사실 아티스트에게 체력적으로도 정신적으로도 소모적일 수 있는 일인데, 어떻게 결심하게 됐나?

요조 분명 소모적 부분이 있다. 나는 특히 체력이 안 좋다. 그렇게 조금이라도 소모가 되는 상황에서 공연하는 게 내키지 않으니 지방 공연을 투어하는 식으로는 거의 엄두도 못내는 상황이었다. 기회를 보고 봐서 부산 한 번, 또 봐서 대구 한 번 이런 식, 엄두도 못 내는 시스템이었다. 얼마 전 대표님과 이야기 하는데 "나는 요조 씨 2집이 너무 좋은데 내가 좋아하는 만큼 사람들이 몰라주는 게 안타깝다. 요조 씨가 라이브 많이 했으면 좋겠다."라고 말했다. 나는 단독 공연 말고 공연을 많이 안 했던 편인데, 그 이야기를 듣고 마음이 많이 움직였다. 많이 들려줬어야 했는데, 너무 체력 생각하고 너무 집에만 있었다. 그런 자책이 들었다. 그러다 지방 공연 제안이 들어왔을 때 주저 없이 하자고 했다. 공연을 하니까 사람들의 반응을 가까이서 확인할 수 있었다. 체력적 소모 당연히 있었지만 그 반응이 메꿔줬다. 그래서 나 같은 약골도 할 수 있구나 하는 생각이 들었다. 기회가 되면 또 하고 싶고, 그 관성이 남아 있으니 이번에 제주도를 갈 일이 생겼는데 "제주도 간 김에 라이브 해보자" 그런 욕심이 생겼다.

조원희 예전에 무대 공포증이 있었다고? 어떻게 극복했나?

요조 아직도 확실히 극복한 건 아니다. 예전보다 확실히 나아지긴 했다. 몇 년 동안 공연 할 때 청심환을 먹고 했다. 그게 내성이 생긴건지... 제주도 해군 기지 반대 모임 집회 때 시와가 노래하는 것을 청심환 먹고는 보고 있었다. 다음이 나인데 진정이 안 되는 거다. "왜 이렇게 약빨이 안 받지?" 대기실에서도 시무룩해지고, 공연 할 때도 너무 떨려서 피가 머리에 도달하지 않아 현기증도 느꼈다. 그 공연 끝나고 루빈과 술 한잔 하며 그 이야기 했더니, "그거 먹으나 안 먹으나 마찬가지잖아?". 그 다음부터는 안 먹고 공연하려고 노력했다. 이번에 지방투어 하면서, 워낙 공연을 자주 하다 보니 조금씩 나아지고 있는 것 같다. 내가 이런 사람이니까 사람들 앞에 나서는 사람들에게

떨리면 어떻게 대처 하나를 물어본다. 그래서 들은 대답을 공연 할 때 실행을 해 본다. 얼마 전에 브라질 가수 티아고 요르크와 공연한 적이 있었다. 그에게 물어봤을 때 그는 "내가 발코니에서 노래하고 이 사람들은 다 나무다"라고 생각한다고. 그래서 나도 '나무다…'라고 생각을 해 봤다. 개그 프로그램을 머리속으로 생각한다는 사람도 있었다. 그래서 나도 '개그 콘서트' 봤던 것을 떠올리기도 하고, 이것저것 많이 해 본다.

조원희 동시대 살아가고 있는 음악 청자들에 대한 생각이 궁금하다.

요조 마음에 드는 것도 있고 안 드는 것도 있다. 마음에 안 드는 건 음악이 가지고 있는 가치가 옛날에 비해 떨어진 것 같은 기분이 든다. 음악을 찾아서 들을 수 있는 시스템이 문제가 크지 않나 하는 생각이 든다. 음원 저작료에 대한 문제라던가 하는 부분에서 어쨌든 청취자들은 점점 싼 값에 많은 노래를 들을 수 있는, 어떻게 보면 편안한 환경이 됐지만 뮤지션들은 환경이 열악해지는 상황. 아무래도 쉽고 편안해지니까 그만큼 소비하는 속도도 더 빨라질 수밖에 없고, 그런 게 안타깝다.

조원희 내가 중고등학교 때 음악 듣던 시절, 어떤 아티스트의 새 앨범이 나오면 라디오에서 처음으로 그 노래를 듣고, 라이센스 음반이 나올 때까지 한달, 두달, 길게는 1년까지 걸렸다. 그동안 언제 나오나 기대하고, 학교 앞 레코드 가게에 매일 음반 나왔나 물어보고 그러다가 음반이 나오면 버스를 타고 가게에 가서 음반을 사서 가슴에 품고

집에 돌아오면서 두근두근 어떤 음악이 있을까 기대하고, 플레이어에 처음으로 걸어 음악이 나오기까지의 그 느낌. 그게 아티스트를 신성하게 만들어주는 부분이 있었다. 하지만 지금은 누구의 신보가 나왔다. 그러면 클릭 한 번으로 음악을 들을 수 있으니 그 시절의 느낌과는 완전히 다른 감상법이 될 수 밖에 없다.

요조 안타깝지만 그 시절로 돌아갈 순 없다. 이런 이야기를 하는 나 스스로도 젊은 시절을 추억하는 노인의 한탄처럼 느껴진다. 내가 젊었을 땐 이런 사랑도 했고, 이런 것들도 있었고. 그러나 그걸 다시 데려다 놓을 순 없다. 지금도 희귀 엘피 사서 듣고, 혹은 엘피는 아니더라도 음악 하나하나 아끼는 사람들이 눈에 띄지만 대체적인 사람들은 그렇지 않은 것이 사실이다. 그 시절은 돌아올 수 없다는 것에 안타까워 할 뿐이다.

조원희 타겟 오디언스를 정하는 편인가?

요조 타겟 오디언스를 정한다기 보다 내가 느끼는 바를 이야기하다보니 그것을 이해하는 사람들이 좋아 해 주는 것 같다. 내 나이 또래에서 플러스 마이너스 몇 살 정도의 사람들이 듣는 것 같다. 그들을 위한 노래를 만드는 건 아니지만 내가 그들과 같은 생각의 노래를 만드니 타겟 오디언스가 저절로 생기는 것 같다.

조원희 한국 대중음악계에 소속감 같은 것은 있나?

요조 없다.

조원희 없는 이유는 뭘까?

요조 여러 가지 상황들이 그렇게 느끼게 만드는 것 같은데, 이를테면, 나는 TV 같은 대중적이라고 할 수 있는 매체에서 드러나지 않는다. '최신 가요' '인기 가요'로 표현되는, 사람들이 좋아하는 그런 부분에서 말이다. 사람들이 나에게 인사치레라도 '모두가 좋아한다'라고 하면 혼돈스러울 때가 있다. 누군가는 나를 홍대 클럽 같은 데서 노래하며 살고 있는 평범한 사람으로 대하는 반면, 누군가는 연예인으로 대하기도 한다. 내가 '애매하게 끼어있나?' 하는 생각이 들어서 어느 집단이나 무리 속에 안정감 있게 있다기보다는 이도저도 아닌 것 같은 느낌이 든다. 그래서 모르겠다. 그래서 소속감이 불투명한 것 같기도 하다.

> **"2집 내고 작은 공연이지만 앨범 선보이고 노래를 하고, 이렇게 지내는 게 나에게는 완벽하게 느껴지는 순간이다."**

조원희 뮤지션에게 음악적 고향과 같은 시대가 있기 마련이다. 당신에겐 어떤 시대인가?

요조 앞서 말했던 '김정호를 듣던 시절'이다.

조원희 본인이 스스로를 뮤지션으로 자각하기 시작한 시절은 언제쯤인가?

요조 그렇게 얼마 안 된 것 같다. 왜냐하면 1집 내고 나서 DJ를 좀 오래 해서, 그 시절엔 뮤지션이라는 생각을 한 적이 거의 없었던 것 같다. 이번에 2집 내면서 조금 안정적으로, 흔들리거나 하지 않을 정도로 단단하게 이제야 내가 뮤지션이 된 것 같다. 그런 생각이 들었다.

조원희 미래에는 어떤 음악 하고 싶나?

요조 어떤 음악이라기보다는 꾸준히 음악을 하고 싶다는 생각이다. 1집을 내고 5년 동안 나름 공백기 비슷하게 있다가 2집 내고 작은 공연이지만 앨범 선보이고 노래를 하고, 이렇게 지내는 게 나에게는 완벽하게 느껴지는 순간이다. 매일 뮤지션이라는 자각을 하며 사는 것도 좋다. 나는 내가 노래를 할 때 내 스스로가 제일 마음에 든다. 나중에도 음악을 꾸준히 할 수 있는 그런 뮤지션이 될 수 있으면 좋겠다.

조원희 크게 망해 본 적 있었나?

요조 한 번 있었다.

조원희 어떻게 극복 했나?

요조 다 극복 못 한 것 같다. 극복의 과정에 있다.

조원희 SOUND FESTIVAL 2014에 참여하는 소
감은?
요조 일단 기분이 좋다. 공연장마다의 성격이라
는 게 있지 않나. 페스티벌에서 느낄 수 있는 강력
하고 '팔팔 뛰는' 에너지가 있는데, 그 에너지를 느
낄 수 있는 기회가 된 것이니 설레고 기분 좋다.
출연하는 동료 선배 뮤지션들도 다 좋아하는 사
람들이라 그 역시 기대 된다.

조원희 7월 18일(금)~19일(토) 마포아트센터에서
공연이 열리는데, 팬들에게 인사 한마디 한다면?
(요조는 19일 오후 3시 공연임.)
요조 "안녕하세요 반갑습니다. 그날 좋은 공연으
로 다시 인사 나눠요."

조원희 당신은 (음악적으로) 어떤 삶을 살고 있나?
요조 외로워지지 않으려는 삶을 살고 있다. **SOUND**

| *discography* | 요조

Yozoh with 소규모아카시아밴드 (2007/Pastel Music)

이전까지 각종 밴드의 객원 보컬로 활동하던 요조가 소규모아카시아밴드의 김민홍과 함께 작업한 스페셜 앨범. 〈My Name Is Yozoh〉가 TV 광고에 삽입되면서 큰 인기를 얻었다. 연하고 상큼한 사운드, 그리고 기억에 잘 각인되는 멜로디라인으로 수많은 팬을 만들어냈다.

Traveler (2008/Pastel Music)

프로모션 〈에구구구〉로 많은 인기를 얻은 첫 번째 솔로 앨범. 작사, 작곡은 물론 프로듀싱까지 대부분 지배한 첫 번째 앨범. 개인적인 사연이 담겨 있는 〈Giant〉나 디지털 싱글로 발매됐던 〈모닝 스타〉 등이 주목받았으며 일렉트로닉으로부터 기타팝에 이르는 다양한 장르적 구성이 돋보이는 음반이다.

우리는 선처럼 가만히 누워 (2010/Pastel Music)

요조가 출연한 영화 '조금만 더 가까이'에서 사용됐던 곡 〈우리는 선처럼 가만히 누워〉를 중심으로 다섯 개의 트랙을 담고 있는 싱글 앨범. 롤러코스터와 베란다프로젝트에서 활동했던 뮤지션 이상순과 함께 작업한 〈우리는 선처럼 가만히 누워〉가 대중적인 주목을 받았다.

나의 쓸모 (2013/Magic Strawberry Sound)

미니멀하면서도 정교한 연주, 일상성이 짙지만 강한 메시지를 품고 있는 가사, 그리고 이제는 트레이드마크를 넘어서 하나의 정체성이 되어버린 보이스 컬러까지 모든 것이 조화로운 두 번째 솔로 정규 음반. 드라마적 반전을 지닌 가사의 〈화분〉과 쓸쓸함과 감상성이 공존하는 〈춤〉 그리고 이름 없는 고양이들에게 바치는 송가 〈나영이〉 등의 넘버들로 대중들에게 사랑받았다.

■ 기타

요조 & 에릭(Yozoh & Eric) [Nostalgia] (2008/Pastel Music)

그룹 '신화'의 리더 에릭 그리고 CF와 드라마 음악으로 대중을 사로잡은 달콤한 목소리의 주인공 요조가 만났다. 〈Nostalgia〉 1곡 수록.

타루(Taru)

"나 자신이 광야로 나가야겠다 싶었다.
모험 없이는 새로운 것을 얻을 수 없을 거라는 생각이 들었다."

타루 인터뷰

일시 2014년 3월 21일(금) 오후 2시
장소 서울 여의도 KBS 주변
대담 타루 VS 정일서
정리, 글 정일서(KBS 라디오PD)
사진 김훈(SOUND 사진작가)
진행 대중음악SOUND연구소

정일서 | KBS 라디오 PD

1995년부터 KBS에서 라디오PD로 일하고 있다. 연출한 프로그램으로는 '김광한의 골든팝스', '전영혁의 음악세계', '이상은의 사랑해요FM', '유희열의 라디오천국' 등이 있으며 현재는 '이소라의 메모리즈'를 연출하고 있다. 저서로 《팝 음악사의 라이벌들》,《365일 팝 음악사》등이 있다.

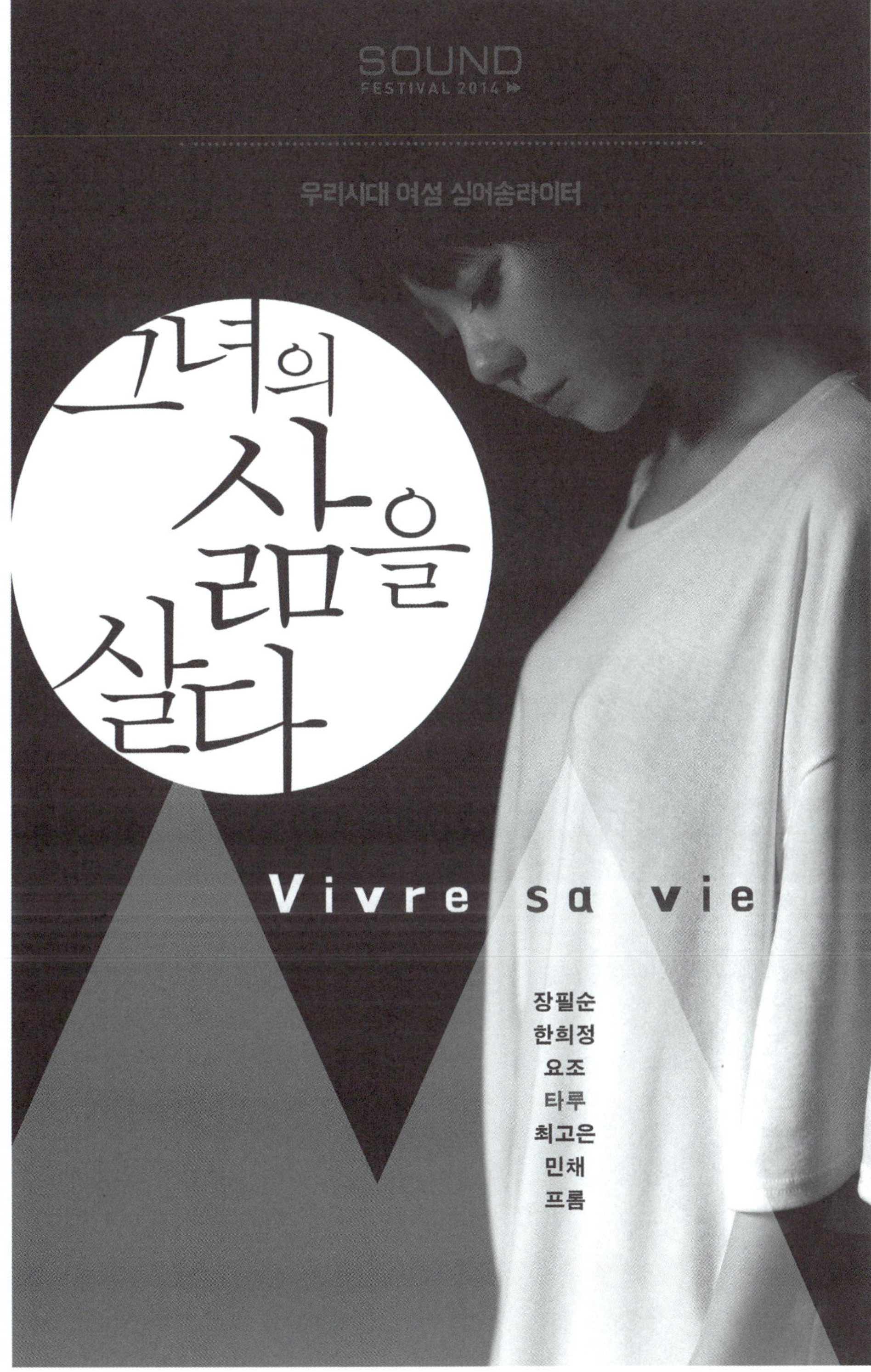
SOUND
FESTIVAL 2014

우리시대 여성 싱어송라이터

그녀의 사람을 살다

Vivre sa vie

장필순
한희정
요조
타루
최고은
민채
프롬

2014. 7. 18 Fri - 19 Sat
Fri 8:00p.m. / Sat 3:00p.m. 8:00p.m.

마포아트센터 아트홀 맥

주최 가슴네트워크 made by (재)마포문화재단
협력 D&m 뮤직 오픈하우스 score

주관 대중음악 SOUND 연구소 made by
후원 한국문화예술위원회 서울종합예술학교 AUDIOGUY jazzpeople HYANG MUSIC

타루(Taru, 본명은 김민영)는 2006년 밴드 더 멜로디(The Melody)의 보컬리스트로 처음 음악계에 모습을 드러냈다. 펑크 밴드 검 엑스(Gum X)와 허클베리 핀의 전 멤버였던 리더 고운(키보드)과 관영(기타), 그리고 타루로 이루어진 3인조 밴드 더 멜로디는 2007년 3월 정규 1집 [The Melody]를 발표하고, 그 해 장안의 화제였던 드라마 '커피프린스 1호점'에 〈랄랄라, It's Love〉, 〈Polly〉, 〈Goodbye〉 등이 삽입되면서 단번에 이름을 알렸지만 단 1장의 정규앨범만을 남긴 채 해산했다.

홀로서기에 나선 타루는 2008년 7월 미니 앨범 [R.A.I.N.B.OW]로 솔로 데뷔를 신고했고, 이듬해 8월에는 솔로 정규 1집 [TaRu]를 발표했다. 2011년에는 정규 2집 [100 Percent Reality]를 냈고 계속해서 2013년 나온 정규 3집 [Puzzle]로 이어졌다.

비슷한 시기 함께 인기를 끌었던 요조, 한희정과 함께 한 때 '홍대여신'으로 불리며 화제를 모으기도 했던 타루는 처음에는 작사부터 시작해 차츰 작곡과 프로듀싱으로 자신의 음악적 영역을 넓혀가며 착실히 성장하고 있다. 특히 가장 최근(2013년 11월)에 나온 미니앨범 [Blind]에서는 이전까지와는 전혀 다른 거칠고 어두운 일면을 드러내며 진일보한 모습을 보여주어 평단과 대중의 호평을 이끌어낸 바 있다.

정일서 아마 잘 기억하지 못하겠지만 우리가 방송을 통해서 이미 두 번 만난 적이 있다. 처음은 더 멜로디 시절에 KBS 오디오 DMB에서, 또 한 번은 2009년쯤에 당시 내가 연출하고 있던 프로그램인 KBS Cool FM '유희열의 라디오 천국'에서. 혹시 기억 안나나?

타루 (어이쿠) 죄송한데 잘 기억이 안 난다. 내가 안면 인식장애가 있다고 할 정도로 사람 얼굴을 잘 기억 못한다. 그런데 그 당시는 아주 창피하던 시절인데 그 때 만났다니 조금 민망하다.

정일서 기억 못하는 것은 괜찮고(웃음), 먼저 가장 최근 앨범부터 시작해보자. 작년 11월에 나온 미니앨범 [Blind]에 대해 놀랍다는 반응이 많다. 나부터도 그렇고. 많은 사람들이 이전의 타루와 아주 많이 다르다고 말한다. 본인도 동의하나?

타루 이전과 다른 모습인 것은 맞는 것 같다. 내가 철이 들어서 그런가(웃음)? 사실 예전부터 하고 싶었던 이야기들이었기는 한데 그동안은 못했다가 좋은 회사, 좋은 연주자들을 만나서 이번에 드디어 하게 되었다. 이제는 그런 것들을 얘기할 수 있는 시간, 혹은 환경이 되어서 하게 된 것이 아닐까 싶다. 이야기하기에 가볍지는 않은 주제들이어서 실제로 하기까지 이런저런 생각이 많았다. 이번 미니 앨범은 1차 연구발표라고나 할까

(웃음)? 많은 분들이 타루한테 저렇게 어두운 면도 있었나 하며 놀라시는데, 나는 그것도 나의 모습이라고 생각한다. 한 사람한테 딱 한 가지의 모습만 있는 것은 아니니까. 이전에는 보여주지 않았던 타루의 또 다른 모습이라고 보시면 될 것 같다.

정일서 그럼 앞으로 당분간은 이런 모습을 더 보게 되는 건가?

타루 이런 모습도 있고 저런 모습도 있고 계속 다른 모습을 보여줄 것 같다. 서로 호감을 가지고 있던 사람이라도 막상 연인이 돼서 사귀게 되면 이런 모습 저런 모습 다 보이게 되고, 그러다 보면 싸우기도 하고 그러면서 서로 익숙해져 가는 과정을 거치지 않나? 내 음악이 보여주는 모습도 그런 자연스러운 과정이라고 보시면 될 것 같다. 나는 내 음악을 듣는 팬들을 단순한 대중이라고 생각하기보다는 연인으로 여기고 싶다.

정일서 대중을 연인처럼 생각한다... 참 좋은 이야기인 것 같다. [Blind]에서는 우선 1번 트랙 〈Rainy〉가 아주 인상 깊었다. 고음으로 가면 달라지지만 곡의 도입부에서 들려준 저음의 목소리는 허클베리 핀의 이소영이나 3호선 버터플라이의 남상아의 목소리라고 해도 믿을 만큼 어둡고 거친 음색이어서 놀랐다. 의도적으로 그런 목소리를 만들려고 한 건가?

타루 새로 지은 건물이 깨끗하긴 하지만 녹이 슬고 먼지도 쌓인 오래된 건물이 멋있을 때도 있다. 멋에도 여러 가지 측면이 있을 수 있으니까. 목소리도 오래 시간에 걸쳐서 익어간다고 해야 할까,

목소리도 여러 풍파를 겪으면서 앤티크한 멋이 나오지 않나 싶다. 나에게는 물론 부모님이 물려주신 미성의 톤도 있지만 그것이 다는 아니다. 많이 울고, 많이 소리 지르고 그러면서 목소리도 만들어져간다.

정일서 〈모기〉는 나쁜 남자에 대한 비유라고 생각하면 맞는지?

타루 그건 원래 정말 '모기' 때문에 썼다. 그냥 혼자서 생각한 것이긴 한데 1년 중 상반기에는 밝은 노래를 부르고 하반기에는 어두운 노래를 선보이면 어떨까 하는 계획을 가지고 있다. 그 때 기타를 들고 밝은 곡을 쓰려고 하던 참이었는데 모기가 자꾸 윙윙거리며 신경을 거스르는 순간이 있었다. 〈모기〉는 그 상황과 느낌을 쓴 것이다. 그런데 곡을 쓰면서 모기에 대한 얘기를 평소에 사람에 대해 가지고 있던 생각들과 결합시키면서 결과적으로 다의적인 의미를 가진 가사가 나왔다. 하지만 특별히 누군가를 지목해서 쓴 가사는 아니다.

정일서 아, 나는 당연히 사람에 대한 은유라고 생각했는데, 그 곡이 처음에 정말 모기에서 시작되었다니 조금은 의외다. 〈나는 나를 미워해요〉의 나는 지금의 타루인가? 아니면 과거 다른 어느 시점의 타루인가? 아니면 타루가 아닌 타인인가?

타루 글쎄, 지금의 내가 아니라고는 말 못하겠다. 아마도 나는 죽을 때까지 나 자신을 미워하면서 살 것 같다는 생각을 많이 한다.

정일서 그건 왜 그런가?

타루 괴리가 있다. 스스로 자신에게 거는 기대치와 거기에 미치지 못해서 오는 실망이 항상 있는 것 같다. 살면서 실망하게 될 때 타인에 대한 실망보다는 자신에 대한 실망이 훨씬 더 크다고 생각한다. 내 안에 있는 내면의 그림자와 끊임없이 싸운다. 어쩌면 일종의 방어기재일 지도 모르겠다. 하지만 그런 고민과 갈등 속에서 발전이 나온다고 생각한다. 사람들은 누구나 자신을 미워하는 마음이 있다. 그런데 자신에 대한 미움이 까닭 없이 커지다 보면 그 화살이 다른 사람에게로 향하기도 한다. 이런 것들이 결국 서로 미워하는 구실이 되고 사회적으로도 미움이 많은 세상이 되는 것 같다. 그래서 각자가 자신을 미워하는 이유를 찾고자 노력하는 과정이 필요하다는 생각이 든다. 그런 과정을 겪으면서 스스로 치유되는 부분이 있을 것이고 그러면 사회가 좀 더 나아지지 않을까?

정일서 [Blind]는 미니앨범이다. 아무래도 본인의 욕심을 다 담기에는 많이 부족했을 텐데, 그럼에도 불구하고 많이 달라졌다는 느낌 때문인지 반응은 정규앨범 못지않게 뜨거웠다. 스스로 평가한다면?

타루 물론 다 담아내지 못했다. 겨우 한 스푼만큼 보여준 정도다. 무엇보다 크게 아쉬운 점이 한 가지 있었다. 거창하게 지구정복까지는 아니어도 나는 '다 죽었어' 하는 심정으로 앨범을 만들었다. 작사, 작곡, 편곡은 물론 뮤직 비디오 작업과 재킷 이미지에 이르기까지 모든 분야를 스스로 통제하려고 정말 한껏 욕심을 부렸다. 그렇게 전방에서 정신없이 막 싸우고 있었는데 어느 순간 후방이 허무하게 뚫리더라. 작업을 하면서 세션이 두 명이었는데 그 중 한 명이 나가면서 라이브 편곡 때 남겨놓은 기타 리프가 있었다. 그것이 문제가 되었다. 라이브 때는 그렇게 해도 괜찮은데 이것이 녹음에 그대로 담기면서 결국 표절문제가 제기되었다. 너무 전방에서 열심히 싸우고 있던 중이라 전혀 알아채지 못했다.

정일서 아마도 〈Rainy〉의 기타 리프가 콜드플레이(Coldplay)의 〈In My Place〉를 표절했다는 시비와 관련한 해명인 것 같은데, 안 그래도 그 질문을 할까 말까 하다가 뺐다. 이미 여기저기서 충분히 지적되었고, 타루도 잘못했다고 인정했다. 내가 보기에는 나름대로 해명도 되었다고 여겼기 때문에 빼려고 했던 것인데, 묻지 않았는데도 먼저 이 얘기를 꺼내는 걸 보니 꽤 큰 상처가 되었나 보다.

타루 물론이다. 솔직하고 싶다. 한 순간에 거짓말쟁이가 돼버린 것 같아서 너무 힘들었다. 없었던 일처럼 넘어가는 건 아닌 것 같아서 솔직하게 인정하고 매 맞을 건 맞아야 한다고 생각한다.

정일서 뭐 부주의했다면 거기에 대한 비판은 감수해야겠지만 그냥 일종의 해프닝이라고 볼 수도 있을 것 같다.

타루 많이 배웠다. 사실 그 전에 비슷한 문제를 일으킨 다른 사람들에 많이 있었지 않나? 그들에 대해서 입 밖으로 내어서 공개적으로 비난한 적은 없지만, 그들을 폄하하는 마음을 갖고 있었던 것이 사실이다. 그런데 막상 내가 그 당사자가 되고 보니 많이 힘들었다. 많은 경우에 정말 고의가 아니라 실수였겠구나 하는 것도 깨닫게 되었고, 아무튼 함부로 얘기하고 비난하면 안 되겠구나 하는 생각을 다시 한 번 하게 되었다.

정일서 이제 처음으로 돌아가 보자. 그러려면 '더 멜로디' 시절로 돌아가야 하는데 더 멜로디는 처음 어떻게 시작된 건가?

타루 예전에 음악계에 유명한 인터넷 구인구직 사이트가 있었다. 그 곳을 통해서 채팅도 하고 서로 사람을 구하거나 만나서 함께 작업을 하는 경우가 비일비재했다. 거기서 리더인 고운을 먼저 만났다. 처음에는 한 1년에서 2년 정도 고운의 집에서 홈 레코딩으로 작업을 했다. 그러다가 제대로 녹음할 멤버들을 모았는데 처음에는 다섯 명이었다. 그게 2006년이었다. 다 같이 인도로 단합여행도 다녀오고 그랬다.

정일서 인도는 왜?

타루 리더가 거기를 갔다 와야 제대로 음악을 할 수 있다고 했다. 그런 줄 알았다(웃음).

정일서 비틀즈 이래로 그렇게 생각하는 사람들이 많기는 하더라(웃음). 더 멜로디는 정규음반을 내기 전에 영화나 드라마, 광고의 배경음악으로 음악이 소개되면서 먼저 이름을 알린 케이스이다.

그것은 의도된 홍보전략이었나?

타루 계획된 것은 아니었다. 음악 작업하면서 만든 우리 음원들이 우연히 파스텔 뮤직에 들어갔다. 데모와 정규녹음의 중간 버전 쯤 되는 그런 음원이었다. 그런데 파스텔 쪽에서 우리 음악을 광고나 영화나 드라마 그런 쪽으로 쓰면 좋겠다고 판단을 해서 일을 그런 방향으로 진행했다. 다행히 결과가 좋았고 결국 파스텔과 정식으로 계약도 하게 되었다. 우리도 좀 놀랐다.

정일서 '커피 프린스 1호점' 얘기를 하지 않을 수가 없는데, 사실 그것 때문에 더 멜로디가 순식간

에 알려졌다. 그 때 느낌이 어땠나?

타루 맞다. 정말 순식간이었다. 그 때 내 나이가 스물여섯 살이었는데 너무 어려서 솔직히 아무 생각이 없었다. 오빠들하고 함께 있으면서 그냥 오빠들이 하자는 대로 따라만 가면 된다고 생각하던 시절이었다. 유명해졌다는 것도 그리 실감이 나지 않았다. 음악인이라는 자의식도 별로 없던 시절이고 그냥 오빠들 졸졸 따라다니기 바빴다. 그래도 그 때는 짐이 가벼웠다고나 할까, 지금 돌아보면 그 때가 좋았던 것 같기도 하다.

정일서 더 멜로디의 앨범을 보면 모든 노래들이

제목이 다 영어이고 가사에도 영어가 많이 들어
간다. 일부러 그런 건가?

타루 리더(고운)가 본인이 영어를 잘 한다고 생각
했나 보다(웃음). 한글보다 영어가사를 더 편하게
생각했고 영어로 작업하는 것을 더 편해했던 것
같다.

정일서 제일 유명한 곡이기도 하지만 나도 개인적
으로 더 멜로디의 노래 중에서 〈Paradise〉가 제일
좋다. 타루는 뭐가 제일 좋은가?

타루 나도 〈Paradise〉가 좋다. 아무래도 처음 알
려졌던 곡이기도 하고.

정일서 더 멜로디의 앨범에서는 두 곡의 작사에만
참여했다. 음악적인 역할이 아무래도 지금보다는
적었다고 할 수 있을 텐데 더 멜로디 시절 자신의
위치와 역할에 대해 얘기한다면?

타루 밴드에서는 일단 노래를 불렀고, 가사를 쓰
는 것에는 욕심이 많았지만 아직은 일렀던 것 같
다. 아직은 아기였고 뭘 만들기보다는 받아먹던
시절이었다. 사람으로 비유한다면 신생아나 생후
6개월 정도였다고 할 수 있을까?

정일서 이제 솔로 시절로 넘어와 보자. 정규 1집
전에 [R.A.I.N.B.O.W]라는 미니 앨범이 있다. 이
앨범에 대해 설명해 달라?

타루 파스텔에 센티멘탈 시너리(Sentimental
Scenery)라는 친구가 있다. 일렉트로닉 음악의 왕
자라고 할 수 있는데, 당시 센티멘탈 시너리도 음
악 씬에서 가장 주목받던 신인 중의 한 명이었다.
내가 솔로 데뷔를 하면서 둘의 조합은 어떨까 하

는 제의가 있었다. 총 3단계의 계획이 있었는데 맨
처음은 센티멘탈 시너리와, 그 다음은 스윙잉 팝
시클(Swinging Popsicle)과 작업을 하고, 마지막은
온전히 자작으로 작업하는 것이었다. 그래서 첫
번째로 센티멘탈 시너리와 함께 작업했다. 1단계
작전이었다.

정일서 아, 그런 것이었나. 그럼 3부작이 사전에 계
획되어 있었다는 얘기인데 정리하면 어떻게 되나?

타루 그러니까 [R.A.I.N.B.O.W]는 센티멘탈 시
너리와 작업했고, 다음에 나온 정규 1집은 스윙
잉 팝시클과 함께 했다. 그리고 다음 작품인 정규
2집은 혼자서 했다.

정일서 [R.A.I.N.B.O.W]에서는 전곡을 작사했다.
이제 솔로니까 본격적으로 욕심을 내 본 것인가?

타루 노래를 부르는 사람이 직접 가사를 쓰는 것
은 감정도 더 잘 살릴 수 있고 많은 이점이 있다.
쓰고 싶었다. 하지만 무엇보다 사장님께서 기회를
주셨다. 사실 인디 씬에서는 송라이팅 능력 없이
아이돌처럼 남의 작품만 받아서는 활동할 수가
없다. 그런 환경 자체가 안 된다. 송라이팅 능력이
일종의 기본처럼 요구된다는 얘기다. 그래서 사장
님께서 교육차원에서 시켰던 것 같기도 하고, 아
무튼 교육과 기회부여라는 두 가지 의미가 다 있
었다.

정일서 앨범 수록곡 중에서 〈Yesterday〉나
〈Miss you〉, 〈Love today〉와 같은 곡들은 상당
히 괜찮은 노래라고 생각한다. 본인은 만족했나?

타루 만족했다. 작곡은 내가 아니라 다른 사람이

했지만 전체적으로 작품이 잘 나왔다. 나는 여러 사람이 참여해서 만드는 앨범이 작품의 완성도 면에서 훨씬 높다고 생각한다. 서로 보완해주는 측면들이 있으니까.

정일서 아무래도 앨범의 전체적인 색깔은 센티멘탈 시너리의 영향력 하에 있다고 봐야 될 것 같은데 가벼운 일렉트로닉 팝이라고 할까?

타루 맞다. 그리고 또 한 가지, 당시는 시기적으로 싸이월드나 미니홈피의 배경음악에 대한 관심이 많았던 때였다. 그래서 일레트로닉 팝이나 그런 류의 음악들이 배경음악으로 환영받았다. 그러니까 어찌 보면 그런 시류에 부합하도록 음악을 만든 측면도 없지 않다.

정일서 〈Love today〉같은 곡을 듣고 있으면 개인적으로 페퍼톤즈 음악을 듣는 것 같은 느낌을 받기도 한다.

타루 (크게 반색하며) 와우! 그렇다면 정말 영광이다. 페퍼톤즈의 음악을 정말정말 좋아한다. 그들이 뿜어내는 그 밝은 아우라를 사랑한다. 그런데 이런 얘기 들으면 페퍼톤즈 팬들이 싫어하지 않을까 걱정된다.

정일서 그리고 정규 1집 [Taru]가 나왔다. 개인적으로 지금까지 타루의 작품 중에서 개별 곡으로는 [Blind]의 〈Rainy〉가 제일 좋고, 부분으로는 솔로 정규 1집의 초반부 그러니까 〈Night Flying〉에서 〈세탁기〉, 〈연애의 방식〉, 〈Sad Melody〉로 이어지는 부분을 가장 좋아한다. 본인은 어떤가?

타루 나도 마음에 들었다. 개인적으로는 〈연애의 방식〉이 제일 좋다. 첫 앨범에서 색깔을 잘 찾을 수 있도록 해주신 파스텔 뮤직 사장님께 참 고맙다. 음악적으로 걸음마을 잘 뗄 수 있도록 해 주셨다. 스윙잉 팝시클이라는 파트너를 찾아서 함께 작업할 수 있도록 해주셨고, 그밖에도 앨범을 만들면서 여러 가지 면에서 큰 도움을 주셨다.

정일서 정규 앨범으로는 솔로 데뷔 앨범이라 부담이 컸을 것 같은데?

타루 부담은 별로 없었다. 그 때는 부담보다는 뭘 해도 될 것 같다는 자만이 컸다(웃음). 부담은 오히려 시간이 흐를수록 점점 커지는 것 같다. 지금이 훨씬 부담이 크다. 그 동안 쓴 맛도 많이 봤고, 나이 들면서 스스로 저야 할 책임의 크기가 커지는 것도 같고.

정일서 더 멜로디 시절과 솔로 시절을 비교한다면 활동하는데 큰 차이가 있나?

타루 무엇보다 수입 분배 문제가 많이 다르다. 농담이고, 음악에 대한 고민이 있을 때 징징댈 대상이 없어져 버린 것이 가장 큰 변화라면 변화였다. 팀이었을 때는 싸우기도 하고 그러면서 풀리는 면도 있었는데, 그런 완충작용을 하던 것들이 없어지니까 그런 점들이 힘들었다. 음악작업을 하는 과정에서는 크게 다른 점은 못 느낀다. 솔로로 활동해도 세션맨들이 있고 나는 세션맨들도 멤버라고 생각하면서 작업한다.

정일서 2집 [100 Percent Reality]부터 전곡을 작사, 작곡했다. 그런 점에서는 각별히 애정이 가는 앨범일 것 같은데?

타루 애정도 있고 아쉬움도 크다. 곡마다 편곡자가 다른데 편곡에 있어서 욕심껏 못한 부분도 있고. 나는 악기도 풍성하게 많이 들어가고 좀 편성이 큰 편곡을 하고 싶었는데 그렇게 하지 못했다. 나 스스로나 회사나 머뭇거리고 조심스러워 했다. 나는 속된 말로 확 가는 앨범을 만들고 싶었다. 전위적이어도 괜찮다고 생각했는데 그렇게 만들지 못했다. 음악도 그렇고 나는 예술에 있어서 혁명적인 변화에 큰 의미와 가치를 둔다. 획기적이지 못하고 평범한 수준에 머무르는 것에 대해서는 별 매력을 느끼지 못한다.

정일서 그럼 매번 변화라는 것에 방점을 찍고 작업을 하겠다.

타루 그렇다. 새로운 것을 만들지 못한다면 시간이 아깝다고 생각한다. 솔직히 앨범을 만들 기회를 가진다는 것 자체도 그리 쉬운 일이 아니고 그 작업을 하는 것 역시 간단치 않다. 다시 말해 아무한테나 쉽게 기회가 오는 것이 아니다. 그러니까 그런 기회가 주어졌을 때 반드시 새로운 것을 제시하는 작업이 돼야 한다고 생각한다. 그런 면에서 [100 Percent Reality]는 좀 아쉬운 앨범이다.

정일서 본인도 많이 아쉽다고 얘기했지만, 조금 냉정하게 얘기하면 2집은 음악적으로 발전했다고 봐줄만 한 요소가 많다고 보기 어렵다. 〈여기서 끝내자〉 같은 곡은 대중적으로 상당히 흡입력 있는 발라드이지만 그것 외에는 딱히 높은 점수를 줄 만한 부분이 눈에 띄지 않는다. 본인은 어떻게 생각하나?

타루 아까도 얘기했지만 나는 좀 더 과감한 것을 원했지만 회사는 그렇게 하면 너무 위험부담이 크다고 생각했고... 사실은 사공이 좀 많았다. 그래서 계속 중간지점을 찾다보니 어정쩡하고 어중간한 작품이 나왔다. 물론 내 음악적 역량이 많이 부족했기도 하고. 지금 와서 생각하면 내가 좀 더 내 생각대로 확고하게 밀고 나갔거나, 아니면 반대로 내가 그쪽으로 확 끌려가는 것이 더 좋지 않았을까 생각한다. 내 색깔대로 내 맘대로 하고 싶다고 하는 생각이 굉장히 강했는데 반대로 회사 입장에서도 굉장히 중요한 앨범이었으니까, 그래서...(얼버무림. 여기에서 큰 아쉬움이 베어나왔다.)

정일서 에피톤 프로젝트의 차세정이 프로듀서로 작업한 것이 눈에 띈다. 같은 소속사였으니까 역시 소속사의 제안이었나?

타루 언젠가 뒤풀이 자리에서 차세정씨가 내 곡을 편곡해보고 싶다는 얘기를 한 적이 있었다. 파스텔 안에서는 그런 협업이 아주 활발했으므로 자연스럽게 일이 진행되었다.

정일서 그동안 함께 작업한 사람들도 많은데 작업한 사람들 중에서 누가 가장 잘 맞았나? 혹은 앞으로 꼭 같이 작업해보고 싶은 사람이 있나?

타루 제일 편하고 좋았던 사람은 커피소년이다. 서로 피처링했을 때 너무 편했다. 정신적으로 피곤하지가 않았다. 원래 뮤지션 둘이 만나면 알게 모르게 상당한 기싸움이 있다. 그런데 커피소년과는 그런 게 전혀 없었다. 쉽게 동의하고 쉽게 방향을 잡을 수 있었지만 그럼에도 불구하고 작품의 퀄리티는 상당히 잘 나왔다. 듀엣을 하면 목소리도 잘 맞고. 나랑 듀엣으로 노래해서 목소리가 어울리는 사람이 그렇게 많지가 않다. 예를 들어 짙은과도 듀엣을 해 봤는데 그 때는 솔직히 좀 힘들었다. 둘 다 목소리가 날카로운 면이 있어서 서로 잡아먹는 것 같았다. 둘 다 목소리에 날이 서있었으니까. 태양은 두 개 일 수 없다, 이런 마음이었을지도 모르겠다.

정일서 다음이 이제 EP [Blah Blah]인데 이때부터 파스텔을 떠나 올드 레코드로 이적했다. 소속사를 옮긴 특별한 이유가 있었나?

타루 욕심이었다. 파스텔에서 보여줄 수 있는 타루의 모습에 한계가 있었다. 이제 걸음마는 떼어놓았으니 한 번 맘대로 해보고 싶은 욕심이 있었다. 파스텔이 많이 챙겨주고 보살펴주는 측면도 분명히 있었지만 나의 성장을 위해서는 떠나야겠다는 생각이 들었다. 나 자신이 광야로 나가야겠다 싶었다. 모험이 없이는 새로운 것을 얻을 수 없을 거라는 생각이 드는 시점이었다.

정일서 소위 파스텔 류라고 하는 특정한 음악적 빛깔이 있다. 바로 그것이 소속 뮤지션들을 그 틀 안에 가두는 측면도 분명히 있기 때문에 지름 타루가 무슨 말을 하는지는 충분히 이해가 간다. 그런데 올드 레코드를 선택한 특별한 이유가 있나?

타루 옐로우 몬스터즈(Yellow Monsters)를 존경한다. 굉장히 강한 음악을 하고 있으면서도 그 안에 멜로디의 섬세함이 살아있다. 홍대 쪽에서 활동하는 인디 뮤지션들이라면 대부분 옐로우 몬스터즈를 좋아하거나 존경할 것이다. 여기에 와서 또 많이 배우고 싶었다. 그전에 '어쿠스틱 용원' 앨범에 참여한 적이 있어서 이미 인연은 있었다. 그러던 차에 이용원 오빠(이후 타루는 이용원을 비롯한 옐로우 몬스터즈 멤버들을 오빠라고 불렀다)가 계속해서 러브콜을 보냈다. 너는 굉장히 보석 같은 목소리라고 하면서 함께 하고 싶다고 했다. (올드 레코드의 대표가 바로 옐로우 몬스터즈의 리더인 이용원이다)

정일서 이 앨범부터 프로듀싱도 하기 시작했다. 작사에서 작곡, 프로듀싱으로 점점 영역을 넓혀가고 있는데?

타루 자연스러운 성장을 하고 있다고 생각한다. 사춘기를 겪기도 하면서 말이다.

정일서 본인의 영역을 넓혀가고 있는 것과 아까 얘기한 여러 사람이 함께 하는 것이 퀄리티는 더 잘 나온다고 하는 생각 사이에는 좀 배치되는 측면이 있는 것 같은데?

타루 예전에는 나한테 많은 것을 맡겨주지 않으니까 그런 것들에 대한 갈증이 있었다. 그런데 요즘 들어서는 혼자 너무 많은 것을 하려다 보니까 거꾸로 왜 음악은 여럿이 해야 하는가에 대해 배우게 된 면들이 있다. 혼자 하면서 쓴 맛도 많이

봤고. 아이러니하게도 혼자하기 버겁고 힘들어서 지금은 좀 나누고 싶어도 그러지 못하는 상황도 생겼다. 그런데 다음 작품인 [Puzzle]부터는 좀 정리가 되었다. 꼭 나의 색깔을 강요하지 않더라도 누구의 곡이든지, 누구의 가사든지, 누구의 연주든지 상관없다. 그냥 곡과 앨범의 완성도에만 욕

심을 부리자라고 생각하게 되었다. 마치 '자식만 잘 된다면 상관없다'라고나 할까? 그래서 요즘은 누가 곡 준다고 하면 좋다고, 고맙다고 달라고 한다. 지금은 마음을 좀 내려놓게 되어서 오히려 편해 졌다.

정일서 내가 보기에는 뻣뻣하게 힘이 잔뜩 들어가 있던 상황에서 이제는 경직이 좀 풀리고 유연해진 상황인 듯 한데 좋아 보인다.

타루 나는 지금은 좀 천하태평이다. 예전엔 압박이 심했는데 요즘은 그냥 오빠들 믿고 마음이 편하다. 내가 안 쓰더라도 오빠들한테 받으면 되니까.

정일서 타루랑 옐로우 몬스터즈의 음악은 얼핏 듣기에는 기본적으로 많이 다른데 그런데도 잘 맞나?

타루 나는 용원 오빠의 곡을 너무 좋아한다. 내가 예전에 곡을 만들려고 혼자서 끙끙대고 있을 때 오빠가 지나가듯 해준 말이 있다. 그게 가슴에 와 닿았는데 지금도 마음에 담고 있다. "쉬운 코드로 좋은 곡을 만들어라. 그것부터 해라"는 것이었는데 맞는 말 같다. 나는 곡을 만들 때 기본 코드 위주로 쓰고 그 중에서도 주로 쓰는 패턴이 있다. 그런 단순한 스타일이 좋다. 그래서 오빠들 곡을 받으면 항상 만족한다. 무대 위에서는 강한 듯 보이지만 옐로우 몬스터즈 멤버들은 실은 아주 부드럽고 섬세한 사람들이다. 음악에도 그것이 살아 있다.

정일서 용원씨 말고 곡을 받고 싶은 사람은 누가 있나? 이 사람 곡 받아서 꼭 한 번 해보고 싶은

사람이 있다면?

타루 자미로콰이, 데미안 라이스... 지 드래곤, 유희열 선배님 곡도 받고 싶다. 유희열 선배님 곡은 화자가 주로 남성이라 나한테 어울릴까 싶기는 한데, 그래도 선배님 특유의 대학생 오빠 감성은 독보적이라 너무나 매력적이다. 데미안 라이스는 처음 내한공연 왔을 때 같이 술을 먹은 인연도 있다. 그는 아마도 기억 못하겠지만(웃음).

정일서 이제 정규 3집 [Puzzle]이다. 이용원이 EP(Executive Producer)를 맡고 타루와 옐로우 몬스터즈 멤버들이 공동 프로듀서이니 전작과 같은 진용이다. 역시 이 진용에 만족하고 있다는 뜻인가?

타루 용원 오빠가 자기들은 항상 준비되어 있으니 언제든 마음껏 부려먹으라 하셨다. 정말 든든한 후원군이다. 오빠들을 많이 괴롭히면서 작업했다. 좋았던 것은 오빠들이 이래라 저래라 하지 않고 정말 서포트만 해주셨다는 거다. 내가 이런 악기, 이런 진행, 이런 멜로디였으면 좋겠다고 하면 토달지 않고 다 수용하고 그냥 도와만 주셨다.

정일서 나는 개인적으로 이 앨범이 뭐라고 이해 또는 설명하기가 가장 난해하다. 이렇다 할 뚜렷한 특징도 잘 뽑아내지지 않고. 본인 생각은 어떤가?

타루 [Blind] 같은 경우는 'Blind'라는 주제를 미리 정해놓고 작업을 해서 일관성이 있는 반면에 [Puzzle]은 '밝고 경쾌한 느낌'이라는 피상적인 이미지만 잡아놓고 작업했기 때문에 전체적으로 하나의 주제, 이야기라는 통일감은 떨어질 수도 있

다. 전체가 아니라 부분, 부분이 있을 수 있는 앨범이다. 내 곡도 있고 오빠들 곡도 있고 그냥 좋은 곡들을 모아 모아서 종합선물세트 같은 기분으로 만들었다.

정일서 수록곡 중에 〈새벽의 저주〉는 가장 옐로우 몬스터즈 풍에 가까운 곡이고 〈기침〉은 마치 〈Rainy〉의 예고편 같다는 느낌을 주기도 한다.

타루 그런가? 그럴 수도 있겠다. 〈새벽의 저주〉는 옐로우 몬스터즈 한진영 오빠의 곡이고 〈기침〉은 내 곡이다. 앨범을 만들면서 앞으로 나의 정체성은 어디로 갈 것인가에 대한 고민이 많았다. 그러다 계절도 사계절이 있는데 내 노래는 두 계절로 하지라는 생각을 하게 되었다. 그래서 앞으로 이렇게 나눠서 담으려고 한다. 밝은 분위기 한 번, 어두운 분위기 한 번 이렇게 하면 어떨까 생각해보았다. 하지만 사장님 생각은 어떨지 또 모르지. 안되면 바로 계획을 접을 수도 있고(웃음).

"예전에는 인디의 영역이 따로 있었고 그런 걸 찾아다니는 소비자층이 있었고, 모든 앨범이나 공연이 다 거대 자본의 힘에 의존하지는 않았다. 언니네 이발관이 한창 인기를 끌 때의 시점이 지금보다 훨씬 더 나았던 것 같다."

정일서 그럼 이제 좀 다른 얘기를 해 보자. 활동을 시작한 지 꽤 오랜 시간이 지났다. 그동안 홍대 인디 씬도 분위기가 많이 바뀌었을 것 같은데 변화를 느끼나?

타루 느낀다. 지금은 인디라는 것이 일종의 장르가 되어버렸다. 예전에는 인디가 사업, 구조의 형태였다. 그러니까 자본으로부터 자유로운 독립, 인디펜던트라는 의미의 인디였는데, 지금은 그런 음악을 뜻하는 특정한 장르처럼 되어버렸다. 예를 들어 버스커버스커 같은 팀은 인디가 아니지만 사람들은 그걸 인디 음악이라고 생각한다. 인디가 형태가 아니라 장르로 변해버린 대표적인 경우다. 어떤 느낌인가 하면 이쪽이 좀 괜찮다 싶으니까 대자본이 막 치고 들어오는 그런 느낌이다. 예를 들면 파리바게뜨나 뚜레쥬르 같은 대자본을 등에 업은 베이커리가 치고 들어오면서 동네 마다 있던 고유의 작은 빵집들이 없어지는 그런 형국이다. 지금은 너나 나나 파리바게뜨나 뚜레쥬르에 편입되지 않으면 이제 더 이상 빵을 못 파나, 음악 못 하나 이런 걱정을 해야만 하는 상황이 되어버렸다.

정일서 그러니까 인디라는 이미지가 먹히는 것 같으니까 대규모 자본들이 그 이미지를 상업적으로 차용해서 써 먹는다, 말하자면 그런 의미인가?

타루 나는 인디 씬이 좀 독립되어 있었으면 좋겠다. 그래서 차근차근 단계를 밟아서 여기서 자리를 잡고 입지를 굳히고, 그러고 나서 또 다음 단계로 진출하고 그랬으면 좋겠다. 지금은 갑자기 대자본이 들어와서 마구 휘젓고 다닌다. 그러다 그들이 갑자기 떠나버리면 한순간에 또 황량해질 테고, 그런 점들이 걱정스럽다.

정일서 좀 다른 관점의 얘기가 될 수도 있지만 인디 음악이 대중적으로 인기를 얻는 것 자체가 나

TODAY
IS YOU'R
DAY

쁜 것은 아니다. 어쩌면 많은 인디 뮤지션들이 그 것을 지향하고 있을 텐데, 예를 들어 데이 브레이크나 국카스텐, 장미여관처럼 메이저 공중파 방송을 이용해서 상업적인 영역으로 자리를 넓혀간 팀들이 있다. 여기에 대한 생각은?

타루 (생각이 많은 듯 다소 머뭇거리다) 어쩔 수 없다고 생각한다. 지금은 음악 시장 자체가 너무 작아졌기 때문에. 예전에는 따로따로 각방을 쓰던 사람들이 가세가 기우니까 좁은 집에서 한 방에 모여 사는 형국이라고나 할까. 음악계가 상황이 좀 나아져서 다시 방을 나누어 쓸 수 있는 상황이 되었으면 좋겠다.

지 하고. 그러니까 대자본이 들어가지 못하는 섬세한 영역까지 들어가서 숨어있던 음악을 끄집어내고 나누어주는 역할을 했다. 그런데 지금은 전부가 대자본을 중심으로 모여 있으니까 그런 여지들이 좀처럼 생기지 않는다. 좀 나누어주는 영역이 있어야 한다는 생각을 많이 한다. 예전에는 큰 슈퍼에서 옆에 있는 작은 담배가게를 위해서 담배만은 팔지 않기도 하고 그랬지 않나.

정일서 그것은 아주 기본적인 상도에 관한 얘기인데?

타루 그런 것들이 아쉽다. 자본의 단계를 많이 거

정일서 지금은 대자본을 통하지 않고는 음악하기가 그렇게 어렵나?

타루 당장 우리부터도 대자본을 거치지 않으면 전혀 홍보가 되지 않는다. 유통이나 배급이 거의 불가능하다. 내 앨범도 소니가 홍보한다. 예전에는 인디의 영역이 따로 있었고 그런 걸 찾아다니는 소비자층이 있었고, 모든 앨범이나 공연이 다 거대 자본의 힘에 의존하지는 않았다. 언니네 이발관이 한창 인기를 끌 때의 시점이 지금보다 훨씬 더 나았던 것 같다. 지금은 모두 통합되어 버렸다. 예전에는 인디 레이블이 제작부터 홍보까지 다 하고, 거기다가 해외음반 라이선스까

치면 거칠수록 마지막에 창작자나 뮤지션에게 돌아오는 몫은 줄어든다. 포털도 그렇고 갈수록 너무 돈 있는 사람들에게만 유리하게 되어간다. (나누어 돌아오는 몫은 줄어들더라도 대자본을 통해 팔리는 시장의 파이 자체가 커진다면 그것이 더 나을 수도 있다는 이견도 있지만 그것은 또 어려운 논쟁이 될 것이므로 재차 질문하지 않았다.)

정일서 대자본이 들어왔다는 것 자체가 이 영역이 돈이 된다고 판단했기 때문일 텐데?

타루 그것은 콘텐츠가 돈이 된다고 생각한 것이다. 아이돌 음악만으로는 이제 콘텐츠가 부족하다고 생각되니까 그럼 어디로 가서 다른 콘텐츠를 찾아다가 돈을 벌어볼까 두리번거리다 인디 음악을 발견한 것이다. 인디를 신선한 아이템이라고 포장해서 대중화시키면 새로운 수익루트를 창출할 수 있겠다 이런 관점에서 접근했을 것이다.

정일서 대자본에 의해서 음악적으로 간섭받는 부분이 많나?

타루 당연하다. 그들은 항상 좀 더 대중적이기를 원한다. 정도 차이는 있겠지만 대개는 그렇다. 뮤지션들의 경우도 이미 굳혀진 이미지가 있고 어느 정도 영향력이 있고 힘이 있는 경우라면 조금은 방어할 수도 있겠지만 예를 들어 신인이라면 거의 절대적인 영향을 받을 것이다. (조금은 체념하는 표정으로) 그런데 뭐 어쩔 수 없는 것 같기도 하고.

정일서 음악적 스타일로 본다면 과거 홍대 인디씬이 펑크와 모던록를 양대축으로 했다면 언젠가부터 가볍고 소위 샤방샤방한 음악들이 넘쳐나기

시작했다. 타루도 그동안 크게 보아 그쪽으로 분류되어 왔고. 이런 경향에 대해서는 어떻게 생각하나?

타루 일단 10cm 같은 음악을 하는 것이 편하다. 악기도 많이 필요하지 않고. 기타, 퍼커션 정도만 있으면 어디 가서든지 공연할 수 있고. 정식으로 밴드를 하는 것보다 솔직히 훨씬 많이 편하니까. 공연을 하는 뮤지션 입장에서나 공연을 만드는 사람들 입장에서나 솔직히 그런 간편함이 주는 이점이 많다. 솔직히 얘기해서 그래봐야 티켓 값은 똑같지 않나? 헤비메탈 음악이나 이런 음악이나. 정식 밴드 편성으로 음악을 한다고 해서 티켓 값을 더 받는 것도 아니니까. 음악이라는 것도 결국 대중과 소통하고자 하는 것인데, 대중들이 그걸 원했고 그래서 소통의 길을 넓혀가기 위해서 전향한 뮤지션들도 있었을 것이고, 일부는 정식으로 밴드하기가 너무 힘들어서 어쩔 수 없이 전향한 경우도 있을 테고... 아무튼 분명한 것은 이런 방식으로 음악하는 것이 편하다. 그게 현실이다.

정일서 대중들이 원했다는 지점이 중요한 것 같다. 그러니까 그런 스타일의 음악을 하는 사람들이 점점 많아진 것 아니겠나?

타루 맞다. 대중들이 아이돌 음악에 식상하는 지점이 있는 것 같다. 아이돌 음악은 자극적이고 꽉 짜여져 있다. 음식으로 치자면 조미료를 많이 넣은 화려한 맛이다. 하지만 계속 그런 음식만 먹다 보면 질릴 때가 있다. 그러면 조금 담백한 웰빙 음식을 찾게 된다. 음악도 비슷한 것 같다. 10cm 음악만 해도 일단 듣기에 귀가 편하지 않나. 시대상도 있는 것 같다. 현대 사회가 너무 경쟁하고 긴장

해야 하는 생활의 연속이다 보니까 편하고 재미있는 것. 그리고 쉼에 대한 욕구가 많이 늘어나는 것 같다. 그런 시류와 음악계의 필요가 맞물려서 촉발된 것이 아닐까 싶다. 물론 이것이 단지 악기 편성이나 규모에 대한 얘기만은 아니다. 클래식의 경우를 보면 대규모 오케스트라가 하는 음악이라고 해서 부담스럽다거나 편하지 않은 것은 아니니까. 악기의 숫자나 규모, 이런 것이 아니라 성향의 문제다. 요즘은 컴퓨터를 너무 많이 쓰고 컴퓨터가 만드는 기계적인 소리가 너무 많다 보니까, 거꾸로 자연스러운 악기소리에서 편안함을 찾는 사람들도 많다.

정일서 10cm는 인디인가?

타루 (망설이며)인~디죠. 어쨌든 자기들 회사니까. 그나마 인디죠.

정일서 '홍대여신'이라는 표현이 한동안 많이 쓰였다. 본인들은 그런 표현을 별로 좋아하지 않는다고 이미 여러 차례 얘기했던 것 같기는 하지만 또 물어보자.

타루 예쁘다는 것은 좋은 건데, 그것 자체가 싫지는 않다. 다만 예쁘다는 것이 음악에 앞서서 언급되는 것이 싫었기 때문에 나는 아니라고 거부감을 가졌던 것 같다. 그런데 요즘은 누가 그런 소리 하면 민망하다. 요즘 더 어리고 예쁜 후배들이 얼마나 많은데. 그러니 요즘은 누가 그런 소리 하면 그저 감사하려고 한다.

정일서 물론 무엇 하나 소홀할 수는 없겠지만 그래도 가장 먼저 가사부터 쓰기 시작했으니까 아무래도 가사를 쓰는데 가장 큰 정성을 들이지 않을까 싶다. 가사 쓸 때 특별히 신경 쓰는 점이 있나?

타루 작사는 너무 재미있고 너무 잘 하고 싶은 일이다. 나 같은 경우는 일단 수수께끼 같은 가사는 쓰고 싶지 않다. 다의적이어서 여러 가지로 해석이 가능한 것은 괜찮지만 일부러 감추고 숨겨놓은 가사는 쓰고 싶지 않다. 가사가 너무 어려워서는 곤란하다. 내가 얘기하고 싶은 것을 어떻게 하면 잘 전달할 수 있을까, 부드럽게 전달할까에 가장 신경을 많이 쓴다. 언어적 유희도 생각은 하지만 너무 수수께끼처럼 꼬지는 않으려고 한다.

정일서 나는 현재 한국 대중가요가 가사 면에서 가장 아쉽다. 특히 아이돌 음악이 더 그런데 가사의 수준이 너무 유치하고 일차원적인 수준으로 떨어졌다. 옛날에는 기품 있는 가사들이 참 많았는데.

타루 언젠가 김도향 선배님이 그러시더라. "샤방샤방, 아주 끝내줘요 라는 표현까지 해버리는 데 그러면 앞으로는 가사에 뭐가 나와야 하나?" 예전에는 같은 얘기를 하려고 해도 일부러라도 돌아서 가는 측면이 있었다. 그것이 멋이기도 했고 사람에 대한 사랑이기도 했다. 요즘 우리 대중가요의 가사에 대한 문제점은 나도 많이 느낀다. 음

고(웃음). 그런데 이별한 것이 지나고 나면 곡 작업을 하는데 도움이 되는 것 같기는 하다. 좋다. 하지만 지나고 나서 얘기다. 실연의 대상이 달라지고 있다. 지금은 남성이라는 대상으로부터의 실연이 아니라 세상으로부터의 실연을 생각하고 있다. 사회적 관계 속에 있고, 내가 사랑했던 세상이 있고 그 세상으로부터 실연당했다는 느낌도 있고, 반대로 내가 세상에 실망을 줄 수도 있고… 그런 식으로 실연의 대상이 넓어지고 있다. 팬들의 이야기를 듣고 곡을 만들기도 한다. 그러면 노래는 우리가 함께 당했던 실연에 대한 이야기가 된다.

정일서 좋아하는 작사가나 뮤지션(송라이터)이나 혹은 가사 때문에 좋아하는 노래가 있나?

악의 효용이 나눠져버린 것 같다. 예전의 음악들이 천천히 소통하고 위로하고 하는데 목적이 있었다면 지금은 당장 빠른 이해와 반응이 필요하니까 일차원적인 가사가 보다 효율적이게 된 것이다. 음악을 만드는 목적이 달라졌다고 볼 수도 있다. 그러니까 그 목적에 따라서 가사를 쓰는 방식도 달라졌다.

정일서 타루의 가사는 이별 이야기가 많다. 본인의 경험담인가? 실제로 이별을 많이 했나?

타루 실제로 이별을 많이 한 것 같다. 실속도 없

타루 루시드 폴을 굉장히 좋아한다. 아니 왜 이분은 시를 쓰지 않고 음악을 하는 것일까? 강단에서 시나 가르치시지 생각할 정도다. 내가 도달하고 싶은 가장 높은 경지다. 너무 구어체도 아니면서 너무 문어체도 아니면서 적절한 선에서 찾아내는 적절한 비유가 그야말로 탁월하다. 예를 들면 〈고등어〉의 가사는 놀라웠다. 고등어의 관점에서 쓴 가사, 그리고 그 안에서 서민적 이미지를 끌어내 담아냈다는 것이 경이로웠다.

정일서 작곡은 무엇으로 하나?

타루 기타로 한다. 못 치는 기타지만 기타로 한다.

정일서 자신이 음악이 어떤 층에게 어필하는 지, 그러니까 어디가 타깃인지는 파악하고 있나?

타루 물론이다. 타깃은 정확하다. 어디다 대고 화살을 쏘는 건지는 정확히 알고 쏴야 하는 거니까. 주로 청소년이 타깃이다. 너무 일찍 어른이 되어버린, 성장기의 상처와 아픔을 간직한 어른들의 이야기까지 포함한다. 정끝별 시인의 '늑골 속의 아이'라는 시를 좋아한다. 거기에서처럼 이미 어른이 되었지만 자기 안에 아직 치유하지 못한 아이를 가지고 있는 어른들이 많다. 나 자신부터가 그렇다. 누구도 그 안에 있는 그 아이를 위로해주지 않는다. 그러니 나라도 관심을 갖고 위로해주고 싶다. 그러니까 내가 말하는 10대 청소년이란 실제 물리적 나이이기도 하지만 동시에 어른들 마음속의 10대이기도 하다. 그들을 타깃으로 하고 있다. (정끝별 시인의 '늑골 속의 아이'라는 시를 찾아보았으나 없었다. 대신 시인의 '내 처음 아이'라는 시 속에 '내 처음 아이 늘 늑골 속에서 울고 있다'라는 표현이 나온다. 타루는 아마도 이 시를 말했던 듯하다.)

정일서 대중적인 면을 생각한다면 인디에서도 3~40대를 타깃으로 한 음악들이 지금보다 더 많이 나와야 한다는 얘기가 있다. 여기에 대한 생각은?

타루 (웃으며) 3~40대는 한희정씨랑 오지은씨가 있다. 서로 영역을 달리해서 나눠먹어야 하지 않을까? 나는 아니다. 나는 영혼 10대들이 좋다. 나까지 굳이 3~40대를 타깃으로 한 음악을 만들 필요는 없을 것 같다. 실제로 우리는(타루, 한희정, 오지은 등) 팬 층이 좀 정확하게 나누어져 있는 편이어서 어찌 보면 그것도 재미있다. 각자의 타깃층에 나름의 책임감을 가지고 있다.

정일서 아주 일반적으로 대중성과 작품성을 상반된 것으로 보는 관점에 대한 생각은?

타루 그것은 영원한 숙제가 아닐까 싶다. 일종의 이데올로기 같은 것이라고 생각하다. 중요한 것은 이데올로기가 아니라 어떻게 이해하고 포용할 것인가에 대한 인식의 성장이라고 생각한다. 인디와 메이저의 공생관계나 그런 것이 법적으로 규제할 수 있는 문제도 아니고, 해결하기 위해서는 서로가 알아서 배려하는 인식의 성장이 필요하다고 생각한다.

정일서 인디 음악이 대중적으로 좀 더 확장되고 상업적으로도 성과를 내기 위해서 타루가 생각하는 좋은 방향성이 있다면?

타루 아무래도 홍보 문제가 가장 크니까, 홍보 때문에 돈 싸움이 됐으니까, 홍보의 방식이 지금보다 다양해졌으면 좋겠다. 방송국이 다양한 음악을 포용하는 것도 물론 필요하고, 역으로 방송국을 통하지 않은 홍보도 가능해야 하고. 문화 전반이 너무 TV에만 의존하는 것도 문제라고 본다. 문화를 향유하는 통로가 다양해졌으면 좋겠다. 예를 들면 동네 음악회 같은 것도 있을 테고 학교나 지자체가 감당해줄 수 있는 영역도 있을 테고. 아무튼 문화를 자연스럽게 접할 수 있는 통로가 많아져야 한다. 통로가 한정되어 있다 보니까 거기에 모든 문화와 자본이 한꺼번에 쏠리는 것이 문제다. 자연스러워지면 좋을 것 같다.

정일서 요즘은 흔히 예능이 대세라고들 말한다. 그래선지 음악이 예능의 재료로써 소비되는 경우도 많아졌다. 여기에 대한 느낌이나 생각은?

타루 시간이 좀 지나야 될 것 같다. 그것에 대해서 좋다 나쁘다 얘기하기에는 생각이 더 필요하다. 대안도 없으면서 안 좋다고 할 수는 없으니까. 아직 스스로 의견이 정리가 잘 되지 않은 것 같다. 예전에는 음악이 예능에 이용당한다는 느낌이 있어서 별로였는데 지금은 그래서 어쩔 건데라는 생각부터 든다. 단순히 싫어한다고 해서 문제가 해결되지는 않으니까 생각을 좀 더 해봐야 할 것 같다.

정일서 아무튼 가수로서 송라이터로서, 또 프로듀서까지 점점 자신의 음악적 영역을 넓히면서 착실하게 성장하고 있는 것 같아서 보기가 좋다.

타루 아주 자연스러운 과정을 거치면서 성장하고 있다. 사춘기를 겪기도 하고. 그동안 지나오면서 성장통, 시행착오, 그런 것들도 꽤 많이 겪었다.

정일서 [Blind] 이후가 궁금하다. 아마도 정규앨범이 나오지 않을까 싶은데, 그러면 [Blind]의 확장판이 나오는 건가?

타루 아니, 아니다. [Puzzle] 같은 정규 음반을 내려고한다. 이번에는 밝을 차례다.

정일서 그러면 [Blind] 풍의 정규앨범은 그 다음에 나오는 건가?

타루 맞다. 그럴 계획이다. 밝은 것 한 번, 어두운 것 한 번 이렇게 갈 것이다. 이미 다 생각해 놓았다. 곡도 써놓은 것이 있고.

정일서 개인적으로는 정규앨범에 많은 가치를 부여한다. 요즘은 디지털 싱글부터 미니 앨범, EP 등에 이르기까지 개념도 헷갈리는 용어들이 혼란스럽게 쓰이고 있다. 또 음악이 나오는 양상이 복잡해져서 과거처럼 정규앨범을 따라 한 뮤지션의 디스코그래피를 일목요연하게 정리하기가 어려워졌다. CD나 LP나 카세트테이프 같은 피지컬한 형태의 음반이 없이 디지털 상에서 파일로만 음악이 돌아다니기도 하고. 그런데 나는 그런 점들이 많이 아쉽다. 그렇게 활동하더라도 가끔 한 번 씩은 정규 앨범의 형태로 정리를 해 주었으면 좋겠다.

타루 동의한다. 나도 정규앨범을 선호하는 편이어서 되도록 정규앨범을 내고 싶다. 명확한 주제를 잡아놓고 앨범을 만들어보고 싶다. 그래서 [Blind]가 내게는 큰 의미가 있다. 그런데 시대가 바뀌었으니까 정규앨범을 내지 않는 사람들한테 뭐라고 하지는 못하겠다. 시대가 변했는데 내가 시대를 잘 이해하지 못하고 있는 건 아닌가 하는 생각이 들기도 하고. 예전에는 잘못됐다고 얘기할 수 있었지만 지금은 오히려 모르겠다. 전 세대 전전 세대도 자신들의 다음 세대를 보면서 똑같이 생각하지 않았을까? 그럼 결국 문제는 과연 어떻게 할 것인가, 어떻게 해야 하나로 귀결될 것 같다. 당연히 그럼 나는 어떻게 할 것인가를 스스로에게 물어야 할 것이고.

정일서 SOUND FESTIVAL 2014에 참여하는 소감은?

타루 싱어송라이터로서 이렇게 뜻 깊은 페스티벌에 참여하게 되어서 기쁘다. 항상 다른 뮤지션들과 함께하는 공연에 감사하다. 내가 음악을 하고 있는 것도 믿기지 않는 일인데, 멋진 뮤지션 분들과 한 무대에 설 수 있다는 것은 뭐랄까 꿈같은 이야기다. 요즘 공연을 자주 하지 못하는데 올해 손꼽히는 공연이 되지 않을까 기대해 본다. 관객들과도 후회 없는 시간을 보내고 잊을 수 없는 추억을 만들고 싶다.

정일서 7월 18일(금)~19일(토) 마포아트센터에서 공연이 열리는데, 팬들에게 인사 한마디 한다면? (타루 공연은 7월 18일 저녁 8시)

타루 그날 예쁘게 입고와요. 평소처럼. 데헷.

정일서 SOUND FESTIVAL & AWARDS 2014는 2013년 한국 대중음악의 주요한 경향을 '여성 싱어송라이터'로 보고, 2013년에 주목할만한 앨범을 발표한 여성 싱어송라이터 7인을 선정하여 "그녀의 삶을 살다 Vivre Sa Vie"라는 주제로 공연을 한다. 타루 씨는 (음악적으로) 어떤 삶을 살고 있나?

타루 음악가로서의 정체성을 하나하나 깨달으며 살고 있는 것 같다. 철없고 어렸을 때, 막연하게 무대에 오르고 싶었던 때도 있었고 타인의 사랑을 받는 것이 나와는 별로 상관없는 부담스러운 일처럼 여겨질 때도 있었다. 하지만 요즘은 내가 음악을 한다는 것이 참 감사하다. 누군가에게 내가 한줌 위로가 될 수 있는 일을 한다는 것도, 음악을 듣는 사람과 만드는 사람의 소통이 서로에게 활력을 선사해 줄 수 있다는 것도 참 의미 있는 일이라는 걸 알게 되었다. 있는 이 자리에서 사회의 구성원으로 어떠한 일들을 하고 서로에게 얽혀져 살 수 있을지 고민하며 지내는 나날이다.

정일서 마지막 질문은 아주 상투적이긴 한데 이보다 더 나은 질문을 찾지 못하겠다. 뮤지션으로서의 목표, 혹은 궁극적인 지향점이 있다면?

타루 나라도 위로가 좀 되고 싶다. 스펙, 무슨 무슨 자격, 능력 이런 것들이 너무 강요되는 세상이라서 사람의 존재가치가 훼손되었다. 사람은 한 사람 한 사람이 유일무이한 존재인데 너무 대접을 못 받는 것 같아서 나라도 그런 얘기를 해주고 싶다. 한 사람 한 사람에게 너는 정말 소중한 존재라고 말해주고 싶다. 그래서 특히 청소년들에게 더욱 애착이 간다. 다른 사람들이 그들에게 위로의 말을 해주지 않으니까 나라도 정말 해주고 싶다. 심지어 부모들도 안 해주지 않나?

정일서 부모들이 제일 안 해주지 않을까(씁쓸)?

타루 예전에는 정치 다혈질이었고 참여도 많이 했다. 두 달 동안 거의 매일 시위를 나간 적도 있다. 그런데 지금은 다른 방법을 찾아보게 되었다. 나라도 방법을 바꿔야겠다는 생각을 하게 됐다. 인류가 투쟁과 전쟁을 반복해 왔는데 그래서 과연 인간이 조금이라도 행복해졌나 하는 회의가 들었다. 세상을 바꾸는데 꼭 혁명적인 변화만 필요한 것은 아니니까. 좀 천천히 갔으면 좋겠다. 다른 사람들이 보기에는 좀 느리고 비효율적으로 보일지는 몰라도 그렇게 가고 싶다. 나라도 천천히 느리게, 풀어주고 가끔은 당하기도 하면서, 그렇게 가면서 세상의 균형을 맞추고 싶다.

정일서 장시간 고생했다. 좋은 시간이었다. 고맙다.

타루 아니다. 이런 인터뷰가 너무 오랜만이어서 정말 즐거웠다. `SOUND`

The Melody – EP (2006/Pastel Music)

더 멜로디는 보컬의 타루, 키보드의 고운, 기타의 관영으로 구성된 밴드다. 이들은 2004년 결성되었으며, 〈Remember〉와 〈Whatever〉의 데모가 만들어지자 각 매체에서 이들의 음악에 호감을 보였다. 후에 발매된 디지털 싱글 〈Paradise〉는 TV CF 덴마크 드링킹 요구르트에 배경음악으로 삽입되었다.

The Melody (2007/Pastel Music)

타루가 보컬리스트로 재적했던 3인조 밴드 더 멜로디의 유일한 정규앨범이다. 더 멜로디는 이 앨범을 마지막으로 해산했다. 〈Remember〉, 〈Love box〉 등 수준급 모던록 트랙들을 수록하고 있으며 특히 〈Paradise〉는 대중적으로도 많은 사랑을 받았다. 보컬리스트로서의 타루의 매력을 처음 발견할 수 있는 앨범이다.

R.A.I.N.B.O.W (2008/Pastel Music)

타루의 솔로 데뷔 미니 앨범이다. 전곡을 타루가 작사했으며 스윙잉 팝시클이 작곡한 〈Yesterday〉를 제외한 나머지는 센티메탈 시너리가 작곡했다. 센티멘탈 시너리는 앨범 전체의 프로듀서도 맡고 있어서 전체적으로 센티멘탈 시너리의 영향 하에 가벼운 일렉트로닉 팝 스타일이 두드러지는 앨범이다.

TaRu (2009/Pastel Music)

솔로 정규 1집이다. 타루 외에 미스티 블루의 정은수가 다수의 곡에 작사로 참여하고 있는 점이 눈에 띈다. 전곡을 작곡하고 프로듀서의 역할까지 도맡은 스윙잉 팝시클의 역할이 두드러지는 앨범이다. 〈Night Flying〉, 〈세탁기〉, 〈연애의 방식〉, 〈Sad Melody〉로 이어지는 전반부 4곡이 앨범의 하이라이트이다.

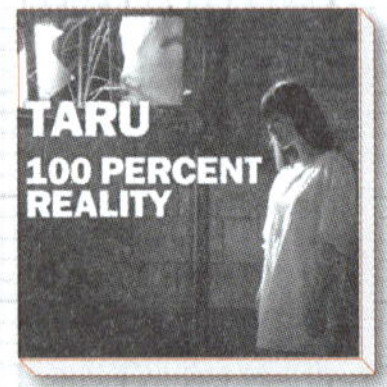

100 Percent Reality (2011/Pastel Music)

정규 2집 앨범이다. 타루가 처음으로 전곡을 작사, 작곡했다. 프로듀싱에는 에피톤 프로젝트와 센티멘탈 시너리가 공동으로 참여했다. 짙은과 듀엣으로 부른 발라드 〈여기서 끝내자〉가 많은 사랑을 받았다.

Blah Blah (2012/Old Records)

파스텔을 떠나 소속사를 옮긴 타루가 올드 레코드에서 처음 발표한 EP이다. 올드 레코드의 대표이자 밴드 옐로우 몬스터즈의 리더인 이용원의 역할이 두드러지는 작품이다. 이용원과 타루가 공동 프로듀서를 맡고 있다.

Puzzle(2013/Old Records)

정규 3집이자 올드 레코드로 소속사를 옮긴 후 처음 발표한 정규앨범이다. 이용원의 지휘 하에 옐로우 몬스터즈 멤버(최재혁, 한진영)들이 공동 프로듀서로 참여하고 있다.

Blind (2013/Old Records)

2013년 11월 발표된 미니 앨범이다. 단 4곡만을 수록하고 있는 미니앨범이지만 이전의 타루와는 전혀 다른 어둡고 거친 모습을 선보여 화제를 모았다. 특히 타이틀곡 〈Rainy〉에서 들려준 목소리는 주목을 끌기에 충분했다.

최고은(Choi Gonne)

"색과 향기가 없는 음악을 하고 싶지 않았다.
무섭더라도 그 중심으로 들어가자는 결심을 했다."

최고은 인터뷰

일시 2014년 4월 9일(수) 오후 8시

장소 소닉 아일랜드

대담 최고은 VS 권석정

정리, 글 권석정(텐아시아 기자)

사진 김훈(SOUND 사진작가)

진행 대중음악SOUND연구소

권석정 | 텐아시아 기자

음악을 듣고 음악잡지를 읽으며 자랐다. 현재 '재즈피플' 필진으로 활동하며 음악 관련 글을 쓰고 있다. 2006년부터 홍대 등지의 라이브클럽에서 브라운 리틀 퍼시(Brown Little Pussy)의 기타리스트로 활동하다 현재 잠정 휴지기에 들어갔다. 2009년 '참여와혁신'에서 기자 생활을 시작했고 '유니온프레스' 음악담당 기자를 거쳐 현재 '텐아시아'에서 근무하고 있다.

SOUND
FESTIVAL 2014
우리시대 여성 싱어송라이터
그녀의 사랑을 싶다
Vivre sa vie
장필순
한희정
요조
타루
최고은
민채
프롬
2014. 7. 18 Fri - 19 Sat
Fri 8:00p.m. / Sat 3:00p.m. 8:00p.m.
마포아트센터 아트홀 맥
주최 가슴네트워크 madeby (재)마포문화재단
협력 뮤직 오픈하우스 score
주관 대중음악SOUND연구소 madeby
후원 서울종합예술학교 AUDIOGUY jazzpeople NYANG MUSIC

최고은은 어린 시절 판소리와 가야금병창을 했고, 대학 때는 동아리 밴드에서 하드코어 성향의 음악을 했다. 본인의 의지에 따라 통기타를 치면서 노래하기 시작한 것은 대학 졸업을 앞둔 20대 중반쯤 실연의 아픔을 치유하기 위해서였다. 이후 그녀는 친한 영어 선생님이었던 에릭이 외국으로 떠날 때 선물로 〈Eric's Song〉을 만들어준 후 자신의 일상을 곡에 담아 노래하기 시작했다.

첫 앨범인 EP [36.5℃]는 2010년 10월에 나왔다. [36.5℃] 한정반 케이스는 최고은 본인이 직접 나무판에 사포질을 하고 그 위에 판화를 찍는 등 100% 가내수공업으로 제작해 눈길을 끌었다. 미련할 정도로 정성을 들인 최고은의 수작업은 마치 손에 잡히는 '음반'이라는 아날로그 매체가 왜 존재해야 하는지 말해주는 것 같았다. 그리고 그 케이스 안에는 공들인 수작업이 부끄럽지 않을 정도의 노래들이 담겨 있었고, 최고은은 기존의 홍대 여성 싱어송라이터와는 조금 다른 존재로 인식되기 시작했다.

최고은은 머무르지 않는 아티스트다. 2011년에 최고은의 공연을 처음 봤다. 그 뒤로 최고은 매 공연마다 각각 다른 모습을 보여줬다. 2011년에 두 번째 EP [Good Morning]을 발표한 최고은은 그해 '호흡의 원근법'이란 제목으로 7주 간 재즈 피아니스트 최민석, 정민아, 로다운 30, 고상지, DJ 안과장 등과 콜라보레이션을 하는 기획공연을 펼쳤다. 동료들과의 소통을 통해 음악적 스펙트럼을 확장시킨 최고은은 2012년 12월부터 2013년 1월까지 독일, 네덜란드, 벨기에를 도는 유럽 투어를 했다. 일반 공연장 외에 농장, 병원, 아트 갤러리, 가정집 등 다양한 장소에서 공연을 한 최고은은 여행의 여정을 담은 세 번째 EP [REAL]을 작년에 발표했다.

작년 말에는 일본 후지TV에서 아시아 4개국(한국, 일본, 대만, 인도네시아)의 뮤지션을 대상으로 진행한 글로벌 오디션 '아시아 버서스(Asia Versus)'에서 우승했고, 현재 세계 최고 권위를 가진 영국의 음악 페스티벌 '글래스톤베리(Glastonbury)' 공연을 앞두고 있다. 이 정도면 길지 않은 시간에 꽤 다사다난한 경험을 한 셈이다. 오는 가을에는 이러한 여정을 총정리한 첫 정규앨범을 발표할 예정이다.

"그는 마치 비옥한 토양 같았고, 수잔 베가는 거기에서 피어난 꽃처럼 다가왔다."

권석정 최근 단독공연 '4our Seasons'를 무사히 마쳤다. 공연이 매진됐다고 들었다.

최고은 오랜만에 단독공연을 하게 돼 꼼꼼하게 준비해 인사드리고 싶었다. '순환하는 시간의 흐름'을 큰 주제로 잡고 진행했다. 데뷔 후 지난 3년 간 쌓여 온 솔로, 솔로+악기, 밴드 편성의 곡들을 모두 모아 사계절의 풍경 또는 아침, 저녁, 새벽 그리고 아침이라는 이야기로 풀어보았다. 김소연 시인과는 함께 가을의 늦은 오후, 해가 지는 풍경 이야기를 만들어 보았다. 전체적으로 통일성 있게 흐른 것 같아 만족스러웠다.

권석정 가을에 정규 1집 발매를 앞두고 있는 것으로 알고 있다. 이번 공연 '4our Seasons'는 정규 1집 녹음을 앞두고 지난 시간을 정리하는 의미의 공연이라고 하더라. 정리가 잘 됐나?

최고은 사실 최고은이라고 하면 통기타를 연주하면서 노래하는 싱어송라이터라는 선입견이 있는 것 같다. 이제는 내 안에 다양한 편성이 쌓였고, 이번 공연에서는 그런 여러 가지 모습을 모아서 보여주려 했다. 또 새 앨범에 들어갈 신곡들도 처음 선보였다. 마치 새 앨범에 들어갈 셋리스트를 다시 정리한다는 생각으로 공연에 임했다. 앨범 수록곡들의 전개에 대한 부분을 관객 앞에서 선보이고, 그 반응을 가늠해본다는 느낌도 있었다. 새 앨범 준비를 위한 리허설의 느낌이랄까?(웃음) 덕분에 새 앨범의 모습이 어느 정도 정리가 됐다.

권석정 얼마 전에 수잔 베가 내한공연 오프닝을 섰다. 수잔 베가는 여성 싱어송라이터의 표상과 같은 존재라 할 수 있는데, 소감이 남달랐을 것 같다.

최고은 바로 옆에서 무대를 지켜봤는데 수잔 베가는 자기 자신을 그대로 보여주는 당당한 모습이 인상적이었다. 특히 기타리스트 제리 레오나드의 연주와 사운드가 정말 근사했다. 그는 마치 비옥한 토양 같았고, 수잔 베가는 거기에서 피어난 꽃처럼 다가왔다. 그녀의 최근 앨범을 들어보면 초기의 모습으로 돌아간 것 같아 멋지다. 보통 뮤지션들이 초기에 자신의 스타일을 제시하고, 거기서 점점 실험적인 것들을 시도하곤 하는데, 수잔 베가는 다시 초기 모습으로 돌아가는 힘을 갖고 있었고, 그 방법을 이야기 하는 것 같아 한편으로 그 에너지가 궁금했다.

권석정 최근 세계 최고의 권위를 가진 음악페스티벌인 '글래스턴베리'에 공식 초청된 것이 보도가 됐다. 소감이 어떤가?

최고은 얼떨떨하다. 소식을 듣고 며칠 동안 흥분이 가라앉지 않더라. '글래스턴베리'는 공연이 아니더라도 일평생 한번쯤은 가보고 싶은 곳이지 않나. 대학시절 친구들과 '글래스톤베리' 영상을 보며 언젠가 한 번 꼭 놀러가자고 다짐했던 곳인데. 음악인으로서 참여하게 돼 정말 영광스럽고 기쁘다.

권석정 많은 이들이 궁금해 할 것 같다. 이번 '글래스톤베리' 초청은 어떻게 이루어졌나?

최고은 작년 울산에서 열린 뮤직 비즈니스 네트워

킹 미팅인 '아시아 퍼시픽 뮤직 미팅(APaMM, 이하 에이팜)'에서 쇼케이스에 지원했는데 아쉽게 탈락했다. 비공식적으로 관계자들이 모인 파티와 같은 자리에서 짧게 공연할 기회가 생겼는데, '글래스톤베리' 실버헤이즈 존의 총 책임자인 말콤 헤인즈가 내 공연을 보고 마음에 들었는지 음반을 달라고 하더라. 이후 그가 자기 페이스북에 내 공연 동영상을 몇 차례 올렸고, 이후 우리는 친구가 됐다. 그런데 얼마 지나지 않아 '글래스턴베리'에 와달라는 요청을 받게 됐다.

권석정 얼마 전 일본 후지TV에서 주최 주관한 글로벌 오디션 프로그램 '아시아 버서스(Asia Versus)'에서도 우승했다. 그때도 패자부활전을 통해 극적인 우승을 차지했다.

최고은 맞다. 아시아 4개국(한국, 일본, 대만, 인도네시아)의 차세대 뮤지션 발굴하는 프로그램이었는데, 지인의 권유로 신청하게 되었다. 당시 주장원은 붙었으나, 월장원에서는 떨어지고 말았다. 프로그램 하반기 탈락자 중 가장 높은 점수를 받아 황금티켓을 얻어 결승전에 참여했고, 극적으로 최종우승을 하게 됐다. 밴드 편성으로 결승전에 참여하고 싶었으나, 주최 측의 요청으로 혼자 기타 한 대 들고 공연했다. 결승무대에서는 데뷔앨범에 실린 〈L.O.V.E〉를 노래했다.

> **"가야금병창은 매일 밥을 먹고 물을 마시는 행위처럼 일상의 하나였고, 절대 질리는 법이 없었다."**

권석정 그러고 보면 최고은은 오뚝이 같다.

최고은 그런가? 사실 난 음악가의 삶에 대해 진지하게 생각 해 본 적은 없었다. 나는 결과보다는 과정과 이유를 찾는 걸 좋아한다. 결과라는 것 역시 또 다른 곳으로 가기 위한 과정 중 하나라고 생각한다. 과정이 쉽게 풀리지 않는 것에 대해 스트레스를 받기도 하지만 책임감을 갖고 해 나가는 편이다. 같은 실수를 반복하지 않으려 한다. 겉보기에 오뚝이처럼 보일 수 있겠지만, 사실 난 실수가 많은 사람이다. '허당' 기질이 있다고 할까?(웃음)

권석정 음악가의 삶에 대해 진지하게 생각해본 적이 없다니? 어렸을 때부터 노래하는 것을 좋아하지 않았나?

최고은 학교에서 장기자랑을 하거나 가족모임이 있으면 앞에 나가서 노래하는 것을 좋아했다. 중학교 때에는 SM엔터테인먼트 오디션을 보기도 했다. 하하하! 전화로 예선을 보고, 본선은 SM 본사에서 치루는 방식이었다. 당시 케이블채널에서 이수만 대표가 어떤 프로그램을 진행하던 때였다. 예선에서 합격을 해서 본선에 갈 수 있었는데 당시 얼굴에 청춘의 꽃(여드름)이 흐드러지게 펴서 부끄러운 마음에 가지 않았다.(웃음) 본선에 올라간 것만으로도 만족했다. 고등학교 때에는, 정규수업을 마치면 보충수업은 빼먹더라도 무조건 학교 앞 오락실 노래방에 가서 놀아야 직성이 풀렸다. 재수 시절에도 노래방은 매일 갔던 기억이 난다. 고등학교 졸업할 때는 친한 친구들과 동네 노래방 사운드로 녹음이 가능한 스튜디오에 가서 추억으로 앨범을 만들기도 했었다.

권석정 학창시절에는 가야금병창을 배웠다.

최고은 딱히 국악에 꿈이 있었다기보다는 노래하는 행위 자체가 무척 좋았다. 국악은 시원하게 크게 소리 지르는 것이 좋았다. 어렸을 때부터 성격이 말괄량이라서 남자애들을 때리고 다녔다. 쉬는 시간이면 복도에서 소리 지르며 뛰어다니는 걸 좋아했다. 가야금병창은 매일 밥을 먹고 물을 마시는 행위처럼 일상의 하나였고, 절대 질리는 법이 없었다. 지금 생각해보면 뚜렷한 목적이 없으니 그랬던 것 같다. 단순히 하는 행위 자체로 큰 만족을 얻었으니까. 지금에 와 돌이켜 보면 당시 수련했던 것이 내 음악에 자연스럽게 묻어나온다.

국악의 기운이 체화 된 부분이 있다.

권석정 첫 악기는 가야금인가?

최고은 처음 배운 것은 피아노다. 여느 아이들처럼 지나치는 과정 중 하나였는데 체르니 40번까지 했다. 악기 배운 순서는 피아노-가야금-기타. 어릴 적 악기를 배운 것이 기타를 독학하는 데 큰 도움이 되더라.

권석정 대학 동아리 때에는 구애노 애입스(Guano Apes), 스컹크 아난시(Skunk Anansie), 에반에센스(Evanescence) 등 꽤 헤비한 록을 노래한 것으로 알고 있다.

최고은 맞다. 대학교 신입생 오리엔테이션을 할 때 학교 밴드가 너무 멋져서 오디션을 봤는데, 들어가서 보니 하드코어 밴드였다. 선배들이 정말 근사했다. 지금 돌아봐도 그 때 만난 사람들은 참 순수하고 공명이 있는 사람들이었다. 당시에는 록이라는 장르에는 문외한이어서 표현이 쉽지 않았지만, 점점 관객과 호흡하는 법을 배워나갔다. 당시 주위에서 "너의 목소리는 나이에 비해 성숙하다"는 말을 많이 들었다.

권석정 최고은이 인디 신에 나왔을 때 주목받았던 점 중 하나는 예쁘게 노래하는 여타 여성 싱어송라이터들에 비해 성숙한 목소리였다.

최고은 첫 번째 EP [36.5℃]는 최근 녹음한 곡들에 비해 중음 영역대의 곡들이 많은 편이다. 내가 중저음이 강한 보컬이기 때문이다. 대학 시절에 지인의 앨범 레코딩에 참여한 적이 있는데, 그 음반에 담긴 목소리를 듣고 40대 여성으로 착각하시는 분들도 꽤 있으시더라. 실제의 나를 보고서는 놀라시기도 했다. 그래서 20대의 최고은이 할 수 있는 발성은 뭘까 고민도 잠시 했었다. 나이 들어 보인다는 의견이 좋기도 했지만, 너무 올드하게도 느껴져서 창법을 다르게 하려고도 해봤다. 그 와중에 내 곡을 직접 만들게 되면서 발성이 달라지더라. 나만의 목소리, 발성과 표현법에 대해서는 현재에도 계속 고민 중이다. 좀 더 확장되고 자유롭게 표현하기를 바란다.

권석정 2010년 10월에 발매된 첫 EP 앨범 [36.5℃]의 케이스는 최고은 본인이 직접 나무판에 사포질을 하고 그 위에 판화를 찍은 100% 가내수공업으로 제작됐다. 이 앨범은 어떻게 녹음하게 됐나?

최고은 대학 졸업시즌에는 여성학 대학원을 준비하고 있었다. 그러던 중 친구들에게 곡을 선물하는 취미가 생겼다. 여성학 공부의 방향성이 명확해지지 않자 잠시 해외 음악가 레지던시라는 걸 알게 돼 준비를 시작했다. 레지던시에 지원할 음원을 레코딩했는데 당시 녹음을 도와주던 친구가 기왕이면 앨범으로도 내보자고 해서 그게 음반이 되었다. 음반제작에 대해서는 전혀 아는 바가 없었지만, 음악과 앨범재킷은 통일성이 있어야 한다고 생각했다. 친구가 내가 만든 음악은 나무를 닮

아있다는 말을 해주었는데, 어떻게 실현시킬 방법을 몰라서 결국은 진짜 나무로 만들게 되었다. 100% 가내수공업이었다. 나무제단, 사포질, 판화작업, 풀칠, 청밴드제작, 포장 까지 모든 작업을 집에서 작업했다. 딱 1,000장. 만만치 않았다. 반년이나 걸렸다.

권석정 왜 제목이 [36.5℃]였나?

최고은 인간의 체온과 가장 가까운 온도라고 알고 있다. 훗날 한옥을 가꾸고 직접 재배한 열매와 잎들로 가게를 하고 싶었는데, 그 때 운영 할 가게 이름을 미리 그렇게 지어놓았었다. 그 꿈을 언제 이루게 될지는 모르겠지만, 첫 번째 앨범 콘셉트와도 일치해서 먼저 사용하게 됐다.

권석정 내가 최고은 씨의 공연을 처음 본 것은 2011년 '이달의 헬로루키'였다. 당시 '헬로루키'로 선정되면서 평단의 찬사를 받았고, 연말결선까지 갔다. 당시 흥미로웠던 것은 '이달의 헬로루키'와 연말결선에서 보여준 공연이 매우 달랐다는 것이다. 전자의 공연이 통기타를 중심으로 한 포크였다면, 후자의 공연은 밴드와 함께 강한 사운드를 들려줬다.

최고은 연말결선에서 노래한 〈No Energy〉가 차기작인 [Good Morning]에 실렸다. [36.5℃]가 통기타와 노래가 중심이 됐다면, [Good Morning]에서는 밴드와 함께 원 테이크 방식으로 녹음을 시도했다. EP는 정규앨범을 위한 하나의 과정이라고 생각한다. 그 과정에서 내게 맞는 녹음방식들을 알아가자는 프로듀서의 의견으로 그렇게 진행을 했다. [Good Morning]은 어두운 이미지를

가진 앨범이다. 밤의 이야기를 중심으로 이루어져 있다. 앨범 제목 '굿 모닝'이 뜻하는 것은 맑고 상쾌한 아침에 나누는 밝은 인사가 아닌, 당신이 지나온 밤들은 어땠는지 안부를 묻는 것이다.

권석정 2012년 5월과 6월에는 '호흡의 원근법'이라는 기획공연을 통해 최고은 씨의 공연을 다시 봤다. 당시 로다운 30, 티미르호, 정민아, DJ 안과 장, 고상지, 한음파 등과 공연을 했다. 이 공연은 단지 함께 무대에 오르는 수준을 넘어서 서로의 음악을 섞는 콜라보레이션으로 진행이 됐다. 사실 이런 다양한 장르를 짧은 기간에 시도한다는 자체가 말도 안 되는 공연이었던 것 같다. 지금 돌아보면 어떤가?

최고은 KT&G상상마당에서 기획했던 '웬즈데이 프로젝트'의 일환으로 그 기획에 참여하게 되었다. '호흡의 원근법'이라는 타이틀로 7주 동안 홍대 상상마당에서 이루어졌고, 서로 다른 장르를 연주하는 게스트와의 협연으로 공연이 이루어졌다. 그들의 곡을 나의 호흡으로 편곡도 해 보았고, 나의 곡을 그들의 호흡으로 편곡도 해보았다. 마치 수능 공부를 하는 기분으로 준비했다. 공부를 정말 많이 했다. 정말 힘들었다.

권석정 특히 인상적인 무대를 뽑는다면?

최고은 모든 공연이 다 기억에 남는다. 재즈 피아니스트 최민석의 경우 음악적 내공이 대단했다.

사실 내가 모르는 화성적인 부분도 있어서 공부를 많이 했다. 로다운 30 경우는 그 분들의 음악이 워낙에 빈틈이 없기 때문에 내가 그 안으로 들어가는 것부터 애를 먹었다. 그 분들은 정말 여러 가지 스타일을 경험한 후 그 중에서 정수만 골라서 사운드를 만든다는 생각이 들 정도로 대단했다. 티미르호와 협연할 때에는 '울게 하소서'까지 불렀다.(웃음) DJ 안과장과 할 때 매우 재미있는 작업들을 시도했다. 안과장이 국악의 소리들을 샘플로 해서 새로운 음악을 만들어보자는 구상까지도 해봤다. 정말 음악적으로 열려 있는 아티스트였다. 그 분들과 함께 공연하면서 정말 많이 배웠다. 그 분들의 작업실에 가서 그분들이 작업하는 방식을 직접 보는 것만으로 훈련이 될 정도였다. 또 그들의 음악에 나를 맞추려 한 시도 자체가 모험이기도 했다. 만약 매일을 그때처럼 산다면 좋은 음악가로 가는 길이 선명해지고 단축될 거 같다는 생각이 들 정도였다.

권석정 단기간에 콜라보레이션을 했기 때문에 조금 미숙한 부분도 보였던 것이 사실이다. 그런데 같은 해인 2012년에 '서울 재즈 페스티벌'에서 고상지와 함께 무대에 올라 탱고를 꽤 능숙하게 노래하는 최고은을 보고 음악적 표현력에 있어서 한 뼘 성장했다는 것을 느꼈다.

최고은 '서울 재즈 페스티벌'에서는 상지의 밴드와 내 밴드의 멤버들이 한 무대에 올라서 탱고 곡들과 내 곡들을 편곡해서 노래했다. 당시 반응이 좋아서 상지와 여러 차례 공연을 이어나갔다.

권석정 같은 해에 유럽 투어도 돌았다. 2012년 12월 4일부터 이듬해 1월 6일까지 한 달 간 독일 브레멘의 음악 네트워크 '송즈 앤 위스퍼스(Songs & Whispers)'의 주최로 오스트리아 밴드 더 라이트슬리퍼스(The Lightsleepers)와 한 팀이 돼 독일, 네덜란드, 벨기에를 도는 유럽 투어를 했다. 일반 공연장 외에 농장, 병원, 아트 갤러리, 가정집 등 다양한 장소에서 공연을 했다.

최고은 '송스 앤 위스퍼스'에서 매달 2~3팀을 섭외해 유럽투어를 잡아준다. 보통은 유럽에서 활동하는 뮤지션을 대상으로 하지만, 당시 아시아 음악에 관심을 갖던 '송스 앤 위스퍼스' 대표님이 제안을 하셔서 진행을 하게 됐다. 한 달 동안 이틀 빼고 매일 공연을 했다. 자동차에 악기를 싣고 유럽을 돌았는데 지금 생각하면 모든 공연들이 특별했다. 그 중에는 한국인 며느리를 둔 독일인 가정집에서 한 공연이 기억에 남는다. '한국에서 온 뮤지션 최고은이 크리스마스 이브 날 당신의 집에 가 공연을 한다. 사연을 보내 달라'고 브레멘 지역신문에 광고를 냈는데 독일인 시어머니가 출산을 앞 둔 한국인 며느리를 위해 공연을 신청하셨다. 며느리가 고향을 그리워 할 수 있으니 벗이 돼주라는 거였다. 맛있는 음식도 함께 나누고, 가족들과 춤도 추고, 돌아가며 악기연주도 하면서 따듯한 저녁을 보냈다.

권석정 이러한 투어가 본인의 음악을 성장시키는 데 많은 도움이 됐을 것 같다.

최고은 나는 늘 백지 위에 나만의 지도를 그려나가는 기분이 들고는 한다. 유럽투어에서는 음악의 면역력을 새기게 된 것 같다. 낯선 풍경, 낯선 사람들, 낯선 공간에서 나의 음악을 선보이면서 공연에 대한 집중력도 키울 수 있었고, 관객들과 음악관계자로부터 좋은 반응을 얻으면서 음악적 성취감도 느낄 수 있었다. 정말 단련이 됐다.

권석정 작년 여름에 나온 가장 최근작인 [REAL]은 유럽 투어 이후 낸 앨범이다. 여행의 여정이 음악 속에 담겼다.

최고은 앨범 제목 [REAL]은 'Record everywhere about life'라는 말을 줄인 것이기도 하고, 또 원 테이크로 끊지 않고 녹음을 하고 영상을 촬영한 작업 방식을 지칭한 것이기도 하다. 베를린장벽 앞, 세탁소, 겨울의 바닷가, 자동차 안, 창고, 보일러실, 광장, 숙소, 스튜디오 등의 다양한 공간에서 녹음과 영상촬영을 동시에 진행했다. 이 역시 정규앨범을 위한 하나의 단계였다. 두 번째 EP [Good Morning]에서 원 테이크 녹음방식을 채택했다면, 세번째 EP [REAL]에서는 원테이크 + 장소의 자유로움 + 영상촬영 까지 확장시킨 것이다.

권석정 매 앨범마다 최고은의 목소리도 변천사를 겪은 것 같다.

최고은 노래를 잘 부른다는 것은 무엇인지, 목소리는 어떻게 표현되어야 하는지에 대한 생각은 시간이 흐름에 따라 점점 살이 붙여지고 있는 것 같다. 내가 지닌 목소리는 무언지 살피고 있는 중이

다. 처음에는 따듯하게, 맑고 선명하게 노래하다가 거칠고 세게도 불러봤다. 이후 다시 힘을 빼고 여리게 노래해보려 하니 감정을 싣는 것이 어렵다. 그래서 담백하면서도 감정을 잘 실어 노래해보려 한다. 나는 사람들이 내 노래에 감탄하기보다는, 내 노래를 통해 자유로워졌으면 하는 바람이 있다. 아직 배울 게 많다. 배우는 것이 지치지 않았으면 좋겠고, 귀와 마음이 열린 사람이라면 좋겠다.

권석정 이제 '글래스톤베리'를 다녀온 후 가을께 첫 정규앨범이 나온다. 앨범에 대해 미리 소개 부탁드린다.

최고은 데뷔 EP 발매가 된 지 4년 만에 나오는 첫 정규앨범이다. 이렇게 오래 걸린 이유는, 정규앨범을 내야만 하는 이유를 찾아야 했고, 어떤 녹음방식이 내게 어울릴 지에 대해서도 여러 방식들로 경험을 해 봐야했기 때문이다. 정규 앨범을 한 권의 책으로 비유하자면, 기승전결을 어떻게 풀어 낼 것 인지에 대한 정리가 필요했다. 그러는 동안 3년이 넘는 시간이 흘렀고, 내 안에 여러 가지 음악들이 생겨났다. 음악의 장르적 경계 없이 하나의 잘 만들어진 이야기를 담아 낼 것이다. 조금만 더 기다려주시고 많은 격려 부탁드린다.

권석정 음악 외에 궁금한 게 있는데, 최고은 씨는 화장을 잘 안 한다. 이유가 뭔가? 자신감?

최고은 엄마가 화장을 잘 안하셔서 그런 것 같다. 이목구비가 큰 편이라, 화장을 하면 선이 굵어지고 선명해지는데, 난 그게 항상 낯설다.

권석정 인터뷰 초반에 "음악가의 삶에 대해 진지하게 생각 해 본 적은 없었다"고 말했다. 그렇다면 음악가로써 자각을 하게 된 계기는 무엇인가?

최고은 첫 단독공연을 준비하면서 음악 하는 것에 대한 자세를 다잡게 됐다. 내 이름을 걸고 한 첫 번째 단독공연이었다. 사람들이 돈을 지불하고 나의 음악을 들으러 온다는 게 생각보다 꽤나 부담이 됐다. 그 때 내 이름에 대한 책임감이 붙었다. 내가 나에게 실망하거나 후회하고 싶지 않은 그런 기분도 있었다. 만일 음악 하는 삶이 두려워 주변을 배회하면 나만의 음악은 절대 나오

지 않을 거라는 생각이 들었다. 색과 향기가 없는 음악을 하고 싶지 않았다. 무섭더라도 그 중심으로 들어가자는 결심을 했다. 5년만 다른 생각 없이 해보자 싶었다. 그 뒤로 점점 음악가 최고은으로 향하는 삶을 가꾸고 있다.

권석정 사실 이제 데뷔한지 얼마 되지 않았다. 그런데 이렇게 이야기를 나눠보니 최고은의 음악여정이 꽤 파란만장하다.

최고은 음악 시작한 지 이제 3년이 조금 지났다. 어쩌면 과도기를 잘 보내고 있기도 하다. 보통 2~3년 사이에 고비가 온다고 하던데, 나는 무심하게 지나치고 있다. 지나가는 풍경들이 다양하지만 그걸 거쳐 지나치는 사람은 나 최고은일 뿐이다. 다행스럽기도 하고 한편 음악이라는 한 길을 간다는 것이 겁이 나기도 하고, 반대로 호기심이 발동하면 '최고은 너 어디까지 가 볼 거니?'하는 생각도 든다. 일단 앞에 주어진 일들에 최선을 다하려고 한다. 그럼 모르지, 언젠가 콜드플레이와 음악친구가 되고, 스팅과 음악친구가 될 지도.

권석정 SOUND FESTIVAL 2014에 참여하는 소감?

최고은 좋아하는 여성 뮤지션들과 함께 무대를 서게 되어 기쁘다. 특히 장필순 선배님과 공연하게 되어 정말 기쁘다. 무슨 프로그램이었는지는 모르지만 학창시절 아주 늦은 밤, 장필순 선배님의 라이브를 듣다 혼자 펑펑 울던 기억이 있다. 나의 무대도 정성스럽게 준비하겠다.

권석정 팬들에게 인사 한마디?

  우리 서로 마음을 열고 눈높이를 맞추는 시간이기를 바랍니다. 잘 준비 된 무대로 인사드릴게요.

권석정 이번 SOUND FESTIVAL 2014는 2013년에 주목할만한 앨범을 발표한 여성 싱어송라이터 7인을 선정해 '그녀의 삶을 살다'라는 주제로 공연을 한다. 당신은 음악적으로 어떤 삶을 살고 있나?

최고은 나는 일상을 가꾸는 데 많은 시간을 사용한다. 그러는 동안 나를 관찰하고 나 이외의 것들을 관찰한다. 관찰하고 배우고 느끼는 것들이 쌓이고 차올라 어느 지점에서부터 음악으로 연결되고 있다고 생각한다. 내가 하고 싶은 것들, 하고 있는 것들, 해 왔던 것들은 전부 나의 음악을 잘하기 위해서라고 생각하고, 음악을 늘 싱그럽게 가꾸는 법에 대해 고민하고 있다. **SOUND**

| *discography* | 최고은

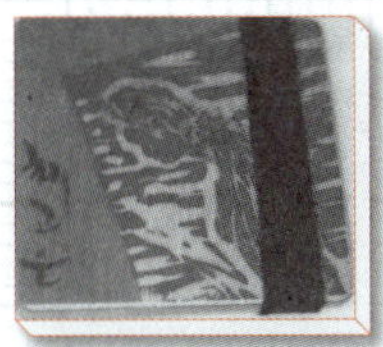

36.5˚C (2010/Gonne/붕붕퍼시픽)

최고은의 데뷔 EP. 앨범에 담긴 곡들은 최고은이 친구들에게 선물하기 위해 만든 것들이다. 뮤지션에 대한 자각이 있기 전 자연스럽게 흐르는 대로 만든 곡들을 부담 없이 녹음했다. 녹음 상태는 데모에 가깝게 느껴지지만, 오히려 그런 것이 최고은의 따스한 음색을 가감 없이 잘 살리고 있다. 그녀의 목소리는 단순히 예쁘거나 듣기에 편안한 것을 넘어서 제니스 이안과 같은 따스함을 전해준다.

Good Morning (2011/Luova Factory)

최고은의 두 번째 EP. 전작이 통기타와 목소리를 중심으로 이루어졌다면, 이 앨범에서는 〈No Energy〉와 같은 곡에서 밴드의 방식을 통해 변신을 꾀하고 있다. 이로써 첫 EP에서 느껴진 아마추어리즘을 걷어내고, 뮤지션으로써 자기 스타일을 찾아가는 모습을 보여주고 있다.

REAL – Record Everywhere About Life (2013/Vitamin Entertainment)

최고은의 세 번째 EP. 유럽 투어 중에 여러 현장에서 한 번에 녹음한 곡들을 담았다. 기존 EP에도 실렸던 최고은의 노래들이 라이브의 질감으로 되살아났다. 라이브 앨범이라고 봐도 무방하겠지만, 그보다는 원 테이크를 콘셉트로 잡은 기획 앨범이라고 보는 것이 더 맞을 것 같다. 워낙에 민낯으로 노래하는 싱어송라이터이지만, 이 앨범에서는 그야말로 전혀 꾸밈없는 날것의 음악을 들려주고 있다.

민채(Minchae)

"나는 내 목소리를 높이는 것 보다 작지만 아름다운 소리, 의미가 깃든 소리를 찾고 싶다."

민채 인터뷰

일시 2014년 3월 26일(수) 오후 3시

장소 우면동 메이드바이 사무실

대담 민채 VS 하종욱

정리, 글 하종욱(메이드바이 대표, 공연 연출자, 음반 프로듀서)

사진 김훈(SOUND 사진작가)

진행 대중음악SOUND연구소

하종욱 | 메이드바이 대표, 공연 연출자, 음반 프로듀서

음악칼럼니스트, 음반제작, 공연기획/연출, 강의 등 다양한 일들을 하고 있다. 1999년부터 독립레이블 '풍류'에서 한대수, 이정식, 트리오로그 등 20여장의 앨범을 제작하였고, 스페이스공감 음악감독과 국립오페라단 제작감독을 거쳤다. 그밖에 신영옥, 김창완, 노영심, 노찾사, 임태경, 파트리샤 카스 등의 공연과 음반에 연출자, 프로듀서로 참여했다.

SOUND FESTIVAL 2014
우리시대 여성 싱어송라이터
그녀의 사람을 살다
Vivre sa vie
장필순
한희정
요조
타루
최고은
민채
프롬
2014. 7. 18 Fri - 19 Sat
Fri 8:00p.m. / Sat 3:00p.m. 8:00p.m.
마포아트센터 아트홀 맥
주최 가슴네트워크 made by (재)마포문화재단
협력 엠넷뮤직 오픈하우스 score
주관 대중음악SOUND연구소 made by
후원 한국문화예술위원회 서울종합예술학교 AUDIOGUY jazzpeople HYANG MUSIC

민채(Min Chae)는 오랫동안 재즈 피아니스트 겸 보컬리스트로 활동하다 2013년 싱글 〈True Love〉(2013)를 통해 보컬리스트로 데뷔했다. 싱글이 발표되자 민채 특유의 슬프면서도 따뜻한 음질은 '재즈와 팝의 내음을 잘 배합한 음악'이라는 특성과 함께 평단과 음악 팬들의 주목을 받기 시작했다. 곧이어 발표한 EP 앨범 [Heart Of Gold](2013)에서는 3곡의 자작곡을 선보이며 싱어송라이터로서의 가능성을 내비치기도 했다. 이 가운데 그녀의 섬세한 감성이 깃든 노랫말과 속삭이는 듯한 창법이 잘 어울린 〈La La La〉, 와 〈4월 30일〉, 그리고 기타리스트 이동섭의 작곡 〈외로움이 서툴러〉는 평단과 대중의 환영을 동시에 누렸으며, 그녀의 음악은 블로그와 음원 차트를 중심으로 빠르고 넓게 확산되었다. [Heart Of Gold]의 성공에 뒤이어 2달 뒤, 1970년대 댄스, 펑크 스타일의 팝 넘버를 색다른 감각으로 편곡한 싱글 〈Hello Mr. Monkey〉를 발표, 2013년 재즈와 인디 팝 씬이 수확한 가장 주목받을 성과로 민채의 이름이 거론되었다.

데뷔 싱글 발표 후 불과 6개월 만에 재즈와 팝의 양 영역에서 신선한 바람을 안겨 주었던 민채는 기존의 싱글, EP 앨범의 수록곡에 4곡의 신곡을 추가한 정규 1집 [Shine on Me](2014)를 발표했다. 11곡의 수록곡을 담고 있는 앨범에는 팝 스타일의 재즈에 기반을 두며, 발라드, 보사노바, 스윙 등 다양한 음악 스타일을 소화하는 그녀의 음악적 스펙트럼이 가지런하게 진열되어 있다.

하종욱 만나서 반갑다. 며칠 전 기획사에서 발매 준비 상태의 음원을 보내 주어서 잘 들었다. 거기에는 좋은 음악이 담겨 있었다. 이제 며칠 후면 첫 번째 정규 앨범 [Shine on Me]가 발매된다. 어떤 앨범인지 소개를 부탁한다.

민채 나도 마지막 마스터링 음원은 다 들어보지 못했다. 내가 오히려 궁금하다. 어떻게 들으셨는지? (웃음)

하종욱 질문은 내가 먼저 했다. (웃음) 음... '민채'다웠다. 전작인 EP 앨범 [Heart Of Gold]의 동일 선상에서 차분하면서도 섬세한 감성이 잘 살아 있었다. 이제 민채 차례다. 자신의 앨범을 직접 소개해주길 바란다.

민채 '민채다웠다'라는 표현은 지금까지 내가 들었던 그 어떤 칭찬보다 뿌듯하고, 멋진 찬사인 것 같다. 고맙다.(웃음) 2013년 11월에 발표한 EP 앨범 [Heart Of Gold] 이후 5개월 만에 발표하는 첫 번째 정규 앨범이다. 총 11곡의 수록곡을 담고 있는데, EP 앨범과 싱글에서 소개된 곡 6곡에다가 5곡의 신곡을 보태어 발표한 앨범이다. 뮤지션으로서 온전한 '나의 이야기'를 담았다는 점에서, 이제야 정말 데뷔를 한 것 같은 느낌이랄까. 그래서 더더욱 기대되고 설렌다.

하종욱 새로이 수록된 곡들 중에는 민채의 자작 곡이 돋보였다. 〈햇살〉이라는 곡은 다른 여느 곡보다 흥겨운 템포에 맞춰 곡의 색감도 한층 밝아진 곡이다. 가사 중에는 '애꿎은 커튼에 화풀이를 해본다'라는 표현이 인상적이었다. 이 곡의 작사, 작곡의 배경에 대해 궁금하다.

민채 〈햇살〉은 EP 앨범에도 수록 여부를 놓고 고민했던 곡이다. 봄바람이 살랑거릴 4월 즈음에 발표할 정규 앨범에 넣고 싶었기 때문에, 숨겨두었던 곡이기도 하다. 작사, 작곡의 배경은 별다른 건 없다. 누구에게나 특별한 사랑과 이별이 존재하지 않았겠나. 어느 날 문득 그와 함께 했던 시간들이 그립기도 하고, 또 한편으로는 애써 돌이킬 수도 없는 현실에 고개를 끄덕이게 되어버리는, 그런 담담함을 옮겨 본 것이다. 주룩주룩 눈물을 짜내지 않는, 이미 이별에 익숙해져버린 상태를 흥겨운 리듬 속에 얹어 보고 싶었다.

하종욱 〈Rain〉과 〈이별도 사랑이라면〉은 어쿠스틱 기타와의 다정한 대화가 잘 어우러졌다. 기타와의 듀오로 흘러가다 피아노–베이스–드럼이 가세하는 상승의 분위기가 자연스럽다.

민채 〈Rain〉은 유난히 애착이 가는 자작곡이다. 비를 무척 좋아한다. 비가 자아내는 소리를 좋아하고 먼지 섞인 비 내음도 좋다. 무엇보다도 비가 오면 차분히 가라앉게 되는 마음이 편안하고 행복하다. 〈Rain〉과 〈이별도 사랑이라면〉은 어쿠스틱 기타와의 듀오로 대화하듯이 진행되다가 다른 악기가 합세하면서 사운드가 확장되도록 편곡되었다.

하종욱 〈I Love You〉에서는 하모니카 인트로가 더해져서 포크 음악의 분위기가 물씬 풍긴다.

민채 혹시 故김광석 선배님이나 밥 딜런의 음악처럼 들리지는 않았나?(웃음) 밥 딜런의 〈Knocking on a Heaven's Door〉처럼 거칠고 투박하면서도 정감 있는 사운드의 느낌을 살려보고 싶었다. 단순한 리듬과 반주지만 따뜻한 느낌. 여기에 맞춰서 사랑에 대한 짧은 추억을 그려보고 싶었다.

하종욱 편곡이라는 개념은 재즈와 팝을 동시에 겨냥하고 있는 민채의 음악에 매우 중요한 의미로 자리하고 있는 것 같다. 새 앨범에는 건스 앤 로지스의 〈Sweet Child O'Mine〉이 색다른 편곡으로 수록되었다.

민채 나도 오랫동안 재즈 씬에 있었고, 내가 소속되어 있는 에반스 뮤직도 재즈에 기반하고 있는 회사이며, 함께 연주했던 뮤지션들도 재즈 뮤지션들이다. 재즈는 기존의 곡들을 새로운 해석으로 편곡하고 재해석하는 작업에 익숙해서 어쩌면 편안한 작업의 방식일 수도 있다고 본다. 건스 앤 로지스의 〈Sweet Child O'Mine〉은 강렬한 기타 리프, 쇳소리 가득한 록의 창법이 강렬하게 다가온 곡이었고, 이 곡이 재즈라면 어떨까라는 호기심으로 다루어졌다. 편곡은 이동섭씨가 담당했는데, 원곡에서 뿜어져 나오는 날카로움을 어쿠스틱한 재즈 사운드에 부드럽게 녹여 주었다. 나는 느릿한 화법을 이용해서 원곡과는 전혀 다른 색깔의 이미지를 찾고 싶었다.

하종욱 지난해 11월 발표한 EP 앨범의 호평 뒤에는 의외의 선곡 〈Qui a tue Grand Maman〉의 신선함도 한 몫을 차지했다. 미쉘 플라레프가 노래

했던 이 샹송은 1980년 광주의 아픔을 뜨겁게 실었던 〈오월가〉라는 번안곡으로도 널리 알려진 곡이다. 원래 이 곡을 알고 있었는지, 어떻게 이 곡을 노래하게 되었는지 궁금하다.

민채 많은 분들이 물어보는 질문이다. 원래 알고 있었던 곡은 아니었다. 앨범의 제작자이자 프로듀서인 에반스 뮤직의 홍세존 대표, 그리고 앨범에서 기타 연주와 편곡을 담당했던 이동섭과 함께 중화요리 집에서 자장면을 먹고 있었다. 그때 우연히 흘러 나왔던 곡이 미쉘 플라레프의 〈Qui a tue Grand Maman〉이었다. 그때 홍세존 대표가 "이 곡 해보자!"라고 제의를 했다. 비장하면서도 우아한 멜로디가 있어 흔쾌히 동의를 했다. 그리고는 원곡의 배경을 찾아봤다. 재개발 지역에 사는 할머니가 자신의 정원을 지키려다 숨진 실화에 배경을 두고 있다는 이야기, 그리고 다소 섬뜩한 노랫말로 우리 현대사의 아픔을 노래했던 〈오월가〉의 의미도 찾아봤다. 그런 비장함을 기억하면서 서툴지만 프랑스어 발음을 한글로 적어가면서 내 방식으로 노래했다. 내 데뷔 앨범의 첫 번째 곡을 장식한, 운명적인 곡이라 생각한다.

하종욱 2014년 1월에 발표된 싱글 곡 〈Hello Mr. Monkey〉도 뜻밖의 선곡이었다. 1970년대 댄스 그룹 아라베스크의 원곡과는 전혀 다른 느낌으로 소화했다.

민채 어릴 적, 라디오를 통해서 들어봤던 곡이었다. 예전에 가수 '왁스'가 불렀던 〈머니〉라는 곡도 들어봤다. 마찬가지였다. 원곡과 번안곡이 지닌 디스코 리듬, 펑키한 감성 대신에, 플루겔 혼만이 보여줄 수 있는 여유로운 사운드, 한껏 풀어진 리듬, 라틴 풍의 편곡으로 접근해봤다.

하종욱 계속 언급되는 이야기지만, 민채의 음악은 재즈와 팝, 두 부문의 음악적 스타일이 공존한다. 말장난이 될 수도 있겠지만, 민채의 음악은 팝 스타일의 재즈인가? 아니면 재즈 스타일의 팝인가?

민채 전혀 말장난 같지 않다. 지금까지도 그랬고, 앞으로도 내 음악을 해나가면서 가장 고민되는 부분일 것이다. 실제로도 앨범을 구상하면서 심

각하게 논의를 했던 부분이기도 하다. 팝 재즈라고 하면 재즈의 잣대에서 내 음악을 바라볼 테고, 재지한 팝이라고 하면 팝의 관점에서 내 음악을 바라볼 테니... 내 음악의 정체성을 결정하는 부분이기 때문에 팝 재즈 보컬리스트 민채, 아니면 재즈 팝 보컬리스트 민채로 표기해야 되는지 고민이 되기도 한다. 굉장히 예민한 부분이지만, 아직까지 분명한 답을 찾지는 못했다. 재즈와 팝.... 내게는 어느 하나 버릴 수 없이 중요한 음악적 자양분이라서, 무엇을 선택하고 무엇을 앞세운다는 것이 조심스럽다. 아직은 이 두 음악 사이에 자연스럽게 섞이고 싶다. 언젠가 읽었던 문장 하나가 있다. 위대한 재즈 작곡가인 듀크 엘링턴의 말인데... "세상에는 장르와 스타일의 구분이 필요 없

다. 세상에는 좋은 음악과 그렇지 않은 음악만이 존재할 뿐이다"라는 말이다. 결국 내가 지금 향하는 음악도 재즈와 팝의 구분 보다는 좋은 음악, 진실한 음악의 편에 서있었으면 한다. 너무 거창한 답변인가? (웃음)

하종욱 우문에 현답을 주었다. 지난해 11월에 발표했던 EP 앨범에 수록된 곡들 이야기를 해보자. 개인적으로 〈랄랄라〉라는 곡이 좋았다. 자연스럽게 스윙한다라는 명제를 잘 지켜주고 있는 곡이었다. 자신의 경험을 담고 있는 곡인가?

민채 곡을 썼을 때는 스윙한다라는 의도를 가진 것은 아니었다. 그런데 녹음하는 과정에서 베이스 치는 (정)영준 오빠나 드럼 치는 (허)여정 오빠가 자연스럽게 스윙감을 찾아 주었고, 나도 그 속에 녹아들었던 것 같다. 2011년에 작곡한 곡인데 이 곡을 쓸 때 내 상황이 여러모로 힘든 부분이 많았다. '랄랄라'는 "누군가 나에게 이런 위로를 해주면서 토닥여주면 좋겠다"라는 바람을 담은 곡이었다. 그래서 노랫말은 슬프지만 따뜻한 기운이 감돌게, 어떤 상처나 슬픔도 견뎌보자는 다짐을 역설적으로 표현해 본 것이다.

하종욱 〈4월 30일〉이라는 곡도 자작곡이다. 짝사랑의 사연을 담고 있는 곡 같은데, 4월 30일은 어떤 날이었는가?

민채 이 곡이 만들어진 시간이 2012년 4월 30일이다. 제목을 정하지 못해 줄곧 4월 30일이라는 가제를 붙여 놓았다. 결국 〈4월 30일〉이라는 제목으로 끝까지 가게 되었다. 특별한 한 사람을 대상화한 것은 아니고, 짝사랑을 몰래 즐기는 편이

라 그 기억을 당시의 시점에서 일기를 쓰듯, 편지를 쓰듯 내 이야기를 하고 싶었다.

하종욱 일기를 쓰듯, 편지를 쓰듯... 아주 멋진 표현인 것 같다. 음악은 일차적으로 자기 고백, 일인칭의 이야기로 존재하는가?

민채 그렇다. 나는 음악이 다른 사람에게 내 생각과 의견을 전하는 것 보다는 오늘, 스스로의 느낌에 정직해야 한다고 생각한다. 솔직한 내 느낌, 나의 이야기가 전제되었을 때, 그 음악을 듣는 사람들도 열린 귀와 가슴으로 공감할 수 있으리라 믿는다. 그래서 음악은 내게 일기이며 편지이다. 내 진솔한 감정의 울림, 그 소리에 귀 기울이고 싶다.

하종욱 민채의 이름을 처음으로 알린 곡은 EP 앨범이 발표되기 전에 싱글로 먼저 소개되었던 〈True Love〉라는 곡이었다. "행복했던 기억들이 나에게 빛이 되어 밝혀주고 외로울 때 슬퍼질 때 항상 날 위로해주네"라는 가사가 있다. 여기에서 이 곡에서 언급되는 '너'는 음악 그 자체로 들리기도 한다.

민채 우선은 사랑의 기억을 담고 있지만, 음악에 대한 감사도 함께 생각하며 썼던 부분이 맞다. 음악을 통해 행복했던 시간들이 빛이 되어 밝혀주고, 음악은 내가 외로울 때나 슬퍼할 때나 항상 나를 위로해 주는 감사한 친구였으니까.

하종욱 〈외로움이 서툴러〉는 기타리스트 이동섭의 작곡이다. 그는 앨범에서 전체적인 편곡을 담당하며 민채의 음악에 든든한 조력자로 자리하고 있다.

민채 이동섭과 나는 현재 에반스 뮤직에 함께 소속되어 있는 한 집안 식구이다. 에반스 뮤직에서는 2003년부터 신인 발굴 프로젝트를 기수별로 이어오고 있는데 이동섭은 2004년 4기 출신이고, 나는 2006년 9기 출신이다. 이동섭은 기타 연주도 훌륭하고, 곡도 잘 쓰고, 편곡도 잘 해서 홍세존 대표께서 내 앨범을 준비할 때부터 편곡과 기타를 맡기겠다고 일찌감치 낙점했다고 들었다. 그는 나보다 3살 어린 동생인데, 생각도 깊고, 재즈와 팝, 록, 클래식 등 음악 전반에 대한 이해도 풍부해서 음악적으로 많은 것을 배우게 된다. 그는 내가 무엇을 원하는지를 바로 알아서 챙겨주는 매우 재능 있는 뮤지션이다. 동섭이는 내가 앨범을 준비할 때부터 10여곡의 자작곡을 전해 주었다. 〈외로움이 서툴러〉도 어느 날 "누나. 이 곡 어때요?"라며 들려주는데, 처음 듣는 순간 누구에게도 그 곡을 빼앗기고 싶지 않았다.

하종욱 다른 인터뷰 자료를 찾아보니, 어릴 적 꿈이 피아니스트가 되는 것이었다라고 밝혔더라.

민채 어려서부터 음악을 좋아했었다. 가족들 모임이 있으면 주현미의 〈비 내리는 영동교〉를 부르기도 했고, 수잔 잭슨의 〈Evergreen〉도 곧잘 불러 칭찬을 받기도 했다. 부모님과 함께 결혼식장에

간 적이 있었는데, 엄마가 "저 신부 참 예쁘지?"라고 물으면 "아니, 저기 피아노 연주하는 언니가 더 예뻐"라고 말하곤 했다. 피아노에서 울려 퍼지는 맑은 소리들이 마냥 좋았다. 부모님을 졸라 피아노 학원을 다녔고, 초등학교 4학년 때는 '국제평화음악 콩쿨대회'에 나가 초등학생과 중학생을 통틀어 1등을 차지하기도 했다. 피아노 학원 원장님이 선화예술중학교로 진학할 것을 권유했지만, 개인 레슨을 받아가며 피아노 영재 교육을 받을 형편이 되지는 못했다. 내가 잘 할 수 있는 것을 처음 발견한 시간이었지만, 예술학교로 진학을 못하면서 피아노 학원도 그만두고, 피아니스트가 되고 싶다는 꿈도 접게 되었다.

하종욱 대학에서는 실용음악과를 전공했다. 어떤 계기가 있었나?

민채 피아니스트의 꿈을 접고 나서부터는 특별할 게 없는 지극히 평범한 여중생, 여고생으로 지냈다. 그래도 음악은 여전히 열심히 듣고 따라 불렀다. 여느 또래의 아이들처럼 서태지와 아이들, 신승훈부터 김광진, 자우림까지 가릴 것 없이 듣곤 했다. 고2때 집에 피아노가 생겨 독학으로 코드를 익히고, 혼자 피아노를 연주하면서 다시 한 번 피아노를 배워 보고 싶다는 열망이 불쑥 솟아올랐다. 고3 때 대학 입시를 앞두고 학과 결정을 하는 시점에서 실용음악과를 준비해 보라는 권유가 있었다. 막연히 피아노를 연주하고 싶다는 생각만 있었지 실용음악 전공의 입시를 위해 아무런 준비를 하지 못한 채, 응시도 못하고 재수를 하게 되었다. 그 후 1년 동안 실용음악학원을 다녔지만 멜로디가 예쁜 뉴에이지 피아노 곡 1곡을 외워서

여러 학교의 실용음악과의 실기 시험에 응했지만
다 떨어졌다. 마지막 학교에서 재즈 스탠더드에다
즉흥연주를 섞어서 연주했더니 합격하게 되었다.

하종욱 실용음악학과에서 재즈 피아노를 전공하
면서 동시에 보컬도 같이 익혔나?

민채 실용음악학과의 커리큘럼은 재즈를 중심으
로 운영되었다. 재즈는 한없이 자유롭지만 체계
적인 질서가 함께하는 음악이라는 것을 알게 되
었다. 키스 자렛, 빌 에반스, 그리고 미쉘 페트루
치아니와 E.S.T(에스베욘 스벤숀 트리오)의 음악에
푹 빠져서 그들처럼 재즈 피아니스트가 되고 싶었

다. 그러다가 사라 본의 재즈 보컬에 흠뻑 취해서 그 음악을 하루 종일 들으며 잠들었던 시간도 많았다. 다이아나 크롤처럼 피아노를 치면서 보컬을 하는 것도 좋을 것 같았다. 그래서 마지막 학기에는 재즈 보컬리스트 말로 교수님에게 찾아가 전공 레슨을 청하게 되었다.

 말로에게서 배웠던 가르침 중에서는 어떤 것들이 기억에 남는가?

 짧은 시간이지만 많은 조언을 주셨다. 보컬의 테크닉이나 창법에 대한 레슨도 있었지만, 무엇보다도 좋은 음악을 많이 소개해 주셨다. 노래를 부를 때 어떤 호흡으로 어떤 마음으로 노래해야 하는지를 일러 주셨다. 피아노를 전공해서 시창과 청음, 화성적 감각이 뛰어나다는 격려와 함께 피아노를 치면서 노래를 하면 좋겠다는 실질적인 조언도 해주셨다.

하종욱 아주 예전에 2005년, 2006년을 즈음한 시기에 대학로의 재즈 클럽에서 민채가 아닌 다른 이름으로 피아노와 보컬을 연주했던 것을 본 기억이 있다.

민채 그때는 정말 음악이 무엇인지도 재즈가 무엇인지도 모른 채 연주하고 노래할 때였다. 본명이 김연희였다. 흔한 이름이기도 했고, 뭔가 야한 느낌도 나고, 연약한 느낌도 나서 좋아하지 않았다. 실제로 연희라는 이름에서 '계집 희(姬)'자가 들어 있어 이름을 바꾸지 않으면 힘든 인생이 될 것이라고 해서 2009년, 김민채로 이름을 바꾸었다.

하종욱 이름을 바꾸고 나서 운명이 바뀌었는가?

민채 이름 때문은 아니겠지만, 그전까지 나는 스스로의 삶에 대해 수동적이었던 것 같다. 하지만 민채라는 새로운 이름을 얻으면서부터 심리적으로 활기를 얻게 된 것은 분명하다. 그때를 즈음하여 비로소 내게 어울리는 음악은 무엇일까? 라는 의문과 욕심이 꿈틀대기 시작했고, 나만의 목소리를 찾아야겠다라는 목표도 선명해졌다. 그 전까지 나는 내 것이 아닌 다른 사람의 목소리를 흉내 내고 있었던 것 같다.

하종욱 어떤 목소리를 흉내내고 있었나?

민채 요즘 TV의 오디션 프로그램처럼 화려하고 뜨거운 열창을 하는 고음 창법을 배우기도 했다.

보컬 트레이닝을 받으면서도 내 취향과 감성에 잘 어울리지도 않는 하이 톤의 발성과 리듬 앤 블루스 창법을 훈련했다. 휘트니 휴스턴, 앨리샤 키스 같은. 그들은 나와는 다른 종류의 사람이라는 것을 인정하는데 적지 않은 시간을 소비했다. 내가 좋아하는 음악이 무엇인지를 진지하게 되물어봤다. 그랬더니 내가 좋아했던 음악들이 들려오는 것 같았다. 조용하게 가슴에서 끌어내는 소리였다. 그런 내 음악적 취향을 인정하고 나서야 내게 어울리는 소리를 찾을 수 있었다.

하종욱 조용하게 가슴에서 끌어내는 소리를 좋아한다고 말했다? 어떤 소리들이 마음을 움직였나?

민채 음...많다. 재즈 쪽으로는 쳇 베이커가 그랬다. 그는 가슴 한 켠에서 툭툭 내뱉는 듯 애틋하게 노래했다. 그의 건조하고 애절한 호흡을 듣고 있으면 심장이 오그라드는 것 같았다. 절로 눈물이 났다. 보사노바를 노래했던 조앙 질베르토도 그랬고, 애스투르드 질베르토의 나지막한 소리의 울림도 내가 너무나 좋아하는 소리들이다.

하종욱 노라 존스나 에바 캐시디의 경우는 어땠나?

민채 그 두 사람을 막 이야기 하려던 참이었다. 컨트리와 재즈를 자유롭게 넘나드는 노라 존스는 내가 내 음색을 찾아가는 과정에 많은 도움을 주었다. 에바 캐시디는 진심으로 내가 사랑하고 흠모하는 아티스트였다. 그녀는 매우 담담하게 노래하는데, 그 속에 내재된 감정의 폭이 너무나 넓고 깊어서 오히려 충격적이었다. 지금도 에바 캐시디가 노래했던 〈True Colors〉와 〈Time After Time〉을 들으면 소름이 돋는다. 그밖에 스팅이나 조니 미첼, 트레이시 채프먼의 개성 넘치는 목소리를 사랑했다.

하종욱 1950~60년대 미국의 서부 연안에서는 '블론드 재즈 보컬'이라는 고유한 보컬 스타일이 유행했다. 줄리 런던, 준 크리스티, 페기 리로 대표되었던. 그녀들의 선정적이고 관능적인 노래의 창법과 비교될 수도 있을 것 같다.

민채 금발에다 미모의 여성 보컬리스트, 등이 파인 롱 드레스에 흐느적거리며 유혹하는 듯한 목소리? (웃음) 그럼에도 줄리 런던은 매우 훌륭한 보컬리스트라고 생각한다. 그것이 그 어떤 섹스 어필을 의도했을지라도 그녀의 풍부한 감성과 가사 전달력은 충분히 매력적이다. 실제로 스튜디오에서 제작자인 홍세존 대표께서 "네 목소리는 누군가를 유혹하는 것처럼 들려. 야하게 느껴져. 조금 더 자연스럽게 불러 봐"라는 주문을 하기도 했다. 내 음악이 퇴폐적이고 관능적이라는 이야기는 듣고 싶지 않다. 담백하고 매력적이다. 섹시하다라는 평가까지는 괜찮다. 그러나 그들처럼 섹시하게 다가서기에는 나는 너무 빈약한 몸매를 지니고 있다(웃음).

하종욱 에반스의 홍세존 대표로부터 민채의 앨범 이야기를 2012년부터 들었던 것 같다. 그가 말하기를 "숨은 진주가 있다. 심혈을 기울인 역작을 준비하고 있다"라고 몰래 일러주었다. 민채의 앨범을 위해 어떤 심혈을 기울였던가?

민채 정말 그렇게 말했는가?(웃음) 심혈을 기울였다는 것은 오랜 준비를 의미하는 게 아니었나 싶다. 앨범에 대한 구상만 5~6년 했던 것 같다. 내가 준비가 되어 있지 않았기 때문에 선뜻 진도가 나가지 못했다. 기약 없는 기다림이 길어질수록 지치기도 하고 아무런 준비도 하지 못하는 스스로에 대한 원망도 많이 했다. '조바심 내지 말고 길게 내다보자. 긴 호흡으로 내 음악을 찾는 데만 집중하자'라고 생각했다. 그렇게 긴 기다림과 고민 끝에 만들어진 음악들이라 더욱 소중하고 절실할 수 있다고 생각한다.

하종욱 처음 자신의 앨범이 완제품으로 나왔을 때의 느낌은 어땠는가?

민채 처음에는 그저 무덤덤했다. 가족이나 주변의 뮤지션들의 축하 인사를 받을 때에도 특별한 감흥은 없었다. EP 앨범이 발매되고 얼마 지나지 않아 인터넷 음악 차트의 재즈 부문에 내 앨범이 3위로 올라가 있길래 그저 신기하기만 했다. 기사도 나고 인터뷰도 하게 되고, 이름 모를 분들의 블로그에 내 음악이 링크되어 걸려 있는 것을 보고 나서야, '아— 내가 음악을 통해 세상과 만나고 있구나'를 실감할 수 있었다. 어느 음악 사이트에 있는 내 음악 소개란에 '좋아요'라는 평가가 숫자로 표기되어 있었다. 그때 내 음악이 누군가의 삶에 스며 들고 있구나라는 설렘과 책임감을 동시에 느끼게 되었다.

하종욱 여러 명의 아티스트에게 들은 이야기가 있다. 첫 번째 앨범을 발표하고 나서 그 음악을 처음 들었을 때, 자신의 음악을 명령하고 지시했던 제작자나 프로듀서를 죽이고 싶었다라고. 그만큼 처녀작은 아쉬움과 후회가 많은 작업이라는 의미로 받아들여진다. 민채는 자신의 앨범 작업에서 의견 충돌이나 대립의 지점은 없었나?

민채 기대와 설렘만큼이나 아쉬움도 많은 것이 당연하다. 지금이라도 시간을 돌릴 수 있다면 스튜디오로 돌아가서 다시 노래하고 싶다. 그러나 나는 내 음악을 채워주고 가꿔주기 위해 물심양면으로 지원해주신 제작자, 편곡자, 매니저에 대해 깊이 감사한다. 그들의 경험과 판단력, 그리고 음악적 깊이를 신뢰한다. 많은 사람들이 나를 위해 음악을 준비해주었고, 진심으로 나의 출발을 도와주었다. 내 판단과 의견을 밝히는 데는 소극적이지 않았지만, 그들의 의견에 귀를 열어두었고 그것이 옳다고 믿었다.

하종욱 앨범의 자켓 이미지나 프로필 사진도 직접 선택했나?

민채 혹시 이상했나?(웃음) 내 의견도 있었지만, 대부분은 제작사의 의견을 수용했다. 머리를 풀어놓고 눕거나 앉아 있으라고 할 때는 정말 민망

하고 어색했다. 제작사에서 나보다 더 포토샵 작업에 열정을 보였다. 어떤 사진은 이게 내가 맞나 싶을 만큼 가다듬은 것도 있더라. 덕분에 "나는 실물이 더 예쁘다"라는 칭찬은 포기해야 할 것 같다(웃음).

하종욱 민채를 수식하는 가장 익숙한 표현이 '팝 재즈의 싱어송라이터'가 되었다. 훌륭한 아티스트, 훌륭한 보컬리스트의 전제가 작사, 작곡 능력을 갖춘 싱어송라이터라고 생각하는가?

민채 그렇게 생각하지 않는다. 나는 먼저 좋은 보컬리스트가 되고 싶다. 누가 들어도 "아, 이 음악은 민채의 노래구나"라고 생각할 수 있을 만큼, 분명한 내 스타일을 찾는 게 우선이다. 물론, 그 소리의 내용이 스스로의 내면에 충실한 이야기라면 듣는 이에게 한층 진심으로 다가설 수 있으리라 생각한다. 그래서 아직 미흡함이 많지만 내가 느끼고 경험한 생각과 이야기를 꿋꿋하게 담아보고자 한다. 그렇게 내가 직접 만들고 노래한 곡에 애착이 가는게 사실이다.

하종욱 민채를 수식하는 또 다른 표현 중 하나는 '미모의 보컬리스트, 미모의 싱어송라이터'이다. 미모의~라는 평가에는 거부감은 없는가?

민채 그런 소리를 별로 들어보지 못하고 살았는데, 그런 표현들이 있어 신기했다. 한편으로는 기분이 좋았다. 예쁘다는데 싫어할 사람이 어디 있겠는가. 그러나 나는 음악을 하는 사람이기 때문에 '음악이 예쁘다'는 칭찬이 훨씬 반갑고 행복하다. 이왕이면 음악성도 좋은데 얼굴까지 예쁘다는 평가라면 굉장히 좋겠지만(웃음).

하종욱 피아노를 연주했던 바탕이 있어서인지 민채의 음악은 정확한 음정, 리듬에 대한 감각이 뛰어나다. 자작곡들도 화성의 진행이 깔끔하고 선율미가 느껴진다. 향후의 앨범에서는 셀프 프로듀싱의 욕심은 없는가?

민채 아직이다. 나는 이제 첫 번째 앨범을 발표한 신인에 불과하다. 그리고 아직은 내 자신과 내 음악에 대한 객관적인 시선이 부족하다. 스스로를 객관적으로 바라볼 수 있을 때, 내 음악이 보다 넓은 수용력을 지니고 있다고 판단될 때, 그때 스스로의 음악을 직접 조율해도 늦진 않을 것 같다.

하종욱 많은 사람들이 준비된 신인이라는 평가로 민채라는 아티스트, 보컬리스트의 등장을 반기고 있다. 앞으로의 음악에 대해 어떤 바람을 가지기를 바라는가?

민채 내가 음악을 하면서 꼭 챙기고 싶은 부분은 '좋은 음악은 노래하는 이의 감성과 내면에 충실해야 한다'는 믿음이다. 한 번에 그 믿음을 채울 수는 없을 테고, 느리고 더딜지라도 한걸음씩 그 목표에 다가가고 싶다. 내 안에 깊이 숨겨둔 감정의 울림 하나하나, 그 소리에 귀 기울이고 싶다. 그렇게 청중들과 만나고 나누고 싶다.

하종욱 '우리 시대의 여성 싱어송라이터'라는 부제로 열리는, SOUND FESTIVAL 2014에 참여하는 소감은?

민채 영광이다. '우리 시대의 여성 싱어송라이터'라는 거창한 수식도 그렇고, 또 함께 하는 선배, 동료 뮤지션들과 나란히 한다는 것… 덜컥 걱정부터 앞섰다. 그러면서도 내 음악에 귀 기울여 주시고, 좋은 평가를 내려주신 분들께 감사를 드리고 싶다. 좀 더 성숙하고 내밀한 음악으로 싱어송라이터라는 평가에 어울리는 활동을 하라는 격려로, 스스로에게 약속하는 계기로 받아들이고 싶다.

하종욱 7월 18일(금)~19일(토) 마포아트센터에서 공연이 열리는데, 팬들에게 인사 한마디 한다면? (민채 공연은 7월 19일 오후 3시)

민채 많은 준비를 하겠다. 내 음악에 마음이 움직이는, 단 한 명의 관객이 있다면, 그 분만을 위한 음악을 들려드리고 싶다.

하종욱 SOUND FESTIVAL & AWARDS 2014는 2013년 한국 대중음악의 주요한 경향을 '여성 싱어송라이터'로 보고, 2013년에 주목할 만한 앨범을 발표한 여성 싱어송라이터 7인을 선정하여 "그녀의 삶을 살다 Vivre Sa Vie"라는 주제로 공연을 한다. 민채 씨는 (음악적으로) 어떤 삶을 살고 있나?

민채 세상은 큰 목소리, 시끄러운 소음, 의미 없는 소음들로 가득하다. 그렇게 느껴질 때가 많다. 나는 내 목소리를 높이는 것 보다 작지만 아름다운 소리, 의미가 깃든 소리를 찾고 싶다. 내가 느끼고 경험했던 이야기에 귀 기울이고 그것을 표현하는데 집중하고자 한다. 내 느낌과 이야기로 만

들어진 음악을 찾고 있는 중이다. 그렇게 나와 닮은 사람들과 공감하고 소통하고 싶다. 내 음악이 누군가에게 위로와 휴식이 될 수 있다면 스스로가 참 기특하고 대견스러울 것 같다.

하종욱 오늘 참 많은 것을 배우고 느끼게 되는 시간을 함께 했다. 민채의 그런 바람이 실현될 수 있으리라는 믿음과 응원의 마음을 보낸다. 오랜 시간 수고가 많았다. 감사하다.

민채 나도 즐거운 시간이었다. 오히려 내가 고맙다. 귀를 열고 마음을 열어 내 음악을 들어줘서 감사하다. `SOUND`

| *discography* | 민채

Heart Of Gold (2013/Evans Music)

민채의 데뷔 싱글 〈True Love〉(2013)에 이어 발표한 EP 앨범이다. 〈True Love〉를 포함해 3곡을 민채가 작사, 작곡했다. 특히 프렌치 팝 싱어인 미셸 폴라레프(Michel Polnareff)의 곡을 리메이크한 〈Qui A Tue Grand Maman〉이 눈에 띈다. 국내에서는 번안곡인 〈오월가〉로 친숙한데, 1980년대 학생운동의 대표 투쟁가였고 원곡 또한 국가 권력의 폭력성에 대한 노래다. 완전히 다른 분위기로 반전되기까지의 원동력은 민채가 지닌 특유의 목소리였고, 팝, 재즈, 보사노바 등 다양한 장르의 다른 트랙들 역시 슬픈 듯 따뜻한 민채만의 목소리가 투명하게 빛을 발한다.

Shine On Me (2014/Evans Music)

민채의 솔로 정규 1집이다. 첫 EP 앨범 [Heart of Gold](2013)의 수록곡들과 새로운 자작곡과 신곡을 보태 11곡의 수록곡들이 가지런하게 진열되어 있다. 잔잔하게 가슴 속을 파고드는 민채의 목소리는 여전한 가운데, '무언가 사연이 있는 듯한' 여인의 속마음이 연상되는 〈Rain〉과, 어쿠스틱 재즈 사운드에 그려진 아련한 봄날의 이미지를 그린 〈햇살〉이 추천곡이다. 건즈 앤 로지스의 록 넘버 〈Sweet Child O'Mine〉의 독특한 편곡과 해석도 신선함을 더해준다.

프롬(Fromm)

**"누군가의 삶을 아름답게 만들어 주는 음악을 하고 싶다.
내 음악이 누군가 삶의 BGM이 되었으면 좋겠다."**

프롬 인터뷰

일시 2014년 3월 31일(월) 오후 6시

장소 영등포 커먼센터

대담 프롬 VS 함영준

정리, 글 함영준(커먼센터 디렉터, 도미노 동인)

사진 김훈(SOUND 사진작가)

진행 대중음악SOUND연구소

함영준 | 도미노 동인, 커먼센터 디렉터

현재 비정기 문화잡지 도미노의 동인으로 활동하면서 동시에 미술공간 커먼센터 디렉터로 일하고 있다. 미술을 공부하다가 전공을 영화로 바꿔 학교를 마쳤고 다시 미술 관련 일을 하면서 항상 미국의 대중 음악을 가까이 하면서 살았다. 공연장 로라이즈를 운영했으며 음악 인터뷰집 레코즈를 2권 낸 것은 그러한 취미가 반영된 결과다.

SOUND
FESTIVAL 2014 ▶▶

우리시대 여성 싱어송라이터

그녀의 사람을 살다

Vivre sa vie

장필순
한희정
요조
타루
최고은
민채
프롬

2014. 7. 18 Fri ~ 19 Sat
Fri 8:00p.m. / Sat 3:00p.m. 8:00p.m.

마포아트센터 아트홀 맥

주최 가슴네트워크 madeby (재)마포문화재단
협력 dm 뮤직 오픈하우스 score

주관 대중음악 SOUND연구소 madeby
후원 한국저작권위원회 서울종합예술학교 AUDIOGUY jazzpeople HYANG MUSIC

프롬은 부산에서 올라와 서울에 살고 있는 여성 싱어송라이터다. 2013년 10월에 첫 번째 앨범 [Arrival]을 발매했다. 프롬에게는 특유의 음악적 감수성이 있는데, 디즈니 애니메이션에서 유래한 자연과 그에 등가하는 환상에 대한 기본적인 감성을 장착한 후, 뷰욕에서 파이스트에 이르는 여성 싱어송라이터들이 묘사해 낸 독특한 분위기에 집착하는 게 바로 그것.

특히 근사하게 정제된 스튜디오 작업보다는 홈레코딩을 통해 삽입되는 각종 '자연스러운 소리'를 복각의 원전으로 삼아 믹싱을 진행함으로써, 소박하지만 보다 진실된 메시지를 분위기를 통해 전달한다. 이러한 접근은 근래의 복고 열풍과 짐짓 거리를 두면서, 듣는 사람의 인생의 BGM이 되는 음악을 하길 원하는 프롬의 음악적 목표와도 잘 부합되는 형식이다. '홍대 여신'으로 통칭되는 인디 여성 뮤지션들과 확연히 다른 변별력 역시 이렇게 비정형적인 사운드 스케이프에서 출발한다.

"내 것을 보여주고 싶고, 들려주고 싶고, 나의 세계를 알리고 싶다."

함영준 부산에서 언제 올라왔나.

프롬 스물 두살 때였나? 아마 그럴 것이다.

함영준 부산에서도 음악을 했었나.

프롬 아니다. 원래 꿈은 있었는데 어떻게 해야 하는지 몰라서 그냥 안했다.

함영준 원래 하고 싶었는지? 아마 어릴 때부터 음악을 좋아했을텐데.

프롬 어렸을 때는 이것 저것 들었다. 특히 디즈니 애니메이션을 좋아했다. 알다시피 뮤지컬 형식인데, 사운드트랙 듣는 것도 좋아했다. '라이온킹', '인어공주', '포카혼타스' 등 많이 있다.

함영준 그 음악은 지금 하고 있는 음악과는 거리가 있는데 어떤 식으로 취향이 변했는지 기억을 되새겨 본다면?

프롬 어렸을 때에는 그런 환상적인 것들을 좋아했다. 지금도 감성의 기본에는 그 취향이 살아있다고 생각한다. '포카혼타스'라든지, 내가 좋아하는 애니메이션을 보면 자연에 대해 이야기를 하는데, 흔히 가요에서 들을 수 없는 미지의 세계에 대한 동경을 많이 얻게 되었다. 그래서 나를 표현하는 일, 누군가에게 감동을 주고 마음을 열어주는 매개에 대해서 생각을 하게 된 것 같다. 예술이라는 것에 대해서. 내 것을 보여주고 싶고, 들려주고 싶고, 나의 세계를 알리고 싶다는 생각이 들게 된 계기의 베이스가 되었다.

함영준 그때도 뭔가 했었는지?

프롬 만화를 그리거나 뭔가 짓고, 노래하는 것도 좋아했다. 지금도 애니메이션은 굉장히 좋아한다. 픽사에서 만드는 것도 좋아한다.

함영준 악기도 배웠었나.

프롬 아버지가 보내주셔서 피아노 학원을 다니긴 했다. 악보를 보고 치는 클래식 피아노여서 특히 재미를 느끼지는 못했던 것 같다.

함영준 많이 쳤나? 어디까지 쳤나.

프롬 체르니 30번.

함영준 체르니 30번이 딱 경계더라. (웃음)

프롬 그렇다. (웃음) 그 다음부터는 어려우니까.

함영준 혹시 교회 다녔는지?

프롬 안다녔다.

함영준 인디음악 하는 사람들의 대부분은 교회에서 악기를 시작하더라.

프롬 나도 그래서 아쉬운 적이 있었다. 기본적으로 악기는 숙지할 수 있지 않았을까 하는? (웃음)

함영준 디즈니 애니메이션 말고 그냥 좋아하셨던 음악, 팝음악 같은 것들이 있나.

프롬 엔야(Enya). 그리고 히사이시 조(Hisaishi Joe). 연결해보면 다 그런 느낌이다.

함영준 맞다. 뭔가 날아다니는 느낌? (웃음)

프롬 환상적인 것? 몽환적인 것? 그런 걸 좋아했

었다. 그리고 그 당시에는 음악을 찾아듣지 않아서 그냥 있는 것을 들었던 것 같다. 그때 한참 유행했던 팝음악들 말이다. 좀 지나서, 뷰욕(Bjork)에 대해서 알게 된 게 어떤 시작이었다. 아, 더 먼저가 이상은이었다. 연결 고리가 있다고 생각했다.

함영준 말하자면, 각성한 이후의 이상은?

프롬 리채(Lee Tzsche)로 활동하던 시절이다. 중고등학교 때.

함영준 둘 다 여자 솔로인데 그런 영향도 있었나?

프롬 그렇다. 멋있다는 생각이 들었고, 일단 그때는 항상 들을 게 없다고 생각했었다. "왜 이렇게 들을 음악이 없지?" 근데 뭔가 새로운 충격 같은, 내가 모르는 곳에서 이런 음악이 흐르고 있었구나 하는 것을 느꼈다. 제목도 잘 기억이 안나는데, 나나나~ (노래를 한다) 하는 게 있었다.

함영준 비너스 애즈 어 보이(Venus as a Boy).

프롬 그게 제일 기억에 남는다. 아무튼 그래서 그런 음악이 존재한다는 것에 대해서 안 게 그때쯤이었던 것 같다.

함영준 그 뒤로는 좀 찾아들었나?

프롬 잘은 기억이 안 나는데, 뭔가 분명히 듣고 있기는 했을 거다. 매시브 어택(Massive Attack)이라거나 수잔 베가(Susan Vega)라거나, 그런 음악을 계속 찾아서 들었다. 그런데 서울에 올라와서야 내가 좋아하고 즐겨들었던 음악이 비주류라는 것에 대해 알게 되었다. 당시에 오아시스(Oasis)라든지. (웃음) 그렇다고 너무 하드한 건 안 좋아했었다. 그냥 두루두루 그렇게 음악을 즐기고 있었지만 실제로 한국의 상황에 대해서는 잘 모르고 있었다. 한국에도 내가 마음 먹고 기획사에 들어가면 이런 음악을 할 수 있겠구나 하고 생각했었다.

함영준 근데 사실은 그렇지 않았고.

프롬 전혀 그렇지 않았다.

"내가 좋아했던 것을 남들이 같이 좋아하지는 않는다는 것을 느꼈다."

함영준 그렇다면 서울에 올라오게 된 계기는 음악을 하고 싶어서였나?

프롬 음악을 해야겠다는 생각이었다. "기획사에 들어가서 내 노래를 발표해야지" 하는 생각. 그런데 그때는 아무 것도 몰랐다. 일단은 부산이라는 지역이 멀기 때문에 서울에서 실제로 활동하는 사람들을 만나보고 싶다고 생각했다.

함영준 활동하는 사람들이라면 홍대 사람들?

프롬 아니다. 그냥 기획사에서 음악하는 사람들이 그런 음악도 한다고 생각을 했었다. 보컬 학원이라거나 일단은 배워봐야겠다고 생각해서 올라오게 되었다.

함영준 나는 음악을 굉장히 좋아하는 사람이긴 하지만 직접 해보겠다는 생각은 한 번도 해본 적이 없다. 음악을 좋아하는 것과 직접 해보겠다고 마음먹는 건 굉장히 다른 일일텐데.

프롬 나는 어릴 때부터 음악을 해보고 싶었다. 꿈은 늘 가수였다.

함영준 데모를 만들어서 돌린다거나 하지 않고 그냥 무작정 오다니 대단한 용기다.

프롬 내 인생에서 가장 크게 용기낸 일이 아니었을까. 하지만 그때 나는 확신이 없었다. 일단은 배워보고 싶은 게 우선이었다. 가수들이 트레이닝을 받는 곳에서 배워보고 기획사에 오디션을 보고 들어가야 활동할 수 있는 시스템일거라고 생각했기 때문이다. TV로 볼 수 있는 정보가 늘 그거였다. 막 "열심히 하겠습니다!" 하는 것들이 있지 않나? 처음에는 그런 과정을 무조건 거쳐야 한다고 생각했다. 홍대 신(scene) 같은 것에 대해서 잘 몰랐다. 크라잉넛부터 해서 그런 음악이 있다는 것을 다 알았음에도 불구하고 그때 생각해보면 무지했던 것 같다.

함영준 집에서 반대는 없었나?

프롬 음악을 배워보러 가고 싶다고, 처음으로 그렇게 뭔가를 해보겠다고 얘기한 거니까. 경제적으로 손을 벌리지는 않았으니, "즐겁게 한번 해봐라." 라는 반응이었다.

함영준 서울에 와서 실제로 뭔가 배웠나?

프롬 보컬에 대한 것을 배웠다. 발성이나 그런 것, 그리고 사회생활을 배웠다. (웃음) 노영주 선생님이라고 지금 현재 이 신에서는 가장 유명한 선생님 중 한 분인데, 사무를 도우면서 같이 일을 했었다.

함영준 재미있었나?

프롬 글쎄. 내가 좋아했던 것을 남들이 같이 좋아하지는 않는다는 것을 느꼈다. 당시에는 비욘세(Beyonce)라든지, 머라이어 캐리(Mariah Carey)의 창법이라든지, 그런 것에 대해서 다들 완벽하게 가야할 길이라고 생각했었다. 그런데 거기에 나는 전혀 공감할 수 없었으니까 다른 길을 가야겠구나 하고 생각했다. 그래서 그때부터 계속 헤맸다. 가는 길이 다르다면 얼른 홍대로 가서 음악을 해야지 하고 생각했던 게 아니라, 단지 내가 뭔가 잘못 생각했었구나 라고 느꼈다. 자아 확립이 어려웠다. 남들이 아니라고 하면 아니라고 생각했다. "내가 좋아하는 건 남들이 크게 좋아하는 게 아니었네? 내가 뭔가 잘못됐나?" 내가 좋아하는 것에 대한 확신이 점점 사라지는 순간이었다. 그

런데 실은 그때에도 집에서 늘 음악을 만들고 있었다.

함영준 그러면 음악을 만드는 것에 대해 얘기해달라.

프롬 기타로 만드는데, 나는 음악을 제대로 공부한 게 아니기 때문에 멜로디로만 만든다. 그리고 코드를 하나씩 다 찾아서 갖다붙이곤 했다. 그때부터 습작은 시작했었고 우연한 기회에 기획사에 들어갔다가 진짜로 아니라는 것을 깨달았다. "이쪽 세계는 나랑 성향 자체가 다르구나." 내가 원하는 걸 직접 할 수 있는 데에 이르니까 더 이상 거기에 있을 이유가 없었던 거다. 거기서 나와서 계속 혼자서 음악을 만들었는데, 그러다 보니까 레이블 사람들을 만나게 됐고 피터팬 컴플렉스 사람들이랑 계속 같이 얘기를 하면서 좀 더 음악에 대한 것도 확장을 하게 되었다. 물론 나에 대한 것도 더 넓어진 것 같다.

함영준 공연은 언제 처음 했나?

프롬 피터팬 컴플렉스의 단독 공연에 게스트로 섰던 게 처음이 아닐까.

함영준 같은 회사였나?

프롬 그 회사에 들어가서 준비를 하던 와중에 기회가 생긴 거였다.

함영준 그 무대는 어땠나?

프롬 원래 긴장을 많이 하는 편이 아닌데 그날은 정말 떨렸던 것 같다. 밤에 한 숨도 못 자고, 그냥 누워있다가 눈만 뜨고 나왔다. 내가 내 이

름으로 만든 음악을 처음 들려주는 거니까. 달랑 두 곡 했는데, 〈마중 가는 길〉이랑 〈메리 고 라운드〉.

함영준 공연을 하고 나니까 어떻던가? 본인을 음악하는 사람이라고 생각은 했겠지만, 막상 무대에 서는 건 전혀 다른 경험이니까.

프롬 그런데 무대에 서는 건 아직도 어려운 경험인 것 같다. 스스로 음악을 접했던 과정 자체가 내가 음악을 좋아해서 공연을 보러갔던 게 아니라 '방구석 음악'이었기 때문이다. 좀 힘들고 괴로울 때 음악을 켜놓고 위로받는 걸 좋아하는 사람이었기 때문에 음악 작업도 그런 식으로 한다고 생각했다. 그래서 음악 작업도 무대에서 만나는 것 보다 만들어서 '들어보세요' 하고 건네는 게 편하다. 근데 지금은 공연이라는 게 중요한 부분이니까 좀 더 바꿔 나가야겠다고 생각한다.

함영준 첫 공연 할 때도 이름이 프롬이었나?

프롬 그렇다.

함영준 에리히 프롬의 프롬인가? (웃음) 이름은 본인이 지었나?

프롬 피터팬 컴플렉스에서 베이스 치던 지일 오빠가 지었다. 독일어로 갖다붙여서 된 건데. (웃음)

함영준 마음에 드나?

프롬 솔직히 말하면 어디에 써도 엮이는 이름은 별로라고 생각했다. 검색했을 때도 나만 나올 수 있는 이름을 원했는데. (웃음) 근데 지금 생각해보면 좋다. 친숙하고.

함영준 그러면 본격적으로 첫 번째 앨범에 대해서 이야기를 해보자. 처음에는 어떻게 진행했나?

프롬 오랫동안 곡이 모여 있는 상태였다. 그 중에서 처음에 하고 싶은 말로 골라서, 전에 작업을 같이 해 본 경험이 있는 성향이 잘 맞는 편곡자와 함께 일했다.

함영준 잘 맞는 성향이라는 것에 대해 설명해 달라.

프롬 그냥 내가 이걸 요구했을 때 생각했던 것과 같은 음악을 바로 만들 수 있는 사람? 근데 그게 절대로 쉽지 않다. 특히 감성적으로. 음악은 사실 들어서 아는 거다. 무슨 악기를 쓰는가 같은 문제가 아니라 감성적으로 내가 생각하는 느낌을 잘 아느냐, 말하자면 따뜻한 오라를 같이 넣어주느냐에 관한 문제다. 그게 가능한 사람이다.

함영준 생각했던 감성이라는 게 아까 말했던 '판타스틱한 애니메이션' 느낌인가?

프롬 그건 그냥 내 성향 안에 깔려있는 거고, 여기서의 감성은 곡을 만들 때 느꼈던 감정을 말하는 거다. 만들면서 내가 생각했던 그림을 말하고, 서로 이야기해서 찾아가는 거다.

함영준 예를 하나 든다면?

프롬 〈좋아해〉같은 경우에는, 간단히 얘기를 하면 만돌린 같은 악기가 들어갔으면 좋겠다고 생각했고 브라스가 있으면 좋겠다고 생각했다. 그런 생각을 하고 그 분에게 이야기를 하면 라인을 만들어서 들려주는데 나랑 성향이 너무 잘 맞는 거다.

함영준 앤디 로젤룬드(Andi Roselund)라는 분인가?

프롬 맞다.

함영준 그 분이 없었으면 앨범이 어땠을까?

프롬 색이 약간 달랐을 거다. 근데 나는 내가 원하는 사운드에 굉장히 확고한 모습이 있었다. 말하자면 나는 그 분이 너무 완벽하게 해주면 얼기설기 푸는 역할을 많이 했다. 그래서 기본적으로 흐르는 감성은 달라질 게 없었겠지만, 사운드에 대한 이해는 부족해졌을 것 같다. 엮여지는 공간감이랄지, 악기 사이에 나오는 배치랄지, 이런 것들에 대해 잘 해줬기 때문에.

함영준 내놓고 보니 어땠나? 마음에 들었나?

프롬 이 정도면 굉장히 만족한다. 사실 아쉬운 게 훨씬 많았는데 조금 지나니까 다 잊어버리는 것 같다. 원하는 만큼 누려봤기 때문이다. 원하는 사람을 다 끌어다 쓰고 녹음도 원하는 만큼 했다. 처음이라서 아쉽지만 만족한다고 생각한다.

함영준 앨범 디자인은 어떻게 진행되었는지?

프롬 나는 앨범 재킷부터 내 이야기를 시작하고 싶었다. 처음에 시도한 컨셉은 '잘못 나온 증명사진' 같은 것이었다. 여권사진 같은 건데, 증명사진

자체가 본인이 인정하기 싫은 자기의 모습이 적나라하게 나오는 거니까, 인정하고 싶지 않은 내 모습이 뭔가 잘못 찍힌 것 같은 모습으로 시작하고 싶었다. 어느 정도는 잘 맞은 것 같다. 앨범 안에 아트워크 같은 게 좀 있는데, 서울 도착해서 가방 들고 서 있는 사진이다. 그런 것도 전체적인 분위기를 반영하는 거다.

함영준 CD는 몇 장이나 찍었나?

프롬 1천장 찍고 다 팔려서 얼마 전에 다시 또 찍었다는 얘기를 들었다.

함영준 사실 그게 굉장히 많이 팔리는 거다.

프롬 생각했던 것 보다는 훨씬 많이 팔렸다.

함영준 앨범에서 제일 마음에 드는 곡이 하나 있다면?

프롬 딱 하나를 고르라면 못 고를 것 같은데, 작업 도중에 전화위복이 된 곡이 있어서 애착이 가는 곡은 〈달 말하다〉라는 노래다. 빼려고 했다가 실게 되었고, 편곡하고 부르는 과정에서 훨씬 더 마음에 잘 들게 나와서 훨씬 애착이 간다.

함영준 그렇다면 작업하기가 제일 어려웠던 곡은?

프롬 〈좋아해〉도 굉장히 힘들었고, 〈도착〉이라는 노래도 힘들었고, 〈Sailing Boat〉같은 노래도 힘들었고, 한 세네곡은 굉장히 힘들게 작업을 했다.

함영준 힘든 이유가 있었나?

프롬 편곡을 하긴 했는데 내가 생각했던 것과 너무 다른 방향으로 나왔다. 그래서 다시 내가 재작

업을 했는데, 그 분과의 관계에 있어서도 죄송한 일이었다. 근데 고집을 부릴 수 밖에 없는 상황이었고, 그러면서 정신이 아득해지는 상황에서 계속 작업을 진행했다. "원하는 느낌을 내는 데까지가 이렇게 어려운가?" 하는 생각도 했다. 그러다 보니 귀도 망가지더라. 〈좋아해〉같은 경우도 악기가 너무 많다보니까 나중에는 구분이 안 되고.

"내가 생각한 게 날 것 같은 생선이라면,
만지면 만질수록 익힌 생선이 되는 거다.
더 예쁘긴 한데 내가 생각했던 건 아니고,
오히려 느낌이 굉장히 줄어드는 게 싫었다."

함영준 본인이 생각하고 있는 스타일이 있나? 다른 인터뷰에서는 '빈티지'라는 말이 나오던데 그 말을 직접 했나?

프롬 데모를 만들 때에는 기타를 혼자 쳐서 잡음도 굉장히 많이 들어간다. 게다가 굉장히 저렴한 마이크로 거의 눕다시피해서 노래를 한다. 나는 그 느낌이 좋다. 그게 진짜라고 생각한다. 만들 때의 그 느낌이 결과물에 오롯이 다 반영되는 거라고 생각한다. 근데 그걸 재생산해내는 과정에서는 항상 오류가 발생한다. 지나치게 깔끔해진다거나. 내가 생각한 게 날 것 같은 생선이라면, 만지면 만질수록 익힌 생선이 되는 거다. 더 예쁘긴 한데 내가 생각했던 건 아니고, 오히려 느낌이 굉장히 줄어드는 게 싫었다. 그랬기 때문에 의도적으로도 집에서 녹음을 했고, 믹싱을 하는 과정에서도 자연스럽게 하려고 노력했던 것 같다. 목소리 톤이라든지 악기라든지. 물론 스튜디오 과정

을 거치면 깔끔해질 수 밖에 없지만, 그걸 의도적으로라도 깼다. 소리도 좀 더 분산시켜서 잡았다. 너무 만들어서 깨끗해진 거 말고, 길에서 주웠지만 내가 진짜 너무 좋아서 계속 보고 싶어하는 그런 것. 그런 느낌을 내고 싶어서 만든 거고, 그래서 그게 '빈티지'라는 말로 요약되는 것 같다.

함영준 예전에 리바이스 청바지를 사면 주머니에 돌멩이가 들어있었는데, 일부러 낡은 느낌을 내라고 긁으라는 거였다. 나는 좀 그런 느낌이 들었다. 과정에서 어쩔 수 없이 나오는 열악함이라는 게 있고, 일부러 매만져서 그렇게 들리게끔 하는 경우가 있고. 로우파이랄까 빈티지라는 말도 그런 느낌에서 나오는 것 같고.

프롬 어떻게 생각하면 둘 다 맞다. 믹싱할 때도 본질을 훼손하면서까지는 아니지만 어느 정도는 그런 사운드로 가려고 노력을 했다. 사실은 그게 말로 하면 빈티지고 로우파이한 거지만 사실은 취향에 의해 좌우되는 거다. 소리를 만질 때의 취향. "여기서 소리가 울리는 게 좋은데, 왜 이렇게까지 귓가에 들리는 것처럼 해야 되지? 숨소리 같은 것도 좀 들리고 툭툭거리는 소리도 같이 들리고 하는 게 내 진실인데..." 라고 생각했다. 녹음실에서 녹음해서 깔끔하게 받으면 별로 마음에 안 든다. 노래에 디테일한 것들이 나오려면 집에서 진짜 불러야 했다. 그래서 녹음은 집에서 혼자 했다. 그래서 할 일은 두 배, 세 배가 되지만. (웃음)

함영준 믹싱하는 분들이 잘 이해하지 못하는 경우가 많을텐데.

프롬 그렇다. (웃음) 그래서 최대한 상황을 말하고 이해시키려고 했다. 1집 앨범에서도 뭐 1번 트랙 〈도착〉 같은 경우는 굉장히 의도적으로 원했던 사운드에 가깝게 내려고 했다. 지나친 리버브라든지, 드럼 소리 같은 것도 굉장히 많이 깼고, 퍼커션이나 이런 것도 현재 한국에서는 '이건 아니야'라고 얘기할 수 있을 정도까지 깼는데, 타이틀 곡을 비롯해서 몇 곡은 그렇게 하지 못했다. 가장 잘하시는 분에게 맡겨서 할 수 밖에 없었고, 그래서 욕심을 줄였다. 말하자면, 〈좋아해〉가 타이틀 곡인데, 내가 하고 싶었던 이야기는 〈도착〉에 있는 거다. '이렇게 만들고 싶었습니다.' 하는 것.

함영준 말하자면 타협인가?

프롬 어느 정도는 타협이 있었다. 그렇지만 나도 처음이었기 때문에 확신을 가질 수가 없었다. 믹싱이라는 과정도 잘하는 사람들이랑 해본 적이 없었다. 사실 믹싱이라는 과정은 장인의 영역에 있는 거라고 본다. 일반 사람들이 귀만 가지고 할 수 있는 게 아니라, 주파수를 만지는 문제이기 때문에 잘하는 분들과 함께 작업할 수만 있다면 좋은 기회일거라고 생각했다. 그래서 실제로 도움을 많이 받았다. 잘한다고 알려진 분들은 이유가 있구나 하는 느낌을 받았다.

함영준 앨범이 몇몇 영미권 뮤지션을 떠올리게 한다. 최근에는 어떤 음악을 좋아했나?

프롬 우선은 레지나 스펙터(Regina Spektor). 그 음악을 들으면서 충격을 많이 받았다. 그러니까 걔네들은 진짜 하는 것 같았다. 그런 느낌? 그냥 이게 다. 얘네는 진짜 자기 얘기를 하는구나 하는 느낌이 드니까 거기에 대한 신선함이 있었다. 그 때까지 계속 나는 항상 목소리를 디즈니처럼 꾸며 내고 있었다. 목소리가 컴플렉스가 있었기 때문에 그랬을 거다. 너무 남자 같고 두껍고 그랬으니까. 이런 목소리로는 〈인어공주〉 노래를 부를 수 없으니까. 그래서 항상 나 자신을 인정 못하고 있었던 거다. 그런데 레지나 스펙터를 들었을 때 "나도 뭔가 나의 본질에 가까워져야 되는 게 아닌가." 하는 생각을 하게 되었다. 그러다가 피터팬 컴플렉스를 만나고 굉장히 많은 변화가 있었다. 내 목소리가 좋다고 확신을 줬고, 용기를 내게 되었다. 그리고 그 때 파이스트(Feist)라는 음악가도 알게 되었다. 결정적으로 레지나 스펙터와 파이스트가 저의 정서에 굉장히 많은 영향을 미쳤다.

함영준 나는 들으면서 쉬앤힘(She and Him) 생각이 계속 났다. 그래서 사실 프롬이 팀인 줄 알았다. 소위 말해 '홍대 여신'이라고 하면 기타 치면서 노래하는 이미지에 굉장히 묶여 있는 느낌인데, 노래를 들었을 때 사운드에 깊이가 있어서, 아 이건 팀인가보다 했는데. 그리고 그 편곡을 함께 했다는 분과의 관계도 약간 쉬앤힘과 비슷하고. 음악 자체도 물론 그렇지만.

프롬 사실 나는 음악을 잘 안 듣는다. 특히 음악을 하게 되면서부터는 진짜 잘 안 듣는 것 같다. 요즘에는 플로렌스 앤 더 머쉰(Florence and the Machine) 같은 것만 듣는다.

함영준 사운드를 만지는 기준에 대해서는 어렴풋이 이해가 된다. 그러면 이제 가사 이야기를 시작해보자.

프롬 대부분은 '단서' 하나로 시작하는 편이다. 멜로디를 만들 때 어떤 오라를 갖고 끄적이다가 그 모태에 있는 단서를 찾는 거다. 〈도착〉 같은 경우가 그랬다. 낯선 곳에 도착하는 느낌으로 썼는데, 그게 내가 서울에 도착했을 때의 가사와 연결이 될 줄은 몰랐다. 낯선 기분을 찾다 보니까 도달하게 된 거다. 아무튼 단서 하나를 두고 주제가 정해지면 쓰는 편이다. 멜로디와 가사가 같이 나오는 경우는 거의 없다. 보통은 멜로디를 먼저 만든다.

함영준 노래를 하면서 하고 싶은 말이 궁극적으로 있지 않을까? 싱어송라이터니까.

프롬 나는 대단한 음악가들처럼 뭔가 깊이 있는 길을 걸어온 사람이 아니다. 나는 내가 음악적으로 타고난 게 있는 사람이라고 생각하지 않는다. 단지 그게 멋있어서 하고 싶었고, 우연히 하고 있는 것뿐이다. 나는 힘들게 자랐고, 어려운 시절을 많이 보냈다. 그때 내가 음악을 들으면서 세상을 보면 너무 지지부진한 삶이지만 아름다워 보일 때가 있었다. 힘들게 옥상에 앉아 있는데 바람이 분다고 하면, 뭔가 음악을 들으면, "이 바람은 어디서 오는 걸까." 하는 공상? 그래서 누군가의 삶이 있으면 그 삶을 아름답게 만들어 주는 음악을 하고 싶다. 항상 하는 말인데 내 음악이 누군가 삶의 BGM이 되었으면 좋겠다. 프롬의 노래를 들으면 삶이 더 진실해 보이게끔.

함영준 음악을 만드는 것과 음악을 들려주는 것도 좀 다른데, 어떤 차이가 있을까?

프롬 예전에는 사실 전혀 신경 쓰지 않았다. 만들어 내는 즉시 그게 내 거고, 공감을 받지 못해도 상관이 없다고 생각을 했다. 그런데 앨범으로 만들어 내고 유통 과정을 거치면서 시선에 대한 압박이 느껴졌다. 누군가가 내 음악에 대해 말을 하는 게 처음에는 굉장히 낯설었다. 혼자 만들고, 내가 위로받기 위해서 만들고, 가까운 사람들만을 위해서 음악을 만들다가, 대중 앞에 놓인 거다. 더 많은 사람이 들으면 좋겠다고 막연하게 생각했었지만, 내가 생각하는 것을 이 사람들이 진실로 받아들이지 못하거나 왜곡해서 받아들일 수도 있기 때문이다. 예를 들면, '홍대 여신'이라는 단어. 그건 내 단어가 아님에도 불구하고 항상 스트레스를 받는다.

함영준 홍대 여신 맞지 않나? (웃음)

프롬 (웃음) 내가 들려주고 싶은 건 이런 음악인데, 사람들은 그 단어에 대해 선입관을 갖게 되니까 결국에는 내가 원하는 것을 전달할 수 없게 되는 왜곡의 과정이 있다. 음악을 하는 것과 들려주는 것의 차이가 거기에서도 생기는 것 같다. 일대일로 설명할 수 있는 게 아니니까.

함영준 사람들이 음악을 들을 때, 사운드 자체에 대한 이해보다는 가사가 가장 직접적으로 전달된다. 그런데 프롬 같은 경우는 사운드에 굉장히 집착하다시피 신경을 많이 썼는데, 그에 비해 가사는 약간 파편적이라는 생각을 하기도 했다. 단어와 단어의 이미지만 떠다니는 느낌이었고. 물론 아까도 이야기한 리버브와 잘 어울리긴 하지만.

프롬 나는 미성숙한 사람이다. 사랑을 일찍 해보지도 않았고, 남들의 공감을 받을 만한 삶을 산 적이 없다는 생각을 했다. 남들이 대학 가서 술 먹고 놀 때, 나는 아웃사이더로 있었고, 늘 일을 하고 있었다. 그래서 미성숙함을 자각할 때가 있다. 솔직히 첫 앨범의 가사는 내 나이에 내기에 그 정서가 굉장히 어리다고 생각한다. 이건 어린 나에 대한 가사다. 특히 〈좋아해〉 같은 경우는 초등학교 1학년 때 기억을 단서로 쓴 거다. 다른 것들은 중고등학교 때 하던 생각을 모아서 만든 거라 지금 내가 부르기에 굉장히 어린 느낌이 많이 난다. 정서적으로 어리다고 해야 하나? 그런 것을 염두에 두고 있었다. 정서 자체가 좀 어린 거다.

함영준 의도된 것인지?

프롬 그렇다. 내가 모아놓은 곡 중에 최대한 옛날 생각을 했었던 곡을 모았다. 상경과 동시에 〈도착〉을 통해서 〈불꽃놀이〉로 나오면서, 아직은 힘들지만 이겨나가야 한다는 얘기를 하고 있는 거다.

함영준 본인의 음악을 좋아하고 공감하는 세대는 대략 어느 정도인 것 같나?

프롬 전혀 생각해 본 적 없다. 내가 거기까지 생각할 수 있는 사람이면… (웃음)

함영준 예를 들어, 무대의 객석을 보면?

프롬 주로 20대, 30대 정도인데 공연에 오는 분들은 남자들이 훨씬 더 많은 것 같다. 팬들에게 메시지를 받는 걸 보면 20대 초반, 중반, 40대 분들도 있다.

함영준 딱히 신경 쓰고 있지는 않나?

프롬 나는 그냥 내가 하고 싶은 이야기를 할 뿐이다. 나이가 많으면 어린 시절을 떠올리면서 공감을 하든, 지금 자기 일이라서 공감을 하든, 그런 건 듣는 사람에 따라서 다들 다르니까.

함영준 그런데 어떤 사람이 자신의 음악을 좋아하는지 아는 것은 중요하지 않나? 특히 음악가들이 겪는 어려움이라는 게 있지 않나. 생활의 어려움이라는 게 어쩔 수 없이 음악을 하면 가져가

야 하는 숙명 같은 건데, 내가 하는 음악으로 나의 생계가 가능할 것인가에 대한 생각은 안 해봤는지?

프롬 그건 운 좋으면 가능할 것이다. 그런데 나도 그렇지만 주변 음악하는 친구들도 사실은 애초에 돈 되는 음악이라는 것에 대한 개념이 별로 없다. 그런 식으로 생각을 해본 적조차 없다. 대신에 어떤 것을 하면 더 멋있을지에 대해 이야기를 한다. '내가 쓴 이 멜로디 너무 예쁘다'라는 것. (웃음) 사실 생계를 유지한다는 것까지 생각할 수 있다면 정말 똑똑한 사람들이다.

함영준 그렇다면 반대로 생계를 위해서 음악한다고 여겨지는 아이돌 같은 시스템은 어떻게 보는가?

프롬 대단한 사람들이라고 생각한다. 나도 잠깐 기획사라는 시스템 안에 있었지만, 그게 자신을 왠만큼 담금질하지 않는 한 견딜 수 있는 곳이라고 생각하지 않는다. 지나친 권위의식 밑에 있어야 하고, 말도 안 되는 기회를 잡기 위해서 시키는 대로 해야하는 건데, 정말 대단한 거라고 생각한다. 누군가에게는 그렇게 해서 유명해지는 게 훨씬 쉬운 일일 수 있다. 그렇지만 나는 부르기 싫은 노래를 부른다는 것에 대해서는 생각하기도 싫다. 그걸 어느 정도 매뉴얼에 맞춰서 굉장히 잘하고 있는 것을 보면 정말 대단하다고 느낀다. 무대에서 아이돌만이 할 수 있는 게 있고, 거기에 맞춰서 형성된 시장이 있으니까.

함영준 아이돌의 음악도 듣는지?

프롬 YG 같은 경우는 굉장히 관심이 간다. 아티스트에 대한 관리도 굉장히 잘하고 있는 것 같고.

신곡이 나오면 한 번씩 들어볼 때가 있다. 샤이니도 좋아한다. f(x)도 좋아하고. (웃음)

함영준 아르바이트를 많이 했었다고 들었는데, 지금은 그냥 음악만 하는 건가?

프롬 그렇게 한 지 얼마 안 되었다. 한번 버텨보는 거다. 6개월 정도 되었나? 앨범을 준비하면서부터 음악만 하고 있다.

함영준 음악만 한다는 게 좀 불안하지 않나?

프롬 아니다. 굉장히 편하다. 일단은 준비를 단단히 하고 사는 스타일이 아니다. 그래서 앨범을 내고 나니 뭔가 면죄부를 획득한 느낌이랄까? (웃음) 사실 부담은 된다. 집세도 내야하고, 계속 어떻게든 뭔가 생산을 하고 있어야 한다는 생각이 든다.

함영준 그렇다면 본인이 음악을 하면서 성공한다면 그건 어떤 모습일까?

프롬 부자로 사는 것을 원하는 건 아니다. 음악과 내가 하고 싶은 이야기와 관련해서 계속 일이 이어질 수 있는 것. 그게 성공인 것 같다. 진짜로 막 노동하러 뛰어가지 않아도 될 만큼 다음 작품을 기다려주는 사람들이 있고, 내 이야기를 할 수 있는 공간이 더 생기고, 작업이 이어질 수 있는 것.

함영준 SOUND FESTIVAL 2014에 참여하는 소감은?

프롬 정규 앨범을 발매한지 그리 오래되지 않았는데, 좋아하는 선배들과 함께하는 뜻 깊은 무대에 설 수 있어 기쁘다.

함영준 7월 18일(금)~19일(토) 마포아트센터에서 공연이 열리는데, 팬들에게 인사 한마디 한다면? (프롬 공연은 7월 19일, 오후 3시)

프롬 항상 응원해주셔서 감사한다. 7월, 전쟁 같은 여름이겠지만 모처럼 편안한 시간을 가져 봐요, 우리.

함영준 SOUND FESTIVAL & AWARDS는 2013년 한국 대중음악의 주요한 경향을 '여성 싱어송라이터'로 보고 2013년에 주목할만한 앨범을 발표한 여성 싱어송라이터 7인을 선정하여 "그녀의 삶을 살다 Vivre Sa Vie"라는 주제로 공연을 한다. 프롬 씨는 (음악적으로) 어떤 삶을 살고 있나?

프롬 크든 작든 희열을 느끼며 산다는 점에선 원하던 삶을 살고 있다고 생각한다. 특별히 음악적인 것들이 삶의 모든 부분을 차지하고 있지는 않다. 다만 때때로 한숨 같은 하루들이 모여 멜로디가 되기도 하고 이야기가 되기도 하는데, 그러다 보면 고통스럽고 괴로웠던 날들도 오히려 위로가 되는 전환의 순간이 찾아온다. 그것이 내 삶에서 유일하게 희열이라는 것을 느끼는 때다. 그런 작업의 과정들을 즐기며 오늘도 여전히 오르락 내리락하는 삶의 리듬 속에 살고 있다.

함영준 마지막으로 올해의 계획에 대해 들어보고 싶다.

프롬 곧 디지털 싱글을 발매한다. 총 3곡을 발매할 예정이다.

함영준 좋은 결과 기대하겠다. 오늘 긴 이야기에 감사한다. **SOUND**

| *discography* | 프롬

Arrival (2013/D Ocean/Pledis)

2013년 10월에 발매된 프롬의 첫 번째 앨범이다. 제 고집스러운 취향을 그대로 재현해 줄 수 있는 능력의 편곡자가 따라 붙어서 솔로 앨범임에도 불구하고 많은 부분이 마치 쉬앤힘 (She and Him)과 같은 풍성한 사운드를 낸다. 수록된 곡의 가사는 자신이 주변에서 경험한 것에서 출발하여 진솔하고 쉬운데 반해, 리버브가 짙게 걸린 허스키한 목소리가 묘한 대비를 이루며, 마치 유년을 기억하는 성숙한 숙녀를 연상시키기도 한다. 전반적으로는 레지나 스펙터나 파이스트, 케이트 내시 같은 영미권의 싱어송라이터들이 2000년대 중반에 진행했던 작업을 연상시키는데, 곡 하나 하나는 악곡의 정형에서 계속 어긋나지만 친숙하고 다정한 분위기가 잘 정제되어 들어있기 때문이다. 게다가 곡 하나 하나의 매력뿐만 아니라, 첫 번째 트랙인 〈도착〉부터 마지막 트랙 〈불꽃놀이〉까지 마치 자신이 서울에 상경해서 살아가는 시간을 연대기로 분류해놓은 듯이 균형 있게 어우러지고 있어서 앨범 전체를 감상해도 별다른 지루함을 느낄 새가 없다. 이러한 음악적 전략이 일말의 성공을 거둘 수 있었던 것은 끊임없이 제 컴플렉스를 갈고 닦으며 드러내길 두려워하지 않았던 프롬의 용기와, 그 용기가 가능하게 했던 음악가로서의 확신이 동시에 작용한 결과다.

오지은(Oh Jieun)

"3집은 힐끗 듣기에는 '오지은, 발톱 빠졌네' 할 수도 있지만요. 사실은 그게 아니고, 너무 많이 긁어서 발톱이 뭉개진 것 같은 손인 거죠."

오지은 인터뷰

일시 2014년 4월 28일(금) 오후 3시

장소 망원역 근처 출판사 오픈하우스 사무실

대담 오지은 VS 지승호

정리, 글 지승호(프리랜서 인터뷰어)

사진 김훈(SOUND 사진작가)

진행 대중음악SOUND연구소

지승호 | 프리랜서 인터뷰어

중3때 레드제플린을 듣고 대중음악에 빠져들었다. 전영혁 편집장의 월간팝송을 탐독하면서 '다이아몬드 보다 소중한 음악들이 있음'을 깨달았고, 성시완의 '음악이 흐르는 밤에'를 듣고 자란 '성시완의 아이들'이기도 하다. 전업 인터뷰어로 40여권을 단행본을 냈다. 만약 다시 태어난다면 록밴드의 기타리스트가 되고 싶은 정도로 음악을 좋아하지만, 깊이 있는 지식은 갖추고 있지 못하다.

2009년 오지은의 2집 [지은]이 나왔을 무렵 유희열은 그녀를 '홍대 여왕'이라고 부르고, 언니네이발관의 이석원은 그해 발매된 음반들 중 오지은 2집을 최고의 음반으로 꼽았다. 그 앨범에 수록된 〈날 사랑하는 게 아니고〉는 지난해 대중음악SOUND 7호에서 선정한 '한국 인디음악 명곡 100선'에 선정되기도 했다.

W지는 "투명한 심장에서 뱉어내는 솔직한 사랑 노래. 얼음이었다가 불꽃이었다가 하는 변화무쌍한 온도를 머금은 오지은의 음악은 특히 또래 여자들의 지지와 공감을 보태 '인생의 BGM'이라는 평을 받아왔다"고 평했다. 이런 직설적이고 솔직한 그녀의 사랑노래는 열렬한 지지자를 몰고 왔으며, '홍대 마녀'라는 별명을 선사함과 함께 뜨거운 논쟁의 대상이 되기도 했다.

음악평론가 차우진은 "오지은이란 음악가의 등장은 지난 10여 년 간 한국 인디 씬의 토대가 질적으로나 양적으로나 팽창한 결과라는 점에서, 또한 그녀의 등장과 함께 10년 전처럼 여성 음악가에 대한 관심이 환기되었다는 점에서 간과할 수 없다. 또한 같은 맥락으로 그녀가 종종 '인디'에 대한 논쟁의 핵이 된다는 점 또한 의미심장하다. 단언하건데, 오지은은 성공한 음악가다"라고 평한다.

2006년 듀오 'Heavenly'로 클럽 바다비, 클럽 빵 등에서 공연활동을 시작해 그해 가을 17회 유재하 음악경연대회 동상을 수상했고, 2007년 1월 1집 데뷔앨범 [지은]을 자신의 레이블 soundnieva에서 발표했다. 2007년 7월 EBS스페이스공감 최초의 헬로루키로 선정되었으며, 2008년 9월 해피로봇레코드와 계약을 맺고, 2009년 2집 [지은]을 발매했다. 2010년 오지은과 늑대들을 결성해 그 해 [오지은과 늑대들]을 발매했고, 2013년 세 번째 솔로 음반 [3]을 발표해 음악계를 비롯해서 각계 각층의 리스너들에게 깊은 찬사를 받은 바 있다.

"사람이 인생에서 겪는 엄청난, 남들한테 보여주기 싫고, 어두운 순간들을 찝어서 음악으로 만드는 스타일이다보니까 그걸 재현하는 것이 정신적으로, 체력적으로 힘든 것은 있죠."

지승호 뷰티풀 민트 라이프 2014가 공연 하루 전 고양문화재단으로부터 취소 통보를 받고, 취소되었는데요. 거기에 대해 "낮에는 누가 세월호 사고가 일어난 데에는 음악인들이 세상 참여적인 음악을 하지 않았던 탓도 있다고 하지를 않나, 밤에는 우리의 음악이 풍악을 울리는 것이라며 강제로 공연을 못하게 한다지 않나. 오늘은 음악인으로 살면서 가장 서러운 날일지도 모르겠다"라고 하셨는데요.

오지은 약간 오버를 했습니다.(웃음) 제 직업이 무시되는 것 같은 느낌이 들어서 서러웠던 것 같아요. 돈도 안 바라고 명예도 안 바라고, 하지만 알아 줬으면 좋겠다 싶은 작은 것이 무시당하는 기분이었어요. 음악의 여러가지 기능이 있는데, 저희 필드 음악은 듣는 분들이 위로가 필요할 때 듣는 것들이 많잖아요. 그런데 그게 깡그리 무시당하는 기분이 들어서요. 저는 심지어 이번 뷰티풀 민트 라이프에는 참여하지 않는데요. 준비를 몇 달간 한 뮤지션들이나 스탭들은 허탈감이나 분노가 더 클 것 같아요. 집에 있는 입장에서 얘기하기 쉽겠단 생각도 들었구요.

지승호 이번에 대중음악SOUND연구소에서 주최하는 SOUND FESTIVAL 2014에도 참여하지 않으신다면서요.

오지은 올해는 공연을 안 하려구요. 건방지죠. 지가 뭐라고.(웃음)

지승호 이유는 있으신가요?

오지은 이유는요. 할 수 있는 것을 다 했는데, 밑천이 떨어져서구요. 이런 표현은 싫지만, 지금의 저한테 만족을 못하는 상태가 되어 버렸어요. 조금 더 잘하게 됐을 때 하고 싶다는 생각이 들었는데요. 그러려면 시간이 좀 걸릴 것 같기도 하구요. 그리고 현실적인 것으로는 음악을 하고, 공연을 계속 하게 되면 감기도 걸리면 안 되고, 목도 쉬면 안 되고, 계속 줄이 팽팽한 상태로 있어야 되는데, 제가 2006년부터 했으니까 햇수로 9년째여서 약간은 느슨하게 있고 싶다는 생각이 들었어요. 더 잘하게 되기 위해서, 라고 하면서 놀고 있죠.(웃음)

지승호 말씀하신 것처럼 공연하실 때 워낙 긴장된 상태로 있다보니까, 10년 가까이 돼서 지친 것도 있으신 것 같고, 3집 앨범 내시는 과정에서 너무 쏟아부은 것 같기도 하네요.

오지은 그렇죠. 3집을 내고 나서도 전국 투어 이런 것을 하면서, 즐거운 음악이면 관객도 즐겁게 해주고, 나도 즐거운 게 있을 수도 있는데, 오지은과 늑대들(이하 오늑)이라는 프로젝트에서는 잠깐 그런 즐거움을 맛보기도 했는데요. 오지은 음악은 하는 사람 입장에서도 즐거움의 순간이 아예 없지는 않지만, 정말 가끔 있구요. 힘든 것을 반복하는 거여서 진심으로 할려면 되게 힘들어요. 그래서 그걸 조금 밖에 못하게 되고, 작년에 앨범을 내고 공연을 하고, 그걸로 "1, 2, 3집 동안에 내 의무는 다 했구나” 라는 생각이 들어서 조금 풀어지자는 생각도 들었고, 그렇습니다.

지승호 평소에 활달하신데, 음악을 할 때는 음악 자체도 그렇고, 우울한 상태를 많이 갖고 계신 것 같은데요.

오지은 그래서 공연을 자주 못하는 것 같아요. 1년에 몇 번 할 수 있을까? 이것도 직업인이면 많이 할 수 있어야 되는데, 많이 못하게 되는 이유에는 뭐가 있을까요? 체력적으로 힘든 것도 있겠죠, 아무래도. 만드는 입장에서는 오히려 살풀이 같은 거라 안 만들었을 때가 더 힘들어요. 사실 사람이 인생에서 겪는 엄청난, 남들한테 보여주기 싫고, 어두운 순간들을 찍어서 음악으로 만드는 스타일이다보니까 그걸 재현하는 것이 정신적으로, 체력적으로 힘든 것은 있죠. 그것을 솜씨 좋게 해내는 방법을 찾을 수 있을 줄 알았는데, 못 찾는 것 같아요.

지승호 솜씨 좋게 해낼 수 있는 방법이라는 것이, 예술의 경우에는 쉽지 않을 것 같은데요.

오지은 그렇다고 막 무대에서 눈물 흘릴 정도가 되어야 진짜고, 솜씨 좋게 꺼내는 것이 진짜가 아닌 것은 아니어서요. 결국은 솜씨 좋은 연기자가 되어야 되는 것 같아요. 연기자들은 한번 숏 가면 여러 번 그것을 하는데, 똑같은 텐션을 유지하잖아요. 기술과 정신 몸 심기체가 함께 해야 되는 것 같습니다. 그게 어렵더라구요.

지승호 [3] 발매 기념 쇼케이스에서 타이틀곡 〈고작〉에 대해 “박찬욱 감독의 복수 3부작처럼 1집

〈화〉, 2집 〈날 사랑하는 게 아니고〉에 이은 완결 같은 느낌의 곡이다. 사랑이라는 감정을 가장 어둡게 바라보고 싶었다”고 하셨는데요. 인터뷰마다 1, 2, 3집을 다르게 비유를 하시더라구요.

오지은 운이 좋게도 인터뷰를 많이 한 케이스라 제가 똑같은 말을 하기 시작하면 정말 잘 아시듯이 로봇과 탁구치는 것도 아니고. 그래서 항상 다르게 바라보려고 노력했던 것 같아요. 그래서 일관성이 없겠죠.(웃음)

지승호 사랑이라는 느낌에 대해서 1, 2, 3집은 어떤 차이가 있나요?

오지은 여자가 나이 먹은 거죠.(웃음) 오늘은 천천히 대답해보려고 다짐을 하고 나왔는데, 또 이러고 있네요. 생각을 해보자. 1집과 2집과 3집. 아, 여자가 나이를 먹은 것 같네요. 사랑에 대해서 많이 기대하다가 점점 안하게 되는 과정을 정말 추할 정도로 부끄럽게, 솔직하게 그리려고 했던 것 같아요. 그런데 저는 제 앨범을 프로듀싱을 하니까 프로듀서로서 3집을 이렇게 내는 것이 전략적으로 좋지 않을 수도 있겠다는 생각을 했어요. 요즘 아무도 그렇게 절규하는 사랑 타령 같은 것을 안 하니까. 그런데 1, 2집을 낸 사람으로서의 의무감 같은 것, 내가 너무 좋아하고 얘기하고 싶었던 유치한 세계를 내가 완결을 지어야겠다는 생각을 했죠. ‘고작’이라는 말로. 그래서 ‘행복하게 살았습니다. 사랑은 최고야’, 이런 게 아니고, 20대 때 세상의 전부였다고 생각했던 것이 아무 것도 아니게 느껴졌던 경험에 대해서 나는 쓰고 넘어가야겠다, 나중에 내가 이것을 뒤집더라도, 이런 생각이 들어서 아주 유치한 완결을

한 거죠.(웃음)

지승호 역설적으로 그게 더 슬프게 느껴졌다는 사람들이 많은데요. 그게 '고작'이라니, 하고.

오지은 그게 슬프더라구요. 사랑이 떠나는 것보다, 사실은 내게 고작 아무 것도 아니었던 것을 가지고 내가 몇년 간 그랬던 것이 아닌가 하는 것에 두둥했던 것 같아요. 가치가 큰 것이었다면 배신을 당해도 나름 의미가 있었다고 판단할 수 있었을 것 같은데요. 이건, 사실은 뇌내 망상 같은 것 같아서 슬펐죠.

지승호 텐아시아 인터뷰를 보니까 1집은 '헤어져서 아파..'의 느낌이고, 2집은 '아, 이렇구나... 원래 이래'의 톤이고, 3집은 '지금 생각해보니 그랬던 것 같아' 정도로 표현할 수 있다고 하셨는데요.

오지은 잘 정리했었네요. 거칠지만.(웃음)

지승호 네 번째 앨범에서는 좀 다른 느낌의 곡을 하신다고 하셨는데요.

오지은 사랑 얘기가 아니지 않을까요? 그런데 지금 생각에 3년은 지난 뒤가 될 것 같아서요. 그동안은 조금은 음악을 안 하는 사람들의 기분으로 살아 볼려구요. 왜냐하면 제가 음악하는 사람으로 살던 시절, 말이 이상하네.(웃음) 제가 음악하는 사람 모드일 때는 매사가 음악이라, 뭐라고 해야 되나요? 음악을 잘 즐길 수도 없고, 결국 되게 스트레스 받는 거예요. 너무 잘하고 싶은 영역이니까 다른 음악을 마음 편하게 들을 수도 없구요. 뭔가 삶에서도 계속 음악을 만들 건수를 찾아야 되고, 그리고 노래해야 하고, 굉장히 피곤한 상태였는데요. 잠깐 안 그러고 살면, 그래서 볼 수 있게 되는 것도 있을 것 같아서요. 감히 그렇게 하려고, 요즘 글을 쓰고 있습니다.

지승호 어떤 글을 쓰고 계세요?

오지은 산문인데요. 더 큰 자학을 하고 있죠. 음악보다.(웃음) 요즘 거기에 굉장히 관심이 많아요. 저 혼자 관심 있는 것 같아서 어디에 쓰긴 뭐한데

요. 음악하는 사람과 글 쓰는 사람은 매커니즘이 다른 것 같아요. 운동선수로서 쓰는 근육이 다른 것 같구요. 5분 짜리 노래를 만드는데 30분이 걸리기도 하거든요. 30분 동안 약간은 이성적이지 않은 상태로 멜로디랑 가사를 스스로 검열하지 않고, 막 쏟아낸 다음에 이성을 가지고 그걸 편곡을 한다든지, 그 이후에 그것을 노래로 만드는 과정을 겪는데요. 글은 전혀 그렇지 않거든요. 글은 그렇게 30분 동안 자기를 쏟아놓은 것이 어려운 것 같아요. 그렇게 하면 안 되구요. 예전의 산문 시도 아니고. 그래서 제 개인적인 얘긴데, 글을 잘 쓰려면 체질을 바꾸는 것이 좋지 않을까 생각을 합니다. 새벽 4시에 잠깐 뿜어내는 것이 가장 좋은 것이 아닐 수가 있는 거죠.(웃음) 그리고 위의 질문에 대해 답변하자면 자세가 같아져버렸네요. 그래서 요즘 힘이 듭니다.(웃음)

지승호 네이버 뮤직란에 3집 노래 하나하나를 지인들이 코멘트를 했는데, 쟁쟁하던데요. 김애란, 한효주, 최강희, 정재형, 김연수, 주호민, 이택광, 김윤아, 윤병주, 조원선, 윤성현, 이석원, 정지찬.

오지은 제 인생의 영광스러운 순간이었죠.

지승호 다양한 분야의 분들이었는데요.

오지은 그렇네요. 지금 들어보니 남의 일처럼 '우와' 하는 느낌인데요.(웃음) 트위터 덕분 아닐까요? 아주 친한 사람들도 있구요. 제가 그냥 리스펙트 하는 사람들도 있구요. 아직 개인적으로는 만나보지 못했는데, 온라인을 통해서 우정이 있는 분도 있는데요. 제가 어떤 사람이 좋다는 생각이 들면 그 사람한테 말 거는 것을 주저하지는 않는 스타일이예요. 물론 그 사람이 제 노래를 좋아한다는 약간의 정보가 있은 후에는, '어머 저도 좋아합니다'를 잘 하는 스타일이죠.(웃음) 그 다음에 그 사람이 이러 이런게 멋있고 좋다는 것을 얘기하는 것도 좋아하는 스타일인데요. 저도 해놓고 보니까 놀랐어요.

지승호 쟁쟁한 뮤지션들이 세션으로 3집에 참여했는데요.

오지은 그러게요. 3집은 좀 그런 마음이 있었어요. 호강하고 싶은 마음.(웃음)

지승호 그 분들이 흔쾌히 응해주셨나요?(웃음)

오지은 사실은 심심하셨던 게 아닐까요?(웃음) 여자든 남자든 후배가 하자면 사실은 즐겁게 해주실 수 있는 분들인데, 저도 감히 말도 못 꺼냈는데, 꺼내봤더니 됐던거거든요. 저도 생각해보니까 매년 점점 심심해지고 있어요. 그래서 누가 뭘 하자고 하면 기분이 되게 좋고, 그랬던 게 아닐까 싶습니다. 어디까지나 추측입니다만.(웃음)

지승호 그 분들하고 음악적으로 소통할 때 어떤 요구를 잘 못하시는 편이라고 들었거든요.

오지은 네. 어려웠어요. 그런데 선배 후배 할 것 없이 그런 소통은 항상 어려워요.

지승호 그 얘기도 그렇고, 연주를 다시 한번 하자는 얘기도 잘 못 하신다구요.

오지은 멍청이죠.(웃음) 근데 그래놓고 결국 하자는 얘기도 다 해요. 시간이 오래 걸려서 그렇지...

지승호 음악적으로 어떤 부분을 요구할 때 어떻게 소통하셨나요? 도착점을 먼저 얘기하신다고 하시던데요.

오지은 예. 부끄러운데요. 이런 얘기는. '이 사람은 되게 슬픈데, 표정은 변하고 싶지 않은데, 주먹은 쥐고 있어야 돼', 이런 얘기를 했을 때 20대의 전공자들은 아마 '그게 뭐예요?'라고 할꺼예요. 세션계에 뛰어든지 얼마 안 된 사람도 '오지은이랑 했더니 주먹을 쥐라고 헛소리하더라' 이럴 수 있는데요. 정말 경지에 오르신 분들은 '아, 슬픈데, 표정은 무뚝뚝한데, 주먹을... 아, 알겠습니다. 해볼께요' 라고 하세요. 그래서 '이거구나, 역시 나의 망상은, 로망은 현실이었다. 이룬 자들은 이렇게 하는구나' 하고 저의 유치한 설명을 그만두지 않는 거죠.(웃음) '어떤 톤으로, 뭘 걸고, 몇 비트 리듬으로 어떻게 해주세요' 라고 하면 1+1은 2가 나오는 것 같아요. 그런데 그런 식으로 설명을 했을 때 3이 나올 수 있다고 생각해요. 물론 저의 역량 부족도 있고, 음악적으로 용어를 잘 알지도 못하는데요. 3이 나오는 순간을 못 잊어서 계속 그렇게 하고 있는 것 같습니다.

지승호 [3]에 수록된 〈물고기〉에 대해 이석원(언니

네 이발관)씨는 "팔분이 넘도록 숨죽여 듣게 되는 아름다움과 긴장이 공존하는 대작"이라고 표현했구요. 김윤아(자우림)씨는 "〈Curse Song〉을 듣고 있자니 곡 안에서 폭발하고 있는 그녀의 어두운 에너지에 짜릿한 것도 잠시, 왠지 남이 알아서는 안 될 비밀을 엿들어버린 듯한 죄책감이 듭니다. 제가 오지은을 사랑하는 이유가 이 곡 안에 가득합니다"라고 네이버 뮤직란에서 평했구요. 2011년 5월 15일 일기에서는 "아주 좋아하는 어떤 (슈퍼스타는 아닌) 밴드의 보컬 겸 리더가 아주 좋아하는 어떤 (타이틀곡은 아니었던) 곡의 작곡가임을 알았다. 이 짜릿함. (둘은 전혀 접점이 없어 보였는데!!!) 그러고 보면 나는 보통 슈퍼스타가 아닌 밴드를 좋아하고 앨범에선 타이틀곡이 아닌 후반곡(주로 8번에서 10번 사이)을 좋아하는구나"라고

쓰셨는데요. 그 두곡이 거기에 해당되는 것 같은데요.

오지은 제가 좋아하는 전형적인 8, 9, 10번은 아닌데요. 이번에 그 자리에 그런 노래를 넣은 것은 1, 2집의 전략과는 다른 것이었어요. 1, 2집 때는 누군가가 '오지은 어떨까?' 하고 1번을 들어봤을 때 2, 3, 4번까지 듣게 하는 것이 목표였는데, 지금은 그렇게 호객 행위를 하지 않아도 되지 않을까 하는 생각을 한 거죠.(웃음) 몇 년간 되게 많이 듣던 말이 편안한 노래들이 뒷부분에 있다는 얘기인데요. 앨범을 내고 편안한 노래들이 1년 뒤에 알려지는 거죠. 그러면 '뭐냐, 오지은 싸이코인 줄 알았는데, 공감가는 노래도 하네' 라고 하죠. 그게 억울한 면도 있었어요. 제가 어두운 면은 더 가치가 있고, 담담한 면은 가치가 없다고 생각하

지도 않고, 다 그냥 제 노래라고 생각하는데요. 처음에 선보여질 때는 가장 쎈 것을 하게 되잖아요. 그래서 1집에서 〈화〉라는 트랙이나 2집에서도 쎈 것을 앞에 배치했는데요. 이제는 군이 그렇게 잔머리를 쓰지 않아도 되지 않을까 싶어서 뒤에다가 넣었는데, 잘못된 전략이었던 것 같기도 합니다. 아마도 많은 사람들이 1, 2, 3번만 듣고, '뭐야 오지은 손톱 빠졌네'라고 했겠죠.(웃음)

지승호 2집 때는 "앨범 중반부의 몇몇 곡들은 앨범의 일관된 긴장감을 떨어뜨리는 역할을 한다"는 비평들도 있었잖아요.

오지은 〈인생론〉 같은 노래요? 제가 마니아들을 열 받게 하는 게 있나 봐요. 아마 무의식중에 하는거겠죠. '열 받아라' 하고.(웃음) 〈인생론〉은 음악을 좋아하는, 그러면서 '저는 음악 잘 몰라요', 하는 분들이 〈인생론〉을 듣고 저한테 써줬던 고맙다는 메시지들이 정말 많아요. 저도 초반에 '아, 이게 건방진 일이었나, 남의 감상을 깨버린다는 게. 그런 것이 못된 생각이었나' 하는 생각이 들었거든요. 왜냐하면 되게 건방진 메시지였잖아요. '우울해하지 말고, 인생론처럼 사세요, 왜냐하면 저도 그러고 싶으니까요' 라는 음악하는 인간 치고는 한 장의 앨범으로 리스너에게 건방진 요구를 했나, 지금은 그런 생각이 드는데요. 그래도 의도를 알아주신 분들이 제 생각보다 굉장히 많아서 잘못된 판단이 아니었다고 지금은 생각합니다. 제가 하루 종일 반성을 하는 스타일이라, '아, 이건 잘못된 판단이었어, 이건 아니었어' 하는 스타일인데요. 여기서 고해성사를 하게 되네요.

지승호 100비트와의 인터뷰에서 '가사가 늘 작업의 씨앗이 된다'고 하셨는데요.

오지은 80% 정도 되는 것 같은데요. 70, 80% 정도.

지승호 모티브가 되는 것은 아무래도 예전의 경험들인가요?

오지은 경험과 경험에서 파생된 생각이겠죠. 만드는 사람이라면 꽂히는 것이 있잖아요. 80년대 LA 메탈밴드라면 맥주 마시고 여자랑 노는 것에 꽂혔을 것이고, 레이지 어게인스트 더 머신이면 사회적인 문제에 꽂히는 거구요. 제가 꽂혔던 것, 이건 내가 얘기를 하고 넘어가야겠다는 생각이 든 것이 결국은 사랑을 하는데 결코 아름답지 않은 순간들인 것 같아요. 결국 제가 듣고 싶은 노래를 만들었던 것 같아요. 제가 듣고 싶은 말들을 가사로 쓰고.

지승호 보통 일반적인 사랑 노래 가사들과 달라서 반응들도 극단적이었던 것 같은데요. 어떤 분들은 '아, 이거 내 얘기다'라고 하신 분들도 있고, 대중가요 가사 치고는 사랑에 대해서 너무 직설적이고, 어둡고, 쎄다는 분들도 있었던 것 같은데요.

오지은 두 반응 다 좋아요.(웃음)

지승호 오키나와 게스트하우스에서 〈고작〉, 〈물고기〉를 완성하셨다고 하셨죠. 당시 한국에서는 막히는 감정들이 있었나요?

오지은 막히더라구요. 30대 초반에 막히는 경험이 없었나요? 생각이 20대에는 뻗치다가 언젠가부터 점점점 그 원이 내부에서만 도는 것 같은 생각이 든 적 있지 않으셨나요? 그런 타이밍이 저는 3집을 만들 때 왔던 것 같아요. 이제까지는 어떤 기분이 들면 '나 지금 이런 기분이야' 이런 얘기를 실제로도 했고, 노래로도 했던 것 같은데요. 2집에서 3집 사이의 시간이 4년이 흘렀는데, 자신의 기분을 세상에 쏟아내던 젊은이가 할 법한 행동들을 슬슬 안하게 되고, 못하게 되어서 그것을 받아들이고, 나름의 창작 방법 같은 것을 찾는데 시간이 좀 걸린 것 같아요.

지승호 〈테이블보만 바라봐〉는 성진환 씨와 같이 불렀는데요.

오지은 그러게요. 사실 저는 안 부르고 싶었어요. 지금도 그 생각은 마찬가지인데, 그 친구가 노래를 정말 잘해요. 그래서 프로듀서로서 어쩔 수 없이 부른거죠. 저는 외간남자랑 하고 싶었는데, 아쉽습니다.(웃음) 1집에도 사실은 〈사계〉라든지, 2집에서도 그렇고, 흐름을 깨는 노래들이 있어요. 제가 엄청 버릇이 나쁜 프로듀서인거죠. 앨범의 통일성보다 지금 내가 하고 싶은 말에 더 방점을 찍는 굉장히 이기적인 태도인데요. 그것을 결국 3집에서도 해버렸네요.(웃음) 완전히 어두운 노래로 앨범을 다 채우는데 대한 공포가 좀 있어요. 이걸 끝까지 들은 사람이 어떻게 될까 하는. 결국 저는 어두울 때 더 어둡고 싶어서 음악을 하는 것이 절대로 아니거든요. 저로서는 되게 빠져 나가

고 싶은 상태고, 그 마음이 빠져 나가는 트랙을 앨범에 넣는 이기적인 짓을 하게 되는게 아닐까 싶어요. 어두울 때 아무한테도 얘기 못하는 상태일 때, 너무 우울할 때 카타르시스를 느끼게 제 우울한 노래를 듣는 것도 좋은데요. 그 다음날엔 제 실없는 노래를 듣고, 괜찮아지셨으면 좋겠어요.

지승호 지금 말씀하신 것처럼 한 번씩 빠져나가는 트랙 같은 앨범이 '오지은과 늑대들' 앨범이었던 것 같은데요. 2집까지 너무 디프레스되었던 감정을 끌어올리기 위한 작업이었나요?

오지은 아, 혼자서 작업하는 것이 힘들었던 것 같아요. 혼자 작업하는 것이 너무 힘들어서 밴드가 하고 싶다는 단순한 부러움? 그리고 당시 연주해주던 분들과 너무 합이 잘 맞아서 기왕 이렇게 할 거면 밴드로 합시다, 그렇게 된 거죠. 그 분들이 세션이라는 이름 뒤에 명예를 못 얻는 것 같은 느낌이 오지랖으로 있었구요. 이 사람들이 자기 연주를 이렇게 잘합니다, 제 사람들이 이렇게 잘합니다, 이런 것을 보여주고 싶은 순진함이 있었네요. 시대의 흐름과는 전혀 상관없는 짓을 했습니다.(웃음)

지승호 솔로 활동과는 여러 가지 차이가 있었을 것 같은데요.

오지은 음악을 즐겁게 할 수 있구나, 하는 루트를 하나 더 알았던 것 같아요. 하지만 그게 나한테는 송충이의 솔잎은 아니구나, 하는 생각이 들었어요. 재밌었는데, 무대에서의 파괴력이 결국은 제가 웅크리고 어두운 것을 부르는 거랑, 〈넌 나의 귀여운!〉을 부르는 것은 객관적으로 봤을 때 오지

은 솔로의 파괴력이 훨씬 크구나, 그리고 더 오래할 수가 있구나, 하는 생각이 들었습니다. 밴드의 1/n이 되는 것에 대한 로망은 지금도 있어요. 저의 제일 큰 로망은 모든 것이 세팅이 된 곳에 탬버린만 하나 들고 가면 되는 여자 보컬이 되는 것인데요. 아무도 써주지 않더라구요. 아쉽습니다. 잘 칠 수 있는데, 분량 상관없이. 코러스 걸, 이런 게 로망입니다. 진심으로, 비꼬는 것이 아니고.(웃음)

지승호 우울한 감성의 사랑 노래가 많은데요. 결혼으로 음악적 변화가 있을거라고 생각하세요?

오지은 아, 그렇죠. 질문을 받을법한 것들인데요. 아마 있긴 하겠죠. 라이프 파트너가 생긴거니까. 하지만 좋은 일이 있다고 해서, 햇볕이 아무리 강해도 응달은 응달인 것 같아요. 응달은 있고, 햇볕도 있고. 단지 햇볕이 전혀 없이 계속 응달이고 비만 내리는 상황과 햇볕이 있는 것은 큰 차이가 있겠지만, 그래도 응달은 응달이어서. 그래서 밸런스를 맞춰주는 거, 저한테 햇볕을 쬐어주는 역할을 해주시는데, 그게 엄청나게 고마운 일인데요. 그건 결국, 사실은 구원은 스스로 해야 되는 것이라, 가끔 일광욕 하는 기분으로 신세지고 있습니다.(웃음)

지승호 〈누가 너를 저 높은 곳에 올라가도록 만들었을까〉는 지난해 발표한 위안부 피해 할머니들을 위해 만든 컴필레이션 음반 [이야기해 주세요]에 수록된 곡을 3집에 다시 실으셨구요. 〈작은 자유〉는 '프리 티벳' 운동을 보면서 쓴 곡인데요. 사회적인 이슈에 대한 관심도 계속 갖고 계신 것 같습니다. 트위터를 봐도 그렇구요.

오지은 발언을 안 할려고 하는데, 요즘 안할 수가 없네요. 자꾸 하고 그러면 안 되는데.(웃음) 진짜 콘크리트 층을 깰려면 발언을 대놓고 많이 하면 안 되거든요. 교묘하게 쳐야 되는데, 요즘 자꾸 실패하고 있는 것 같아요. 저는 합리적으로 사회가 바뀌는 것에 대한 관심이 굉장히 많습니다. 하지만 음악적으로 표현하는 것은 교묘하게 하고 싶어요. 어느 쪽 사람이든 상관없이 다 동의하고, '그러게, 그러니까 바뀌어야 겠네' 하고 생각할 수 있게. 가랑비 옷 젖듯.

지승호 '여성 싱어송라이터'라는 단어에 대해서 불편한 시각이 있었던 것 같은데요. 예전에 브뤳이라는 잡지에서 시와, 한희정 씨와 대담하시면서 그런 말씀을 하셨는데요. 싱어송라이터면 싱어송라이터지.

오지은 남성 싱어송라이터 특집은 안하잖아요.

지승호 사실은 지금 대중음악SOUND도 그런 상황인데요.(웃음)

오지은 대놓고 그렇게 되는거라 고민 많이 했는데요. 그건 뭐.(웃음) 더 어릴 때 들었던 생각은 소녀시대 세워놓고, 다리 비교하는 느낌이었어요. 아마도 평론가들이 거의 남자이기 때문에 그렇겠죠. 재미있는 점은 소비자들이 여자라는 거죠. 거기서 재미있는 지점이 발생하는 게 아닐까 싶어요. 여자들끼리는 아무렇지도 않은 것을 새삼 분석하고, 뭔가 여자들이 듣기에는 어이없는 질문을 하게 될 수도 있다는 거죠. 여자에게 갖고 있는 환상과 편견 같은 것을 그대로 프레임으로 뒤집어씌우는 것 같은 느낌이 들 때도 있어요. '왜

맨날 사랑 얘기를 해요?'라든지, '맙소사, 여자한
테 사랑말고 뭐가 중요합니까? 당신 LA 메탈은
왜 들으세요?', 그런 말을 한 적도 있었네요. 근데
어느 시대는 그런 편견이 없었겠어요. 유해지고
있습니다.(웃음)

지승호 레이블 입장에서 '홍대 여신' 이런 이미지
를 어느 정도 홍보를 위해서 쓰는 경우도 있었는
데요. 그게 빛과 그림자가 있잖습니까?

오지은 사실 저는 해피로봇레코드를 나왔는데요.
아직 업계에 제대로 발표를 하지 않았지만요. 4월
로 계약이 만료가 돼요. 다시 혼자가 되었는데요.
저희 회사 같은 경우에 그걸 경계하는 스타일이
었어요. 왜냐하면 여신 자체가 너무 강한 프레임
이라. 저는 어쩔 수 없이 '홍대 마녀'라는 닉네임
을 거부하지 않고 받아들일 수 밖에 없게 되었지
만요.

지승호 홍대 마녀라는 닉네임에 대해서 어떻게 생
각하세요?

오지은 지금은 재밌게 생각하고 있습니다. 누가
가져갔으면 좋겠지만.(웃음) 이런 얘기를 하면서도
막상 가져가면 섭섭하겠죠.

지승호 1집 만드시는 과정에서 방라이브나 제작
방식에 대해서 얘기가 많이 나오는 바람에 스트
레스를 많이 받으셨던 것 같아요.

오지은 제 생각에는 타이밍이 이상했던 것 같아
요. 방라이브도 홍대에 공연을 보러온 사람들이
스무명 남짓이고, 그것도 제가 누군지 모르면 당
연히 안 보러오는 거구요. 사실은 그 기원은 제가
새벽 3시쯤 곡을 쓰면 외국에 사는 친구 밖에 연
락이 안돼요. 자료도 용량이 크잖아요. 유튜브에
올릴테니까 봐, 겸사 겸사 다른 사람도 보겠지, 라
는 느낌으로 올리게 됐었던 건데요. 초반에는 회
사 들어가기 싫으니까 스스로 제작했던 것이고,
외로우니까 작업을 했던 것이고, 돈을 미리 받아
서 하는 거니까 투명해야 해서 작업기를 올려야
했던 것이고, 그냥 있기도 뭐하니까, 방라이브를
올렸던 것인데요. 사람들이 음악에 대한 얘기보
다 어떤 시각이었을까요? 주변에 여러 가지 시각
이 있었는데요. 제가 다이렉트로 느꼈던 것은 '가
지가지 한다'라는 반응이 있었죠. 그때는 아직 자
체 제작이 뭐라고 할까, 제가 조금 잘됐다고 얘기
하기는 그렇지만, 제가 조금 되고, 장기하가 되고
나서부터 자체 제작에 대한 인식이 바뀌었지, 그
전에는 '너는 어떤 회사도 못 들어가고 그러고 앉
아 있니, 너는 CD를 직접 가져와서 판다며?' 이
런 시각이 컸습니다. 자기 앨범을 있는 힘껏 열심
히 만들어서 있는 힘껏 열심히 파는 것이 직업인
의 할 일인데, 이 세계의 우아함은 무엇인가 하는
생각도 들었었구요. 한동안은 그 과정에 대해 얘
기를 하고, 음악 얘기는 뒤늦게 나온 것 같아요.
저는 1집이 되게 평이 안 좋은 앨범인줄 알았다가
2집 인터뷰를 하는데 다들 1집 얘기를 해서, '아
니, 2년 전 이야기를 왜 하시나요?'라고 했죠. 지
금은 유해져서 '아, 예, 예' 하겠지만요. 그때는 뭔
가 당황스러워 했던 것 같아요. 어린 마음에. 지

금은 다, 감사합니다.(웃음)

지승호 1집 만들 때 소속사에 들어가지 않은 이유에 대해 '간섭이 없는 상태에서 내가 할 수 있는 한계까지 음악을 만들어보고 싶었다'고 하셨는데, 성격 자체가 남한테 휘둘리는 게 싫고, 이런 게 강하셨던건가요?

오지은 휘둘리는 것이 싫었다기 보다는, 아직 내 음악에 완전한 자신이라고 해야 될까, 확신이 없는데, 남이 끼어들었을 때 이도 저도 안 될 것에 대한 공포감이 있어서 죽이 되든 밥이 되든 내가 완결을 지으면 뭔가 작든, 크든 완결을 될 것 같다는 마음이었던 것 같구요.

지승호 2007년 2월 17일 일기에 이렇게 쓰셨잖아요. "이번에 낸 저의 1집은 제가 2년간 정성스럽게 만든 노래들을 정성스럽게 편곡하고, 또 긴 시간 동안 녹음하고 녹음비가 없어서, 평소에 제 음악을 좋아해주시던 분들에게 모금을 받아서 더 나은 사운드를 내려고 미국 측 스튜디오와 수십번 메일을 주고받고 정확하게 184일 동안을 그 앨범 하나에만 매달려서 내 시간과 돈과 모든 것을 투자 한 저의 자랑스러운 앨범입니다"

오지은 그렇죠. 의외로 사실은 몇 천만원 어치의 것들을 한 앨범이죠. 특히 사운드 면에서.

지승호 책도 자비 출판 했다고 하면 편견을 갖게 되잖아요.

오지은 편견이 생기죠. 음질이 나쁠 것이라는 편견이라든지, 아마추어적일 것이라든지, 이것을 엄청 비웃었죠. 정말 직무유기죠. 그런데 앨범이 쏟

아져 나오니까 빨리 빨리 특징짓고 싶어 하는 기자분들과 평론가분들의 마음도 이해합니다만, 그래도 그렇지 않으면 좋지 않을까 싶어요.(웃음) 만약 앨범이 망했으면 제가 엄청 많이 상처를 입었을텐데요. 결국 감사히도 많이 팔렸어요. 저는 1집부터 전업 뮤지션이 될 수 있었던 엄청 흔치 않은 케이스라서 그 어떤 불평도 말할 수 없었던 것 같아요. 지금 이쪽 음악을 안 듣고 있는 사람도 제 CD를 사고, 저한테 구구절절 방명록에 비밀 글을 쓰시거든요. 방명록이 전부 비밀 글들인데요. A4 두 장씩 써요. 그건 엄청난 거거든요. 모두들 첫머리에 '제가 원래 이런 글을 써 본적이 없는데요'라는 글이 많아요. 그들이 그렇게 들어줬다는 것은 제가 어떤 상황에 있어도 '고맙습니다'라는 말 밖에 할 수 없는 거죠.

지승호 향뮤직에서만 몇 천장이 나갔다면서요.

오지은 향에서만 3000장이 나갔을 겁니다. 그리고 해피로봇으로 옮겨서 더 팔고... 감사합니다. 향사장님. 보은해야 되는데, 그때 도와주신 분들이 많았어요. 불쌍해가지고. 도토리 시절 싸이월드가 음원이 강세였는데요. 싸이월드 뮤직에 회사가 없는 인디 뮤지션은 유통을 맡길 수가 없었어요. 지금은 대행하는 데가 있는데요. 그때 뮤직팀의 과장님께서 음원을 유통할 수 있게 해주셨어요. 그때 싸이월드 도토리 하나가 500원이었잖아요. 곡을 하나 팔면 유통사랑 나누고, 회사랑 나누고, 뭐랑 나누고, 뮤지션이 굉장히 적게 가져 갔을 때인데요. 저는 다이렉트여서 350원을 가져 간 거예요. 그 시절이 만약 돌아올 수 있으면 뮤지션이 다이렉트로 계약을 해서 350원을 가져

올 수 있을 것 같은데요. 아이튠스가 그렇게 하고 있는 것 같은데요. 데모를 해야 되나, 그러고 있죠.(웃음)

지승호 DSP미디어에 잠시 계셨죠?

오지은 심지어 SM에도 있었어요. 아마 그래서 처음에 제가 회사 안 들어가고 혼자 있었던 것 같아요.

지승호 오래는 안계셨죠?

오지은 중학교 3학년 겨울부터 고등학교 2학년까지, 고3때는 제가 부산에 가서. 2년 정도 있었네요.

지승호 혼자 하시게 된 데는 그때 경험도 영향을 끼쳤나요?

오지은 무서운 세계였죠. 여기는 진짜 눈뜨고 있는 사람 코를 베어가는 세계구나, 하는 생각이 들었어요. 그때 든 생각이 내가 이 사람들이랑 계약을 하고 데뷔를 하고, 음악을 하면 내 청춘과 이름값이 완전히 없어지면서 뭔가 많은 것이 망가지겠구나 하는 생각이 들어서 요리조리 빠져나갔던 것 같기도 하구요. 그들도 그렇게 적극적으로 계약을 하려고 했던 것 같진 않아요. 서로 간만 보다가 '말자' 그렇게 된 거죠.(웃음)

지승호 해피로봇레코드를 나오시면.

오지은 싸운드니에바로 돌아갑니다. 다시 혼자가 되는 거죠.

지승호 특별한 이유는 있으신가요?

오지은 해피로봇에 들어간 것도 혼자서 해봤으니까 회사랑 해보자는 마음에서였어요. 혼자 한 것으로만 가치가 있는 뮤지션이 되고 싶지는 않았거든요. 시스템에 들어가보는 것도 좋겠다 싶어서 간 거죠. GMF 페스티발 계약을 하러 갔을 때 거기 여직원들 전원이 제 CD를 사서 가지고 있다는 얘기를 듣고, 계약을 하고 싶다는 얘길 했더니 '혼자서 잘 하시는 분이 저희랑 왜 하세요?'라는 말에 되게 기뻤어요. 이 사람들은 나를 혼자서 잘 하는 사람으로 인정을 해주는구나, 하는 생각을 한 거죠. 레이블의 대표면 자기의 로망을 위해서 뮤지션에게 뭔가를 강요할 수도 있어요. 그렇지 않고, 해피로봇의 경우에는 감사하게도 얌전히 돈만 대주신, 마스터링 한 걸 듣고 처음으로 '오지은씨 수고하셨습니다' 라고 해주시는... 다시 이런 회사 못 만나지 않을까요? 그런데 세장을 했으니까, 할만큼 했으니 어차피 한동안 창작도 못할테고, 머리만 커가지고, 회사의 인력만 낭비시키는 것 같구요. 쏜 애플과 솔루션스에 집중하시는 것이 좋지 않을까요, 사랑합니다, 하고 나왔죠.(웃음)

지승호 게임을 되게 좋아하시는 것 같더라구요. 케이블 채널 온게임넷 '켠 김에 왕까지' 출연을 하셨잖아요.

오지은 저는 정말 기뻤어요. 음악을 하면서 '제 음악을 좋아해주셔서 감사합니다. 공연에 와주셔서 감사합니다' 이런 것 말고, '우아, 짱' 이런 식으로 기분이 좋았던 것이요. 투니버스에 〈너에게 닿기를〉 애니메이션 주제가를 부르게 된 거랑 '켠 김에 왕까지' 나가게 된 거예요. 제가 서브 컬쳐를 좋아하는 사람으로서 살다보니 서브 컬쳐에서 나를 불러서 내가 뭘 같이하는 건 진짜 신나는 일이어서 진짜 신나게 했습니다. '켠 김에 왕까지'는 제가 화장을 한 번도 안 고친 채로 13시간 동안 게임을 했어요. 여자 뮤지션이라는 자각이 전혀 없이 한명의 게이머로서 근성 플레이를 했죠.(웃음) 이건 조금 균형이 맞지 않지 않았나, 아무리 게임이었어도 엄연히 방송인데, 너무 그렇게 시키면 얼굴로, 너무 게임을 열심히 해서 화장이 지워지는 그런 추한 것은 영상물로는 안 좋지 않았나, 반성을 하고 있습니다.(웃음)

"아마도 진동하는 살 냄새 같은 것을 싫어했던 사람들한테는 제가 이제부터 할 앨범이 훨씬 좋을 것이고, '아, 이제 정신차렸네' 이럴거구요. 이것을 좋아했던 사람들한테는 뭔가 섭섭함이 있겠죠. 되게 예의바른데 뭔가 거리감이 느껴질 것 같아요."

지승호 4집은 3년 정도 걸릴 것 같다고 하셨는데요. 계획하는 부분은 있으신가요?

오지은 더 이상 '지금 내 마음, 내게 벌어진 일들'에 대해서 얘기를 안 하지 않을까요?(웃음) 홋카이도 보통 열차 말씀하셨을 때 다시는 쓰지 못 할

거라고 말씀드렸고, 그 생각은 그 책을 쓸 때도 했
는데요. 창작자가 소비자와 갖고 있는 거리감이라
는 것은 정말 중요한 거잖아요. 그런데 그것을 최
대한 없애는 이상한 짓을 그간 해왔던 것 같아요.
그것도 너무 오래. 데뷔 앨범에만 하고 말아야 되
는데, 이상한 책임감 때문에 '홋카이도 보통 열차'
처럼 이런 것을 이렇게 쓰나 싶은 그런 것들을 하
고 앨범을 통해서도 세장이나 했으니, 이제는 안
그래야겠죠. 그래서 아마도 진동하는 살 냄새 같
은 것을 싫어했던 사람들한테는 제가 이제부터
할 앨범이 훨씬 좋을 것이고, '아, 이제 정신차렸
네' 이럴거구요. 이것을 좋아했던 사람들한테는
뭔가 섭섭함이 있겠죠. 되게 예의바른데 뭔가 거
리감이 느껴질 것 같아요.

지승호 결혼하더니 변했다고 할 수도 있겠죠.(웃음)
오지은 세장이나 했으니, 할 일은 다한 것 같아
요. 소설가들이 처음에는 다 자전적 소설을 쓴
다는 얘기가 있잖아요. 전업 소설가가 되려면 점
점 자기가 창작하는 세계랑, 자기 있었던 경험이
나 생각 같은 것, 독자와의 거리를 잘 둬야 되듯
이 저 또한 그래야겠죠. 오래 오래 하려면. 계속
사생활을 팔 순 없죠. 이상한 비유일 수 있지만,
세 번 홀딱 벗은 거죠. 그러면 이제는 적당히 입
을 것은 입고, 만나도 되지 않을까, 하는 마음입
니다.(웃음) 그래서 더 깊이 갈 수도 있을 껄요. 어
쩌면. 희망입니다만.

지승호 음악을 하겠다는 결심은 어릴 때부터 자연
스럽게 하시게 된 건가요?
오지은 아니요. 저는 음악을 자연스럽게 들었던 것

같아요. 운이 좋은 스타일이라. 부모님이 되게 음
악을 좋아하셔서 남들이 뒤늦게 찾아들어야 됐던
것들을 어릴 때부터 들으면서 자랐던 것 같아요.

지승호 레드 제플린서부터.
오지은 초등학교 때부터 〈Stairway to heaven〉
은 서정적이구만' 이랬었죠.(웃음) 지금 돌이켜보
면 좋았던 것이 경외감이 없이 모든 음악을 평등
하게 들었던 것 같아요. 지금도 발끈하게 되는 것
이요. 외국 유스호스텔에서 만난 우아한 할아버
지가 무슨 음악을 좋아하냐고 해서 마지막에 들
었던 음악을 얘기했거든요. 왜냐하면 너무 많으니
까. 카펜터스라고 얘기했더니 그 할아버지가 '그런
걸 좋아한다고 얘기하면 안 되지'라고 하더라구
요. 그러더니 '아 이제는 얘기해도 되겠다'라고 했
어요. 되게 발끈했는데.(웃음) 저는 음악은 음악인
데, 어떤 시대에는 그게 유치하게 평가되고, 시대
가 바뀌니까 마스터피스가 되고, 그게 지금도 너
무 너무 싫거든요. 그런 식으로 음악을 바라보는
것이. 그건 결국 이걸 얘기하면 내가 잘난 척을 할
수 있고, 이걸 얘기하면 내가 격이 떨어지고, 이런
식으로 음악을 액세서리로 쓰는 거잖아요. 음악
본질과 전혀 상관이 없이. 아름다운 멜로디나 가
사와 상관없이. 그래서 저는 마니아보다 '전 그냥
들어요' 라는 사람의 판단을 신뢰하기도 하는데
요. 그 프레임이 없이 모든 음악을 공평하게 들었
던 것 같아요. 그건 좋았는지, 나빴는지, 모르겠
지만, 엄숙함 같은 것이 없어진 것은 좋은 영향도
있지 않았을까, 하는 자체 판단을 하고 있습니다.

지승호 어릴 때 밴드 좋아하고 하면 그런 게 있잖

아요. 비틀즈 좋아한다는 얘기도 못하고. 나중에 들어보니까 만만한 게 아니더라구요.

오지은 초등학교 때 제일 많이 들었던 것은 비틀즈나 카펜터즈였던 것 같은데요. 악기가 적고 멜로딕하면서 적은 편곡, 이런 것을 그때부터 많이 좋아했던 것 같아요.

지승호 중학교 때부터 너바나에 빠졌다고 들었는데요.

오지은 사실은 벗어날 수 있으면 좋을텐데, 결국 제 앨범에 있는 어쩔 수 없는 부분 같은 것은 90년대 중반에 음악하다가 기타 부수고, 그러다 나도 죽는 류의 사람들의 영향을 많이 받았던 것 같아요. 그래서 '나는 아직 너를 노래한다'는 둥 그런 류의 21세기의 쿨한 사람들한테는 코웃음 당할만한 것들을 계속 하게 되는 것 같아요. 저는 그걸 90년대의 망령이라고 부르는데요. 그랬던 것 같습니다.

지승호 커트니 러브를 롤모델로 삼는다는 얘기도 몇 번의 인터뷰에서 하시던데요.

오지은 멋진 여자죠. 전혀 따라하지 못했습니다.(웃음) 그렇게 살 수 있었으면 좋았을텐데, 남편이 커트 코베인일 때는 프로듀서로 앨범을 내고, 남편이 죽고 나서는 전 남친인 빌리 코건 데려다가 앨범을 내고, '아, 이게 인생이구나' 싶었는데요. 진실은 1, 2, 3집 노가다, 노가다, 세션들에게 커피를 사고, 아메리카노가 좋습니까?, 아, 까페라떼였나요? 죽을 죄를 지었습니다, 이런 인생을 살고 있죠.(웃음) 30만원 죄송합니다, 세션비를 많이 못 드려서 죄송합니다, 이런 인생을 살고 있는

데, 그런 제 인생을 좋아합니다.(웃음)

지승호 어릴 때부터 책도 많이 읽고, 조숙한 편이었던 것 같은데요.

오지은 조숙했었나봐요. 그러고 싶지 않았는데, 조숙했나 봅니다.

지승호 어떤 책들을 읽으셨나요?

오지은 뭐가 있을까요? 결국 무라까미 하루끼, 무라카미 류, 요시모토 바나나, 에쿠니 가오리, 만화책도 많이 보고 그랬던 것 같은데요. 닥치는대로. 초등학교 때는 세계 문학전집도 읽어보고. 집에 있으니까. 이야기를 좋아해서, 결국 이 이야기가 어떻게 흘러가는가를 좋아하는 저급의 독자였고, 지금도 그래요. 그 이야기 도중의 아름다움과 미묘함 말고, '그래서 어떻게 됐는데?' 같은 거. 결국 다 영향이 있겠지요. 〈고작〉 이런 곡을 쓰는데도.(웃음)

지승호 중학교 때 나우누리 메탈체인 동호회에서 활동하셨다면서요. 자우림 김윤아, 노이즈가든 윤병주씨도 회원이었다고 들었는데요. 그때부터 그 분들을 알고 있었나요?

오지은 알고만 있었구요. 윤아 언니 같은 경우에는 '안녕하세요?' 하면 '니가 걔구나, 중학생이구나' 이런 느낌이었구요. 윤병주씨 같은 경우 제가 어린이다보니까 대기실 같은데 들어갈 수가 있는 거예요. 윤병주씨 손가락 푸는데, '와, 손가락 짧고 두껍다. 짱' 그러고 했었죠.(웃음) 그때 얼마나 모던 락 소년 소녀들이 많았겠어요. 중학생한테 줄 관심이 있었을까요? 그만큼 애정 주신 것도 감

사하죠. 오히려 쎈 음악하시는 언니, 오빠들이 저를 거두셨어요. 모던 락 하시는 분들은 스스로의 슬픔과 아픔, 우울이 너무 커서, '어, 안녕' 이런 느낌이었구요. 메탈하는 언니오빠들이 오히려 '아이구, 이 중학생, 나중에 술 담배하면 큰일 난다' 이런 이야기를 하셨고, 근데 다운 피킹을 잘하면 뭐해, 지금의 음악에 하등 도움이 안 되는데.(웃음)

지승호 1996년, 중3 때 Rumple stilt skin이란 밴드에서 리드보컬로 노래를 부르기 시작하셨잖아요.

오지은 그때는 씬이 막 부글부글하던 시기라 '누가 보컬 구한대' 그러면 불러보고, '하자' 그랬었는데요. 지금은 뭘 하는 게 되게 진지하잖아요. 이미 씬이 만들어져있어서 과정도 딱 만들어져있고, 이미 직업이니까. 그때는 막 섞여있었던 것 같아요. 프로, 아마추어, 즐거움, 진지함, 수많은 것이 다 섞여서 부글부글했던 초창기였던 것 같네요.

지승호 그때 경험들이 생각이 나시나요?
오지은 첫 공연 관객이 400명이었어요.

지승호 와.
오지은 와, 죠.(웃음) 그때는 아마추어 밴드들이 공연해도 관객들이 400명이 들던 시절이었던 거예요. 그때들 잘했어야 되는데. 농담이구요. 선배님들, 정말 잘하셨습니다. 감사합니다.(웃음) 그때 셋 리스트가 열 몇 곡이었나, 얼떨결에 했겠죠. 중학생이었으니까. 그게 결국은 이후에 공포심을 많이 줄여주지 않았을까요? 머리가 크고 나서는 오히려 많은 것을 알게 되니까 두려워할 수가 있는

데요. 모르는 상태에서 한번 해버렸으니까. '아, 하면 되는구나' 하는 마음을 품었을지도 모르겠네요. 좋게 생각해보면.

지승호 고등학교 때 5인조 밴드에 들어가서는 음악에 회의를 느꼈던 것 같은데요.
오지은 다들 되게 진지한데, 그것을 아쉽게도 실제로 구체화시킬 수는 없었어요. 저와 같이 음악을 해주셨던 20대 분들이. 저는 음악을 하고 싶어하는 사람과 음악을 하는 사람을 나눌 수 있다고 생각하는데요. 누가 음악을 하고 싶다고 하는 것은 그 사람은 그냥 무대에 선 자기 자신의 모습이 사진으로 찍히고 싶다든지, 아니면 유명세라든지, 음악을 한다고 했을때의 주변에 따뜻한 반응을 원하든지, 아니면 자기가 지금 하고 싶어 미치겠는 게 있어서 음악으로 표현해야 되는지는 되게 큰 거리가 있어서 전자에 해당되는 멤버들이 아니었나 싶어요. 음악을 나는 하고 있다고 하지만 실제로 작업은 진행되지 않는 거죠. 그게 나쁜 것은 아니지만, 그게 되게 거리가 멀어요. 그걸 좁히려면 독해져야 되든지, 감성이 흘러 넘쳐야 되든지, 똘끼가 넘쳐야 되든지, 뭐든 있어야 될텐데요. 그게 아니었던 거여서, 뭔가 오히려 음악을 할 준비, 제가 생각하기에 쓸데없는 준비를 너무 많이 했던 것 같아요. 누구의 창법을 따라해보라든지, 어떤 것을 카피해보라든지, 그런 게 저로서는 되게 힘들었죠. 그런데 프로를 준비 중이니까 잘해야 되잖아요. 동호회면 이 노래도 합주해보자, 이런 식으로 즐거움과 음악이 같이 있을텐데, 갑자기 의무가 너무 많이 주어져서 되게 힘들었는데, 계속 했었네요.

지승호 그 과정이 음악을 잠깐 포기하는 계기가 되기도 했는데요. 지나고 보면 필요한 과정이었을 수도 있구요.

오지은 제가 저를 전자로 판단하게 된 계기였던 것 같아요. 저는 음악을 할 수 있는 사람이 아닌 음악 필드 언저리에 있는 것을 자뻑하고 있는 사람이구나, 관둬야겠지, 건방지다는 생각이 들어서 관뒀더니 다시 노래를 하게 됐네요.(웃음)

지승호 그래서 일본에 가서.
오지은 대학교에서 제적도 당하고 해서 겸사겸사해서 간거죠.(웃음)

지승호 실연의 아픔을 잊기 위해 작곡을 시작했다고 나오던데요.
오지은 맞아요.

지승호 첫 곡이 〈오늘은 하늘에 별이 참 많다〉인가요?
오지은 아닙니다. 기사가 잘못 나간 거예요. 그건 어쿠스틱 기타를 처음 사고 쓴 곡이예요. 첫 곡은 〈작은 방〉이었던 것 같아요. 누가 버리는 건반을 주워와서 썼던 곡이었던 것 같은데요. 악기를 살 돈도 없고, 실연을 당해서 기운이 뻗쳐서 미치겠는데, 당시에는 고시원에 살아서 소리를 낼 수도 없고 해서 연극연습실 같은데 한 달에 5만원인가 주고 빌려서 소리 지르다 오고, 방에 돌아와서는 악기가 없으니까 상상으로 곡 써서 녹음

하고 그랬던 헝그리한 시절이 있었네요.

지승호 2006년 건반 정재희 씨와 함께 듀오 걸밴드 heavenly를 결성해 클럽 빵과 살롱 바다비에서 활동을 시작하셨죠. 그 분하고는 어떻게 만나셨나요?
오지은 친구의 후배였어요. 그래서 유재하 음악경연대회에 나갔죠.

지승호 제17회 유재하 음악경연대회에서 〈Love Song〉을 불러 동상을 수상하셨죠. 어떻게 나가게 되신 건가요?
오지은 평가당하고 싶었어요.

지승호 유재하씨를 좋아하셨나요?
오지은 잘은 몰랐어요. 남들이 아는만큼 알았던 것 같은데요. 대단한 뮤지션, 〈그대 내 품에〉. 지금도 동문 모임 같은 것 있으면 저만 약간 유재하 씨에 대한 텐션이 다른 것 같아요. 하지만 굉장하시죠. 비틀즈가 대단한 것처럼 그렇게 커버가 많이 됐는데, 원곡이 결국 제일 대단하고, 커버가 범위가 넓어질 수 있는 것이 위대한 노래의 특성 아니겠습니까? 살아 계셨으면 좋았을텐데.

지승호 동상을 받아서 활동할 수 있는 폭이 넓어

진 거 아닌가요?

오지은 그랬을까요? 그러게요. 뭔가 조금은, 밑천 없는 애한테 정통성 같은 것이 생긴 게 있었겠죠. 결국. 너무 밑천이 없으니까, 유서 깊은 레이블에서 나온 것도 아니고, 누군가 극찬을 한 것도 아니고, 진짜 근본이 없는데, 유재하 음악경연대회 동상 정도 있으면 아주 근본이 없는 것은 아니구나, 하는 생각을 할 수도 있었을텐데요. 그걸 노리고 한 것은 아니구요.

지승호 노래에 어울릴법한 세션을 직감적으로 선택하고, 그것이 주효했다는 표현도 나왔는데요. 세션맨을 고르는 기준이 있나요?

오지은 음악이랑 맞추고, 그 사람 성격인 것 같아요. 돌아이 같은 노래는 돌아이가 치는 게 맞구요. 사려 깊은 노래는 사려 깊은 사람이 치는 게 맞구요. 3집 같은 경우도 이 노래는 윤병주 씨 뿐인데, 이 노래는 신윤철 씨네, 이런 게 딱딱 있죠. 망상이 현실이 된 것은 두고두고 박수칠 일이죠.(웃음)

지승호 세션맨하고 잘 맞았고, 결과도 좋은 곡은 어떤 곡이었나요?

오지은 너무 많아 고를 수가 없으니까 생뚱맞은 데서 얘기를 하자면 1집 건반을 박소정씨라는 분이 쳐주셨어요. 〈화〉 건반이 원테이크였거든요. 가장 설명을 못하고 가장 다듬어지지 않았던 시절에 저에게 플러스알파를 준 분이라. 지금은 결혼을 하시고, 남편 분 직업 때문에 미국에 계신데요. 한국에 다시 돌아오시면 같이 하고 싶은 마음이 되게 커요. 그 노래의 광기는 그냥 광기이기

만 해도 안 되고, 결국은 이 광기가 남을 공격하는 류의 광기가 아닌, 스스로가 고꾸라지는 느낌의 광기인거잖아요. 약한 거랑, 그런 광기 자체가 갖고 있는 파워를 같이 드러내는 연주를 해야 되는데, 설명할 때부터 이미 많은 연주인들은 비웃을 거구요. 근데 그녀는 안 비웃고 연주를 진심으로 해주셨던 거죠. 1집 건반 같은 경우는 그랬던 것 같아요.

지승호 2집에서 "디어 클라우드의 기타 '용린'과 같이한 트랙은 1시간 만에 끝냈다. 나도 만족하고 저쪽도 만족하는 지점을 찾았다"고 했고, "타이틀곡인 〈날 사랑하는 게 아니고〉는 MOT의 이언과 한 달 동안 메신저 등을 통해서 음악 파일을 주고받으면서 합일지점을 만들었다"고 하셨는데, 그만큼 이이언씨하고는 서로 여러 가지 소통을 하고 의견이 다른 부분도 있었다는 건데요.

오지은 그럼요, 그럼요. 마법처럼 모든 것이 흘러가지 않구요. 마법은 사실은 착각과 사기일 수 있어요. 소설을 같이 누구랑 쓴다면 즉흥적으로 막 재기발랄하게 할 수도 있지만, 정말 깊은 데까지, 똑같은 깊은 지점에 둘 다 가려면 정말 사전 준비를 많이 해야 될 것 같아요. 마법처럼 되는 것도 있지만, 그것에 너무 기대도 안 되고, 그런 거 아닐까요?

지승호 음악적인 작업을 같이 한다는 것이 정서적으로 긴밀하게 교류하는 과정일텐데요. 서로 상처를 받을 때도 있을 수도 있구요.

오지은 있죠, 있죠. 뭐가 있을까요? 하지만 지금은 결국 순한 사람들, 사려 깊은 사람들과 하고

있어서, 뭐랄까, 되게 편하게 하고 있었던 것 같아요. 아니었던 과도기도 있지만, 그게 어렵네요. 계속 어렵지 않을까요?

지승호 서로 존중하는 마음이 있어야 오래 갈 수 있을텐데요. 초기에는 그런 부분에서 많이 미숙했다고 하셨는데요.

오지은 엄청 미숙했죠. 제가 연주인들을 고생을 많이 시켰어요. 미안할 따름입니다. 기술적으로 어려운 것을 '하면 되잖아', 이런 식으로 무식하면 용감하니까 할 수 있는 얘기를 많이 해서 절 미워하게 했죠.(웃음) 지금은 똑같이 어려운 것을 시키는데, 미안해하면서 시키는 거죠.(웃음) 예를 들면 템포 60인데, 기본 박자만 쳐라, 이건 드러머한테 고문이예요. 정말 고문인데, 예전에는 그걸 '60을 해줘'라고 얘기하고, 걔는 그냥 '으, 오지은 짜증나'라고 하면서 해줬겠죠. 그런데 지금은 '진짜 미안한데, 60으로 한번 갈까'라고 하면 걔도 '예. 누나 제가 연습해서 할께요'라고 해주는 건데요. 제가 복이 참 많은 거죠. 그런 친구들이 같이 해준다는 것은. 제가 아메리카노를 잘 사다준 덕분인 것 같습니다.(웃음)

지승호 2집에선 밴드 편성을 기본으로 하는 변화한 건데요. 1집에서는 혼자 하다보니까 못했던 것들을 시도하신 것 같은데요.

오지은 1집에서는 못했던 것이 많죠. 정답입니다. 회사도 있고, 세션을 쓸 수 있고, 세션비를 줄 수 있기 때문에 엄청난 일을 했죠. 아, 이거구나, 하고. 그래서 많이 한 얘기인데, 1집은 표지가 흑백이고, 2집은 컬러잖아요. 할 수 있는 것은 실컷 다

했던 것 같아요. 연주인들도 고삐 풀린 망아지들처럼 연주해주고 그랬네요.(웃음)

지승호 지금 생각했을 때 가장 좋아하는 음반은 어떤 건가요?

오지은 좋아하는 앨범은 3집이 아닐까요? 3집을 직전에 냈으니까.(웃음) 덜 부끄럽겠죠. 1, 2집은 제가 부끄러운 포인트들이 있어서 '이런 얘기를 잘도 민망하게 했구나' 하는. 물론 스스로가 시켜서 한 거지만요. 3집은 상대적으로 덜 민망해서 이러다 4집이 나오면 그걸 더 좋아하지 않을까요?

지승호 가장 좋아하는 노래는 3집에 있겠네요. 인터뷰마다 좀 다르더라구요. 〈물고기〉를 꼽은 경우도 있구요. 〈고작〉을 꼽은 경우도 있구요.

오지은 〈고작〉으로 할까요. 그걸로 하겠습니다.(웃음) 〈고작〉에서 저는 새로운 가능성을 본 것이 만들면서도 이건 분명히 나를 비꼬고 싶어하는 사람들에게 '이게 정말 떡밥이겠구나' 하는 생각이 들었는데요. 이런 열혈 노래가 없어요. 모든 메이저 가요나 이쪽 바닥을 통틀어서 이렇게 열혈인 음악이 없어요. 지금 그걸 하면 쪽팔리다는 뜻이겠죠.(웃음) 하지만 저는 아까 계속 말씀드린 의무감 때문에 그걸 했는데요. 그래서 거기에 '진짜, 고작이야' 이런 반응을 받아들이자, 듣는 사람들은 들을테니까 그렇게 했거든요. 오히려 1, 2집 때는 저를 모르다가 이 노래로 영업이 되는 사람들이 있다는 것을 최근에 알고 고마워진 게 '심연의 하늘'이라는 웹툰이 있어요. 토요일에 네이버에서 연재되는 웹툰인데, 재난 웹툰이에요. 어느 날 눈을 떴더니 합정역이 무너져 있고, 깜깜한데

벌레들이 수천마리가 달려들고, 사람들이 죽어있고, 이런. 거기에 〈고작〉을 테마 송으로 쓰시겠다고 해서 '아, 예. 쓰세요' 이런 느낌이었는데요. 의외로 거기서 그걸 듣고 '뭐야, 이 사람 누구야'라고 받아들여지는 경우가 생겼어요. 이쪽 음악 안 듣는 분들이겠죠. 다르게 생각한 게, 3집의 타이틀이면 원래 좋아하던 사람들이 좋아하거나, 말거나의 느낌이지, 세 번째 앨범의 타이틀로 새로운 리스너들을 유입시키는 것은 진짜 어려운 일일텐데요. 얼떨결에 그것을 했을지도 모르겠다는 생각이 들어요. 수많은 중2병들의 주제가가 될 수 있을지, 참 귀추가 주목됩니다.(웃음) 정이 붙었구요. 저한테는 아픈 손가락 같은 노래입니다.

지승호 영향을 준 뮤지션이라면 어떤 분들이 있을까요?

오지은 너바나가 있을꺼구요. 90년대 중반에 외국에서 여성 싱어송라이터들이 엄청 나왔어요. 다 영향을 받은 것 같습니다. 앨라니스 모리셋을 보고, '저렇게 격하게 해도 1000만장이 팔리는구나, 아싸, 나도' 이런 생각을 했었구요.(웃음) '이런 가사를 쓰시고 괜찮으셨어요?'라는 얘기를 듣고 놀랬던 것이 그런 생각을 해본 적이 한 번도 없었거든요. 좋은 선례가 90년대에 정말 많았던 것 같아요. 피제이 하비나 주얼, 이런 여자의 광기나 담담함이나 이런 것을 다양한 사운드로 내서 소비가 됐던 시대에 제가 10대였기 때문에.

지승호 오지은의 음악적 감성은 어디서 온 걸까요?

오지은 모두 원래 갖고 있는 게 아닐까요? 최근에 몰랐던 사실을 알게 된 것이 많은데요. 남들은 이 것을 숨기고 없애려는 감정이었더라구요. 그런 기분이 들어도 혼자 삭히던지 빨리 다른 것으로 덮으려고 하든지, 저는 이런 감정이 싸이클로 오면 파고들어서 결과물로 내야 된다는 생각이 컸거든요. 그건 제가 90년대 영향을 받은 뮤지션들 덕분일 수도 있는데요. 그래서 사람들이 '넌 어떻게 이런 얘기를 해' 하는 것이 놀라운 것이었구요. W지처럼 또래의 여성들이 좋아하는 것은 친구들에게도 숨겨야 되는 감정을 노래가 얘기해주니까 그런 거였겠죠. 그리고 〈서울살이는〉 같은 보편적인 노래도 있구요.(웃음)

지승호 아무래도 쎈게 눈에 띄니까 그런걸텐데요. 얼음과 불꽃 얘기하는 것처럼, 불꽃이 더 강렬하게 느껴질 수 있잖아요.

오지은 그렇죠. 그렇죠. 임팩트도 있고, 얼음도 녹이고.(웃음)

지승호 밴드 활동을 다시 하고 싶은 생각은 없나요?

오지은 해주겠다는 사람이 있어야 하는 거죠. 언젠가 할 수 있으면 좋겠는데, 왠지 시기가 지난 것 같고, 그런 게 있잖아요. 저도 20대 여성을 보고 있으면 바라보기만 해도 '하' 이렇게 되는 게 있어요. 뭐라고 해야 할까요? 아직 거기까지 생각하지 않은 사람이 주는 편안함 같은 것이 있더라구요. 그런 아이가 나긋나긋하게 밴드에서 노래하는 것과 나는 아직 너를 노래한다는 둥, 〈고작〉 이렇게 이미 거기까지 진이 빠진 사람이 하는 나긋나긋함은 약간 다를 거라서요. 제가 만약 밴드 멤버라면 그냥 철모르는 20대 여자애랑 같이 할 것 같아요. 그 아이가 치는 탬버린이 더 경쾌할 거구요.(웃음) 그게 섭섭하지만, 현실을 인식해야 되지 않겠습니까? 쉬워보여도 내 인생에 1, 2년을 써야 되는 일이라 기회비용으로 봤을 때 다른 일을 하는 게 나을 수 있겠죠. 하지만 누군가가 같이 해 줄지도 모른다는 가능성은 항상 마음에 품고 있습니다.

지승호 아티스트로서의 지향점이 있나요? 어떤 아티스트로 기억되고 싶으세요?

오지은 현재의 솔직함을 솜씨 좋게 풀어낼 수 있는 사람이면 좋지 않을까요? 그때만 할 수 있는 뭔가를 계속 할 수 있다면 좋겠는데, 그러면 계속 나이가 들어도 그만큼 팔려야 된다는 거라 더 잘 해야 될 것이구요. 잘 모르겠어요. 한동안 쉬는 것도 제가 음악 기본이 굉장히 없는데, 나이 많이 들어서까지 음악을 계속하려면 제가 이제 기본을 알아야 되겠다는 생각이 들더라구요. 9년만에 한 생각인데요. 한심한 생각입니다만, 그게 갖춰지려면 3년은 필요하지 않을까, 하는 막연한 생각이 들어서요. 이제 운빨이 다한거죠. 여기까지 읽으신 분들은 4집 엄청 재미없겠다, 오지은 장점을 잃겠네, 이런 생각을 할 수도 있을텐데요. 뚜껑을 열어봐야 아는 일이죠.(웃음)

지승호 30대, 40대, 50대의 사랑이 더 깊을 수도 있다고 하잖아요.

오지은 그렇죠. 그래서 이소라 언니나 김윤아 언니, 조원선 언니 같은 분들이 좋은 등불이 되어 주실 것 같구요. 외국의 수많은 나이든 창작자들도 되게 좋은 귀감이 되어 주고, 결국 저도 몰랐던 것이 너무 많았는데, 이제 조금 알 것 같구요. 그걸 음악으로 풀 수 있다면 얼마가 팔리든 괜찮지 않을까 싶어요. 하지만 불처럼 뿜어냈던 사랑 얘기만큼의 파괴력이 있으려면 정말 열심히 해야 되겠죠. 밋밋한 얘기들로 그렇게 되려면.

지승호 앞으로 앨범 내시면서 같이 하고 싶은 연주자들이 있나요?

오지은 3집 때 다 했어요. 할만큼 해서 이제는 반대로 4집에서는 제가 연주하는 비율을 늘리고 싶네요. 다른 분들이 도와주셔서 장식이 됐던 부분을, 운이 좋았던 부분을 스스로 할 수 있게 되면 좋지 않을까 생각합니다.

지승호 곡을 쓰셔서 다른 분들한테 주고 싶은 생각은 없으신가요?

오지은 있죠. 있죠. 있죠. 오늑스러운 곡을 쓰면, 예를 들어 주니엘 같은 친구 있잖아요. 저 아이가 부르면 예쁘겠다, 싶어요. 쥬니엘씨의 생각은 잘 모르겠지만요.(웃음)

지승호 시와씨 1집 [소요]를 프로듀싱하셨는데요. 그런 작업들을 또 할 생각이 있으신가요?

오지은 그러네요. 이제 할 수 있겠네요. 여유가 되니까. 사람들이 좋아할까요? 시와씨 앨범도 좀 극단적으로 됐잖아요.

지승호 어떤 분들하고 친하게 지내세요?

오지은 디어 클라우드 베이시스트 이랑 씨는 제 베이스도 쳐주고, 보컬 나인 씨도 친하구요. 누구 있을까요? 여자 뮤지션들, 오글오글 친한 모임이 있어요. 사실은 그쪽도 그렇지만, 이 바닥에 남자가 많다보니까, 친구인데 성별이 남자인 사람들도 많은 것 같아요. 이이언 씨라든지, 이석원 씨라든지, 아니면 문학계의 몇몇 분들이라든지.

지승호 요즘 재밌게 읽은 책이 있나요?
오지은 김중혁씨 '당신의 그림자는 월요일'을 재밌게 읽었구요. '작가는 무엇인가'라는 책도 흥미롭게 봤습니다.

지승호 파리 리뷰 인터뷰를 모은 책이잖아요. 저도 재밌게 봤는데요. 3권까지 나오더라구요.
오지은 결국 저는 창작자의 태도가 나오는 글을 열심히 읽는 것 같습니다.

지승호 클럽 살롱 바다비의 공연 때 가장 편안함을 느낀다고 하셨는데요. 아무래도 거기가 처음 했던 곳이라.
오지은 1년에 한번 정도는 하는데요. 친정이라고 표현하기도 하고, 그쪽에서 고맙게도 '바다비의 딸'이라고 불러주시기도 하구요. 바다비에서만 나오는 스무명만 들어갈 수 있는 좁은 공간에서 누군가가 집중하고, 들어주는 기운도 되게 중요하거든요. 대화랑 비슷해서요. 거기에서 내가 여기까지 집중할 수 있구나 하는 경지에 몇 번 갔었던 것 같아요. 제 한계치 같은 것을 느낀 건데요. 훌륭한 곳이죠.

지승호 공연을 하시면서도 그 태도에 대해서 생각을 많이 하셨던 것 같은데요.
오지은 지금은 많이 능숙해져서 사람들에게 칭찬도 들었어요.(웃음) 옛날엔 제 음악을 누군가가 4~5만원을 주고 들으러 와서 집중을 해주고 있다는 사실이 너무 고마워서, 어린 애가 그 고마움에 꽂혀서 흥분하게 되는 건데요. 주절주절 얘기하게 되는 거죠. 그것보다 쇼를, 오지은 단독 공연을 프로듀스 하는 사람으로서 절제해야 되는 부분이 많은데요. 절제가 많이 부족했었구요. 그게 되게 많이 반성이 됐던 부분입니다. 지금은 오히려 앨범보다 훨씬 더 흐름에 신경을 쓰는 것 같은데요. 그런데 주접은 떨고 싶으니까, 노래를 다 끝내고, 앵콜때 '자, 이제 주접을 떨겠습니다' 하는 느낌으로 하죠.(웃음) 중간에 주접을 떨면 감상이 흩어지잖아요. 제가 어두운 노래를 계속하면 힘드니까, 리프레시를 멘트로 했던거예요. 그런데 그게 관객에게는 와창창인 순간인거죠. 화양연화의 애절한 신에서 개그 치고 있는건데, 그런데서 개그를 칠려면 정말 치밀하게 해야 되는데, 미숙했던 거예요.

지승호 앵콜곡은 어떤 곡을 주로 부르세요.
오지은 주로 〈오늘은 하늘에 별이 참 많다〉를 부르는 것 같은데요. 다 같이 부르고, 저는 울곤 하죠.(웃음) 아유, 세상에, 왜냐하면 부를 때 표정들이 너무 좋으세요. 그전까지는 집중을 해야 되니까, 관객석이 또 깜깜하기도 하고, 사람이 안보여요. 혼자 방에서 아무도 안보는 데서 절규하고 있는 느낌으로 노래를 하다가 앵콜 때는 관객석의 불을 켜요. 그러면 다들 진짜 엄마 미소로 저를 바라보고 있는데, 그 사람들이 나직히 〈오늘은 하늘에 별이 참 많다〉를 부르기 시작하면 '항복' 이런 느낌이 드는 거죠. 노래도 못 부르고, 나중에 팬들한테 놀림 당하고 그렇습니다. '울었대요' 그러면서.(웃음)

지승호 팬들이 어떤 의미인가요?

오지은 먹고 살게 해주는 감사한 분들이죠. 너무 그렇게 얘기했나?(웃음) 뭐가 있을까요? 저는 팬이라는 표현을 잘 못쓰고 있어요. 그냥 리스너라고 하는데요. 아마 그들도 그렇게 생각할꺼예요. 아까 방명록 얘기했다시피 가수 홈페이지를 찾아오는 게 처음이예요, 하는 엄청나게 자존감이 강한 분들이 많아서요. 감히 팬이라고 부를 수 없구요. 같이 가는 사람이라는 표현도 썼는데요. 우연히 파장이 맞아서, 잠깐 맞았다가 떨어질 수 있잖아요. 한 시기에 대한거라, 한때는 오지은을 많이 들었는데, 하면서 파장이 확 달라질 수 있는데요. 계속 같이 갈 수 있는 분들이 계세요. 이건 제가 엄청 운이 좋은 거죠.

지승호 뮤지션하고 팬들이 성격이 비슷하거나 같이 가거나 하는 부분이 있잖아요. 뮤지션마다 공연 분위기가 다를 수 있구요.

오지은 달라요. 다른 팀들이나 다른 뮤지션들은 단독 공연을 하면 선물을 엄청 받아요. 저는 어떤 느낌이냐 하면 선물을 들고 왔다가도 저한테 직접 주는 게 아니고, 다시 가지고 가요. '언니 선물 가져왔는데, 언니 못뵐 것 같아서 그냥 다시 가져왔어요'라고 해요. '넌 누구냐?'하는 느낌이 드는데요.(웃음) 저랑 갖고 있는 마음의 거리가 엄청 가

까우신 거죠. 그건 제가 아마도 헐벗은 음악을 해서일거구요.

> "3집은 제가 결론을 짓고 문 닫고 나가는 것 같은 느낌의 앨범이죠. 기운이 뻗쳐서 하던 음악이 1, 2집인데요. 그 기운이 지나간 후에 그 기운에 대해서 생각하는 것이 3집이라 힐끗 듣기에는 '오지은, 발톱 빠졌네' 할 수도 있지만요. 사실은 그게 아니고, 너무 많이 긁어서 발톱이 뭉개진 것 같은 손인 거죠."

지승호 〈서울살이는〉은 서울 출신으로 서울 살이에 대해 노래하신 건데요.

오지은 그렇습니다. 많은 분들이 배신감을 느끼시죠.(웃음) 그 노래는 바르셀로나에서 썼던 것 같아요. 서울이 그리워서. 거기서는 제가 이방인이니까 그런 느낌이 있었던 것 같구요. 그리고 부모님이 지방으로 내려가셔서 스무살 때부터 계속 고시원에 살든지, 친 오빠랑 살았다가, 원룸을 얻었다가 그랬거든요. 광화문 세종문화회관 계단에 앉아 있는 것을 되게 좋아하는데요. 거기 앉아 있다가 갑자기 깜짝 놀란 것이, 예를 들면 제 고민의 크기나, 상처를 입는 거나, 사랑을 하는 거나 그게 제 세계의 전부잖아요. 그게 엄청나게 큰 거고. 사람들이 바삐 왔다갔다하는데, 저 사람들 한명 한명한테 다 그런 세계가 있을 거라고 생각하니까 아찔해지더라구요. 그러면 한국만 해도 몇 천 만개의 우주가 있는 것이고, 거기에 갑자기 아찔해졌다가 언젠가 여기에 대해서 쓸 수 있

게 될 때 써야겠다고 생각했어요. 1, 2집 때는 역량이 안됐던 것 같고, 3집에서도 별 역량은 아니지만, 다행히 나이는 조금 더 먹어서 얘기할 수 있게 되었던 것 같습니다.

지승호 일찍 데뷔했지만, 나만의 목소리를 찾는데 10년이 걸렸다고 말씀하셨는데요.

오지은 밴드를 시작한 것은 중학교 3학년인데, 처음 곡을 쓰기 시작한 것은 스물네살이라 10년이 걸렸죠. 늦된 스타일입니다. 그때까지는 할 말이 없었어요. 할 말이 생겨서 할 수 있게 됐죠.

지승호 자기의 세계관이나 이런 것과 목소리가 맞춰지는데 그 정도 시간이 걸렸다는 건가요?

오지은 인생을 건다고 얘기하긴 그렇지만, 그게 직업이었으니까요. 인생을 걸어서 얘기하고 싶은 껀수를 드디어 찾은 거겠죠. 그것을 함으로써 나 자신도 치유받는, 이런 표현 쓰기 싫은데, 어쩔 수가 없네요. 그러니까 오래할 수 있게 되는 거구요. 나한테도 의미가 있고, 남에게도 의미가 있는 이야기 꺼리를 찾은 겁니다.

지승호 처음 데뷔해서 각광 받고, 성공 하고, 이런 편은 아니잖아요. 데뷔 앨범도 어려운 과정을 거쳐서 내셨고, 2, 3집도 꽤 시간이 흐른 후에 나왔잖아요. 그 다음에 더 좋은 것을 보여주기 위한 스트레스도 많았을 것 같고, '계속 할 수 있을까?' 하는 생각도 있었을 것 같구요. 그걸 버티게 해준 동력이 뭔가요?

오지은 저는 초반에는 그냥 앨범을 만들어내는 것에 급급했다가 앨범 1000장을 찍고, 박스 열개

가 제 방 천장까지 닿아 있었거든요. 죽기 전에 저걸 다 팔고 죽었으면 좋겠다고 생각했는데요. 그게 운이 좋게 포탈 메인에 많이 소개가 됐어요. 그때 앨범이 무섭게 팔린 거에요. 그 이후에 의심하다가 다시 찍어볼까 하고 찍었더니 향뮤직에서 이게 팔린 거에요. 이거는 운이 좋다고 밖에 해석할 수가 없게된 거죠. 물론 초반의 서러웠던 시절도 있지만, 다른 뮤지션들의 초반에 비해서는 별 것도 아닐 거구요. 결국은 되게 빨리 전업뮤지션이 됐습니다. 2집은 해피로봇 레코드가 지원을 해주니까 마음껏 만들었구요. 다음 앨범이 사랑받지 못하면 어떻게 하지, 라는 불안감은 전혀 없었어요. 그러면 안내면 되니까. 다음 앨범을 내가 오케이를 할 수 있는 수준까지 올라갔을 때 내면 되는 거니까 거기에 대한 불안은 없었구요. 그냥 정신없이 하다가, 그런데 하는게 너무 힘드니까, 음악 자체를 해내는 게 힘드니까 힘들어 하다가 정신 차려 보니까 좀 고맙고, 그리고 다시 힘들게 하다가 정신차려 보니까 고맙고, 그리고 곡이 쌓이면, '얘기하고 싶은데, 잘 안되네' 이렇게 앞만 보고 달려온 느낌이었던 거죠. 그래서 한동안 말을 안할 수 있으면 좋지 않을까, 하는 생각을 합니다.

지승호 조급함 같은 것은 없으신 것 같네요.

오지은 그런 건 없었어요. 심지어 제 나이치고 많이 낸 것 같아요. 뭐가 있었을까요? 낸다고 대박나는 시절이 아니기 때문에 결국은 정성스럽게 자기 아카이브를 만든다는 마음으로 다들 하고 있을 거예요. 좋은 시절이 아니니까. 그리고 미숙한 것이었을텐데, 큰 사랑을 받기도 했으니까요. 거

기에 대한 책임감, 나의 자뻑이나 나의 허영심이
나 그런 것이 아닌, 뭔가 진짜 되게 많이 불순물
이 걸러진 음악을 해야겠다는 강박은 있지만, 그
것은 창작의 고통 이런 것보다는 기분 좋은 강박
같은 거구요. 해나가는 것이 육체적으로 힘들었
던 것 같은데요. 제가 요즘 쉬어서, 몇 달 쉬었더
니 대답이 매사 긍정적으로 나오고 있네요. 이런
식으로 대답 안했던 것 같은데.(웃음) 다시는 인터
뷰 안한다는 말을 스무번도 더 했던 것 같은데요.
아, 휴식이 중요한 거네요.

지승호 고대 서어서문학과를 들어가셨잖아요.

오지은 졸업하지는 못했습니다. 수료 상태예요.
학부였어요. 서양어문학부라고, 영문, 불문, 독
문, 노문, 서문, 이렇게 있는데요. 당시 서문과가
핫하기도 했구요. 배우고 싶은 문학으로만 치자면
중남미 문학이 그쪽이잖아요. 모르는 애가 감으
로 선택한 것 치고는 정말 잘 선택한 것 같아요.
중남미 문학을 배웠다는 것은. 가사 쓰는데 정말
많이 도움이 됐어요. 〈날 사랑하는 게 아니고〉는
철학 수업을 듣고 난 뒤에 썼었던 것 같아요. 저
는 수업을 들을 때 제적한 후에는 뮤지션인 상태
로 들으니까, 모든 문학개론수업이나 문학수업을
뽑아먹는 느낌으로 들었던 거예요. 저한테 도움
될 것만 들어서. 사실은 제 마음이라고 하는 것이
단순하게 내가 생각하는대로 이루어져 있지 않
고, 얘기하기 민망한 여러 가지 등등등의 그런 것
들이구나, 정말 학부 때는 겉핥기로 하잖아요. 그
래서 딱 좋았어요. 조금씩 조금씩 제 멋대로 바꿀
수 있으니까. 도움이 많이 됐습니다. 학점은 참 안
좋았지만.

지승호 그동안 낸 앨범들이 음악 인생에서 각각의
의미가 있었을 것 같은데요.

오지은 1집은 제가 뮤지션이라는 것을 스스로도
확신을 못하던 시절에 내가 하는 음악이 세상에
의미가 있을 수 있구나 하는 것을 처음으로 저한
테 알게 해준 앨범이구요. 2집은 뭐가 있을까요?
되게 조그마한 정점 같은 거 아니었을까요? 그 시
절에, 20대에 제가 멋모르고 많은 것을 하고, 그
것을 사람들이 좋아했으니까요. 그때는 시절도
좋았거든요. 2009년에는 만장이 넘는 앨범들이
꽤 있었어요. 브로콜리 너마저라든지, 언니네 이
발관 5집이라든지. 3집은 제가 결론을 짓고 문 닫
고 나가는 것 같은 느낌의 앨범이죠. 기운이 뻗쳐
서 하던 음악이 1, 2집인데요. 그 기운이 지나간

후에 그 기운에 대해서 생각하는 것이 3집이라 힐 끗 듣기에는 '오지은, 발톱 빠졌네' 할 수도 있지만요. 사실은 그게 아니고, 너무 많이 긁어서 발톱이 뭉개진 것 같은 손인 거죠. 공격력은 적어보일지 몰라도 처참한 것은 더 심하지 않나 하는 생각이 들어요. 그래서 저는 3집을 생각하면 되게 슬퍼요. 남 얘기 하듯이 '아, 슬퍼. 아, 슬퍼서 듣고 싶지 않아' 하는 거죠. 늑대들은 잠시 제가 음악을 즐겁게 할 수도 있구나, 원래 그렇게까지 할 생각이 아니었는데, 다들 연주력이 너무 뛰어나서 올림픽을 한 것 같은 앨범이 되어 버린 거죠. 그런 앨범이 한국에 잘 없는데요. 되게 유니크한 앨범을 냈던 것 같아요. 언젠가 재평가 받을 것을 노리고 있습니다. 오늘 노래가 NHK 한글 강좌 주제가가 된거 있죠. 이상하죠. 진작에 끝난 팀인데. 어떻게 알고, 왜?(웃음)

> **"한희정씨, 요조씨, 타루씨, 또 누가 있을까요? 수많은, 계속 버티고 있는 여자 뮤지션들에 대한 경외감이 있습니다. 점점 창작하기가 힘들어지는데, 자기를 깎는 기분으로 창작을 해내고 있구요."**

지승호 오지은에게 음악이란 뭔가요?

오지은 감사한 직업이죠. 왜냐하면 내가 하고 싶다고 되는 게 아니잖아요. 제가 인터뷰어가 되고 싶어 한다고 해서 될 수 있는 것도 아니구요. 제가 갑자기 제가 피겨 스케이팅 선수가 되고 싶다고 해서 되는 것도 아니구요. 직업은 내가 되고 싶은 마음으로 되는 게 아닌데요. 이게 됐다는 것

은, 내년에 10년차지만, 아직도 신기한 일이구요. 그래서 똑바로 해야겠다는 생각을 계속하게 되는 것 같습니다. 몇 명이 동의를 하게 될지 모르겠지만, 의무감 같은 것이 있네요. 뭔가가 있다면, 음악으로 그것을 표현해서 남겨야겠다고 하는. 몇 명이 들어주든, 그런 의무감 같은 것이 있는데요. 제가 리스너 입장이기도 해서 그런가봐요. 내가 이런 타이밍에 이런 음악을 들었으니까, 음악은 이러이러한 힘이 있고, 그러니까 나도 이런 순간에 이런 음악을 남겨야겠다는 생각이 기본적으로 있는 것 같아요.

지승호 요즘은 어떤 음악들을 들으세요?

오지은 오늘 듣고 나온 것은 피치카토 파이브라는 밴드가 일본에 있는데요. 여자 보컬이 들어와서 잘 된 시절이 아닌 무명 시절이 있는데, 천재 두 명이 같이 밴드에 있었거든요. 보컬도 천재, 키보드도 천재, 천재들이 젊은 시절에 만든 음악을 계속 들었어요. 가사는 이렇게 써야 되는데, 하면서.(웃음) 남일처럼. 제가 음악을 하는 도중이면 '내가 이렇게 써야 되는데' 하는 것이 스트레스가 될 수 있잖아요. 그냥 즐겁게 듣고 있습니다. 그리고 요즘 사이먼 앤 가펑클을 되게 많이 들었네요. 특히 이번의 두 주간은 세월호 참사로 정말 힘들었잖아요. 그때 사이먼 앤 가펑클로 많은 위로를 받았던 것 같습니다. 결국 기타 하나 있는 노래를 좋아하나봐요. 〈April come she will〉, 〈The 59th Street Bridge Song (Feelin' Groovy)〉 등을 듣고 있어요.

지승호 일본어를 잘 하시니까 일본 노래를 들을

때 가사가 들리는 것도 유리한 점이겠네요.

오지은 그렇죠. 한국 음악계는 허리가 몇 번 꺾었잖아요. 일본 음악산업은 허리가 안 끊긴 상태이고, 시장도 돈이 도니까 뮤지션들이 점점 더 멋있는 것을 할 수 있는 상황이 되는 거죠. 그러면서 더 멋있어지고, 후배들이 보고 배워서 더 멋있어지는 것이 있어요. 보면 락이라는 것은 서양 음악인데, 결국 그것을 아시안적으로 되게 잘 만들었어요. 가요도 그렇고, 록도 그렇고, 많은 장르들을 그렇게 해서 요령적으로 배울 것이 많아요. 락하는 사람들은 영어로 가사 쓰는 사람들도 많잖아요. 힙합도 한국어로 라임을 개발한 것이 얼마 안 됐듯이 그들이 락의 문법을 갖고 있지만, 동양의 정서 같은 것을 담는 것을 너무 기깔나게 잘하는 뮤지션들이 많아서요. 제가 일본어를 할 수 있어서 그걸 아는 것이 조금 이득이 되는지도 모르죠.

지승호 일본의 뮤지션들이 활동하는 환경하고 한국의 뮤지션들이 활동할 수 있는 환경이 조금 다를텐데요.

오지은 슬픈 얘기죠. 어제 썼던 표현인데요. 저희는 까놓고 얘기하면 화전민 상태인데요. 논밭은 전부 불탔고, 몇 개 씨앗 나는 거 나물 먹고 사는, 정확하게 그런 상태입니다. 2009년까지만 해도 작은 텃밭 정도는 됐는데, '우리 자급자족해요' 그 정도는 됐는데, 지금은 화전민이죠. 그래서 문학계나 영화계를 바라볼 때 부러운 점이 많아요. 권위도 살아 있고, 팬층도 있고, 영화는 보고 나서 재미없었어도 그러려니 하잖아요. 책도 사놓고 안 읽기도 하잖아요. 그런데 CD를 산다는 것은 그 음악이 미친듯이 좋아서 '내가 진짜 하나 사준다'

이런 느낌으로 사는 거라서요.

지승호 비싼 것도 아닌데, 거의 장만한다는 느낌으로 사잖아요.

오지은 원인은 잘 모르겠지만, 그렇게 돼버린 세대의 아이들이죠.

지승호 한국에서 뮤지션으로 산다는 것에 대해서 생각을 많이 하셨을 것 같은데요.

오지은 결국 저는 운이 좋다고 생각을 하려고 노력하려는 스타일이라서요. 그런데 '여성 싱어송라이터' 특집 인터뷰니까 굳이 드리는 말씀은, 우리가 더 화전민인 게 여기 씬의 소비자들은 거의 여자잖아요. 씬을 평가하는 사람들은 거의 남자구요. 평가에서는 디스어드밴티지가 있구요. 소비자한테는, 여자가 여자를 좋아하는 것보다 여자가 남자를 좋아하는 것이 후자가 훨씬 간단하잖아요. 충성심도 더 높고, 그러니까 여성 싱어송라이터들이 굉장히 힘들어졌죠. 제가 생각하기에는 화전민입니다. 이런 얘기를 하면 다른 사람들은 싫어할까요? 왜 우리를 불쌍하게 만들어, 그럴 수도 있구요. '저는 하고 싶은 음악을 하니 행복할 따름입니다' 이래야 될 것 같기도 하지만, 그런 성미가 아니어서.(웃음) 물론 행복하고 감사하지만(웃음)

지승호 음악을 시작하거나 하는 분들한테 해주실 말씀은 있으신가요?

오지은 정신 똑바로 차리라고 하고 싶은데요. 나만 할 수 있는 것을 하면 어떻게든 된다는 말을 건방지게 하고 싶습니다. 왜냐하면 유재하 음악경연대회를 동문들이랑 같이 하게 되면서 데모 같은 것도 많이 듣게 됐어요. 제 앞가림만 하려고 노력하던 시절보다 최근 음악을 새로 시작하는 사람들의 음악을 듣게 됐는데, 거기에 대한 생각은 잘 안하는 것 같더라구요. 나만 할 수 있는 것, 나만 말할 수 있는 감성에 대해서, 그렇지 않고, 아무래도 정규 교육을 먼저 받으면 유려한 코드라든지, 안정된 보컬이나 발성에 치우쳐지면서 방구석에서 음악 연습을 많이 하겠죠. 인생에 모험이 없으니까 얘기할 꺼리가 없구요. 그러니까 나는 하늘을 난다, 그 때로 돌아가고 싶다는 얘기 계속하고, '어린 시절 그렇게 행복했나, 나는 최악이었는데' 이런 생각도 들구요. 이러면서 꼰대가 되어가는구나, 하고 생각을 해서요. 사실은 이런 질문을 경계하고 있습니다. (웃음)

지승호 "한국의 뽕 정서라고 할 수 있는, 한 어린 음악을 잘 표현한 신중현 선생님 이후로 맥이 끊긴 것을 키치적이지 않게, 정말 좋은 가요로 만들어서 부르고 싶다"라는 말씀도 하셨잖아요.

오지은 그게 있죠. 한국의 어덜트 컨템포러리에 대한 로망은 있는데요. 너무 어려운 일이라, 같은 성인의 정서를 공유한 음악적인 멋진 연주 조력자들도 필요하고, 언젠가 할 수 있었으면 좋겠지만, 구체적으로 실현해내려면 간단치 않겠죠.

지승호 2013년 여성 싱어송라이터들의 활약이 대단했습니다. 장필순, 선우정아, 오지은, 강아솔, 요조, 한희정, 프롬, 타루, 최고은 등이 오랜만에 음반을 발표했는데요.

오지은 올해는 노랑이 유행이네, 이런 것처럼 뭔가 잘 모르는 지구의 섭리가 있는 게 아닐까요?(웃음) 우루루 나왔던 것도 사실은 신기한 거고, 요즘은 또 신보가 별로 없잖아요. 그렇게 하나의 세대로 묶여버린다는 것은 언뜻 봐서는 위험한 일이지만, 다르게 봐서는 재있고 즐거운 일일 수도 있지 않은가, 하는 생각이 드네요. 음악을 하는 것이 너무 버티기 힘든 일이라 계속 버티고 있는 사람들에 대한 경외감이 있어요. 한희정씨, 요조씨, 타루씨, 또 누가 있을까요? 수많은, 계속 버티고 있는 여자 뮤지션들에 대한 경외감이 있습니다. 점점 창작하기가 힘들어지는데, 자기를 깎는 기분으로 창작을 해내고 있구요. 화전민인데, 사람들이 아무리 오해를 해도 자신의 이야기를 하는 여성에 대한 존경심 같은 것이 있죠.

지승호 마흔 넘어서도 음악을 계속 하실텐데, 상황이 점점 안 좋아지는 것에 대한 두려움은 없으신가요?

오지은 이거보다 나빠지지는 않지 않을까요? 그런 막연한 생각으로 하는 거죠. TV 프로그램을 보면 전부 이쪽 씬 음악을 쓰세요. 1박2일이든, 무한도전이든, 런닝맨이든. 결국 세상에 필요한 음악인데요. 그게 뭔가 사람들에게 알려지는 루트가 잘못되어 있는 건데요. 그건 제가 어떻게 할 수 없는 거구요. 예전에 방라이브 같은 걸로 어떻게 해보려고 했지만, 사람들이 음악을 필요로 하는 것만으로도 저는 괜찮다고, 그렇게 생각하고 살아가려고 하고 있습니다.

지승호 말씀하신 것처럼 광고 같은 데서도 많이 나와서 보통 이쪽 씬에 있는 분들의 히트곡이 뭔지 대중들이 모르다가도 들어보면 한 두곡씩은 귀에 익은 노래가 있는데요. 그만큼 좋은 음악을 만들어내는데, 유통하는 방식에 문제가 있다는 건데요.

오지은 전달되는 방식이, 어떤 사람들한테는 팔자 좋은 사람들의 자아실현으로 받아들여지는 것이 오해의 한 부분인 것 같아요. 그런 부분도 있겠죠. 사실 팔자 좋은 사람들이 하는. 그런데 어느 창작계든, 사실 만화계도 어렵고, 문화 전반이 가지고 있는 과도기 같은 것이 아닐까요? 그럴려면 몸을 낮추고, 버텨야죠. 이쪽 음악을 듣는 것에는, '뭐, 잘난척 하고 있어' 라는 시선이 아직 있는 것 같아요. 저는 그걸 깨는 것에서 여성 싱어송라이터들이 큰 역할을 했는데, 까놓고 얘기해서 씬에서 거기에 대한 공치사가 없었죠. '쟤들은 말랑한 음악이고, 진짜 음악은 따로 있어' 이런 식으로 취급하려고 했었고, 저는 그게 되게 웃기다고 생각해요. 노가다는 누가 뛰었는데.(웃음)

지승호 이런 흐름들을 어떻게 보면 버텨오신 거잖아요. 다른 분 말씀하셨지만, 평가를 못받는데도 불구하고, 계속 앨범을 내시고, 지속적으로 하다보니까 '아, 이 분들이 음악을 계속하고 있었고, 음악적으로 점점 훌륭해지는구나' 하는 평가들이 많아지는 것 같은데요.

오지은 그래서 이 특집이 생겼겠죠. 감사합니다.(웃음)

지승호 자부심 같은 것을 느낄 수도 있을 것 같습니다.

오지은 자부심을 느끼는 순간 수많은 다른 뮤지션들이 '웃기고 있네'라고 할 것 같구요. 자부심이 있다면 앨범 네 장을 냈다는 자부심이 있겠네요. 거기까지인 것 같습니다. 남 잘되라고 한 것도 아니고, 섭섭함도 사실은 작은 것들이고, 결국은 평가를 받았다는 것, 평가의 대상이 되었다는 것 자체가 이미 특권인 것 같습니다. 수많은 앨범이 평가의 대상도 못되잖아요. 음악하기 전에 제 꿈이 그거였어요. 앨범을 냈을 때 평가를 받는 것, 그러니 이미 제 꿈은 이룬 거죠.

지승호 마지막으로 해주실 말씀은 없으신가요?

오지은 '여성 싱어송라이터' 특집이니까, 그 분들이 누구든 되게 잘 됐으면 좋겠구요. 다들 되게 멋있게 잘 하고 있으니까 그것만으로도 위안이 될 수 있을 것 같습니다.

지승호 혹시 더 하실 말씀은 없으신가요?

오지은 모르겠어요. 이런 류의 불만을 앨범을 서너장 낸 사람 입장에서 해야 되는 건지, 어차피 얘기해도 별 수 없다는 것을 아니까 요령 좋게 얘기를 하지 말아야 되는 건지, 수많은 선배들이 제발 얘기를 좀 하지 말라고 몇 년간 얘기를 해와서요. 내 음악 열심히 하고, 감사한 마음으로 살면 되겠다고 했는데요. 뷰티풀 민트 라이프도 그렇구요. 폭풍 후회를 할 수도 있는데요. 내가 손을 더럽히고, 귀찮은 일이 있어도 해야 되나, 얻는 게 없어도, 그런 생각이 요즘 많이 듭니다. **SOUND**

| *discography* | 오지은

지은 (2007/Soundnieva)

1집. 간섭이 없는 상태에서 자신이 할 수 있는 한계까지 몰고가 음악을 만들어보고 싶어서 직접 설립한 레이블 soundnieva에서 제작, 홍보, 유통 등 모든 것을 도맡아 한 앨범이다. 〈화(華)〉의 가사 중 '널 갈아먹고 싶어' 같은 가사 때문에 19세 이하 청취 불가 판정을 받기도 했다.

지은 (2009/해피로봇레코드)

2집. 해피로봇레코드에서 제작한 첫 번째 앨범. 디어클라우드의 기타 용린, MOT의 이이언 등이 세션맨으로 참여해 밴드 편성으로 변화를 준 앨범이기도 하다. 이 앨범에 수록된 〈날 사랑하는 게 아니고〉는 대중음악SOUND가 뽑은 '인디 명곡 100선'에 들어가기도 했다.

오지은과 늑대들 [오지은과 늑대들] (2010/해피로봇레코드)

박민수(건반), 박순철(베이스), 신동훈(드럼), 정중엽(기타) 등의 세션맨들과 결성한 프로젝트 그룹의 첫 번째 앨범. 오지은은 같이 하는 음악의 즐거움을 느꼈다고 말했고, 언젠가는 재평가 될 것이라는 바램을 전했다.

3 (2013/해피로봇레코드)

서울전자음악단의 신윤철, 로다운30의 윤병주, 디어클라우드의 용린과 이랑, 스윗소로우의 성진환, 랄라스윗의 박별 그리고 고찬용, 이상순, 이이언, 정인, 린 같은 쟁쟁한 뮤지션들이 세션으로 참여했고, 여러 뮤지션, 리스너들에게 호평을 받은 앨범이다. '오지은표 사랑 3부작'의 완결편.

특집
대통령의
SOUND
all around music

대중음악박물관 운영방안

서문

– 대중음악박물관에 관한 '무엇을 어떻게' 운영할지에 대한 밀도 있는 논의와 체계적인 연구의 필요성 _ 박준흠

1. 대중음악박물관 운영을 위한 수익사업, 교육프로그램 기획

– 대중음악박물관 운영을 위한 실제적인 방법론 제안 _ 이수정

2. 대중음악박물관이 갖춰야할 유물과 기획전시 방안

– '한국 대중음악 100년' 전시에 필요한 유물과 기획전시 방안 _ 최규성

대중음악박물관에 관한
'무엇을 어떻게' 운영할지에 대한
밀도 있는 논의와 체계적인 연구의 필요성

2017년 봄 개관 예정으로 드디어 한국에서도 '대중음악박물관'이 오픈될 예정이다. 일산 한류우드 내 'K-POP 아레나 공연장'의 부속시설로 공연장 건물 내에 대중음악박물관을 건립할 계획이다. 영국의 O2 아레나 공연장 내에 건립된(2014년 현재는 철거된) BME(British Music Experience)가 모델이다. 물론 건립환경, 운영주체, 운영예산, 운영인력, 관련법제 등 모든 부분에서 난점이 있지만 일단 국가에서 대중음악박물관을 건립한다는 것 자체만으로도 의미가 있어 보인다. (※ 2013년 2월에 문화부에서 'K-POP 아레나 공연장' 건립계획이 발표된 이후 아직 사업자 선정 작업도 들어가지 못한 채 다소 지체되는 분위기이긴 하다.)

하지만 문제는 대중음악박물관이 건립된다고 하더라도 '무엇을 어떻게' 운영할지에 대한 밀도 있는 논의나 체계적인 연구가 없었다는 점 때문에 관련 논의와 연구는 시급하면서도 지속적으로 이뤄져야 할 것이다. 2013년에 문화부의 연구용역으로 '대중음악박물관 건립 기본계획 연구'가 이뤄지기는 했지만, 이는 말 그대로 향후 '지속적인 연구 환경'을 조성하기 위한 '방법론'을 제시하는 수준이다. 즉, '대중음악박물관이 갖춰야할 유물과 기획전시 방안'이나 '대중음악박물관 운영을 위한 수익사업, 교육프로그램 기획'과 같은 고밀도의 장기적인 연구 과제를 어떻게 수행해야 하는지에 대한 최소한의 지침을 마련한 것이다. 해외 사례로써 영국의 대중음악박물관(BME, Beatles Story, British Library 내의 Sound Archive 등)과 미국의 대중음악박물관(EMP, Rock'n'roll Hall of Fame & Museum 등)을 참고했다.

그렇다면 지금 "'한국 대중음악 100년' 전시에 필요한 유물과 기획전시 방안"을 고민한다면 어떤 작업부터 수행해야 할까? 당연히 '한국 대중음악 100년(1907~2014) 음반목록 작성 작업'부터 시작해야 한다. 신기하게도 여태까지 그 누구도, 어떤 기관도 한 적이 없는 작업이다. '대중음악 음반목록'은 대중음악을 연구를 하기 위한 가장 기본적인 자료이다. 이를 바탕으로 음악사, 아티스트, 작품 연구가 가능하다. 1907년에 첫 번째

SP 음반이 발매된 이래 한국에서 발매된 음반은 대략 15~20만장 정도로 추산하지만, 그간 한번도 발매된 음반들에 대한 목록 작업이 시행되지 않았다.

막상 이 프로젝트를 시작하려면 고민해야할 점들이 무척 많다. 대중음악 음반 범주를 어디까지로 할 것인지에 대한 문제(가곡과 민요, 국악, 동요 음반은?)부터 걸린다. 그리고 1차로 입력된 자료들은 반드시 전문 대중음악연구자가 팩트 검증을 해야 하고, 이후 기자, 작가, 일반인들까지 팩트 검증을 할 수 있는 시스템이 구축되어야 한다. 음반을 발표한 뮤지션, 작곡가, 작사자, 연주자, 편곡자, 음반사의 바이오그라피와 디스코그라피 작업과 당사자들의 활동상을 증명하는 사진들의 발굴과 보존, 구분 작업 역시 필수적이다.

또한 대중음악 음반의 경우 재킷과 수록곡들이 수차례에 걸쳐 재발매된 경우가 허다하다. 재발매되었지만 재킷 이미지와 명기된 제목, 글씨체가 상이한 경우가 무수하고 재킷 형태 또한 두 장으로 펼쳐지는 케이트 폴더 방식과 한 장으로 구성된 사례도 무수한데 이는 대개 초반, 재반으로 구분되는 경우이다. 수록된 노래들 또한 일부 곡에서 누락되고 첨가된 경우도 허다하고 처음 발표된 버전과 다른 연주로 다시 녹음된 버전까지 무수하기에 어떤 음반에 수록된 버전이 최초로 발표된 오리지널인지와 후대에 몇 차례에 걸쳐 재 발매되었는지 여부에 대해서도 여러 단계에 걸쳐 꼼꼼한 확인 작업과 심도 깊고 전문적인 연구와 구분이 필요하다. 본 사업은 대략 다음과 같이 네 단계로 나눠 진행할 수 있을 것이다.

• **Phase 1. 음반목록 기본 정보 조사&입력**
 - 아티스트 이름, 앨범 타이틀, 발매연도, 발매사, 발매사의 음반번호, 트랙리스트(수록곡목 순서 명기), 음반재킷 이미지, 음반형태(SP, LP, CD, 카세트테이프 등)

• **Phase 2. 음반목록 추가 정보 조사&입력**
 - 작사/작곡/편곡자, 프로듀서, 엔지니어, 실연자 정보

– 음반 재킷, 속지에 써져 있는 모든 텍스트 기록/ 노래 가사 기록/ 아티스트, 평론가 등이 작성한 글

– 해당 대중음악인(음악산업 관계자 포함)들의 육성 증언 기록

언뜻 생각하면 '한국 대중음악 100년(1907~2013) 음반목록 작성 작업'이 간단할 것으로 생각하지만, 위를 보면 대략 대중음악 전문연구자 10명 정도가 한 3~5년은 꼬박 작업해야 결과물이 나올 수 있는 사업이다. 이를 하려면 당연히 연구 환경, 예산, 전문인력 모두가 갖춰져야 한다. '대중음악박물관 유물 수집, 관리/보존 방안' 하나만 놓고 연구를 하더라도 "대중음악 아카이브 자료 유형, 대중음악 아카이브 자료 수집 정책, 대중음악 아카이브 자료의 효과적인 수집방안, 대중음악 아카이브 자료의 정리와 기술, 대중음악 아카이브 자료의 관리/보존 방안, 대중음악 아카이브 자료 소장기관(소장자) 현황" 이런 세부 연구가 필요하다.

그리고 대중음악박물관 운영상의 고려점으로 다음과 같은 점을 염두에 두어야 한다.

○ **기획전시의 강화**(정기적인 기획프로그램 운영)
  – 이제 박물관은 단지 유물을 전시하는 방법으로 가서는 효용성이 떨어짐. 계속적인 발굴/기획 프로그램을 가동시켜서 박물관에 생명력을 불어 넣어야 함
  – 고정 전시를 최소화하고, 대신 기획전시 공간과 프로그램을 강화함
  – 적어도 개관 후 3~5년의 전시기획 미리 계획. 이를 H/W 설계에 반영해야 함

○ **공연 프로그램과의 결합**(K-POP 아레나 공연장 안에 건립되므로)
  – 박물관의 집객을 위해서, 또는 박물관에 온 사람들에게 휴식과 또 다른 볼거리를 제공하기 위하여 실내외 공연 프로그램을 결합시키는 방안을 생각해 볼 수 있음. 이는 박물관과 공연장 양쪽에 시너지 효과를 줄 수 있음

○ **음악전문매체 운영**
  – 음악박물관 홍보를 강화하기 위해서 자체적으로 '매체'를 운영할 필요가 있음
  – 홍보매체로써 인터넷음악방송국 등을 운영할 필요가 있음
  – 홍보매체는 자체로 '대중음악 연구' 기능을 갖고 있음

위와 같은 아주 단순한 운영방안을 거론하더라도 상당히 복잡한 프로세스가 예견된다. 아마 정식으로 세부실행계획서를 작성한다면 매뉴얼북 몇 권은 나올 것으로 생각된다. 그리고 정부예산으로 운영되는 '국립 박물관'이 아닌 이상 운영에서의 자구책까지 마련해야 한다. 만약 예산에 따른 운영 문제에 방점이 찍히게 된다면 결국 '대중음악박물관 운영을 위한 수익사업' 기획 문제가 핵심이 될 것이다. 이와 같이 3년 밖에 남지 않은 대중음악박물관 오픈을 생각한다면 지금부터 해야 할 일들이 무척 많을 것이다.

대중음악SOUND는 창간호부터 '대중음악 박물관, 자료원' 문제를 지속적으로 다뤄왔는데, 이번 9호 특집에서는 대중음악박물관 운영방안으로서 좀 더 실제적인 '대중음악박물관 운영을 위한 수익사업, 교육프로그램 기획'과 '대중음악박물관이 갖춰야할 유물과 기획전시 방안'을 고민하고자 한다. 언제나 그렇듯이 대중음악SOUND는 '방법론'을 제안하는 매체이고자 한다. `SOUND`

박준흠 | 편집인, 대중음악SOUND연구소장

대중음악박물관 운영을 위한 수익사업, 교육프로그램 기획

대중음악박물관 운영을 위한 실제적인 방법론 제안

한국대중음악박물관 전시 구성을 위한 참고 사례들을 살펴보았다. 이들 중 몇몇은 이미 건립 초기에서부터 자체적인 브랜드를 등에 업고 개관한 사례가 있었고, 대중음악박물관으로서의 정체성을 굳히는 데 어려움을 보이는 곳도 있었다. 건립을 위한 거액 투자를 유치하는 데는 성공하였으나 유지에 실패하여 문을 닫은 박물관도 있었다. 어쨌든, 대중음악박물관으로서는 이미 이름이 알려진 곳들의 전시 구성과 수익과의 관계를 살펴봄으로써 한국대중음악박물관의 장기적인 운영을 가능케 하는 수익 방안들을 몇 가지 제안할 수 있게 되었다. 그러나 제안에 앞서 먼저 고려할 사항 몇 가지를 소개한다.

많은 박물관 연구에서 입장료는 수입의 큰 부분을 차지하지 않는 것으로 밝혀졌음에도 불구하고, 박물관이 브랜딩에 성공한 케이스 즉, '슈퍼스타 박물관'들에게는 이러한 결과가 완벽히 적용되지 않는다. 따라서 한국대중음악박물관은 개관 초부터 '인지도'라는 측면에 온 힘을 쏟아야 한다. 초기 홍보를 통해 사람들의 이목을 끄는 데 그치는 것이 아니라 전략적으로 기획된 전시를 통해 사람들의 발길을 붙잡아 둘 수 있어야 한다. 그리고 이 기획 전시들의 첫 번째 전략은, 다음의 질문에서 출발할 수 있다. '누가, 무엇을 어떻게' 보고 싶어 하는가?

이수정 | 대중음악SOUND연구소 연구원

MTV와 동갑. 국악을 전공했으나 국내외 대중음악에 대한 관심을 끊을 수 없어 연주자로서의 삶을 포기. 이후 콜롬비아에서 살다가 객관적 시각에서 보는 한국 대중음악을 심도 있게 공부하기 위해 스페인으로 떠남. 2012년 9월 살라망카대학 동아시아학과 사회문화 전공 석사 졸업.

I. 대중음악박물관의 수익사업

대중음악박물관의 장기적이고 안정적인 운영을 위해 고려할 점들

1908년, 뉴욕에 위치한 메트로폴리탄 미술관(Metropolitan Museum of Art)의 한편에 세계 최초의 '뮤지엄 숍'이 생겼다. 많은 사람들이 예술작품을 재생산하여 판매하는 것은 도리에 어긋난 짓이라고 비난했지만, 메트로폴리탄 미술관에서는 예술 역사가, 디자이너, 공예 장인 등 전문 인력을 통해 전시예술품과 관련한 상품을 만들어 꾸준히 판매했다. 100여년이 지난 지금 메트로폴리탄 미술관은 박물관에서 제공하는 양질의 서비스를 유지할 수 있는 비용 중 많은 부분이 바로 이 기념품 판매소의 수익에서 나온다고 이야기한다. 그리고 물론, 이 '뮤지엄 숍'은 메트로폴리탄 미술관뿐 아니라 모든 박물관의 필수 공간이 되었다.

한편, 메트로폴리탄 미술관의 입장료는 자율제이다. 25달러라는 가격을 명시하고 있지만 실제로 입장객들은 자신들이 내고 싶은 만큼만 내도 상관이 없다. 정책을 통해 1페니 이상의 가격만 지불하면 문제가 없다고 이야기하기 때문이다. 그런데, 이러한 시스템으로 운영에서의 안정적인 수익을 꾀할 수 있을까? 세계 최초로 상품 판매 모델을 제시할 정도로 박물관의 수익을 증대시키려고 했던 메트로폴리탄 미술관은 무엇 때문에 이러한 입장료 정책을 만들게 되었을까?

미국 박물관 협회(AAM, American Alliance of Museums) 회장인 포드 벨(Ford W. Bell)은 미 외교부의 한 자료에서 미국 내 박물관이 전시 입장료 등을 통해 벌어들이는 수입은 전체의 약 5%에 불과하다고 말했다. 또한 2004년, 영국 하원의 공공회계위원회

(Committee of Public Accounts)에서 발표한 리포트에 따르면 박물관 및 미술관의 소득 중 3분의 1가량이 직접 소득, 즉 펀드레이징, 판매 소득, 입장료를 통한 수입으로 나타났는데 그 가운데 입장료 수입은 약 20%로 전체 수입으로 따지자면 약 6%에 불과하다는 결과가 도출되었다.

영국의 경우에서 박물관의 수입은 대부분이 정부의 지원이다. 하지만 정부의 지원만 가지고 박물관을 운영하는 경우 예산 조정의 변수가 많아 절대적으로 의존하기에는 부담이 있다. 예를 들어, 포드 벨은 위의 자료에서 정부 지원금에 대해 언급하였는데, 2010년의 자체 조사에서 3분의 2 이상의 박물관들이 재정에 어려움을 겪고 있는 것으로 나타났다고 한다. 특히 2008년 경제 위기 이후 정부 보조금이 대량으로 삭감된 이후 많은 박물관들이 재정자립도를 끌어올리기 위한 새로운 방안을 모색해야 했는데 그 결과 2013년 조사에서는 자금난에 시달리는 박물관들이 반으로 줄었다고 한다. 따라서 박물관의 안정적인 운영을 위해서는 독립적인 수입이 필수적으로 요구되는 것이다.

대부분의 박물관은 이 자체 수입의 가장 큰 부분을 기부금에 의존하고 있다.[1] 기부금은 박물관의 운영기금을 충당하는 데에도 유용한 자금이기도 하거니와 기부자의 입장에서는 세금에 대한 혜택을 받을 수도 있기 때문에 양자 모두를 기분 좋게 할 기금을 조성하는 것이 가능하다. 그러나 박물관이 더 많은 기부를 받기 위해서는 기부자들의 이목을 끌만한 요소가 있어야 한다. 게다가 이러한 요소들이 기부자들뿐만이 아니라 방문객들의 이목을 함께 끌 수 있다면 운영을 위한 자체적인 소득은 자동적으로 성장하게 되어 있다. 그러므로 재정 적자를 면치 못하는 박물관의 문제는, 사실, 가장 기본적 요소인 방문객 수를 늘이지 못하는 데 있다고 볼 수 있다.

이와 관련하여, 브루노 프레이(Bruno S. Frey)와 스테판 마이어(Stephan Meier)는 〈박물관 경제(The Economics of Museums)〉에서 박물관의 재정자립도를 올리기 위해 최근 주목해야할 박물관 트렌드로 두 가지를 지적하였다. 첫 번째는 '슈퍼스타 박물관(Superstar Museum)'이라는 개념이다. 타 박물관과는 차별되는 특성으로 세계적으로 유명하고 인기가 많은 박물관들이라는 뜻이다. 이러한 박물관에는 뉴욕과 빌바오의 구겐하임(Guggenheim) 박물관, 프랑스의 루브르(Louvre) 박물관, 뉴욕의 미국 현대 미술 박물관(Museum of Modern Art) 등이 있다. 이들 슈퍼스타 박물관들은 대부분 다음 중 한 개 이상의 공통적 특성을 가지고 있다.

----

1 미국의 경우 기부금은 박물관 총 소득의 약 38%로 정부 보조금과 비슷한 비율이었고, 영국의 경우 자체 소득의 60% 이상이 기부금인 것으로 나타났다.

1. 슈퍼스타 박물관은 '관광객의 필수 코스'이다.

2. 슈퍼스타 박물관은 평균 방문자수가 매우 많다.

3. 슈퍼스타 박물관에는 세계적인 아티스트의 작품이 있다.

4. 슈퍼스타 박물관은 대개 독특한 건축 디자인을 가진 경우가 많다.

5. 슈퍼스타 박물관은 두 가지 측면에서 상업화되어 있다.

그 첫째는 내부 기념품 가게, 카페, 식당 등이고 다른 하나는 지역 경제의 한 축을 담당하게 된다는 것이다. 실제로 이들 슈퍼스타 박물관들은, 정부의 큰 지원 없이 매년 입장료와 상품 소비, 그리고 기부금을 통해 안정적 수입을 벌어들이는 것이 가능하다.

두 번째는, '특별전시(Special Exhibitions)'의 증가이다. 특정 예술인이나 특정 장르에 대한 이벤트를 단기 전시로 활용하는 것이다. 이러한 단기 특별 전시는, 상설 전시와는 달리 해당 박물관의 이름을 빌려 타 박물관에서도 전시 콘텐츠로 사용될 수 있다. 즉, 한번 구성된 전시가 세계를 돌며 재전시 될 수 있다는 의미이다. 또한 특별 전시는 새로운 방문객 층을 공략하기도 비교적 쉽고, 이들에게 조금 더 집중력 있는 문화적 경험을

제시할 수 있으며, 매체를 통한 이슈화도 용이하다. 대중음악의 경우 많은 박물관들이 특정 뮤지션을 주제로 하는 특별전시를 통해 이슈화하고 관광객을 끌어들인다. 이 "특별전시"가 슈퍼스타 박물관이 되기 위한 훌륭한 전략 사업이 될 수 있다는 것이다 다시 말해, 한 박물관이 탄탄한 아카이브 시스템과 해당 분야에 대한 전문 큐레이터를 가지고 특별 전시 및 부가 연계 사업을 전략적으로 활용할 수 있는 구조를 갖추게 된다면 박물관의 브랜드 가치는 상승하여 장기적으로는 슈퍼스타 박물관의 대열에 올라 독립적이고 안정적인 재정이 조성될 수 있다.

그렇다면, 2017년 건립 예정인 한국대중음악박물관의 장기적이고 안정적인 운영을 위해서는 무엇이 필요할까? 앞서 보았다시피 박물관의 1차적이고 핵심적인 기능이라고 할 수 있는 '전시'가 모객에 성공하고 수익으로 연결되어 슈퍼스타 박물관이 되기 위해서는 어떤 전략을 가지고 기획해야 할까? 더불어 끌어 모은 관객들을 통해 전시 외의 수익을 올릴 수 있는 방안은 무엇이 있을까? 이를 위해 세계의 대중음악박물관 몇 곳을 선정하고 전시를 통한 운영 구조와 수익 구조를 분석하여 한국대중음악박물관의 전시 구성에 반영되어 브랜드 가치를 올릴 수 있는 요소를 찾고, 부가 수익 창출 방안 몇 가지를 제안하고자 한다.

■ BME(British Music Experience)

영국 음악 체험관(이하 BME, British Music Experience)은 The O2 아레나라고 하는 영국의 북그린위치(North Greenwich) 아레나 내에 위치한 대중음악 복합 체험관이다. 2009년 3월, 스코틀랜드 출신의 록 그룹 더뷰(The View)의 공연을 시작으로 개관한 BME는, 하이테크톨로지를 이용한 상설 인터렉티브 전시관을 비롯해 데이빗 보위(David Bowie)와 같은 굵직굵직한 뮤지션의 기획 전시를 통해 많은 관람객을 동원한 박물관이다.

O2 아레나의 오너이자 그 외 많은 스포츠 구단을 소유한 것으로 유명한 안슈츠 엔터테인먼트그룹(Anschutz Entertainment Group)의 투자를 통해 약 9천5백만 파운드의 기금을 5년간의 운영자금으로 조성하는 데 성공한 BME는 공연권관리협회(Performance Rights Society), 깁슨 기타(Gibson Guitars), 젠하이저(Sennheiser), BBC 월드와이드(BBC Worldwide), 게티 이미지(Getty Images) 등을 스폰서로 등에 업고 화려하게 개관하였으며, 2010년에는 영국의 제 5위 식품기업인 코-오퍼레이티브(The Co-operative Group)와 메인 스폰서 계약을 체결하였다. AEG와의 계약이 끝나는 시점인 2014년 3월을 끝으로 전시장의 모든 행사를 마감했으며 현재는 새로운 전시장과 스폰서를 찾고 있다.

BME는 개관 초기부터 혁신적인 전시 방법으로 많은 화제를 모았다. 어른 기준 15파운드(미성년자는 12파운드)에 달하는 티켓을 스마트티켓(Smart Ticket)이라고 불리는 전자 티켓으로 발권하여 전시장 내 각종 인터렉티브 모니터에 센서에 티켓을 갖다 대면 장치가 작동하도록 되어 있었다. 각 티켓에 적혀있는 코드로 박물관 내 자신이 관심 있게 보았던 음악이나 뮤지션 등을 카드에 기록할 수 있고, BME의 홈페이지에 자신의 카드 번호를 등록하면 기록된 음악에 대한 정보를 다시 볼 수 있는 데다 음악을 들어볼 수도 있다. 애플의 아이튠즈(Itunes)와 연계하여 카드 번호를 입력하면 3곡에 한해 무료 다운로드권을 주기도 했다.

BME 전시장의 강점에는 몇 가지 특징이 있었다. 먼저, 오디오-비주얼 기술을 이용한 인터렉티브 체험이다. 미국 클리브랜드의 로큰롤 명예의전당(Rock and Roll Hall of Fame)과 엘에이의 그래미 뮤지엄(Grammy Museum) 전시의 큐레이션을 맡았던 로버트 산텔리(Robert Santelli)의 진두지휘 아래 세 곳의 전시 관련 소프트웨어 기업이 함께 BME의 전시장을 구축하였다. 사면으로 둘러싸인 모니터로 공연을 보며 마치 실제로 공연 장소에 있는 듯한 느낌을 받을 수 있으며 바닥 모니터의 영국 지도를 보며 선택한 지역의 음악에 대한 정보도 알 수 있도록 해 놓았다.

그러나 이런 전시가 다른 대중음악 박물관에서도 상설화되기에는 조금 무리가 있는 것이 사실이다. 처음 시스템과 장소를 구축할 때 드는 비용과 유지 및 보수비용이 박물관의 수익을 상회할 가능성이 높기 때문이다. 상설 전시이기는 하지만, 다른 콘텐츠에 비해 연관 자료의 수가 많고 음악 변화의 주기도 빠른 대중음악 전시에서는 콘텐츠의 순환 주기도 빨라야 할 텐데, 단순히 벽에 걸린 작품들을 바꾸는 것보다 컴퓨터 시스템의 콘텐츠를 바꾸는 것이 훨씬 더 번거로운 것도 문제다. 실제로 인터넷 검색에서 나온 박물관의 평가 내용에는 방문 당시 시스템의 에러로 볼 수 없었던 장치도 있었다는 이야기가 있었다. 어쩌면, 엄청난 방문객 수에도 불구하고 AEG의 투자가 끝난 시점에서 더 이상 공간을 운영하지 못하게 되었다는 사실은 수익과 지출의 밸런스가 균형적이지 않았다는 것을 반증하는 것이 아니었을까.

컴퓨터 시스템을 이용하여 음악에 대한 정보를 얻는 것 외에, BME의 전시장에서 주목을 받았던 전시관들이 있었다. 메인 스폰서인 깁슨 기타와 젠하이어가 만든, 그야말로 음악 '체험'관이었다. 기타 체험, 댄스 체험, 보컬 체험 등이 있었는데, 보컬 체험을 예로 들자면 자신이 노래를 직접 부른다는 점에서 가라오케나 노래방과 크게 다른 점이 없지만, 반주에 데이비드 보위나 믹 재거(Mick Jagger)와 같은 가수들이 함께 나와 마치 듀엣을 하는 느낌을 받을 수 있다. 이러한 아이디어는, 한국과 일본 등 아시아에서 한동안 유행했던 음악 관련 오락이 영국의 대형가수들과 만난 경우라고 할 수 있겠다. 댄스 존과 같은 경우에도 오락실과 같은 느낌이 더욱 크다. BME가 추구하는 바가 '박물관'이라기보다는 '체험관'이었다는 점을 잘 알 수 있는 대목이다.

이 외에도 유명한 뮤지션의 기타 레슨이라든지, 자체 음악 교육 프로그램을 많이 만들어 방문객들, 특히 청소년층에게 좋은 음악 체험 프로그램을 제공했으나 한정된 예산을 가지고 장기적으로 이 모든 프로그램을 상설로 운영하기에는 확실히 무리가 있었으며, 스폰서의 이름이 붙은 전시관도 유지와 보수 면에 있어서 어려움이 따랐을 것으로 예상된다. BME는 자신들의 폐관 소식을 전하며 5년 간 누적관객 50만 명에 이르는

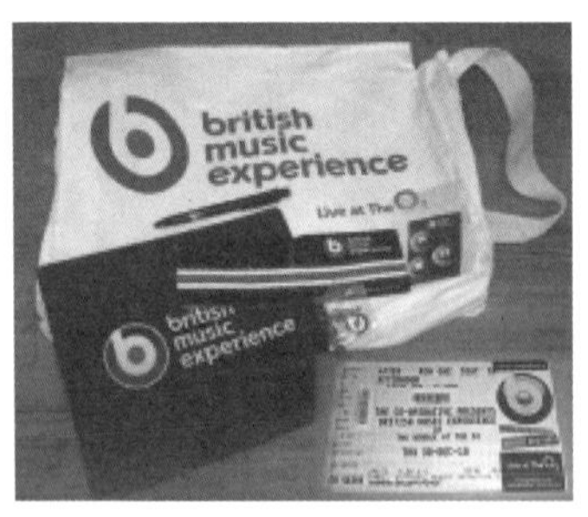

'성공적인' 전시를 이끌어냈다고 했으나, 실제로 초기 BME 건립 당시 AEG와 함께 예상했던 관객 수는 연간 35만 명이었으니 결과적으로는 실패 사례다. 게다가 50만 명의 누적관객 중 20만 명이 지역 교육 기관과의 연계를 통해 방문했던 19세 이하 청소년이었으며, 불행하게도 이들에게는 대영제국의 소중한 문화유산에 돈을 쓸 능력

도 의지도 없었다.

현재, BME가 있었던 O2아레나의 맨 꼭대기 층에는 미국에서 건너온 복합 볼링장이 개장을 준비하고 있다고 한다. 미국식 식당과 볼링장, 콘서트홀이 결합된 이 공간에 영국 젊은이들은 저스틴 팀버레이크(Justin TImberlake)와 같은 미국의 팝스타를 보기 위해 적지 않은 돈을 기꺼이 지불할 거라는 예상을 해 본다.

BME는 획기적이고 진보적인 전시 기술로, 로큰롤 세대에게는 아주 매력적인 박물관일 수 있으나, 수익을 창출하여 안정된 구조를 구축하는 것보다는 주어진 예산으로 주어진 시간 안에 영국 대중음악의 모든 것을 보여줄 수밖에 없었기 때문에 강렬하고 화려하지만 수명이 짧았던 팝업(pop-up) 전시 이상의 안정성을 보여주지는 못했다. 따라서 안정적인 운영이 요구되는 한국대중음악박물관의 모델로 삼기에는 무리가 있다고 결론지을 수 있겠다.

■ 로큰롤 명예의전당 & 뮤지엄(Rock and Roll Hall of Fame & Museum)

아틀란타 레코드(Atlanta Records)의 회장 아멧 어트건(Ahmet Ertegun)이 1983년에 세운 '로큰롤 명예의전당 재단'은 1986년, 박물관 건립 부지 선정을 위해 멤피스와 신시네티, 뉴욕, 클리브랜드 시를 두고 고심한 끝에 결국 이들 중 가장 많은 공적 예산인 6,500만 달러를 투입하기로 한 오하이오 주의 클리블랜드 시를 박물관 건립 도시로 결정한다. 1995년, 세계 최초의 로큰롤 기념관이 개장한 이후 지금까지 900만 명의 누적 관객이 들었으며 지역 사회에는 950개 이상의 일자리 창출을 포함, 180억 달러의 경제 효과를 가져왔다.

지역의 박물관이 큰 인기를 끌면서 동시에 지역의 경제에도 대단한 영향을 미친 경우인데, 지자체와의 파트너십을 통한 자금 투입이 더 수월해졌다. 로큰롤 명예의전당 역시, 2009년과 2012년에 있었던 명예의전당 선정 주간(Induction Weeks)[2] 행사를 위해서 민·관 파트너십을 맺으며 2009년에는 580만 달러, 2012년에는 790만 달러의 투자를 이끌어냈으며, 이를 통해 무료 공연, 전시 개장식, 무료입장, VIP와 함께하는 명예의 전당 선정식을 치를 수 있었다.[3]

로큰롤 명예의 전당의 선정 행사는 박물관의 핵심 활동이라고 볼 수 있다. 첫 장에서 언급한 '특별 전시'와 함께 시너지 효과가 있기 때문이다. 1986년 첫 선정 이후 매년 6~12인의 음악인을 선정해 명예의전당에 전시했다. 예를 들어, 클리블랜드에서 진행했던 2012년의 명예의전당 선정식의 경우 수백만 명의 사람들이 텔레비전을 통해 행사를 지켜보았으며 수만 명의 사람들이 직접 관람하기 위해 오하이오를 찾았다. 그리하여 2009년 580만 달러의 투자를 통해 치러진 행사는 1,300만 달러의 행사 수익을 올렸고, 매체를 통한 2,000만 달러의 부가수익을 올려 총 3,300만 달러를 벌어들였다. 다만 매

---

2 매년 재단의 선정위원회(Committee of inductees)를 통해 공연자 부분의 후보를 지명한다. 공연자의 경우에 첫 레코드 발매 후 25년이 지나야 자격이 주어지며 로큰롤에의 기여도에 따라 선정된다.

3 클리블랜드시, 오하이오주, 로큰롤 명예의전당, 지역 재단 및 기업 등이 파트너십에 참여했다.

해 음악인 선정에 대한 투명성이 제기되며 비판을 받기도 하는데, 이와 관련한 폭로나 비판, 신빙성에 대한 의구심에도 불구하고 로큰롤 명예의전당 재단이 이 행사를 통해 '경제적인 이익'을 톡톡히 보고 있는 것은 사실이다.

로큰롤 명예의 전당이 단순한 기념관을 넘어 박물관의 가치를 함께 추구하고 있다는 사실은 이들이 가지고 있는 도서·자료관(Library&Archives)을 보면 알 수 있다. 로큰롤의 역사에 관해서라면 가장 방대하고 종합적인 자료를 수장하고 있는 것으로 알려졌는데, 최근에 와서 그 수장고를 클리블랜드 시내의 한 대학 캠퍼스로 옮겨 놓았다. 사실 도서관이야말로 수익사업으로부터 매우 먼 구조를 갖고 있는 기관이다. 그러나 로큰롤 명예의전당은 이 도서관을 전시를 위한 거대한 콘텐츠 저장소로 활용하고 있다. 단순히 일반인이나 학자, 혹은 기자 등이 도서관에 방문하여 책, 음악, 비디오와 같은 정보를 얻는 정보제공적인 활동뿐만 아니라 일곱 개 층에 달하는 로큰롤 명예의전당 기념 본관이 끝없는 전시를 생산해 낼 수 있는 콘텐츠를 모두 가지고 있기 때문이다. 이렇게 방대한 자료 재산을 가진 로큰롤 명예의 전당 본관은 다음과 같이 구성되어 있다.

7층	· 기획 대전(Large Exhibits)
6층	· 특별 전시(Temporary Exhibits)
5층	· 출구 · 3D 영상관
4층	· 명예의 전당관(음악인들의 사인 / 관련 물품 전시) · 명예의 전당 영상관
3층	· 인터렉티브 키오스크(원 히트 원더 one hit wonder) · 로큰롤을 만든 노래들(Songs that shaped Rock&Roll) · 갤러리 · 오디오 테크놀로지관
2층	· 입구 · 공연 무대 · 현대 뮤지션관: Right Here, Right Now
1층	· 로큰롤의 뿌리 · 로큰롤의 도시 · 레이블 / 라디오 / 디제이 / 반(反) 로큰롤 시위들 · 뮤지션 특별관 : 비틀즈(The Beatles) / 롤링스톤스(The Rolling Stones) / 지미 핸드릭스(Jimi Hendrix) 등 · 영상관 1(로큰롤의 뿌리) · 영상관 2(기타 영상)

앞에서 보다시피, 로큰롤 명예의전당 박물관은 풍부하고 다양한 상설 전시와 함께 두 개 층에 달하는 특별 전시들로 채워져 있다. 성인 기준 22달러에 달하는 박물관 입장료로서는 결코 적지 않은 요금에도 불구하고 매년 50만 명에 가까운 방문객을 불러들이는 이유라고 볼 수 있다. 그리고 그 결과, 박물관으로서는 드물게, 운영을 통한 직접 소득 중 60%에 가까운 소득이 바로 이 입장료에서 비롯되게 된다.[4] 반면, 기부의 형태를 통한 수입은 운영 수입의 50%가 채 되지 않으며, 이 중 정부 보조금은 전체 기부 수입 중 15%에 불과한 것으로 보아 로큰롤 명예의 전당은 안정된 재정자립도를 가지고 있다고 할 수 있다. 따라서 한국대중음악박물관의 장기적인 운영을 위해서는 로큰롤 명예의 전당의 모델을 더 자세히 연구하여 벤치마킹할 필요가 있다.

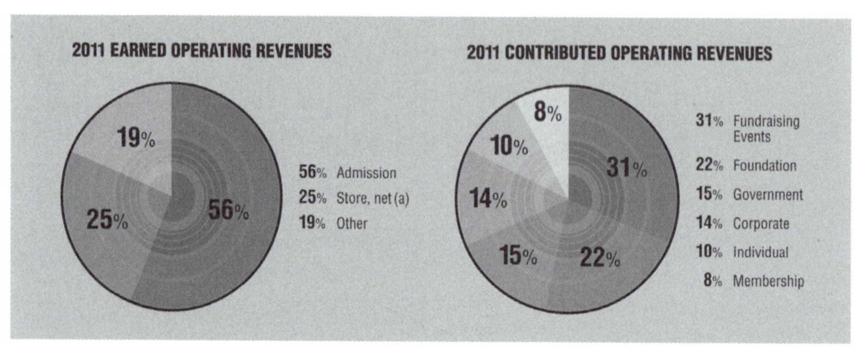

CONDENSED FINANCIAL INFORMATION

Amounts in thousands (000's) except percentage data and number of visitors.

STATEMENT OF ACTIVITIES	Year Ended December 31	
	2011	2010
Revenues		
Earned (a)	$ 11,901	$ 11,838
Contributed - Operating	4,469	4,563
Contributed - Capital Campaign	1,052	8,977
Contributed - Induction Ceremony	3,927	–
	21,349	25,378

---

4 재단이 발표한 2012년 연간 리포트에 따르면 운영 수익 중 56%가 입장료, 25%가 판매 수익, 19%가 기타 수익이었다고 한다.

■ EMP(Experience Music Project)

로큰롤 명예의전당이 외부인의 유입을 통해 수입을 벌어들이는 경우라면, EMP는 지역과의 공생을 통해 박물관을 운영하는 경우라고 볼 수 있다. 2000년 마이크로소프트(Microsofot)사의 공동창립자인 폴 앨런(Paul Allen)에 의해 시애틀(Seattle) 시내에 세워진 EMP는 대중음악과 대중문화에 대한 전시를 다루는 박물관이다. 부서진 기타의 모양을 본 딴 건물로 유명한 EMP는 건립 당시 1억 달러의 돈을 쏟아 부었으나 2001년 입장료 수입은 896만 달러에 불과했다. 박물관이 개관한 해에 로큰롤 명예의전당과 비슷한 수치인 80만 명이 다녀갔기 때문에 그 이후에도 최소 80만에서 100만 명이 들 것으로 예상했으나 2003년의 결과는 40만 명에 불과했다. 박물관의 예술감독에 따르면 애초에 40만 명 이상이 들 것이라고 기대한 것 자체가 잘못이라고 지적한 바 있다. 결국 2003년의 입장료 수익은 2001년의 반에 불과한 481만 달러를 기록했다. 시애틀 그런지(Seattle Grunge)의 대표 밴드인 너바나(Nirvana)와 시애틀 출신의 뮤지션 지미 핸드릭스(Jimi Hendrix)에 대한 가장 많은 자료를 보유하고 있다고 자부했으나 관객의 수를 늘이는 데는 실패한 것이다.

EMP는 이에 대한 궁여지책으로 '대중음악' 박물관이라는 타이틀을 버리고 '공상과학관'을 개관시키면서 음악박물관으로서의 정체성보다는 '대중문화' 박물관으로서의 입지를 다지고자 한다. 그리하여 1996년에 캔자스(Kansas) 시에서 시작된 SF 판타지 명예의전당(The Science Fiction and Fantasy Hall of Fame)은 2004년 'SF 명예의 전당(Science

Fiction Hall of Fame)'이라는 이름으로 EMP에 흡수 통합되어 상설 전시관을 열며 이름을 'EMP|SFM'으로 바꾼다. 이 전시를 통해 EMP 박물관은 다시금 방문객 수를 늘여가지만, 2011년 다시 전략을 바꾸어 SF 명예의전당의 전시관을 해체하고 2012년부터 'SF 아이콘(Icons of Science Fiction)'이라는 상설 전시만을 남겨두었다. 현재는 대중문화와 관련한 여러 전시들을 함께 진행하고 있는데, 대중음악 전시라고 할 수 있는 'Nirvana: Taking Punk to the Masses'와 'Hear My Train a Comin': Hendrix Hits London'과 더불어 뮤직비디오 전시, 건축 관련 전시, 공포 영화에 관한 전시를 하고 있다. 또한 '음악 체험'을 주제로 하고 있는 박물관답게 내부에 전시 외 체험 공간이 마련되어 있다. 2014년 5월 기준 각 전시와 체험관의 구성은 다음과 같다.

진행 중인 전시 (Current Exhibits)	박물관 구성 (Museum Feature)
· Spectacle: The Music Video · Block by Block: Inventing Amazing Architecture · Nirvana: Taking Punk to the Masses · Fantasy: Worlds of Myth and Magic · Hear My Train a Comin': Hendrix Hits London · Icons of Science Fiction	· Sound Lab (합주 체험) · On Stage (무대 체험) · IF VI WAS IX (거대 조형물) · Sky Church (콘서트 홀) · SF and Fantasy Hall of Fame(SF 판타지 명예의전당) · Guitar Gallery: the Quest of Volume(기타 전시관) · On the Wall(대형 모니터를 이용한 음악 투표 장치)

진행 중인 전시 중 대중음악에 직접적으로 관여하는 전시는 단 두 개뿐이다. 이들 중 너바나와 지미 헨드릭스를 제외하고는 2013년에 새로 개장된 전시관인데, 모두 대중음악을 주제로 한 것은 아니다. 물론, 특별 전시의 형태로 단기간 열렸던 전시도 있었다. 여성과 록 음악, 그리고 패션을 주제로 한 'Worn to Be Wild'가 그것이었다. 음악과 패션이라는 참신한 주제를 가지고, 검은 가죽 자켓과 여성 로커를 연결시켜 런웨이 행사도 함께 진행하였다. 이 행사는 현재 타 박물관 순회 전시 중이다.

EMP가 이렇게 대중음악에서 복합 대중예술로의 전시를 전면에 내세운 데에는 몇 가지 이유가 있다. 초기 대중음악만을 가지고 방문객 수를 늘릴 수 없었던 박물관의 입장으로서는 출구를 찾아야 했는데, 대중음악이라는 카테고리 안에서 전시라는 개념보다는 참여 프로그램의 개발(특히 청소년층)에 집중한 것이다. 게다가 아무리 박물관의 창립자가 억만장자라고 하더라도 박물관 자체는 재정자립도를 갖고 있어야 했으나 엎친 데 덮친 격으로 시애틀 시가 부지 임대료를 해마다 늘리고 있어 박물관의 수익이 안정되지 못하게 되었다. 따라서 박물관은 로큰롤 명예의 전당과 같이 전 세계에서 방문하는 관광객을 타깃으로 하기보다는 지역민을 타깃으로 주로 학교와 연계하여 견학 장소로 활용하거나, 교육과 관련한 프로그램 개발에 집중하여 성인관객과 더불어 청소년 이하의 방문객 수를 늘인 것이다. 이러한 상황에서, 대중음악보다는 청소년 이하의 미성년자들의 시선을 끌 수 있는 공상과학이나 판타지를 곁들여 '대중문화와 대중문화를 아우르는 우산'과 같은 역할을 하고 있다. 그 결과 2010년의 입장객 수는 1년 사이 약 45만 명에서 52만 명으로 늘어났다.

대중음악 전시의 실패는 비단 기획의 문제만은 아니었을 것이다. 로큰롤 명예의전당이라는 대표적인 대중음악 박물관이 있음과 동시에 그들과 비교했을 때 턱없이 부족한 콘텐츠로서는 곧 바닥이 드러날 샘과 같았을 것이고, 지역적인 이해관계로부터 자유롭지 못했을 것이다. 따라서 현재 EMP가 나름의 입지를 다져 안정된 상태에서 운영된다고 하더라도, 대중음악 박물관의 모델로 삼기에는 어려움이 있다고 본다.

■ 그래미 박물관(Grammy Museum)

2007년 5월, 그래미상을 주최하는 미국 레코드 예술과학 아카데미(NARAS, National Academy of Recording Art and Science)는 그래미상 50주년을 기념한 박물관을 만들 것이라고 발표했다. 이듬해인 2008년 겨울, 그래미상 50주년 행사에 맞추어 개장한 그래미 박물관은 총 네 층으로 이루어져있다. 영국의 O2 아레나의 주인인 AEG사가 경영에

참여한 L.A. Live 엔터테인먼트 콤플렉스 내에 위치하고 있다.

그래미 박물관은 개장한지 겨우 7여년 밖에 지나지 않았으나, 미국 레코드 예술과학 아카데미와 그래미상이 이미 축적해 놓은 명성과 자료를 가지고 많은 전시들을 이어나가고 있으며, 특히 공간 활용과 디자인의 측면에 있어서 미국의 팝 문화가 그대로 드러나는 감각적인 인테리어로 사람들의 시선을 사로잡는다. 그래미 박물관의 전시는 세 개 층으로 나뉘어 있는 각 층의 전시 구성은 다음과 같다.

4층 **(대중음악사)**	· CROSSROADS: 160여개에 이르는 음악 장르별 전시. 사진, 음악, 관련 이야기, 장르간의 연관성을 소개한다. · SONGWRITERS HALL OF FAME GALLERY: 음악창작자 명예의전당에 대한 정보를 인터렉티브 키오스크를 통해서 만날 수 있다. · ENDURING TRADITIONS: 미국에서 가장 의미 있는 음악 장르인 팝, 포크, 종교음악(Sacred), 클래식, 블루스, 재즈 분야의 다양한 전시품과 오버사이즈 이미지를 음악타임캡슐이라는 컨셉으로 소개하고 있다. · MUSIC EPICENTERS: 터치스크린을 이용한 장치로 미국 대중음악 발전의 거점지역을 소개하고 있다. · CULTURE SHOCK: 지난 반세기에 대한 오디오비주얼 타임라인을 전시하고 있다.
3층 **(음악 체험)**	· RECORDING ART AND TECHNOLOGY: 롤랜드(Roland)사의 전자 악기들을 비롯하여 음악 창작 과정을 엿볼 수 있다. · REVOLUTIONS OF RECORDED SOUND: 사운드 녹음에 대한 전시품, 즉 실린더에서 시작하여 현재에 이르기까지의 녹음 기술에 대해 소개하고 있다. 특히 한 노래에 1877년의 녹음기술에서부터 현재까지의 녹음 방식을 적용하여 방문객이 트랙을 재생하면 녹음의 변천을 그대로 체험할 수 있도록 하였다. · STUDIO PROFILES: 세계적인 녹음 스튜디오에 대한 전시 및 소개 · IN THE STUDIO: 여덟 개의 판으로 이루어져 각각 다른 음악 체험을 할 수 있도록 설계된 인터렉티브 전시이다. 각 노래를 선택하고, 녹음 기술에서 사용되는 여러 기술들을 선택할 수 있도록 하여 나만의 사운드로 음악을 변형시킬 수 있다. · ROLAND LIVE: 롤랜드 사의 지원을 받아 전자악기를 가지고 음악 창작 체험을 할 수 있는 곳이다. · EVERYTHING GRAMMY: 그래미상의 역사, 감동적인 순간들 등을 전시하고 있다. 이 전시는 그래미의 역사(History of GRAMMY) / 온 더 레드 카펫(On the Red Carpet) / 그래미의 전설(GRAMMY Legends)로 나뉘어져 있다.
2층 **(공연장 / 특별 전시)**	· Clive Davis Theater: 200석 규모의 비디오 상영장 · SPECIAL EXHIBITS GALLERY: 특별 전시 공간. 현재는 총 일곱 개의 특별 전시가 진행되고 있다.

그래미 박물관의 전시는 크게 상설 전시와 특별 전시로 나누어져 있는데, 상설 전시는 콘텐츠의 잦은 변화가 요구되지 않는, 주로 대중음악사 및 녹음 기술에 대한 전시이다. 그래미의 출신이 '음반'이라는 물리적인 상품과 '녹음'이라는 저장 기술을 다루는 단체에서 시작되었다보니 해당 전시가 비중 있게 다루어진다. 물론, 그래미 박물관의 하

이라이트 역시 '특별 전시'에 있다고 할 수 있다. 2014년 현재 일곱 개의 전시가 진행되고 있는데, 그 중 하나인 'Blue Note Records: The Finest in Jazz'라는 이름의 전시는 델타(Delta) 항공의 후원을 받아 재즈계의 대표적인 레이블인 블루노트의 75주년 기념 전시를 진행하고 있다. 여기서는 텔로니어스 몽크(Thelonius Monk)가 갖고 있던 베이비 그랜드 피아노, 루디 반 겔더(Rudy Van Gelder)의 녹음 세션이 담긴 오리지널 테이프 박스, 과거부터 지금까지의 블루노트 소속 아티스트가 직접 손으로 쓴 가사 및 악보, 오리지널 콘서트 포스터 및 전단지, 프랜시스 울프(Francis Wolff)의 사진들, 블루노트에서 제작한 음반의 아트워크 등이 전시되어 있다.

첫 장에서 언급한 것처럼, 이러한 특별 전시는 '전시 투어'가 가능하다는 점에서 박물관의 명성과 수익을 올릴 수 있는 훌륭한 전략이 되는데, 그래미의 경우에도, 박물관 자체 큐레이션을 통한 투어 전시들이 여섯 곳에서 진행되고 있다. 그 중 하나를 예로 들자면, 1960년대 영국 음악이 미국을 선점했던 시대를 일컫는 브리티시 인베이전(British invasion) 현상에 대한 전시를 제작하여 영국의 리버풀에 위치한 비틀즈 스토리(The Beatles Story) 박물관에서 2014년 10월부터 전시회를 열 예정이다.

그래미 박물관은 2015년 제2 박물관 개관을 앞두고 있는데, 미국 대중음악의 시발점 중 하나라고 할 수 있는 델타 블루스의 원류인 미시시피 강 유역의 지역 중 클리블랜드에 개관할 예정이다. 이 박물관에서는 블루스와 컨트리라는 미국 대중음악의 두 축에 대한 연구와 전시가 수행될 것이다.

짧은 역사에도 불구하고, 그래미 박물관은 질과 양의 측면에서 계속된 성장을 하고 있다. 2012년 공개된 첫 연간 보고서에 따르면 여전히 직접 소득보다는 기부 소득이 많았고, 수익보다는 지출이 조금 더 많았으나 그래미 박물관의 배후에는 그래미상과 레코드 아카데미가 있으니 안정된 틀 안에서 박물관으로서의 입지를 굳혀갈 수 있으리라고 예상된다.[5] 거대 규모가 아닌 중간 규모의 박물관이, 자료원과 같은 풍부한 콘텐츠 기반

을 가지고 있지 않음에도 불구하고 이렇게 성장할 수 있었던 이유는 훌륭한 '전시 전략'을 갖고 있었기 때문이라고 생각한다. 예를 들어, 헤비메탈 전시인 'Golden Gods'를 기획하는 과정에서 213점의 헤비메탈 앨범 커버를 추가 수집할 수 있었고, '360 Sound' 전시를 통해 콜럼비아 레코즈(Columbia Records)에서 발매된 263곡의 노래를 디지털화하여 특별 제작한 빈티지 주크박스에 담을 수 있었다. 큰 변화가 필요 없는 상설 전시와 함께, 적은 콘텐츠가 부각되는 감각적인 디자인으로 주목 받았고, 끊임없는 특별 전시의 개발을 통해 자료를 수집함과 동시에 성장 과정에 어울리는 실험적 전시도 시도할 수 있었을 것이다. 따라서 그래미 박물관은 거대한 예산이 요구되지 않아 재정 안정도에 큰 영향을 미치지 않는 단기 및 중기 전시 계획을 위한 사례로 적용될 수 있을 것이다.

한국대중음악박물관을 위한 수익사업 제안

지금까지 한국대중음악박물관 전시 구성을 위한 참고 사례들을 살펴보았다. 이들 중 몇몇은 이미 건립 초기에서부터 자체적인 브랜드를 등에 업고 개관한 사례가 있었고, 대중음악박물관으로서의 정체성을 굳히는 데 어려움을 보이는 곳도 있었다. 건립을 위한 거액 투자를 유치하는 데는 성공하였으나 유지에 실패하여(혹은, 전략적으로 5년여에 걸친 pop-up 전시라는 특이한 전시 형태를 고수하였거나) 문을 닫은 박물관도 있었다. 어쨌든, 대중음악박물관으로서는 이미 이름이 알려진 곳들의 전시 구성과 수익과의 관계를 살펴봄으로써 한국대중음악박물관의 장기적인 운영을 가능케 하는 수익 방안들을 몇 가지 제안할 수 있게 되었다. 그러나 제안에 앞서 먼저 고려할 사항 몇 가지를 소개한다.

많은 박물관 연구에서 입장료는 수입의 큰 부분을 차지하지 않는 것으로 밝혀졌음에도 불구하고, 박물관이 브랜딩에 성공한 케이스 즉, '슈퍼스타 박물관'들에게는 이러한 결과가 완벽히 적용되지 않는다. 따라서 한국대중음악박물관은 개관 초부터 '인지도'라는 측면에 온 힘을 쏟아야 한다. 초기 홍보를 통해 사람들의 이목을 끄는 데 그치는 것이 아니라 전략적으로 기획된 전시를 통해 사람들의 발길을 붙잡아 둘 수 있어야 한다. 그리고 이 기획 전시들의 첫 번째 전략은, 다음의 질문에서 출발할 수 있다. '누가, 무엇을 어떻게' 보고 싶어 하는가?

---

5 2011년 기준 직접수익(Earned Revenue)은 309만 달러, 기부 수익(Contributions)은 480만 달러였으며, 총 수익 938만 달러에 지출은 1,064만 달러였다.

1) 누가 = 타켓

대중음악박물관의 타켓이 누구인가를 생각해 봤을 때 먼저 떠오르는 것은 '한국대중음악에 관심이 있는 모든 사람들'이라는 가장 명백하면서도 게으른 대답일 것이다. 그러나 기획의 관점에서는, 전체 방문객인 '한국대중음악에 관심이 있는 모든 사람들'을 나누어 보는 것이 필요하다. 한국대중음악에 얼마나 관심이 있는지, 그 중에서도 어떤 음악에 특별히 관심이 있는지에 대해 분류해야 한다. 그 후에 이들의 방문 빈도와 부가 지출 가능성을 예상하여 각각의 전시를 구성해야 한다. 한국대중음악 전시의 타켓은, 크게 K-Pop 소비자와 이외의 가요 장르에 대한 소비자로 구분하는 것이 좋다. 전자는 국내 10~20대 층과 해외 K-Pop 팬을 들 수 있다. 10대 층의 음악 소비 능력은 이미 여러 연구에서도 입증된 바, 이들을 위한 대형 특별 전시를 통해 수익 증대를 도모할 수 있다. 특히 해외 K-Pop 팬들은, 단순한 팬을 넘어서 한국 관광 산업의 큰 부분을 차지하고 있는 점을 활용하여, 관광 상품으로서의 박물관 전시를 통해 수익을 창출할 수 있다. 이들은 이미 특정 음악이나 아티스트에 대한 충성심이 높은 상태이기 때문에 물리적 거리의 부담에도 불구하고 찾아올 가능성이 크다. 그 전시가 '일생에서 단 한 번 뿐'인 기회라면 더욱 그러할 것이다. 후자는 지역민을 비롯한 국내외 가요 소비자이다. 이들에게서 중요한 것은, 특정 음악장르의 산업적 가치보다 가요가 가지는 문화유산으로서의 가치를 일깨워주는 것이다. 현대 주류 음악시장에서는 잊혀진 음악의 팬들이나 비주류 음악의 팬들이 수시로 찾을 수 있는 전시를 마련해야 한다. 동시에 여기에는 음악 애호가가 아닌 사람들에게 일상에서 무심코 접하는 가요를 특별한 시선에서 바라보아 문화적 소양을 키워주는 전시가 필요하다. 이들은 입장료를 크게 내거나, 한 번에 많은 돈을 쓰지는 않지만 상시적인 박물관 방문객으로 장기적인 운영과 신뢰도에 큰 도움이 된다.

2) 무엇 = 전시 콘텐츠

각 국가의 대중음악 콘텐츠의 양을 음악산업의 규모로 따진다면, 당연히 미국이 가장 많은 양의 콘텐츠를 축적하고 있다고 할 수 있다. 그러나 이러한 자료들을 모아서 보존해 놓지 않으면 전시에 사용할 수 있는 콘텐츠의 양은 완전히 줄어든다. 사례에서 등장한 로큰롤 명예의전당의 경우에도 자체 자료관을 따로 두어 방대한 콘텐츠를 활용하여 1년 365일 흥미로운 전시를 상설로 운영할 수 있는 것이다. 한국대중음악박물관도 '대중음악자료원'을 세워 장기적인 계획아래 자료를 수집하고 보존할 수 있다면 대중음악박물관만의 훌륭한 상설 전시 및 특별 전시가 가능할 것이다. 그리고 이러한 자료를 토대로, 상설 전시 및 특별 전시를 꾸릴 수 있다.

3) 어떻게 = 전시 기획

무형이든 유형이든, 무언가를 남에게 전달한다는 것은 그 내용도 중요하지만 전달 방법 역시 매우 중요하다. 반짝 수익에만 의존하여 특정 음악 장르에 치중된 전시를 기획하거나, 대중에게 외면 받을 정도의 지루하고 감각 없는 전시는 지양하는 것이 옳다. 특히 사람들의 단기적인 시선을 끌기 위한 첨단 과학 기술의 적용에 대해서는 재고할 필요가 있다. 박물관 개관 단계에서부터 화려한 기술이 적용된 여러 장치들을 배치해 놓을 필요가 없다는 것이다. 전시관이 한적할 때는 방문객 하나하나가 장치들을 통해 시간을 들여 전시를 감상할 수 있으나, 사람이 많이 몰릴 경우 장치를 한 번 체험해 보기 위해 서 있는 줄을 길게 서 있는 사람들의 짜증 섞인 얼굴을 상상한다면, 우선순위에서 배재하는 것이 좋다. 게다가 BME의 경우에서 본 것처럼, 과학기술을 무리하게 적용해 박물관의 재정을 악화시키고 더불어 전시 콘텐츠에 대한 호기심보다는 장치에 대한 호기심을 더 크게 불러일으켜 콘텐츠 자체가 가지는 깊이는 제대로 표현하지 못할 수도 있다. 따라서 설치와 유지, 보수를 위한 비용을 꼼꼼히 따져 상설 전시에서는 터치스크린과 음악 청취 장치 등을 주로 사용하고, 오히려 단기 특별 전시에서 '융합 전시'의 일환으로 테크놀로지가 본격적으로 적용된 전시를 기획하는 것이 좋다.

테크놀로지의 적용 수준과 더불어, 박물관 기획에서 가장 중요한 한 가지는 바로 '전문 큐레이터'다. 미술관은 물론이고 음악의 경우에도 좋은 큐레이터를 가지게 된다면 전시 기획 능력이 눈에 띄게 달라진다. 이를 반증하는 것이 앞선 사례에서 언급한 네 곳의 박물관에서 진행한 전시들에는 공통적으로 등장하는 한 큐레이터가 있었다는 점이다. 그래미 박물관의 상임이사이자 블루스 학자인 로버트 산텔리(Robert Santelli)이가 바로 주인공이다. 〈The Big Blues〉라고 하는 블루스의 완전판에 가까운 책을 출판한 경력도 있는 로버트 산텔리가 전 세계의 팝음악 전시를 만들어내고 있다고 해도 과언이 아니다. 그는 전문 큐레이션 공부를 한 것도 아니고, 박물관학을 공부한 것도 아니지만 그가 가진 팝음악에 대한 지식과 감각으로 그 위치에 오르게 되었다. 그러니 한국에서도 대중음악박물관의 전시를 위해서는 미술관이나 박물관의 전시 큐레이터가 아니라, '대중음악'을 가장 효과적으로 전달할 수 있는 큐레이터를 발굴하는 것이 시급하다.

수익사업 제안 1. 기본 전시사업

한국대중음악박물관의 궁극적인 미션은, 100년에 가까운 한국 대중음악사에 대한 기억을 세계에게 전달하는 것이다. 나아가, 근현대사의 맥을 함께하는 대중음악을 통해 과거와 미래의 역사를 잇는 현재의 다리 역할을 하는 것이다. 현대성, 역사성, 흥행성이라는 세 마리의 토끼를 잡아야 하는 대중음악박물관의 전시의 틀에 대한 몇 가지 제안을 소개한다.

1) 상설 전시

- **한국 대중음악의 Crossroads** : 박물관의 구성을 특정 장르가 아닌 역사 순으로 엮어, 방문객들이 전시관에서 전시관으로 옮겨갈 때마다 대중음악을 통해 한국의 근·현대 역사를 가로지르는 듯한 느낌을 받을 수 있도록 한다. 각 관마다 현재 한국 대중음악의 뿌리가 된 특정 장르들을 함께 부각시킨다면 젊은 관객이나 해외 K-Pop 팬에게는 K-Pop의 음악적, 사회적 특성을 더 깊게 알 수 있는 계기가 될 것이고, 장년층에게는 잊고 있었던 시대의 대중음악에 대한 향수와 중요도를 동시에 일깨워줄 수 있을 것이다.

- **한국대중음악 명예의전당 / 한국대중음악 시상식** : 대중음악박물관이 주최하거나 후원하는 가요 명예의전당이나 대중음악시상식에 대한 기념 전시가 될 수 있다. 그러나 이 전시는 행사의 공신력과 역사성이 쌓이기까지 시간이 걸리므로, 그 전까지는 잡지로부터 시작하여 라디오와 텔레비전을 통해 진행되어 온 언론사(특히 텔레비전 방송국)의 연간 가요대상과 같은 프로그램에서 뽑힌 한국 대중음악의 인물들에 대해 전시하는 것도 좋을 것이다. 이 때에는 그 감동의 순간에 대해 수상자들에게서 육성 인터뷰를 녹음하여 키오스크를 통해 들려주는 것도 가능하다.

2) 기획 전시

- **시즌 전시** : 전시 테마의 큰 덩어리를 구성하고 복수의 전시를 기획하여 매년 시즌제로 연다. 예를 들어, 동아시아 관광객들이 많은 5월 초나, 해외 관광객이 많은 여름방학 시즌을 이용하여 젊은이들을 위한 K-Pop 특별 전시를 기획한다. K-Pop 뿐만이 아니다. 제주도의 성인 박물관처럼, 국내성인들, 특히 장년층을 공략하여 70년대 이전 가요에 대한 전시를 시즌화하여 단풍철인 가을에 개장한다. 이러한

시즌 전시는 매년 1회에서 2회, 충분한 예산을 들여 대규모로 진행하여 새로운 방문층을 끌어들이고 그들에게 한국대중음악박물관이라는 브랜드를 강하게 어필할 수 있도록 한다.

- **융합 전시** : 단기 특별 전시를 통해 최대한 진보적이고 실험적인 음악 체험이 가능하도록 한다. 악기를 만져보는 체험이라든지, BME의 노래방을 벤치마킹해 자기가 좋아하는 한국의 가수들과 함께 노래를 부르거나 안무(군무)를 함께 출 수 있는 가상 체험 전시도 좋을 것이다. 또한 EMP의 경우에서처럼 패션과 대중음악을 결합하여, 트로트를 비롯한 다양한 개성을 가진 한국의 대중음악 의상에 대해 전시하고 런웨이와 같은 부대 행사를 마련하며 비슷한 느낌의 의상을 직접 입어보는 체험 공간도 가지게 되면 좋을 것이다.

- **중간 이하 규모의 전시** : 일제 강점기 레코드사에서부터 연예 기획사까지, 대한민국의 음악 산업을 꿰뚫어 볼 수 있는 음악 회사에 대한 전시와, 홍대 앞, 이태원, 강남과 같은 한국 대중음악의 거점 지역들에 대한 특별 전시가 가능하다. 대학가요제와 강변가요제, 그리고 전국노래자랑까지 '대한민국 가요제'에 대한 전시가 가능하며, 대한민국의 음악축제에 대한 전시도 가능하다. 문화 지식 전달과 감상을 목표로 하여 콘텐츠를 활용한 신선한 전시들을 더 많이 만들 수 있다.

- **대규모 특별 전시** : 시즌 전시를 시리즈로 기획한다면 대규모 특별 전시는 조금 더 큰 규모의 대형 전시를 기획한다. 대중음악박물관의 단독 전시가 아니라 국내외 대중음악 박물관과의 합동 전시의 형태도 좋을 것이다.

수익사업 제안 2. 공연+전시 = 아레나공연장과 연동된 전시기획

로큰롤 명예의 전당이나 그래미 박물관의 경우에서 본 것처럼 '음악행사'를 통해 박물관을 브랜드화하고 이슈화하는 것이다. 이러한 음악행사는 장기적으로 대중음악박물관만의 전시 콘텐츠 자료로 활용될 뿐만 아니라, 공연 등을 통해 박물관 내에 수용할 수 있는 최대 인원을 넘은 관람객을 한 번에 받아들일 수 있다는 장점도 있다. 물론, 그래미박물관과 로큰롤 명예의전당의 행사가 단순히 방문객 수를 늘리는 데 도움을 준 것만은 아니었다. 박물관의 이름을 걸고 시상식과 같은 행사를 진행하여 기부를 통한 운영 기금을 조성하는 데에도 크게 한 몫 했던 것이다. 한국대중음악박물관으로서는 부지에 함께 조성될 아레나가 있으니 박물관의 수익 및 인지도를 끌어올리는 수단으로 적극 활용할 수 있을 것이다. 이를 위해, 아레나와 연계하여 진행할 수 있는 박물관의 전시프로그램 몇 가지를 제안하고자 한다.

1) '한국 대중음악인' 선정 주간

그래미와 로큰롤 명예의전당은 특정 뮤지션을 선정하는 이벤트성 행사를 통해 전 세계의 이목을 자신들에게 집중시킨다. 한국대중음악박물관도 대중음악박물관과 자료원 등, 기록과 연구의 권위 있는 기관이 되기 위해서는 '대중음악시상식'과 같은 공식적인 행사가 필요하다. 그래미와 같이 하루에 시상식을 진행해도 좋고, 로큰롤 명예의전당과 같이 일주일 정도의 기간을 두고 '한국 대중음악인' 선정 주간을 지정하여 그 기간 동안 아레나에서는 후보들에 대한 공연과 각종 행사를 진행하고 박물관에서는 사진, 음반 등 기념 자료 전시 및 대담과 같은 커뮤니케이션 프로그램을 마련한다. 이를 통해서 대중음악에 대한 국가적 관심을 모으고, 단순 공연을 넘어 기록과 전달이라는 박물관의 의의를 재확인한다. 이러한 주간의 설정은, 박물관 운영을 위한 기금 모음 행사를 동시에 진행하기에도 효과적이다. 또한 행사의 내용들은 다양한 매체로 기록되고 저장되어 향후 대중음악박물관만의 전시 콘텐츠로 사용될 수도 있다.

2) 헌정 전시 + 공연

'한국 대중음악인' 선정 주간보다는 작은 규모로, 대중음악사에서 주목해야 할 인물들에게 바치는 헌정 전시와 공연을 동시에 진행한다. 사망했거나 현재 활동이 중단된 뮤지션들을 한 명씩 주기를 두고 헌정 전시와 공연을 하는 방식이다. 〈불후의 명곡〉과 같은 방송프로그램에서 보다시피 전설적인 음악가들의 노래를 리메이크하여 재공연하는 포맷은 존재한다. 다만 대중음악박물관에서는 단순 리메이크가 아니라 트리뷰트의 의미가 담긴 공연이 되어야 한다. 이렇게 되면, 기존의 팬들은 예전의 향수를 느끼거나 해당 음악인이 가진 한국 대중음악사적 의미를 되새길 것이고, 이 음악인에 대한 정보가 전혀 없었던 사람들에게는 한국 대중음악의 중요한 문화 자산을 소개할 수 있는 좋은 계기가 될 것이다.

3) 대중음악 공연 전시

20세기 초의 악극단부터 싸이까지, 한국의 대중음악은 단순한 음악의 청취 단계를 넘어 대중음악 공연이라는 형태에서도 많은 변화를 겪었다. 그러한 결과로 대중음악가들 중에는 자신의 음악작품뿐만 아니라 공연 자체를 작품화시키는 데 성공한 이들도 여럿 찾아볼 수 있다. 이 개별 음악인들은 물론이고, K-Pop 아이돌 역시 화려한 기획의 공연을 통해 팬들을 사로잡는데, 대중음악박물관으로서는 '대중음악 공연'이라는 주제 역시 훌륭한 전시 콘텐츠라고 볼 수 있다. 또한 주제가 공연인 만큼 아레나를 적극 활용하여 무대를 재구성하거나, 공연을 재연할 수 있을 것으로 보인다.

4) The Fandom Fair

뮤지션과 팬이라는 인간적 관계는 대중음악 발전의 핵심이다. 한국에서는 특히, 뮤지션에 대한 팬의 적극적인 애정공세가 갈수록 발전하여, 팬덤이라는 이름의 파워 집단으로 떠올라 산업을 좌지우지하기까지 한다. 해외의 K-Pop 팬들은 한국의 팬들과 비슷한 양상의 팬덤을 형성하였고, 한국의 팬덤 문화와 마찬가지로 뮤지션을 위한 적극적인 활동에 발 벗고 나선다. 대중음악박물관에서는 한국 대중가요에 대한 팬덤을 주제로 한 전시를 진행할 수 있다. 이 때에는 전시뿐만 아니라 각 팬클럽의 멤버들이 적극적으로 참여할 수 있는 자리를 만들 수 있다. 아레나와 같은 거대 공간을 이용해 국내뿐만 아니라 해외의 팬들이 함께 참여하여 미니 부스를 만들고 그 곳을 이용해 자신들이 좋아하는 뮤지션에 대한 소규모의 전시를 직접 운영하는, 박람회의 형식이라면 좋을 것이다. 박물관 내에서는 팬덤에 대한 역사와 전체적인 정보 및 자료를 제공할 수 있고, 주제에 대한 토론 프로그램을 마련할 수 있다.

수익사업 3. 기타 수익 사업

1) 기념품 가게

이 글의 첫 장에서 설명했다시피 박물관의 수익은 두 가지로 나누어진다. 직접 소득과 기부 소득이라고 할 수 있는데, 기부 소득은 박물관의 명성이 높아질수록 그 총액도 커질 것 같으나 영원히 의존할 수 있는 부분은 아니다. 따라서 직접적인 소득을 늘여야 하는데, 지금까지 본 전시 형태로 입장객의 수를 늘이는 것이 가장 근본적이고 기본적인 수익 창출 방식이다. 그럼에도 불구하고, 더 많은 수익이 필요한 많은 박물관들이 그 내부에 부대시설을 만든다. 그 중 첫 번째가 바로 뉴욕 메트로폴리탄 미술관이 최초로 선보였던 기념품 가게다. 그런데, 기존의 박물관 중 이 기념품 가게를 가장 훌륭하게 활용하고 있는 곳은 아마 뉴욕 현대 미술관(MoMA)일 것이다. MoMA의 한 관계자는 한 인터뷰에서 정부의 지원 예산이 줄어들고 있는 점, 경제 불황으로 인해 기부자들의 지갑이 쉽게 열리지 않는 점을 들며 기념품 가게를 넘어 외부에 '소매점'을 열어 박물관의 수익에 대한 부담을 해소하고 있다고 말했다. MoMA는, 예술작가들의 작품에 대한 상품화의 라이센스를 얻어 내부의 디자인 팀과 함께 상품을 디자인하고 판매한다. 이러한 상품들은 내부에서 뿐만 아니라 온라인, 그리고 해외에도 진출하여 돈을 벌어들인다. 예술품을 상업화한다는 비난이 있기는 하지만, 박물관의 안정적인 운영을 위해서는 최선의 방법일지도 모른다.

대중음악의 경우, 물리적인 음반의 판매량이 바닥을 치고 있는 상황에서 영세 레코드숍은 이미 동네에서 찾아보기가 힘든 상황이다. 대중음악박물관에서만큼은 한국대중음악 음반을 취급하는 판매 부스를 마련해야 한다. 더불어, 한국의 대중음악을 소개하는 컴필레이션을 만들어 관광객을 상대로 판매할 수 있다. 이러한 컴필레이션은 시리즈로 제작되어야 하며, 이 시리즈 자체를 브랜드화 한다. 해외의 월드뮤직 컴필레이션인 푸투마요(Putumayo) 시리즈나 토킹헤즈(Talking Heads) 출신의 데이빗 바인(David Byrne)이 만든 루아카 밥(Luaka bop) 시리즈, 영국의 유명 라디오 디제이 자일스 페터슨(Gilles Peterson)의 월드와이드(Worldwide) 시리즈 등, 내용과 디자인 면에서 개성을 가진 컴필레이션 시리즈를 벤치마킹하는 것도 좋다.

음반 외, 아티스트에 대한 머천다이징 산업은 국제적으로는 이미 상용화 된 상태다. 이웃나라 일본에서는 '아티스트 굿즈(Artist Goods)'라는 개념의 상품들이 익숙하게 거래되고, 최근 한국에서도 한류 팬들의 방문이 많은 한 백화점에서 특정 기획사의 아이돌들의 관련 상품을 제작하여 판매하기도 한다. 한국대중음악박물관의 경우에도 진행되는 모든 전시에 대해 '아티스트 굿즈'를 최대한 정성들여 제작해야 하고 판매해야 한다. 물론 이러한 아티스트 굿즈는 시간이 흘러 또 다른 전시 콘텐츠로 변화할 수 있을 것이다.

2) 전시 수출

K-Pop과 관련된 전시에서부터 시작하여, 해외 팬의 관심을 끌 수 있는 한국 대중음악 전시를 만들고, 한국대중음악박물관만의 특별전으로 만들어 지방 박물관은 물론이고 전 세계의 투어전시로 기획한다. 이러한 전시가 많아질수록 수출을 통한 직접 수

익과 더불어, 물리적 거리로 인해 생기는 인지도의 한계를 훨씬 더 높일 수 있는 계기가
될 수 있을 것이다.

3) 대관 및 연구 행사 유치

박물관 내 홀을 이용하여 소규모의 공연을 대관하고, 특별 사설 전시를 위해 공간을
대관할 수 있다. 다만, 미술관의 개인전 등과는 다르게 대중음악 전시와 관련한 개인전
은 그다지 많지 않을 것이다. 따라서 대중음악과 관련한 연구 행사, 즉 워크숍이나 학회
등을 유치하여 공간을 제공한다.

4) 관광 패키지

슈퍼스타 박물관의 핵심은, 박물관에 더 많은 사람들이 올 수 있도록 어떻게 그 물리
적인 거리를 극복하는가이다. 유명세를 타게 되면 물리적인 거리가 큰 문제가 아닐 수도
있으나, 그 전까지는 여러 가지 전략이 필요하다. 그 중 하나가 바로 관광 패키지인데,
특히 해외에서 오는 외국인 관광객을 위해서 여행사와 연계하여 한류 패키지나 K-Pop
패키지에 연계상품으로 포함될 수 있도록 한다. 대중음악박물관이 내실을 갖추게 된 이
후에는 '대중음악박물관'만의 투어 프로그램을 따로 만들 수 있을 것이다. 아레나의 공
연 관람 + 박물관 음악 전시 관람 및 체험권 +　K-Pop 워크숍 프로그램 및 기타 대중
음악 체험학습 프로그램을 함께 묶어 대중음악을 주제로 한 총체적인 문화 체험 패키지
를 판매하도록 한다.

Ⅱ. 대중음악박물관의 교육프로그램

대중음악박물관 운영을 위한 교육프로그램 연구

박물관과 교육은 뗄래야 뗄 수 없는 관계이다. 모든 박물관에서 교육을 위한 특별한
활동을 하고 있다거나 해야 한다는 의미가 아니다. 이미 전시의 개념에서 교육의 의미를
함의하고 있다는 의미이다. 진열된 작품 관람을 통해 관람객이 받아들이는 지식은 교육
의 한 부분임에 다름이 없으며, 특히 공공기관의 성격에서 보았을 때 박물관이란 학교

교육에서 책을 통해 배우는 유형 및 무형의 문화 자산을 오감을 통해 습득할 수 있는 일종의 공교육의 연장선에 있게 된다. 박물관이 가진 넓은 의미의 교육이 조금 더 심화된 것은 1900년대 초 독일의 몇몇 대도시에 박물관 교육센터가 창설된 이후이다. 그 후 20세기를 지나면서 박물관의 역할로 방문객과의 '소통'이 중요한 기능으로 대두되었고, 따라서 1990년대 이후로는 앞에서 언급한 넓은 의미의 교육뿐만이 아닌 전시품의 효과적인 활용을 통한 보다 직접적이고 전문적인 교육프로그램들이 나타나게 되었다. 현재 박물관의 교육 프로그램들은 공공 가치라는 관점에서의 효과를 넘어서 박물관 운영을 위한 수익에 도움을 주며 나아가 박물관이 위치한 지역의 발전이라는 측면에서도 효과를 나타내고 있다. 모객에 도움을 주어 외부인의 지역 유입을 가능케 할 뿐만 아니라, 교육 시설(학교 등)과 연계하여 지역의 교육 수준을 향상시키기 때문이다.

현재 박물관 연구에서 제시되고 있는 여러 사례들은 유물 전시 및 미술관이 대부분이다. 그러나 '사물'에 중점을 두는 이들 박물관의 교육과는 달리, 대중음악 박물관은 음악이라는 예술 개념에 '대중'이라는 사회적이고 추상적인 용어와 관련한 여러 교육 프로그램을 만들어내야 하므로 대중음악이라는 특수성에 부합하는 사례들을 골라서 살펴볼 필요가 있다. 따라서 앞 장에서 언급한 대중음악박물관들 중 가장 눈에 띄는 교육프로그램을 수행하고 있는 두 곳을 살펴보고, 한국대중음악박물관이 그려볼 수 있는 교육프로그램의 가능성들을 몇 가지 제시해 보고자 한다.

1. 로큰롤 명예의전당(Rock and Roll Hall of Fame)

팝의 왕국답게 미국의 대중음악 박물관은 여러 대중음악 유산을 다양한 세대에 전하기 위한 대중음악 교육프로그램을 체계적으로 개발하여 서비스하고 있다. 로큰롤 명예의전당 역시, 근현대사에서 대중음악이 차지하는 정치·사회·문화적 중요도를 교육하기 위한 교육프로그램을 가지고 있다. 로큰롤 명예의전당이 제공하는 교육프로그램의 목적은, 음악이 어떻게 우리의 문화와 관련되어 왔는지, 어떻게 우리의 정치적 모습들을 바꾸어 왔는지, 어떻게 비주류가 자신들의 소리를 낼 수 있게 되었는지에 대해 탐구하는 것이다. 프로그램의 기본적인 분류는 다른 박물관들과 마찬가지로 타깃에 따라 구성되어 있다. 각 프로그램의 대상은 유아, 청소년, 대학생, 교사, 성인으로 구분되며, 구체적인 내용은 다음과 같다.

1) 유아 대상 프로그램 : Toddler Rock

음악을 통해 알파벳을 익히고 두운과 각운을 배운다. 여러 감각이 동시에 사용되는 공연, 몸짓, 노래하기, 스토리텔링 등을 통해 문제해결 및 소통에 대한 교육을 실시한다. 동년배 및 부모님, 교사 등 사회적인 관계에서 활동적으로 소통하는 법을 익히기 시작한다. 특히 유아를 대상으로 하는 음악 교육 프로그램은 음악 치료(Music Therapy)에 기반을 두어 자연스러운 학습 능력 향상에 도움을 주도록 한다.

- 효과 : 이름을 통해 알파벳 인지하기, 각 알파벳의 발음 인지하기, 그 알파벳으로 시작하는 단어 인지하기

2) 아동·청소년 대상 프로그램 : Rockin' the Schools

연간 2만 명 이상의 학생과 교사가 다녀가는 로큰롤 명예의전당 교육 프로그램에서는 '로큰롤의 역사'라는 큰 틀에서 오하이오 주의 표준 교육 과정에 준하는 과목인 음악, 국어, 사회학, 과학, 기술과학 및 경제 지식을 가르친다. 각 프로그램의 설명에는, 학교에서 배우는 연계 과목의 이름이 기재되어 있어 이들 교육프로그램이 단순 음악 취미 활동이 아닌, 교과 과정에 맞춘 학문 목적의 교육을 중요시한다는 것을 알 수 있다. 아동·청소년을 대상으로 하는 프로그램은 전체 교육 프로그램에서 가장 큰 부분을 차지하는 것으로 보아 이 시기의 음악 체험에 대한 중요성을 강조하고 있다고 볼 수 있다. 오하이오주의 동북 지역에 위치한 학교에 재학 중인 학생들은 모든 프로그램이 무료이다. 오하이오주 내의 기타 지역에게도 할인된 가격으로 프로그램을 제공한다. 각 과목 당 수업시간은 1시간이며, 주요 수업은 대부분 평일 오전시간에 이루어진다.

- Shake, Rattle, and Roll _ The Building Blocks of Music : 아동 및 초등학생을 대상으로 하는 수업. 음악의 기본 요소, 즉 리듬, 음고, 음량, 음색에 대한 구조적인 접근을 통해 로큰롤 명곡들이 어떻게 탄생하게 되었는가를 배운다. 연계 과목은 음악, 과학, 국어이다.
- Rock and Roll Band _ Meet the Instruments : 아동 및 초등학생을 대상으로 하는 수업.

록 밴드에서 기본이 되는 악기인 기타, 베이스 기타, 드럼, 키보드 등을 체험한다. 악기를 통해 클래식 로큰롤이라는 장르의 특성을 이해한다. 연계과목은 국어, 과학, 음악, 기술이다.

- Roots of Rock and Roll _ An American Journey : 초등학생 및 중학생을 대상으로 한다. 1950년대에 등장한 로큰롤이 어떻게 미국의 전역에서 큰 인기를 되었는가에 대한 질문으로 시작하여 로큰롤의 바탕이 되는 블루스, 가스펠, 컨트리, 리듬앤블루스 등과 같은 음악 장르를 함께 배운다. 초등학생의 경우에는 미국의 지도를 이용해 로큰롤의 거점 지역과 확산 루트를 보며 함께 노래를 배우고, 중학생의 경우에는 음악적인 내용을 넘어 문화적, 사회적 의미를 함께 파헤친다. 연계과목은 사회, 음악이다.

- Tell Me Something Good _ Music and the Language Arts : 초등학생을 대상으로 한다. 음악 속에 숨어있는 특정 시간, 특정 장소에 대한 이야기를 끌어낸다. 로큰롤이라는 음악적 틀에서 가사가 어떻게 생성되고 음악과 결합하는지, 그 속에서 인물과 이야기 구조가 형성되는지 공부한다. 가사를 바탕으로 한 짧은 극을 준비하거나, 가사 개사, 혹은 이야기를 직접 써 보기도 한다. 연계 과목은 국어, 음악이다.

- Rock and Roll and the Science of Sound : 중학생을 대상으로 한다. 음악을 과학적인 틀 속에서 이해하도록 한다. 공기의 진동을 통해 나오는 소리 각각이 유기적인 관계를 맺고, 이 소리들이 어떻게 귀와 뇌에 도달하여 특정한 감성적 특징을 자아내는지 컴퓨터 그래프 등을 통해 배운다. 연계 과목은 과학, 음악, 수학, 기술과학이다.

- The Message _ The Birth of Hip Hop Culture : 중학생 및 고등학생을 대상으로 한다. 1970년대에 뉴욕의 브롱크스에서 시작된 힙합 문화를 통해 당시 지역의 젊은이들이 어떻게 음악으로 사회적, 경제적 위기를 극복했는지, 이렇게 탄생된 문화가 어떻게 미국 전 지역의 도시에서 주류 문화로 편입되는지 공부한다. 연계 과목은 국어, 음악, 사회이다.

- From Four Tracks to Break Beats _ Music and Technology : 중학생 및 고등학생을 대상으로 한다. 음악 기술의 발전이 가져온 획기적인 변화에 대해 배운다. 명예의 전당에 입성한 각 거장들이 자신의 음악에 특별한 기술을 적용하여 독특한 음악을 만들어 낸 사례들을 배운다. 로큰롤의 사운드에서부터 힙합에서 나타나는 비트의 패턴—음악기술 발전의 연관성을 살펴본다. 연계 과목은 과학, 음악, 기술과학이다.

- Fight The Power _ Music as a Social Force : 고등학생을 대상으로 한다. 미국의 역사에서 어떻게 대중음악이 사회 변혁의 도구로 사용되었는지에 대해 살펴본다. 음악의 가사, 공연 스타일, 역사성을 띤 이미지 등을 살펴봄으로써 냉전, 베트남 전쟁, 인권 운동 및 여성의 권리와 같은 무거운 주제에 대해 토론한다. 연계 과목은 국어, 사회, 음악이다.

- Takin' Care of Business _ A Rock Band Finance Simulation : 고등학생을 대상으로 한다.

록밴드의 투어매니저라는 가상 역할을 통해 실질적인 음악 산업, 특히 록음악을 중심으로 한 음악 경제의 전반적인 내용을 이해할 수 있다. 음악 산업의 손익, 예산, 수익 구조, 비즈니스 모델에 대해 가상 체험을 통해 알 수 있도록 한다. 연계 과목은 수학, 사회, 음악이다.

- Women Who Rock _ Songwriting and Point of View : 여성 싱어송라이터를 살펴봄으로써 한 음악가가 자신들의 정서적 감정 혹은 사회적 관점을 음악으로 전달하기 위해 가사를 쓰고, 각운을 계획하며, 은유 및 시적 표현들을 만들어내고 이들을 멜로디 및 화성에 맞추어 내는지에 대해 살펴본다. 연계 과목은 국어, 사회, 음악이다.
- Specialty Program : 위의 상설 프로그램과는 달리 각 달마다 특별 단기 교육 프로그램을 실시한다.

3) 대학생 대상 프로그램: Higher Education

대중음악학에 관심이 있는 학생 및 연구자를 대상으로 하는 프로그램. 프로그램의 강사는 전/현직 대학 강사 및 박사 학위자.

- EMP.CLE _ Curating the Pop Soundscape : 팝음악 컨퍼런스 개최

4) 교사 대상 프로그램

대중음악은 클래식 음악에 비해 교과 과목으로서의 의미를 크게 갖지 못했다. 따라서 각 학교의 교사들 역시 대중음악보다는 클래식 음악에 대한 전문적 지식을 더 많이 가지고 있다. 그러나 대중음악이 시간이 갈수록 현대 음악의 풍경에서 더욱 중요한 역할을 차지하고 있는 바, 대중음악에 대한 교사들의 더 높은 지식수준이 요구되고 있다. 더불어, 음악 과목 외에 기타 과목에서도 대중음악의 여러 가지 맥락, 즉 역사, 사회, 과학, 기술 등을 접목하여 새로운 커리큘럼을 만들어낼 수 있다는 점에서 기타 과목의 교사들 역시 참여가 가능하다. 연수프로그램 외에는 교사가 박물관에서 제공하는 커리큘럼을 가지고 학생을 인솔하여 박물관 내에서 견학 및 체험 교육을 직접 실시할 수 있도록 하는 것이 특징이다. 이러한 교사 대상의 대중음악 연수 프로그램은 로큰롤 명예의 전당뿐만 아니라 다른 박물관에서도 중요한 역할을 차지하고 있다.

- Teachers Rock : 아동·청소년 교육자를 대상으로 하는 무료 워크숍 프로그램이다. 이 연수 프로그램을 통해 각 교사들은 자신들의 과목을 가르치기 위해 대중음악이라는 주제를 어떻게 접목할 수 있는지에 대해 연구한다. 예를 들어, 현재 진행되고 있는 워크숍에서는 학생들

이 흑인음악 발전의 거점 지역인 클리블랜드의 역사를, 그리고 당시 음악 관계자와의 구술 인터뷰를 통해 새롭게 서술하고 연구 및 작문 능력을 향상시킬 수 있는 방법을 교사에게 제공한다. 박물관에서는 교사에게 인터뷰의 가치가 있는 실질적인 장소를 알려주거나 구술 역사에 대한 가이드라인 및 자료원의 자료들을 제공한다.

- Summer Teacher Institute : 교사를 위한 여름 집중 워크숍프로그램이다. 대중음악 및 기타 과목과 연계된 주제에 대한 강의 계획서를 자세히 공개하여 선택할 수 있도록 한다. 지난 강의는 총 53강으로 이루어져 있었다. 다만, 2014년에는 워크숍을 열지 않는 점, 지난 워크숍에 대한 설문조사를 집중적으로 실시하고 있는 점으로 미루어보아, 세팅 대비 큰 호응은 얻지 못한 것이 아니었을까 하는 추론을 해 본다.

- Voice your Choice : 학생들과 함께 박물관에 방문하여 프로그램에서 제공하는 자료를 통해 직접 명예의전당 선정식을 가상 체험해 본다. 명예의전당에 올라갈 가치가 있는 뮤지션을 학생들이 직접 고르며, 이를 통해 미적 판단과 기준에 대한 능력을 향상시킨다.

5) 성인 대상 프로그램

- Rock and Roll Night School : 토론 중심의 야간 교육 프로그램이다. 로큰롤 역사에 대해 조금 더 심도 있는 공부를 할 수 있는 곳이다. 대부분의 경우에는 특별한 등록 절차 없이 수강할 수 있다.

지금까지 살펴본 바, 로큰롤 명예의전당에서는 청소년 교육을 중심으로 오하이오주의 교과 과정과의 연결고리를 강조하며 음악을 교육의 내용으로, 또는 도구로 사용하고

있는 것을 알 수 있다. 로큰롤 명예의전당이 가지는 가장 큰 장점은, 교육 콘텐츠 개발로 미국 대중음악의 세세한 부분까지도 교육 내용으로 변신시켰다는 것과, 이를 전달하는 방법에 있어서도 학습 대상, 학습 목표, 학습 내용, 자료 등 교육학에 대한 전문적인 이해를 바탕으로 프로그램이 구성되었다는 점이다.

2. 그래미 박물관(Grammy Museum)

그래미 박물관 역시, 교육에 대한 비전을 중요시하고 있다. 음악이 학생의 개인적 취미나 열정뿐만이 아닌, 문화 정체성을 형성하고 정립해 나가는 표현 수단으로서 가치를 가진다고 강조한다. 따라서 박물관에서 제공하는 교육프로그램을 통해 학생들이 음악과 더불어 창조적이고 비판적인 사고 능력을 기르는 것을 목표로 한다. 교육 프로그램의 대상은 학생뿐만이 아니며 가족 단위로 음악을 감상하고 표현하여 세대 간의 문화적 차이를 극복할 수 있도록 한다. 이들이 진행하는 프로그램은 로큰롤 명예의전당과 마찬가지로 관외의 교육기관(학교 등)과 기타 지역 사회에서 교육 콘텐츠로 활용될 수 있다. 주요 타켓은 청소년층으로, 음악 창작, 연주, 역사, 사회, 산업 등 다양한 주제의 교육 프로그램을 제공하고 있다.

그래미 박물관의 교육 프로그램은 상설보다는 프로젝트의 성격이 강하여 월 단위의 단기 교육 프로그램이 대부분이다. 따라서 지난 프로그램을 소개하기 보다는 현지 진행되고 있는 프로그램을 소개한다.

1) 학생 대상 프로그램
• Introduction to Digital Music Production After-School Classes : 6주간의 디지털 음악 워

크숍 프로그램이다. 디지털 툴을 통해 음악을 제작하는 법을 배우며, LA 지역의 고등학생들을 대상으로 무료로 실시된다.

- Summer Sessions : 고등학생을 대상으로 일주일간 매일 6시간 씩 음악산업 분야의 전문가들이 학생들을 지도한다. 이 프로그램은 한 세션에 150달러이며 장학생으로 선발되어 무료로 수강할 수 있는 기회도 있다.

- Grammy Museum Student Leadership Council : 학생들이 직접 그래미 박물관의 교육프로그램 구성에 개입할 수 있도록 그래미 박물관 학생 지도자 위원회를 구성하고 있다. 이 프로그램을 통해 학생들은 개인의 리더십과 웅변, 행사 기획 등과 같은 능력을 함양할 수 있고 음악 웹진, 출판과 관련된 활동도 체험해 볼 수 있다.

- Music Revolution Project : 무료로 진행되는 뮤직 레볼루션 프로젝트는, 음악에 자질을 보이는 학생들을 뽑아 한 달 간 집중적으로 진행하는 일종의 음악캠프이다. 월요일부터 금요일까지 매일 오전 9시에서 오후 3시까지 이어지는 이 캠프의 가장 큰 특징은 불특정 다수의 학생보다는 가능성을 보이는 학생들을 선발한다는 것인데, 이렇게 선발된 학생들은 대중음악 이론, 역사, 창작 과정과 더불어 그래미상을 수상한 뮤지션과의 멘토링을 통해 단기간에 음악적 능력을 향상시킨다. 학생 모집을 위해 캠프 개최 몇 개월 전 학생, 학부모, 교사를 대상으로 하는 캠프 설명회를 열고 있다. 이 프로그램은 통학이 가능한 캔자스 지역 내 및 근교에 거주하는 학생을 대상으로 한다.

2) 교육자 프로그램

- Teacher Tours & Event : 음악 교사와 더불어 역사, 사회, 국어, 문학과 관련된 과목을 가르치는 교사를 대상으로 진행하는 프로그램이다. 체험 프로그램보다는 음악 역사가, 제작자, 저널리스트 등 음악 분야에 대한 전문가를 초청하여 강연을 하는 방식으로 진행한다. 여름 집중 연수 기간(5일간 매일 5시간 수업)을 통해 단기간에 교사가 대중음악과 교습과목을 연계할 수 있는 방법들을 제시한다. 이 여름 연수의 가격은 150달러이다.

- The Jane Ortner Educating Throught Music Curriculum Awards : 그래미 박물관에서는 대중음악을 사용하여 훌륭한 커리큘럼을 만든 교사들을 선발하여 시상식을 진행한다. 예를 들어, 2013년의 경우 엘도라도 고등학교의 한 교사가 수상하였는데, 뮤지코노믹스(Musiconomics)라는 제목으로 학생들이 음악과 자본의 관계를 이해할 수 있도록 구성한 경제 수업이었다.

- Curriculum and Resources : 이 외에도 그래미 박물관에서는 교사들이 수업시간에 사용할 수 있도록 커리큘럼과 자료를 개발하여 웹페이지에 게시하고 있다. 교사들은 이러한 내용을

수업시간에 적용시킬 수 있고, 학생들을 인솔하여 박물관 투어에 나설 수도 있다.

3) National Education Program

- The White House : 미국 대통령의 영부인이 학생들을 백악관으로 초청하여 공동으로 진행하는 음악 프로그램이다. 백악관 초청 프로그램의 일부로서, 그래미 박물관은 대담 형식의 음악 강연을 구성하는데, 일례로 2013년 4월에는 "Soulsvil, USA: The history of Memphis Soul"이라는 주제로 저스틴 팀버레이크(Justin Timberlake)를 포함한 음악계의 전문인을 모아 백악관의 다이닝 룸에서 대담을 진행하였다.
- Music REvolution Project : 위에서 언급한 뮤직 레볼루션 프로젝트 역시, 캔자스(Kansas) 지역 및 탐파(Tampa) 베이의 지역 프로그램의 일부라고 볼 수 있다. 지방 자치 단체와의 협력 프로그램이다.
- The Legacy of Bob Marley at the John F. Kennedy Center for the Performing Arts : 케네디 센터와의 협력 프로그램으로서 콘서트와 대담을 통한 교육 프로그램이라고 할 수 있다.
- Celebrating Woody Guthrie : 미국의 포크송 싱어송라이터인 우디 거스리(Woody Guthrie)의 탄생 100주년을 맞아 우디 거스리 재단과 함께 공동 구성한 프로그램이다.
- LBJ Presidential Library Civil Rights Summit : LBJ 대통령 도서관과 함께 '음악과 사회의식'이라는 주제로 대중음악을 통해 인권운동사를 살펴볼 수 있는 교사 연수 프로그램이다. 이 프로그램은 그래미 박물관뿐만이 아니라 로큰롤 명예의전당 역시 참여하고 있다.

4) 박물관 투어

그래미 박물관은 연간 워크숍 프로그램을 구성하여 카탈로그를 만들고 박물관 투어를 계획하고 있는 학교에 배포한다. 전시 투어에 대한 기본 안내와 함께, 월별 워크숍 프로그램의 주제를 공개하여 각 학교들이 박물관 방문과 더불어 워크숍의 '메뉴' 중 하나를 골라 동시에 참여할 수 있는 기회를 준다. 교육 콘텐츠와 시간을 학교가 각자 정할 수 있도록 하여 맞춤형 방문이 될 수 있도록 유도하고 있다. 박물관의 전문 큐레이터와 더불어, 교사가 미리 견학의 내용을 숙지하고 자신의 원하는 목적의 교육의 용도로 활용할 수 있도록 견학 커리큘럼을 미리 제시한다. 그룹 투어의 가격은 학생당 8달러이며, 멤버십 및 기념품 숍에서 할인 혜택을 받을 수 있다.

이상으로 살펴본 그래미 박물관의 프로그램은, 학생과 교사의 접근을 유도하기 위한 다양하고 실험적인 교육 프로그램을 만들어가고 있다는 것이 특징이다. 또한 정부가 진행하는 프로그램에 협력함으로써 공신력을 높이고, 기타 재단, 박물관, 도서관 등 여러 공립 및 사립 기관들에 음악 교육과 관련한 프로그램을 제공하고 있다. LA라는 지리적인 이점을 이용하여 음악 산업과 관련된 유명인들을 초청하여 프로그램에 포함시킬 수 있었고, 음악 창작, 연주와 같은 실용음악 계열의 프로그램이 많은 것도 특징이다.

대중음악박물관에 필요한 교육프로그램

두 곳의 대표적인 대중음악박물관에서 진행하고 있는 음악 교육프로그램에서 살펴본 바와 같이 대중음악 교육프로그램은 단순한 음악 교육의 기능을 넘어 현대 사회와 문화, 인문과 과학을 아우르는 복합적인 문화 교육의 기능을 함께 수행할 수 있다는 것을 알 수 있다. 한국대중음악박물관 역시, 현재 만연해 있는 실습 중심의 실용음악 교육을 넘어서는 어떤 것을 만들어 낼 수 있어야 하며, 이를 통해서 학생들이 현대 한국의 여러 가지 양상들을 학습할 수 있도록 하는 것이 중요하다. 더욱이 음악사와 같은 교양에 가까운 과목들이 초중고 교과 과정에서 점점 그 중요도를 잃어가고 있는 상황에서 음악 자체만으로는 학부모와 교사, 학생의 관심을 받기가 힘들기 때문이다. 대학 이상의 고

등 교육의 관점에서도, 각 사회학, 경제학, 음악학 등 각 단과별로 산재되어 있는 대중음악학에 대해 박물관의 교육 프로그램이 허브(Hub)가 되어 학문과 학문 사이를 잇는 역할을 할 수 있어야 한다.

물론, 박물관의 입장으로서는 이러한 내용의 틀을 가지고 운영과 수익에 관계된 부분도 함께 고려해야 할 것이다. 냉정하게 말해서 교육 프로그램은 수익 창출을 위한 프로그램이라기보다는 '사회 공헌'이라는 박물관의 기능에 더 부합한다고 할 수 있다. 따라서 프로그램의 구성에 있어서 수익과 지출이 균형을 이룰 수 있도록 커리큘럼을 만드는 것이 중요하다. 예로 제시된 두 곳의 대중음악박물관에서도 프로그램 참가비를 매우 유연하게 적용하여 무료에서부터 합리적인 비용을 청구하기도 한다. 또한, 한국대중음악박물관 역시 대상과 내용, 예산 등을 고려하여 한국대중음악박물관만의 교육 프로그램을 구성해야 할 것이며, 이를 위해 구성방안을 제시하고자 한다.

1. 대상

교육 대상의 기본적인 분류는 나이에 따른 구분이다. 한국대중음악 박물관에서도 초등학생 / 중·고등학생 / 대학생 / 성인으로 구분하여 프로그램을 구성한다. 여기에 더불어 교사를 대상으로 한 프로그램과 K-Pop이라는 지역적 특성이 강한 음악 장르가 있다는 것을 고려하여 해외 관광객을 대상으로 하는 특별 프로그램을 구성하는 것이 좋다.

2. 내용

대중음악은, 음악 내적 가치와 더불어 사회적 가치도 함께 내포하고 있는 예술이라고 할 수 있다. 대중음악을 도구로 교육될 수 있는 학습 주제가 많다는 것은 이미 사례를 통해 입증되었다. 한국대중음악박물관에서도 활용될 수 있는 학습 주제가 많다고 보는데, 이를 10개의 카테고리로 구분하여 도표로 표현하면 다음과 같다. 이 도표에서 언급된 각 주제들에 대한 과목에 관심이 있는 모든 사람들이 박물관의 교육 프로그램에 참가할 수 있다.

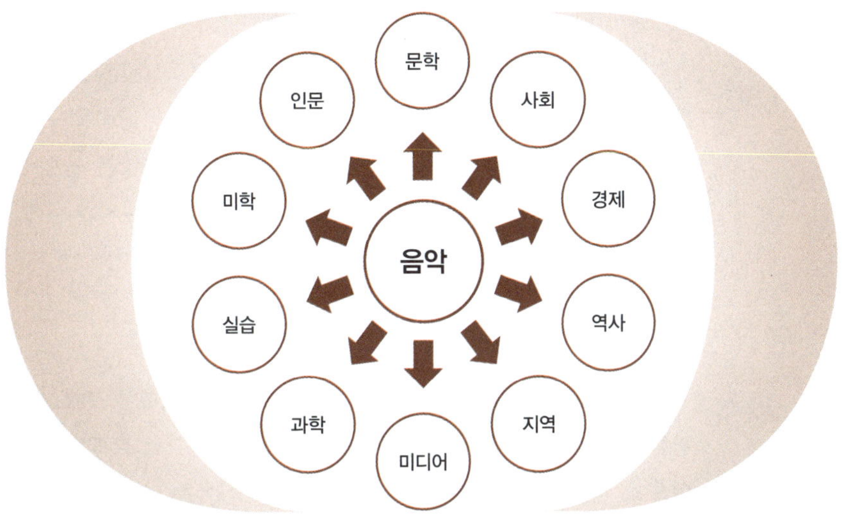

1) 음악 실습: 음악 이론을 바탕으로 악기와 디지털 장비의 이해 및 체험

2) 음악 미학: 예술로서의 대중음악이 가지는 아름다움은 무엇인가에 대한 이해

3) 음악 문학: 음악 가사를 통한 문학의 이해 및 체험, 음악을 통한 국어와 외국어의 이해

4) 음악 사회: 현대 사회에서 나타나는 주제들, 인권, 성, 환경 등에서의 한국대중음악의 역할

5) 음악 경제: 음악산업에 대한 개념과 시뮬레이션 등을 통한 실질적 경제 구조 이해

6) 음악 역사: 대중음악을 통한 한국 현대사 및 세계사

7) 음악 지역: K-Pop 등 지역을 기반으로 한 음악 등, 로컬과 글로컬, 초국가적 개념 이해

8) 음악 미디어: 대중문화에서 빠질 수 없는 언론과 방송 등 음악을 통해 바라보는 매체

9) 음악 과학: 음악의 과학적 작용과 음악 기술의 발달

10) 음악 인문: 역사 속 음악들이 내포한 철학 등 인문적 관점에 대한 이해

3. 방법론

학습대상과 학습 내용에 대한 그림이 분명하게 그려진 다음에는 효과적인 교육을 위한 방법을 생각해야 한다. 학교 교실과는 다르게 공연장과 전시장이 구비된 박물관에서 풍부한 사료와 기타 자료를 가지고 있는 박물관으로서는 다양한 방법으로 학생들의 관심을 끌 수 있다. 공간적, 물질적, 인적 자원을 풍부하게 사용해야 한다.

1) 체험 프로그램

악기나 음악 감상 등 오감을 통해 체험을 하는 프로그램은 초등학생부터 성인, 관광객까지 광범위하게 적용될 수 있는 교육 수단이다. 다만, 장비를 구비하고 유지, 보수하는 데 들어가는 예산이 박물관 운영비용에 타격을 주지 않는 선에서 수행되어야 한다. 또한 이러한 체험 프로그램은 심화 프로그램보다는 빠른 시간 내에 가벼운 학습으로 1차적인 반응을 이끌어내는 기초 교육 프로그램에 적합하다.

2) 토론 프로그램

중·고등학교 교육과 대학생 및 연구자, 교사에게 적합한 프로그램이다. 중등교육의 관점에서는 음악과 관련된 여러 주제에 대해 논리적으로 토론할 수 있는 능력을 줄 수 있으며, 대학생 및 연구자는 실질적인 학문의 깊이를 위한 토론을 진행할 수 있다. 교사 역시 대중음악에 대한 자신들의 시각을 돌아보고 학생들에게 다시 전달하는 매개자로서의 능력을 재고해볼 수 있다. 이러한 토론 프로그램의 장점은, 음악 장비 등과 같이 물리적인 세팅이 필요 없다는 데 있으며, 큐레이터의 역량에 따라 음악 관계자 및 전문가를 초청하여 진행하여 질을 올릴 수 있다는 데 있다.

3) 온라인 프로그램

여러 가지 주제들을 온라인 버전으로 재편집하여 지역적인 문제로 박물관을 방문하지 못하는 사람들을 대상으로 배포할 수 있다. 모든 대상과 내용에 적용될 수 있으며, 특히 한국 음악을 알고 싶어하는 외국인을 상대로 하는 강좌를 개설할 수도 있다.

4) 투어 프로그램

박물관에서 진행하는 전시와 연계하여, 특정 음악이나 뮤지션에 대한 총체적인 체험 교육 프로그램을 진행할 수 있다. 학교 별 단체 프로그램으로 제시할 수 있으며, 그래미 박물관의 경우에서 본 것처럼 전시와 워크숍(수업)을 패키지로 묶어서 교육 프로그램으로 제시할 수 있다.

5) 학문 대관 프로그램

대중음악과 관련된 대형 학회 및 대형 강연을 적극적으로 유치한다. 박물관이 가지는 대중음악의 내용적 가치를 증명할 수 있는 계기가 될 수 있을 뿐만 아니라 관람객을 모으기 위한 홍보 전략으로 활용할 수 있다.

6) 워크숍 프로그램

국내의 유명 뮤지션이 참여하는 워크숍, 대담 프로그램을 계획한다. 더불어 한국에 내한하는 뮤지션을 초청하여 한국 대중음악 및 기타 주제에 대한 관련 워크숍이나 대담을 진행한다.

이상, 대상, 내용, 방법론을 살펴보았다. 이제 구체적인 교육 프로그램을 구성하기 위해 어떤 교육 내용이 어떤 방법으로 누구에게 제공되어야 하는지를 알아보기 위한 간단한 표를 아래에 표시하였다.

	실습	미학	인문	문학	사회	경제	역사	지역	미디어	과학	초등	중고생	대학생	성인	교사	관광
체험	○			○		○			○	○	○	○				○
토론		○	○	○	○	○	○	○	○			○	○	○	○	
온라인		○	○	○	○	○	○	○	○	○	○	○	○	○	○	○
투어	○	○	○	○	○	○	○	○	○	○	○	○			○	○
대관		○	○	○	○	○	○	○	○	○			○	○		
워크숍	○	○	○	○	○	○	○	○	○	○	○	○	○	○	○	○
초등	○			○			○			○						
중고생	○	○	○	○	○	○	○	○	○	○						
대학생		○	○	○	○	○	○	○	○	○						
성인		○	○	○					○							
교사		○	○	○	○		○	○	○	○						
관광	○	○		○			○	○	○							

위의 표에 따라, 예를 들어 초등학생을 대상으로 글쓰기 등의 체험을 통해 문학이라는 내용을 교육할 수 있는 프로그램을 구성할 수 있다. 이런 식으로 하면 대상과 내용, 방법이 분명한 음악 교육 프로그램의 틀이 잘 구성될 수 있으리라고 생각한다.

대학 및 기관과 연계한 교육프로그램 운영 방안

대중음악 교육, 그중에서도 한국에서 시행되고 있는 대중음악 교육의 실상을 고려해

보았을 때, 대중음악 박물관은 반드시 한국의 대학 및 음악교육 기관과의 교육프로그램을 연계하여 운영해야 한다. 로큰롤 명예의전당에서 보았듯이, 박물관의 음악 교육은 중등 교육을 뛰어넘는 수준이 되어야 한다. 실용음악 위주의 실습 교육이 대학에서 이루어지고 있기 때문에, 이론적 학문과 다양한 관점의 학문에서 논의될 수 있는 음악 교육 방안을 박물관에서 개발해야 한다. 이러한 교육프로그램은 대중음악 및 적어도 인근 분야에서 박사 학위를 취득한 사람들, 예를 들어 대중음악자료원에서 일하고 있는 전문 연구원들과의 협업을 통해 개발되고 강의되어야 한다. 대학생들은 현재 실용음악과에서 배울 수 없는 내용들에 대한 강의를 듣고, 대학들과 연계하여 최소 학점을 취득할 수 있는 방법을 모색해야 한다. 대중음악박물관에서 일하고 있는 강사들이 특강으로 대학에 초청될 수 있을 만큼의 전문성과 능력 역시 갖춰야 하고, 그래미에서 진행하는 것과 같이 대학생 위주의 '대중음악박물관 교육프로그램 청년위원회'와 같은 단체를 구성하여 학생들의 적극적인 활동을 이끌어내는 것이 좋다. 그리고 실용음악을 전공하는 학생들과 산업 관계자들을 연결시켜주는, 산학협력의 매개자가 될 수 있도록 멘토링을 활용한 공식적인 교육프로그램을 각 대학 및 음악 관련 기업의 공동 주최로 만들어 진행할 수도 있다.

또한 그래미의 경우처럼, 기타 공공 기관, 즉 시립 도서관, 박물관, 각종 재단이나 문화 센터에 대중음악이 접목된 복합문화 교육프로그램을 개발하여 공동 진행할 수 있도록 한다. 예를 들어, 용산에 위치한 한국전쟁기념관과 협력하여 '음악과 전쟁'이라는 대중음악학으로서는 중요하게 다루어지고 있는 주제에 대한 여러 강의를 개발할 수 있다.

대학뿐만이 아니다. 박물관 외부에서 이루어질 수 있는 교육프로그램으로, 방과 후 학교를 연계한다. 이미 국내의 다른 박물관들은 문화체육관광부와 한국문화예술교육진흥원에서 주최하는 토요 문화학교를 끌어와 진행하고 있는데, 대중음악 분야에서는 이렇다 할 문화교육 기관이 없다. 앞으로 점점 더 대중음악에 대한 문화적·예술적 가치가 성장할 것이 분명한데 청소년 교육이라는 관점에서 대중음악은 여전히 등한시되고 있는 것이 사실이다. 그러므로 대중음악박물관은 정부 부처와 함께 문화학교를 위한, 혹은 방과 후 학교를 위한 청소년 대상의 교육 프로그램을 개발하여 수행해야 할 것이다.

나가는 말

한국 대중음악의 현주소를 자세히 들여다보면, 그 역사와 산업규모가 결코 작지 않다는 것을 누구든지 알 수 있다. 100여 년 간의 역사 속에서 수없이 많은 일을 겪었고, 눈부신 발전도 이루었다. 이 과정에서 생겨난 모든 물리적 자료와, 무형의 자료들을 최대한 수집하여 전문 큐레이터와 함께 흥미로운 전시로 탈바꿈시켜야 한다. 이러한 전시 콘텐츠 개발을 위한 연구를 수행하고 동시에 전 연령층을 대상으로 교육이라는 목적에 부합하는 프로그램을 함께 개발하여 공공에 제공해야 한다.

홍보와 수익의 관점에서는 한 번에 터질 수 있는 화려한 전시나 행사가 중요할 수 있다. 그러나 이것에만 의존할 것이 아니라, 1회성의 오락이 아닌 한국 대중음악이 가진 문화적 가치를 꾸준하고 깊은 내용의 교육 프로그램으로 제공하여 사람들의 관심을 계속해서 잡아 놓아야 한다. 교육프로그램을 통해 일반 관람객, 특히 청소년들이 가지게 될 대중음악에 대한 시선은 더욱 가치 있게 변할 것이며 이렇게 쌓인 문화지식은 이들과 이들의 가족, 주변인, 외국인의 관심을 주목시키는 데에도 큰 역할을 할 것이다. 그리고 이렇게 꾸준히 관심의 대상이 되는 박물관이 된다면 수입과 지출의 균형이 잘 맞아 박물관의 장기적인 운영에 어려움이 없을 것이라고 예상된다.

한 번의 전쟁과 급격한 시장의 변화로 소실된 자료가 많지만, 지금 우리가 가지고 있는 것으로 대중음악 역사를 재현하고 사람들에게 서비스로 제공하는 데에는 무리가 없을 것이다. 한국 대중음악사의 증인들과, 한반도에서 일어난 모든 음악이 누적되어 발전되고 있는 현재의 대중음악이 있기 때문이며, 이 음악들에 귀를 기울이는 한국인들과 세계의 한국 대중음악 팬들이 있기 때문이다. **SOUND**

대중음악박물관이 갖춰야할 유물과 기획전시 방안

'한국 대중음악 100년' 전시에 필요한 유물과 기획전시 방안

격동의 한국 근현대사와 궤를 함께 해오며 시대마다 대중의 희노애락을 담아낸 대중음악은 장구한 역사와 내공만큼이나 다양한 유물과 실현가능한 전시 아이템이 무궁무진하다. 문제는 존재 확인조차 힘들고 망실되어 실체조차 불분명한 한국대중음악의 중요 유물들을 발굴하고 보존하는 작업이 시급하다는 점이다. 다양한 유물이 확보된다면 상설 전시의 격과 규모가 업그레이드 될 것이고, 대중음악에 대한 이해와 애정이 높은 학예사들을 양성한다면 국내는 물론이고 외국인들의 관심과 재미를 높이는 다양한 스토리텔링이 가능한 흥미롭고 의미 있는 다채로운 기획전시가 가능할 것이다.

최규성 | 대중문화평론가

한국일보 편집위원 역임. '한국 인디뮤지션 사진집'의 사진작가이면서 동덕여대, 성공회대, 서울시민대학, 서울미지 청소년문화센터와 기업체에서 대중문화와 보도사진 강의는 물론 여러 지상파 TV와 라디오에서 대중음악프로그램을 진행하는 방송인이다. 아울러 한국방송대상 본선심사위원, 한국대중음악상 선정위원, 서울드라마어워즈 장편부문 심사위원, 문화체육관광부, 한국콘텐츠진흥원 대중문화 자문위원으로 활동하며 중요 신문잡지와 각종 사보에 대중문화관련 칼럼을 연재하고 있다.

최근 K-POP으로 아시아를 넘어 유럽과 미국에까지 위세를 떨치고 있는 한국대중음악의 외형적 위상은 기세등등하다. 하지만 속을 들여다보면 어떤 노래가 대중가요의 효시인지에 대한 뿌리조차도 정립되지 못한 취약성을 드러내고 있다. 한국 대중음악의 중요 자료가 보존되지 못한 척박한 현실이 불러온 필연적 결과다. 한류열풍을 주도하는 K-POP의 역사는 실로 장구하다. 100년의 세월동안 대중음악이 한국인의 정서에 끼친 영향력은 언급자체가 새삼스러울 정도로 막강하다. 한국 대중음악은 그 시대의 정치, 사회, 경제, 문화와 밀접한 관계 속에 탄생되며 사회적 이슈를 민감하게 반영해 왔다. 최근 들어 10년을 단위로 한 중요 가수들의 '몇 십 주년 기념 공연' 개최 소식은 한국 대중음악계가 과거와 구분되는 풍경 중 하나다. 이는 우리 대중음악계도 오랜 기간 롱런하는 거장급 가수들이 상당수에 달한다는 것을 증명한다.

필자는 2009년에 '한국인디뮤지션 사진전시회'를 시작으로 2010년 '대중가요 서울을 노래하다(청계천문화관)'로 서울 지명송 자료들을 전시해 이후 전국의 지명을 노래하는 지명송을 대중음악의 화두로 떠오르게 했다. 또 한국전쟁 60주년을 기념하는 '굳세어라 금순아(국립민속박물관)'를 통해 1950년대 한국전쟁시기 대중음악자료를 전시해 언론과 대중의 큰 관심을 이끌어냈었다. 2011년에는 1970년대와 80년대의 중요 한국 영화들의 OST 자료들을 다룬 '70-80년대 한국영화자료 전시(청계천문화관)'를 소개했고 2012년에는 한국 대중음악의 맹주로 뜨겁게 떠올랐던 걸그룹들을 소재로 한 '한국 걸그룹 역사 자료 전시회-소원을 말해봐(부평아트센터)'와 시대별 크리스마스 캐럴송과 사회 분위기 변천사를 다룬 '한국의 크리스마스(롯데백화점)'를 전시해 상당한 관객을 동원하는 성과를 올렸다. 그렇다면 대중가요박물관이 건립된다면 갖춰야할 유물은 어떤 것이 있을까? 전시 아이템은 어떤 내용과 방식으로 구상하고 진행하는 것이 효율적일까?

I. 유물

기본적으로 대중음악박물관은 국내에서 제작된 모든 대중음악자료를 발굴, 보존한다는 의지를 가지고 진행되어야 한다. 100년의 한국대중음악을 기록하는 자료는 그 숫자와 분야가 상상을 초월한다. 그 전체 규모와 실체가 어느 정도인지 짐작이 가지 않을 정도다. 불행하게도 대중가요 관련 중요 유물 자료 확보는 쉽지 않다. 고로 매년 상당 수준의 예산을 확보해 꾸준하게 시간을 두고 발굴하고 수집해야만 할 것이다. 대중음악박물관에서 갖춰야할 유물의 기본 덕목은 음악사적으로 중요한 팩트가 되어야 한다는 점이다. 또한 대중 상당수가 인지할 수 있는 음악인의 대중성 있는 자료를 우선적으로 앞 순위에 두어야 한다. 대중음악의 가장 기본은 1차 자료라 할 수 있는 '음반'이다.

1. 중요 음반 – 대중음악의 시작부터 현재까지

윤심덕의 〈사의 찬미〉를 제작한 nitto 혹은 제비표 조선레코드는 당시 연예계를 주름잡았던 이기세가 서울 파고다공원 맞은편에 일본 일동레코드의 지점을 차리면서 출범했다. 1920년의 일이다. 당시 일동레코드는 우리 명창들을 일본에 데리고 가 음반 취입을 해 무수한 민요 유성기음반을 발매했었다. 일제 강점기 한국 대중음악 태생기에 발표된 유성기 SP음반의 실체 확보는 시급하다. 개체수가 희박하기에 보존이 시급하기 때문이다. 우선 일제강점기 3대 명반으로 꼽히는 윤심덕의 〈사의 찬미〉, 이애리수의 〈황성옛터〉, 이난영의 〈목포의 눈물〉은 필수 소장품목이다. 국민적 공감대가 형성되어 있는 시대를 초월해 사랑받는 김정구의 〈눈물젖은 두만강〉, 백난아의 〈찔레꽃〉, 백설희의 〈봄날은 간다〉, 백년설의 〈번지없는 주막〉 등도 빠트려서는 안 될 이 시기의 중요음반들이다.

이후 해방이후 현인의 〈신라의 달밤〉 등과 50년대 한국전쟁시기에 한국인들의 설움과 고단함을 달래주었던 현인의 〈굳세어라 금순아〉, 남인수의 〈이별의 부산 정거장〉, 신세영의 〈전선야곡〉 등도 그 시대를 대표하는 유성기 시절의 국민가요들이다. 1958년 KBS에서 국내 최초 제작한 최초의 LP를 비롯해 60년대부터 90년대까지 이미자의 〈동백아가씨〉, 신중현의 에드훠 첫 독집, 김민기 독집, 〈아침이슬〉이 처음으로 수록된 양희은 1집, 한국 모던록의 창시자 한대수 1집 등 시대를 대표하는 명곡들이 수록된 오리지널 초반 LP들도 대상이다. 또한 각종 조사 작업을 통해 100대 명반, 명곡으로 선정된 음반들이나 한국대중음악사에 엄청난 파급력을 발휘했던 싸이의 〈강남스타일〉 같은 노래들이 수록된 2014년 현재까지의 음반들도 최우선적으로 갖춰야 할 유물들이다. 급선무인 한국 대중음악 태생기인 유성기 시절 중요 SP 음반들을 소개한다.

* 윤심덕 〈사의 찬미〉 (1926년 Nitto 축음기)
논란의 여지는 있지만 윤심덕의 〈사의 찬미〉가 발표된 1926년을 한국대중음악의 원년으로 보는 시각은 강력하다. 루마니아의 작곡가 이바노비치의 관현악 월츠 〈다뉴브

강의 잔물결〉의 선율에 한국어 가사를 붙인 이 노래는 한국인에 의해 창작된 최초의 대중가요는 아니다. 하지만 새로운 양식의 노래였고 무엇보다 대중적 파급력이 엄청났다. 조선의 엘리트 여성성악가의 비극적 죽음을 통해 이 노래는 한국 대중음악사의 불후의 고전으로 자리매김 되었다. 현재 10장도 남아 있지 않는 것으로 추정되는 윤심덕 〈사의 찬미〉 유성기음반은 1000만원이 넘는 한국대중가요 최고가 음반으로 쪽판(한 쪽면만 노래가 수록된 유성기 음반)으로 불리는 초반과 재반이 존재한다.

* 최초의 창작가요 이정숙 〈낙화유수〉 (1929년)

한국 최초의 창작가요인 이정숙의 낙화유수(김서정 작사작곡. 일명 강남달)는 1927년에 제작된 이구영감독의 무성영화 〈낙화유수〉의 영화주제가다. OST음반으로는 1929년에 유성기음반으로 발표되어 한국인이 최초로 창작한 대중가요로 공증되었다.

* 최초의 직업가수 채규엽 데뷔음반 (1930년 콜럼비아레코드)

한국인 최초로 유행가를 작사 작곡하고 노래한 직업가수는 성악가출신으로 30년대를 풍미했던 채규엽이다. 1930년 3월 콜럼비아레코드사를 통해 〈봄노래 부르자〉를 취입한 채규엽은. 이 한 장의 음반으로 조선인들에게 최초로 직업 유행가 가수의 존재를 알렸다.

* 이애리수 〈황성의 적(황성옛터)〉 (1932년 빅터레코드)

〈황성옛터〉는 대중가요 전성시대를 만개시킨 빅히트곡이다. 유행가 열풍을 주도한 이 노래는 발표 당시 나라 잃은 설움을 달래준 민족의 노래로 대중의 눈물샘을 자극했고 지금까지 널리 애창되는 불후의 명곡으로 각인되었다.

* 이난영 〈목포의 눈물〉 (1935년 오케레코드)

1934년 조선일보주최로 전국 6대도시 '애향가' 가사 공모전이 열렸다. 전국에서 응모된 3천여 편의 작품 중 목포의 문일석 작품 〈목포의 눈물〉이 당선되었다. 오케레코드는 고복수를 위해 만든 손목인 곡 〈갈매기 항구〉 멜로디에 이 가사를 넣어 '당선 지방 신민요곡'을 목포출신가수 이난영이 불러 단번에 가요계의 여왕이 되었다. 대중가요 전성시대를 연 기념비적 노래인 〈목포의 눈물〉은 일제에 대한 한과 저항의 혼이 표현된 민족의 노래로 추앙받는 명곡이다. 〈목포의 눈물〉은 1968년 가수 개인을 추모하는 최초의 가요제인 '난영가요제'를 탄생시켰고 1969년에는 최초의 노래비가 목포 유달산에 건립되었다.

국민가요 〈눈물 젖은 두만강〉은 1936년 여름, 악극단 예원좌의 일원으로 두만강 유역의 도문에 공연 갔던 무명 작곡가 이시우(본명 이만두)가 창작한 곡이다. 김정구의 〈눈물 젖은 두만강〉 SP 음반은 정확하게 1938년 1월에 발표되었다. 이 음반은 실물구경이 힘들다. 〈눈물 젖은 두만강〉이 대중적으로 조명받기 시작한 것은 1963년 민경식감독이 동명의 영화로 제작하면서부터. 그리고 1964년 4월부터 시작된 KBS 라디오의 인기프로그램 '김삿갓 북한방랑기'의 주제가로 방송을 타면서부터 국민적 사랑을 받는 기틀을 마련했다. 남북은 물론 해외동포들까지 한마음으로 사랑하는 불멸의 대중가요 명곡이 발표된 지 25년 후에야 대중적 조명을 받기 시작했다는 놀라운 사실.

* 현인 〈신라의 달밤〉 (1949년 럭키레코드)

1947년 고려영화협회는 해방 후 최초의 영화 '자유만세'를 명동 시공관(구 국립극장)에 올렸다. 이 무대에서 불후의 명곡 〈신라의 달밤〉이 처음 발표되었다. 정식 음반으로 제작된 것은 1949년이다. 옥두옥의 〈청춘블루스〉와 함께 발표된 현인의 〈신라의 달밤〉은

(좌측 상단부터 시계방향으로) 40년대 고려레코드 아리랑, 1921년 이풍진세상 납보노홍 유성기, 1926년 윤심덕 사의찬미 니또오레코드 유성기, 1932년 3월 이애리수 황성의 적SP 빅타레코드49125A, 1935년 8월 이난영 목포의눈물 SP 오케 1795, 1938년 1월 김정구 눈물젖은 두만강 오케SP 12094

럭키레코드의 첫 유성기음반이다. 해방이후 럭키레코드 창설 이전에 대중가요를 발표한 고려레코드가 이미 존재했었다. 〈신라의 달밤〉이 '해방 후 제작된 최초의 가요'로 회자되는 팩트는 바로잡아야 할 명백한 오류다. 2001년 노래비로 재탄생된 〈신라의 달밤〉은 경주의 상징이 되었다.

1966년 세시봉 이금희 주간한국 최우수가수 선정기념 골든디스크

2. 각종 가요상 트로피, 상패

MBC 10대가수상, TBC, KBS 가요대상, 골든디스크상, 독수리상, 낙엽상, 무궁화상, 플레이보이배 경연대회, MBC '금주의 인기가요', KBS '가요톱10', '뮤직뱅크', SBS 서울가요대상 등 각 방송 음악순위 프로그램 트로피, 각종 대학생 가요제 등 전국 각 방송, 언론에서 제정한 가요시상식 전부가 대상이다. 실물이 거의 보존되어 있지 않아 가수들의 협조는 물론 실물을 복원한 복제품 제작을 할 필요가 있다.

* 세시봉 제작 국내 최초의 골든디스크 (1966년)

골든디스크는 미국레코드협회에서 싱글, 앨범 모두 50만 장 이상 그러니까 100만장이 넘는 판매기록을 수립한 밀리언셀러 레코드(million seller record)에 수여하는 금으로 도금한 레코드를 말한다. 국내에도 1986년부터 일간스포츠에서 수여하는 골든 디스크 시상식이 있다. 한 해의 음반판매량으로 수상작이 결정되는 25년 연륜의 이 시상식은 처음엔 '대한민국영상음반대상'이라는 명칭을 사용하다 지난 2001년부터 골든디스크상으로 개명했다. 1966년 주간한국은 〈키다리 미스터김〉으로 MBC 10대가수 등 각종 대중가요상을 휩쓸었던 최초의 댄스가수 이금희를 그해 최고의 인기가수로 선정했다. 이에 음악감상실 '세시봉'은 이를 기념해 골든디스크를 제작했다. 세계 최초의 골든디스크가 무엇인지는 잘 모르겠지만 세시봉 제작 이금희의 골든디스크는 현재까지 발견된 국내 최초의 골든디스크다.

3. 공연 기록물

악극, 극장 쇼, 각 방송, 언론의 가요제 포스터, 팜프렛

* 악극, 극장 쇼 자료들

구경거리가 턱없이 부족했던 1940~70년대 당시 악극과 극장 쇼는 대중의 문화적 갈증을 해갈시켜준 거의 유일한 오락공간이었다. 악극은 연극적 구성으로 꾸며졌고 극장 쇼는 인기가수나 배우를 헤드라이너로 내세우고 무명가수, 코미디언,

60년대 MBC OB그랜드쇼

❶ 40년대 성보악극단 명동 시공관 극장쇼 리후렛
❷ 40년대 악극공연 왕숙랑 김선영 서옥자 임순
❸ 50년대 미8군 송민영과 그 악단
❹ 50년대 자유가극단 제2회 공연 무한사랑 앞면
❺ 50년대 재즈동경 NBC악단 리후렛
❻ 60년대 박단마 미8군 그랜드쇼 공연
❼ 60년대 각종 극장쇼 입장권

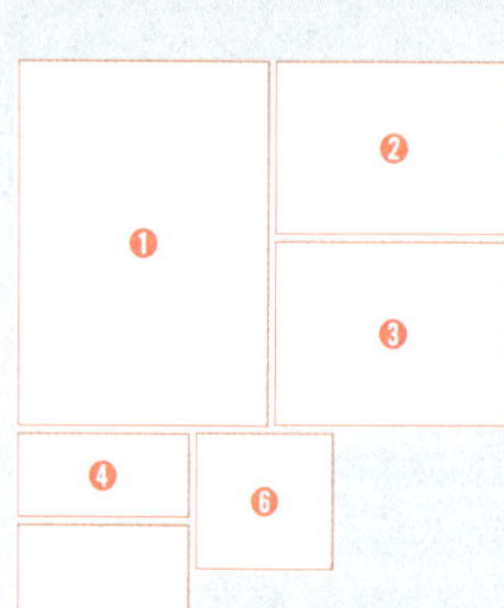

❶ 60년대 서영춘 신작쇼 극장쇼포스터
❷ 60년대 서울 극도극장쇼 광고
❸ 1965년 제비시스터즈 록밴드 신중현의 에드훠와 함께 미8군 무대 공연
❹ 1939년 조선악극단 저고리씨스터 일본 동경 군인회관공연 전단지
❺ 1959년 미8군 전속쇼 악단 째즈의 밤 수도극장
❻ 1976년 참새를태운잠수함 첫 공연팜프렛

▲ 1969년 이시스터즈 시민회관 공연
▼ 1970년11월 HE6 시민회관 팝스페스티발 공연사진

섹시한 무희의 춤을 곁들인 일종의 버라이어티쇼 형태로 진행되었다. 워낙 생활 밀착형으로 서민들의 삶 깊숙이 파고들었던 60~70년대 극장 쇼 관련 자료들은 거의 남아 있지 않다. 1961년에 완공된 시민회관은 극장 쇼의 결정판을 보여주었다. 당연 당대의 대중음악인들의 꿈의 무대로 통했다. 하춘화는 리사이틀의 여왕으로 불린다. 하춘화의 첫 무대는 1961년 11월 서울 종로4가의 천일극장 쇼 무대다. 시내 곳곳에 생소한 꼬마가수 '하춘화와 삼남매' 포스터가 나붙자 공연 첫 날 극장 2층부터 성북동 가는 전차 길에 관객들이 몰려들어 종로통까지 북적거렸다. 하춘화가 이룩한 기록은 무수하지만 데뷔 13년이 된 1974년 5월 서울 아세아극장에서 열린 첫 개인 리사이틀은 극장 쇼의 최전성기를 증명한다. 인기가수로 급부상한 하춘화의 첫 리사이틀 때 20페이지 분량의 팜프렛이 제작되었다. 기네스북에 등재한 최다 개인공연 가수의 첫 공식 리사이틀을 증명하는 이 극장 쇼 팜프렛은 극장 쇼 전성시대의 증명하는 소중한 자료답게 이제는 근현대사 경매에서 엄청난 가격에 거래되고 있다.

4. 대중음악관련 서적물

신문, 잡지, 단행본, 시집, 노래책, 음악관련 단체 회보, 악보집, 화보집, 각종 음악 차트지

(좌측 상단부터 시계방향으로) 10~60년대 서울대중가요 악보 수록 노래책, 40년대 저고리씨터 광고 모던 조선잡지, 1926년 일동타임스 창간호 표지 1926년 1월호, 1929년 신유행창가 3판 이상준저 경성 삼성사, 1948년 영인서관 발행 최신유행가요집, 1955년 잡지 아리랑 1954년 12월호, 1959년 대중가요 노래책 세광출판사, 1959년 새노래 세광출판사 100환

* 최초의 대중음악잡지 일동타임쓰 창간호 (1926년 일동축음기 레코드사)

한국 최초의 대중음악 잡지는 1926년 1월에 창간한 일동(日東)축음기 레코드사에서 발행한 '日東 타임쓰'다. 창간호인 1926년 1월호에는 〈사의 찬미〉 음반을 취입하러 일본으로 떠나기 직전의 윤심덕과 피아노 반주를 한 여동생 윤성덕의 사진이 실려 있다. '日東 타임쓰'의 창간 목적은 자사의 음반 발매소식을 알리는 소식지 역할이 컸던 것으로 여겨진다. 실제로 잡지에는 제비표 일동레코드의 '구정 발표 신보'에 대한 광고성 정보와 음반을 발표하는 뮤지션에 대한 소개를 사진과 함께 전하고 있다. '日東 타임쓰'는 단순히 소식지의 한계를 넘어 한국 대중음악 시생대의 풍경을 알리는 진귀한 기사와 사진을 게재했다. 이 진귀한 음악잡지의 창간호 실체는 최근 한 오프라인 경매장에서 400만원에 근접하는 가격에 낙찰되며 공개되었지만 현재로서는 몇 권이 발간했는지에 대한 정

보도 없다.

* 신유행창가 (1929년 경성 삼성사)

85년 전인 1923년. 경성에 소재한 출판사 '삼성사'는 이상준(李尙俊)이 저술한 대중가요 노래책 '신유행창가(新流行唱歌)'를 발간했다. 총 62페이지의 분량으로 당시로서는 빅 사이즈인 15×22의 크기인 이 책의 가치는 크다. 한국대중가요시대가 본격화 되지 않았던 1920년대에 발표된 24곡의 악보와 가사를 수록되어있기 때문이다. 1923년에 초판, 1924년에 재판, 1929년엔 3판이 연속적으로 발간되었는데 3가지 버전 중 대중음악사적으로 가장 중요한 책은 3판이다. 초판과 재판에는 없는 노래들, 즉 1925년에 발표된 일본 유행가를 번안한 도월색의 〈시들은 방초〉, 1926년에 발표된 윤심덕의 〈사의 찬미〉, 1927년에 단성사 극장에서 처음 발표된 이정숙의 〈낙화유수〉 같은 한국 대중가요의 효시로 거론되는 소중한 노래들의 악보와 가사가 수록되었기 때문이다. 3판까지 연속해 증보판이 발간된 점으로 미뤄 당시 시중에 널리 퍼졌을 것으로 짐작된다.

5. 대중음악 행사와 가수 관련 각종 진귀한 사진

(좌측 상단부터 반시계방향으로) 2000년대 국립중앙도서관 황문평개인문고 전시회, 2000년대 KBS 음반전시회 세종문화회관, 2000년대 한국록 음반 전시회

20년대 레뷰 춤 연습하는 평양기생학교 학생들 일제강점기 엽서

6. 국내외 음악관련 우표, 엽서

* 일제 강점기 최고 히트상품 기생 사진엽서

일제강점기에 일본인들은 관기의 모습과 조선의 유명 도시와 관광지를 소개하는 사진엽서를 제작해 판매했다. 지금 개념으로 말하자면 일종의 연예인 브로마이드처럼 기생사진엽서는 당대의 히트 상품으로 큰 인기를 끌었다. 일제강점기 기생엽서는 여성을 성상품화한 인물 중심이 대부분이다. 그 중 음악과 관련된 일부 기생엽서들도 제작되었는데 극소수이긴 했지만 변화에 직면했던 한국대중음악의 초창기 풍경을 증언하는 모던한 이미지로 변신한 기생들의 모습이 담긴 엽서들도 있었다. 1930년대 중반 기생출신이 아닌 일반 남녀 가수의 등장 이전까지 기생들은 일제 강점기 대중음악사의 전환기적 임무를 수행했다. 당대에 폄하, 비하, 천시의 대상이었던 기생이 실은 당당한 엔터테이너로서, 한국대중문화사의 선구자였음을 일제강점기에 제작된 이 진귀한 기생사진엽서들이 증언하고 있다.

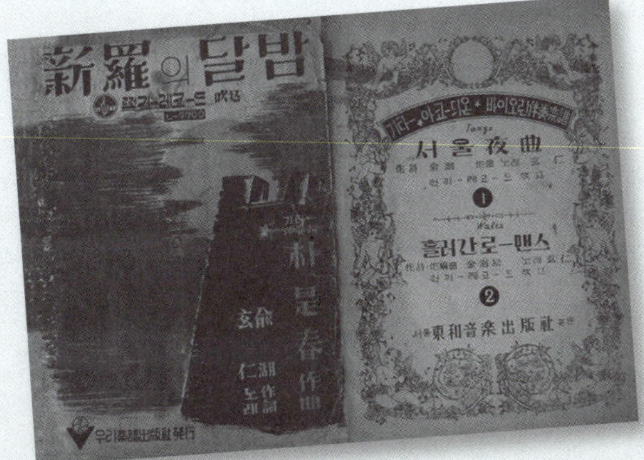

1949년 신라의 달밤 악보 럭키레코드

❶ 60년대 이금희 TBC TV 쇼쇼쇼
❷ 1955년 국군방송HLKA 위문열차 공개방송
❸ 1956년 HLKZ-TV 노래자랑대회 입상자 기념촬영 뒤 심사위원 황문평
❹ 1957년 HLKZ-TV OB쇼 당시 만 10세 어린이가수 윤복희 출연
❺ 1956년 최초 TV방송국

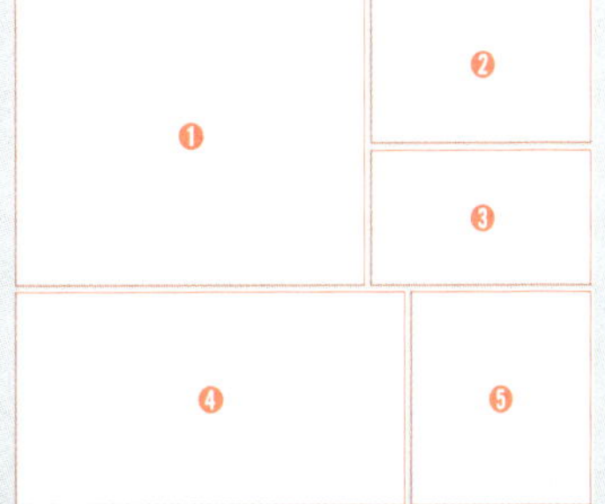

7. 뮤지션 사용 각종 악기

8. 친필 악보, 싸인

9. 방송국 음악프로그램 자료

방송 포스터, 프로그램 큐시트, 공문, 방송사 발행 잡지, 회보

10. 무대의상, 악세서리

11. 음악 재생 각종 오디오

라디오, TV, 축음기, 전축, 릴 테이프, 카트리지, 카세트, CD, MP3 플레이어 등

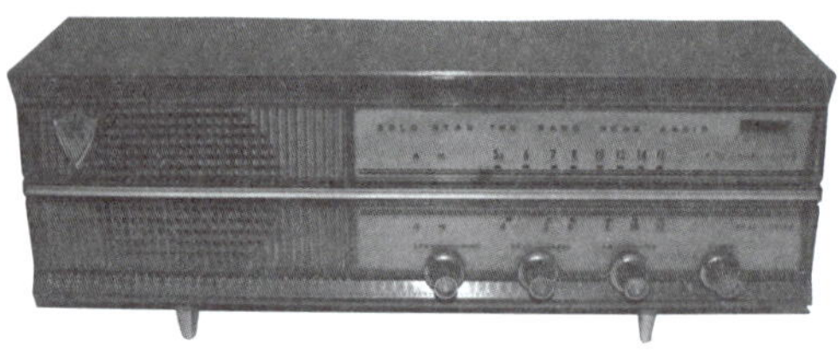

1949년 신라의 달밤 악보 럭키레코드

60년대 깨지지않는레코드 LP 광고

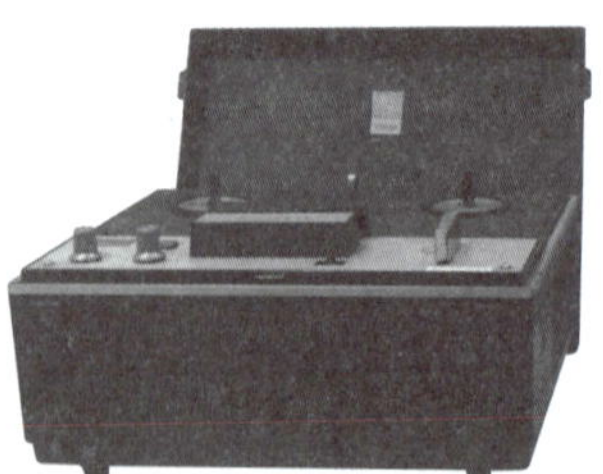

오래된 음향기기들

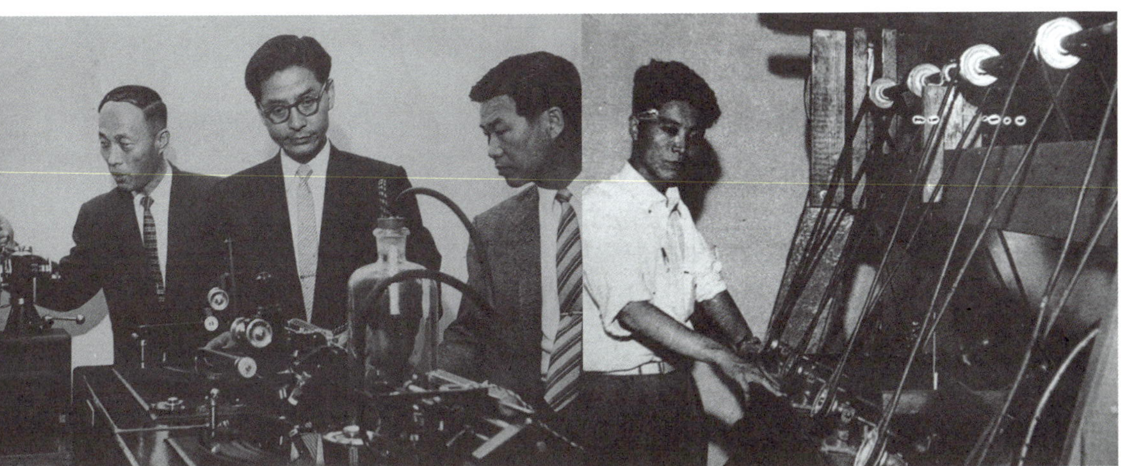

◀ 1958년 완성된 LP를 살펴보는 오재경 공보실장, ▶ 1958년 오아시스레코드 이성희 기사 – 국내 최초의 LP 프레싱 제작기술자

12. 레코드 제작관련 자료

동판, 마더판, 시험판, LP라벨, 제작기기

13. 시대별 녹음장비

녹음기, 콘솔, 마이크 등

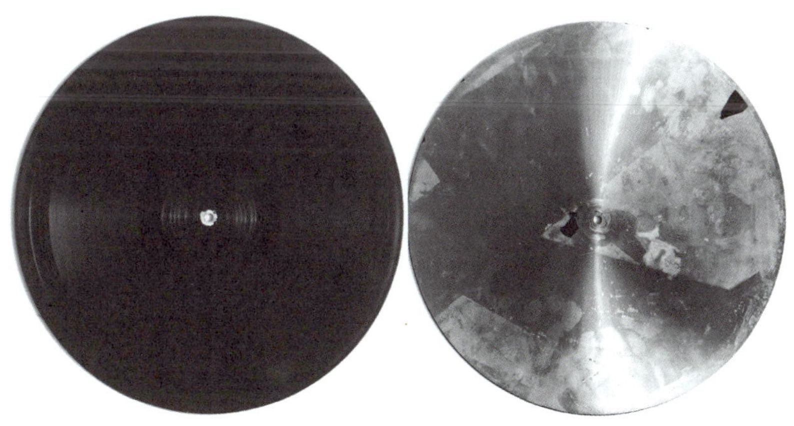

12인치 LP 프레스용 마스터 스탬퍼 앞 뒷면

14. 시대별 음악교과서

일제강점기에 발행된 최초의 음악교
과서부터 대중가요가 소개된 최근의 각
급 학교 음악교과서들은 시대별로 반
듯이 소장해야 될 유물이다. 대중가
요가 교과서에 수록되기 시작한 것은
1997년 교육인적자원부의 7차 교육과
정 기준에 따라 시작되었다. 무려 18개
출판사에서 나온 음악교과서 중 10개
출판사의 음악교과서들에 소개되고 있는

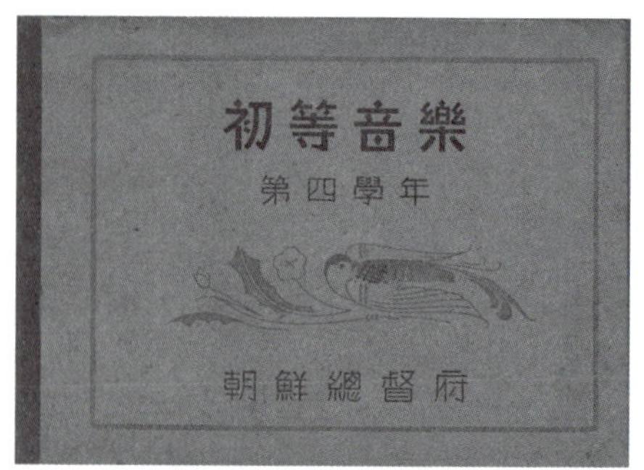

1944년 조선총독부발행 최초의 음악교과서

대중가요는 60곡이고 외국 팝송도 38곡이나 된다. 이는 대중음악에 대한 사회적 인식과
대중적 평가가 예전과는 달라졌다는 증거다. 대중가요 중 가장 많은 교과서에 소개된
노래는 윤연선이 노래한 〈얼굴〉이고 가장 많은 교과서에 소개된 팝송은 뮤지컬 캣츠의
주제가인 〈Memory〉다. 똑같이 6개의 음악교과서에 등재되어 있다. 가수로는 조용필이
가장 많은 〈여행을 떠나요〉, 〈돌아와요 부산항에〉, 〈한오백년〉, 〈친구여〉 4곡이 수록되
었다.

15. 정부 공문서

검열 자료, 각 단체 발송 공문서 자료 등

16. 해외동포들 관련 음악자료

미국, 일본, 중국, 고려인 등

II. 전시

대중음악박물관의 전시는 상설과 기획 양 방향 시스템으로 기획되고 진행하는 것이 바람직하다. 상설 전시는 한국대중음악의 시대별 흐름에서 최초이거나 중요한 팩트를 중심으로 교육적 효과를 전달하는 큰 흐름의 자료들을 보여주는 전시 아이템이 바람직하다. 기획 전시는 그때 그때 사회적 분위기와 트렌드를 민감하게 고려해 동 시대 대중의 기호와 관심을 반영하는 흥미로운 아이템으로 기획되어야 효과가 극대화 될 수 있다. 상설과 기획 전시에 적절한 구체적인 아이템을 살펴보도록 하겠다.

1. 상설 전시

상설 전시는 최소 1년 이상 계속되는 전시를 의미한다. 기본적으로 상시적으로 비치되는 자료 전시는 한국 대중음악의 시대별 흐름과 음악사적으로 의미가 큰 팩트를 증언해 주는 중요 자료들로 구성하는 것이 바람직하다. 또한 시대마다 대중음악이 어떻게 제작, 유포되어 동시대의 사회와 대중에 어떤 영향을 끼쳤는지를 경험하게 하는 교육적 의미가 강한 자료들을 전시하는 것이 좋다.

50년대 남인수 육군정훈국 군예대 장교 모습

1-1. 시대별 전시

가장 일반적이고 무난한 고전적 형태의 전시다. 한국 대중음악의 태동기부터 현재까지를 포괄해야 될 것이다. 시대별로 대중음악의 특징과 흐름 그리고 중요 사건사고를 물 흐르듯 동선을 따라 체험할 수 있는 장점이 있지만 신선함은 떨어지는 단점이 있다. 시대별 전시는 10년 단위로 구분이 일반적이지만 1920년대부터 1945년까지의 일제강점기를 대중음악의 생성기로 1945년부터 1950년대까지를 이데올로기의 충돌과 전쟁으로 야기된 대중음악의 암흑기, 1960년대는 대중음악의 1차 르네상스기, 1970년대는 금지와 청년문화의 충돌기,

50년대 심성락 23세 부산 남포동 보림백화점 강당에서열린 부산 KBS 노래자랑에서 아코디언을 연주하는 모습

1980년대는 대중음악의 2차 르네상스기, 1990년대를 대중음악의 산업화 시기, 디지털 시대인 2000년대는 음반의 소장에서 음원의 소비시대로 구분할 수 있겠다.

시대별로 분기점을 이루는 중요 작품을 중심으로 구분할 수도 있다. 예컨대 최초의 대중가요, 직업가수 등장이나 방송국 개국 다양한 프로그램의 등장을 잣대로 삼아도 시대구분은 가능하다. 음반의 형태에 따라 시대를 구분하는 방법도 가능하다. 예를 들어 1920년대부터 1960년대 초까지를 유성기 시대, 1958년부터 1990대 중반까지를 LP시대, 1980년대 초반 이후부터 현재까지를 CD시대, 1994년 이후 현재까지를 MP3 디지털 음원시대로 분류하는 방법도 있겠다. 물론 새로운 음반 미디어 출현 사이사이에 등장한 8MM 카트리치, 카세트테이프, 릴 테이프 등의 등장도 병행해서 소개하면 좋을 것 같다.

1-2. 국내 최초 기록물 전시

* 최초의 국내 제작 음반들

한국대중음악사에서 최초 논쟁은 언제나 흥미롭다. 국내에 음반이 등장한 역사는 100년이 넘어선다. 우리 노래(민요) 레코드는 한인오와 최홍매가 녹음한 〈경기소리〉가 담긴 미국 콜롬비아레코드사의 유성기 음반으로 1907년에 처음 나왔다. 당시는 한쪽 면에 노래를 싣는 일명 '쪽판'시대였다. 음반 양면에 노래가 들어간 양면 판은 1913년부터 시작되었다고 한다. 왁스에 노래를 녹음했던 유성기시절을 거쳐 해방이후 미군이 주둔하기 시작한 이후 최초로 릴 테이프 녹음을 시도한 유성기음반은 1951년 발표된 박재홍의 〈물방아 도는 내력〉으로 알려져 있다. 1956년 라디오 드라마 주제가의 효시인 송민도, 안다성의 혼성듀엣 곡 〈청실홍실〉이 발표되었고 1965년 발표된 박춘석의 [노래를 위한 경음악집]은 국내 최초의 스테레오음반으로 알려져 있다.

LP는 1948년 미국 콜롬비아레코드에서 1분에 33⅓회전, 크기는 12인치로 처음 개발했다. LP는 주한미군부대를 통해 국내에도 대거

50년대 여가수 삽화 이미지

60년대 9인조 스윙재즈 걸밴드 블루리본 멤버사진(좌3 드럼 명정강)

유입되어 1950년대 중반에 보급이 이루어졌다. 한국 대중음악계는 그동안 국내 최초로 제작된 LP음반이 정확하게 무엇이고 어떤 노래가 수록되었는지 조차 몰랐다. 세계 최초로 LP음반 시대가 시작된 이래 국내에서는 10년 후인 1958년에야 LP시대가 열었다. 1958년 7월 28일 상영된 공보실 제작 대한뉴스 제 174호 보도영상은 LP제작 모습과 당시 오재경 공보실장의 개소식 시찰모습을 보여주고 있다. 최초의 LP를 들고 있는 공보처장의 영상을 보면 한옥 처마와 한복을 입고 무용을 하는 여성의 그림과 음반 밑에 KBS레코드란 큼직한 표기가 보인다. 한국에서 최초로 제작된 12인치 [KBS레코드 시리즈 NO.1] 음반이다.

* 최초의 민간 레이블 제작 12인치 김치캣 독집 LP

걸 듀엣 김치캣(Kimchi Kats)의 1962년 독집 [검은 상처의 부루스]는 민간 레이블 오아시스에서 최초로 제작한 12인치 LP다. 1면에 수록된 타이틀 〈검은 상처의 부루스〉(원곡 Broken promises) 포함 6곡 모두 번안곡이고 2면은 박춘석의 창작곡과 번안곡 포진되어 있다. 1960년 미8군 무대에서 활동을 시작한 여성듀엣 김치캣은 작곡가 박춘석에 의해 픽업되어 10인치 독집 LP [김치캣 히트집]을 발표하며 공식 데뷔했다. 이들은 1959년 아시아 최초로 미국 라스베가스에 진출한 김씨스터즈에 이어 1963년 일본, 홍콩, 필리핀, 대만을 거쳐 미국 본토에 진출한 국내 2호 여성보컬그룹이다.

* 최초의 미국 진출 걸그룹 김씨스터즈

해외여행이 자유롭지 못했던 1959년, 이승만대통령의 허락을 받아 김시스터즈의 미국진출을 성사시켰다. 걸그룹 원더걸스보다 무려 50년 앞서 아시아 걸 그룹 최초로 미국진출 1호 국내 걸 그룹이 탄생되는 순간이다. 미국에 진출한 김시스터즈는 현지 EPIC 레코드를 통해 흰색 프로모션 LP에 이어 한복을 입은 멤버들의 사진으로 장식된 데뷔 7인치 싱글LP를 발표했다. 세계유수의 잡지 LIFE지에서 1960년 2월호에 특집화보기사로 이들을 소개했다. 이에 당시 미국 최고의 인기 TV 프로그램 '에드 설리반 쇼' 출연 후 MONUMENT레코드에서 첫 독집 제작 의뢰가 들어왔다. 1964년 7월 〈찰리 브라운〉 등 총 12곡을 수록한 첫 독집이 나왔다. 그해 어머니 이난영이 운영했던 L.K.L레코드는 첫 독집을 미국에서 공수해 [킴시스터즈 첫 앨범]이란 한국어 타이틀로 국내에서 발매했다. 흥미로운 사실은 대만에서도 이 앨범이 발매되었다는 점.

* 최초의 유럽 진출 가수 릴리화

국내 최초로 유럽에 진출했던 가수는 서울음대 출신 1호 여가수 릴리화(한국이름 최정환)다. 그녀는 대학 3학년 때인 1959년, 주한서독대사 헬쯔의 양녀가 되어 독일로 유학을 떠났다. 그해 년 말 독일 하이텔베르그시가 주최한 국제유학생경연대회에 참가한 릴리화는 세계 각국에서 참여한 160여명의 경쟁자를 제치고 최고상을 수상했다. 이에 1964년 6월 세계적인 레이블 필립스레코드에 전속된 그녀는 독일, 덴마크, 오스트

60년대 릴리화 국내발매 앨범

리아, 스위스, 네덜란드와 영국의 BBC방송에 정기적으로 출연했을 정도로 한국대중음악을 유럽에 최초로 알렸던 선구자다. 1964년 한국흥행을 통해 발표한 12곡이 수록된 그녀의 국내 제작 1집은 그녀의 존재를 알리는 릴리화의 유일하게 국내에서 발매한 진귀한 LP음반이다.

* 한국 최초 포크음반

그동안 1967년에 세시봉트리오로 시작해 1968년 2월에 결성된 트윈폴리오와 미국에

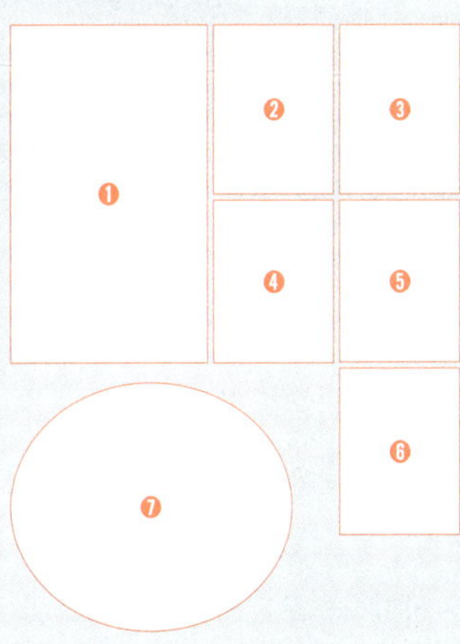

❶ 60년대 연예위문단쇼

❷ 60년대 중요음반10선 김치켓 검은 상처의 부루스 1962년 오아시스

❸ 60년대 중요음반10선 아리랑부라더스 재판 1964년 라스카라 LSL001

❹ 60년대 중요음반10선 이미자 동백아가씨 초반 1964년 미도파 LM120037

❺ 60년대 중요음반10선 하춘화 가요앨범집 1961년 10인치 LK0001 가나다

❻ 1949년 현인 신라의 달밤 유성기 럭키레코드

❼ 60년대 워커힐 개관 기업 신년인사 픽쳐디스크

서 귀국해 〈옥이의 슬픔〉 등 창작곡을 발표한 한대수를 한국모던포크의 기원으로 당연시했다. 모던포크를 노래한 통기타 음반으로는 국내에서 가장 앞선 음반은 아리랑브라더스 첫 독집이다. 1964년에 발표된 이 음반은 한동안 존재여부조차 확인되지 않았다. 외국의 포크송을 번안해 국내 최초로 이청이 창립한 LA SCALA 레코드사를 통해 음반을 발표했다. 우선 홍보용 음반 200장이 언론과 가요 관계자들에게 배포되었고 〈동물농장〉〈웃어주세요(도미니크)〉가 히트하며 3개월 만에 300장의 재판이 추가로 발매되었다.

'송아지 코멧쓰'는 '뻐꾸기 단체'라고 천막을 치고 공연을 했다. '뻐꾸기 단체'란 뻐꾸기 소리가 들리는 시골의 골목골목은 물론이고 산골마을까지 찾아간다는 의미에서 붙여진 떠돌이 공연단체 이름이다. 이 뻐꾸기 단체의 천막공연 무대에서도 통기타 노래가 불리어졌다. 멤버는 김상국, 박상규, 장우로 구성된 트리오였다. 이 팀은 독집을 발표하지는 않았지만 1966년 2곡을 공식 음반을 발표했었다. 음반으로는 1964년 아리랑브라더스의 독집이 가장 앞서고 2년 뒤인 1966년 송아지 코멧쓰에 의해 2곡이 더 발표되었다. 음반이 아닌 언론이나 문헌 기록으로는 '유세향 포크싱거'라는 남성 듀오가 가장 앞선다. 유세향 포크싱거는 동국대 영문과 출신의 유세향과 서울대 성악과 출신의 정영일로 구성된 듀엣이다. 기사가 1963년 7월 11일자 동아일보에 등장한다.

* 최초의 남성 포크듀엣

공식적으로 한국 최초의 남성듀엣은 1968년에 등장한 송창식, 윤형주의 '트윈폴리오'다. 비브라토 없이 깨끗하게 쭉 뻗는 목소리와 감정이 절제된 지성적인 음색은 음악의 새로운 경지를 열었다. 사실 트윈폴리오는 듀오가 아닌 트리오였다. 1967년에 결성된 세시봉 트리오가 전신이다. 거의 모든 남성 보컬팀의 치명적 아킬레스건이 있다. 피해갈 수 없었던 멤버의 군 입대다. 세시봉 트리오도 그랬다. 멤버였던 이익근의 군 입대로 인해 짧은 활동을 마감하고 1968년 2월 송창식, 윤형주는 듀오로 개편했다. 창작곡이 아닌 번안곡 위주의 활동에 머문 치명적인 음악적 한계는 분명하지만 한국 포크사에 있어 트윈폴리오의 존재감은 강력하다. 송창식과 윤형주가 펼쳐낸 감미로운 화음은 학생층에 폭발적인 반응을 불러오며 포크송의 대중화에 기폭제 역할을 해냈다.

* 한국 모던포크의 창시자 한대수

한대수는 1968년 장발을 휘날리며 귀국해 1969년 남산 드라마센터 공연을 통해 국내 최초로 창작포크송을 발표했다. 한대수는 첫 독집을 군대에 다녀온 후인 1974년에야 발표를 했다. 시기적으로 가장 앞선다고 할 수 없는 한대수가 한국 모던포크의 창시

1960년 김시스터즈 미국 Life지 1960년2월22일자 기사

▲ 1964년 12월 에드훠(Add4) 비속의 여인 LKL1014
● 1969년 미도파살롱
▼ 1971년 양희은 1집 아침이슬

자로 평가받아 온 것은 가장 먼저 콘서트 무대를 통해 창작곡을 발표했다는 점에 있다.

* 최초의 록 밴드

한국 최초의 록 밴드 음반은 1964년 신중현이 결성했던 4인조 밴드 '에드훠'의 첫 앨범으로 공식화 되어 있다. 문제는 신중현의 에드훠 1집보다 6개월 앞서 발매된 키보이스의 데뷔앨범이 발견되면서 상황은 복잡해 졌다. 최초의 록밴드 음반은 1964년 7월 3일 발표한 5인조 밴드 키보이스 1집이다. 키보이스는 '한국의 비틀스'라고 불렸다. 이들은 1964년 여름 KBS-TV에 출연해 최초로 록 밴드의 존재를 알렸다. 그해 12월 내한했던 영국의 5인조 록그룹 '리버풀 비틀스(리버풀5)'와 경복궁 합동공연의 파트너로 선정된 주인공 역시 키보이스였다. 키보이스는 부산 해운대에서 한국 록그룹사운드 사상 처음으로 단독 야외공연을 펼친 선구적 밴드다. 에드훠 1집은 모든 곡이 리더인 신중현의 창작곡이지만 키보이스는 멤버들의 창작곡이 아닌 트로트 곡 전문 작곡가인 김영광의 곡들과 비틀즈 등 번안곡으로 채워져 있기에 에드훠의 첫 앨범을 최초의 록 앨범으로 인정하려는 분위기다.

사실 밴드형식으로 결성된 한국 최초의 록밴드는 미8군 장교클럽 하우스밴드로 활동한 코끼리브라더스 캄보밴드다. 하지만 음반의 존재가 확인된 적이 없다. 한국 걸 밴드의 역사는 남성 록밴드의 역사와 비슷하거나 오히려 앞선다. 국내 최초의 스윙재즈 걸 밴드 '블루리본(Blue Ribbon)'은 1962년에 결성되어 1964년까지 3년 정도 활동했다. 소녀시대보다 45년 앞서 결성된 '블루리본'의 멤버는 9인조였고 댄서 1인을 포함 총 10명의 멤버가 미8군 쇼 무대에서 활동을 했다. 드러머는 한국 록의 대부 신중현의 부인 명정강이다. 블루리본도 음반을 발표하지 않아 공식적으로 최초의 록 밴드로 공증하기는 어렵다.

* 최초의 여성 록커

국내 록밴드에서 여성보컬 등장한 역사는 국내 록밴드의 역사와 함께 한다. 에드훠와 키보이스에는 여성보컬들이 있었다. 〈헬로아〉, 〈안녕하세요〉로 70년대를 풍미했던 장미화가 에드훠 1집을 통해 〈천사도 사랑을 할까요〉, 〈굿나잇 등불을 끕시다〉 2곡을 취입하며 한국 최초의 창작 록 음반에 이름을 등재하며 '신중현 사단1호 여가수'라는 영광스런 기록의 소유자가 되었다. 그녀는 1965년 경기대 가정과에 입학했지만 미8군 무대 활동을 하다 보니 1학년 2학기 학기말시험 때 백지를 내고 휴학을 했다. 그때 '애드훠' 소속사였던 동영프로덕션에서 장미화에게 5인조 걸 그룹 결성을 해 5인조 걸 밴드 '레이디버드'가 탄생했다.

1964년 국내에서 가장 먼저 록 음반을 발표한 키보이스 음반에는 미8군 무대에서 팀을 이뤄 함께 활동했던 록&키의 송영란 노래 〈귀여운 내사랑〉이 수록되어 있다. 또한 록&키의 마지막 여성보컬인 한국의 카니 프란시스로 불렸던 김현아도 있다. 송영란과 김현아와 달리 장미화는 정식멤버는 아니고 객원보컬이었다. 송영란은 미국이민을 떠나면서 은퇴를 했다. 이후 록&키의 여성보컬은 전미라와 김현아로 이어졌다.

* 최초의 창작 연주 앨범 1971년 히식스 유니버샬레코드

1970년대 최고의 인기밴드였던 히식스 시절 발표한 한국 록 밴드 최초의 창작 연주음반은 정당한 평가가 필요한 한국 록의 거룩한 유산이다. 이 음반은 1971년 홍보용 시험판으로 500장 정도의 한정 본으로 제작되어 일반에 전혀 알려지지 않았다. 독특한 드럼 솔로 사운드가 들어있는 앨범을 찾아 전 세계를 순례하는 DJ 아티스트들에게는 '꿈의 음반'으로 불린다.

* 최초의 어린이 가수 독집 – 하춘화 효녀심청되오리다 1962년

국내 최초의 어린이 가수는 하춘화로 정의된다. 사실 하춘화 보다 먼저 활동을 시작했고 노래 취입까지 했지만 음반이 나오질 않아 공식적으로 최초로 인정할 수 없는 가수는 윤복희다. 1961년 국내 최초로 6살의 나이에 제작된 하춘화의 데뷔음반은 세계적으로도 유례가 드문 어린이가수 독집이다. 독집에 대한 개념조차 정립되지 않은 당시, 국내 대중가요계에서 모든 수록곡을 장식한 어린이가수 앨범의 탄생은 경이로운 일이었다. 을지로 인쇄소에서 앨범을 인쇄해 1000장의

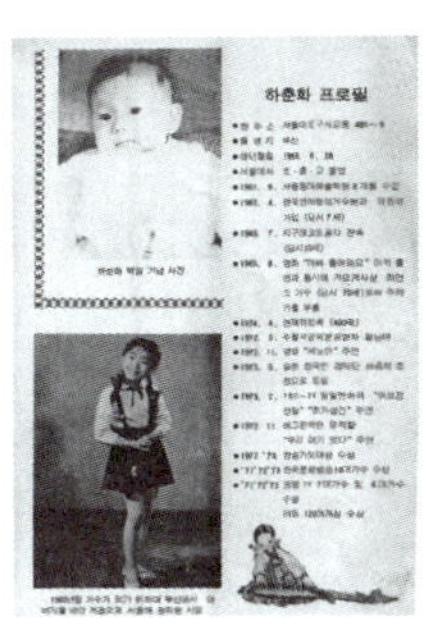

1974년 하춘화 서울 아세아극장 제1회 리사이틀 팜프렛 내용

1974년 하춘화 서울 아세아극장 제1회 리사이틀 팜프렛 표지

10인치 LP [하춘화 가요앨범]이 1962년 초 발표되었다. 하춘화의 10인치 데뷔앨범은 대중음악사의 이정표를 제시한 기념비적인 존재가치를 지니고 있다.

* 최초의 가수 개인 박스음반 – 이미자 히트곡선집 박스 1967년 지구레코드

최근 자신의 음악인생을 박스 형태로 정리해 발표하는 거장 급 뮤지션들이 눈에 띄게 늘어나고 있다. 우선 2008년 데뷔 40주년을 맞은 신중현이 2개의 엔솔로지 박스음반을 발표해 주목받았다. 한대수도 2007년까지 발표한 모든 음반을 모아 음악인생을 중간 정리하는 개념으로 'THE BOX'를 발표했었다. 그리고 전설적인 포크 뮤지션인 김민기와 김의철도 음반의 숫자는 많지 않지만 박스 음반을 발표했었다. 1967년 11월 국내 최초의 개인 뮤지션 박스음반 '이미자 히트곡 선집'이 발표되었다. 6장의 음반과 책자로 구성되어 나무박스로 제작된 한정 본 음반세트다. 1968년 이전까지의 이미자의 히트곡이 총 망라된 희귀 음반이다. 흥미로운 것은 28페이지짜리 책자다. 총 72곡의 수록곡 중 무려 40곡의 노래 악보가 실려 있고 나머지 32곡도 가사를 수록했다. 이미자 개인의 각종 진귀한 사진은 물론 박정희대통령과 악수하는 청와대 사진은 이 책자의 가치를 더해준다. 사진으로 남겨진 두 사람의 거의 유일한 기록이기 때문이다.

* 국내 최초 남녀 시각장애인 가수 – 이용복, 조성희 1970년

1970년 국내 최초로 대중 앞에 나타난 18세의 어린 시각장애인 학생가수 이용복은 하나의 사건이었다. 외국에는 걸출한 시각장애인가수들이 맹활약하고 있었지만 국내에서는 전례가 없던 일이었다. 1970년 10월 27일 신진레코드에서 번안 곡 〈지쳐버린 사랑〉을 포함 김준규의 창작 트로트곡 〈밤열차 블루스〉를 담은 데뷔음반을 발표했다. 이용복의 데뷔음반은 최초의 남녀 시각장애인 가수가 동시에 등장한 음반이다. 이 음반

◀ 1974년 한대수 1집 멀고먼길 신세기 가9012. ● 1980년 3월 조용필 1집 창밖의여자 지구레코드. ▶ 1993년 조용필 해운대 라이브 픽쳐디스크

2면 4번째 트랙 〈여인의 부르스〉를 부른 조성희는 최초의 여성 시각장애인 가수다. 이 진귀한 앨범은 한국 최초의 남녀 시각장애인가수의 동반등장을 알린 기념비적인 음반이다.

* 최초의 여성 포크 창작앨범 – 방의경 내 노래 모음 1972년 유니버샬레코드

세상엔 수많은 싱어송라이터가 존재하지만 2000년대 이전까지 국내에서 여성 싱어송라이터의 존재는 천연기념물 정도로 희귀했다. 최근 개체수가 늘어나긴 했지만 주목할 만한 여성 뮤지션은 여전히 극소수다. 방의경의 이름 석 자는 일반대중에겐 생소한 이름일 것 같다. 그녀는 여성뮤지션으로는 유일하게 한대수, 김민기, 김의철과 같은 저항적인 프로테스탄트 창작 포크 앨범을 발표했던 여대생 가수다. 양희은이 불러 유명한 70년대의 대표적인 번안 포크송 〈아름다운 것들〉과 창작곡 〈불나무〉 그리고 김인순이 불러 히트했던 〈하얀나비〉는 대중이 기억하는 그녀의 작품들이다. 정미조와 더불어 '이화여대의 노래잘하는 쌍두마차'로 통했던 방의경은 대학졸업 후 CBS의 인기 청소년 음악프로그램 '세븐틴'의 DJ로 활동하기도 했다. 1972년 발표된 그녀의 유일한 독집은 어두운 사회현실을 맑고 아름다운 은유적인 노랫말로 표현한 명반이었다.

* 최초의 온 가족 패밀리 그룹 – 작은별 한가족 노래모음 1977년

패밀리그룹 작은별 가족은 '한국의 오스몬즈 가족'으로 불리며 1970년대 중반부터 대중의 사랑을 받았다. 이들 이전에도 가수 이난영, 작곡가 김해송 부부의 자녀들인 김시스터즈, 김보이스가 있었고 무수한 자매, 남매, 형제 그룹들이 있었지만 전 가족 9명이 한 팀으로 활동한 가족음악그룹은 국내사상 초유의 일이었다. 최고 스타는 막내 강인봉. 깜찍한 용모의 그는 맑고 청아한 보컬에다 못 다루는 악기가 없는 재능을 선보였다. 또한 독학으로 고입과 대입검정고시에 합격했고 14살 때는 최연소로 사법고시에 응시했던 천재였다. 1977년 발표된 이 앨범에서 마이클 잭슨의 노래를 번안한 강인봉의 노래 〈나의 작은 꿈〉과 〈너 나의 미소〉가 빅히트를 기록했다.

* 최초의 리메이크 앨범

노래 한 두 곡이 아닌 수록곡 전체를 리메이크 곡으로 장식하는 앨범의 역사는 불과 20년 남짓 되었다. 공식적인 주인공은 김광석이다. 그는 리메이크를 '다시 부르기'라 한글로 기막히게 표현했다. 1993년에 발표된 김광석의 [다시부르기 1집]은 솔로 독립이전 자신이 몸담았던 노래를 찾는 사람들과 동물원 시절에 발표한 명곡들과 전인권이 먼저 부른 〈이등병의 편지〉, 본인의 솔로앨범에서 선곡한 〈사랑했지만〉, 〈사랑이라는 이유로〉, 노래들로 음악인생 10년을 중간 점검하는 개념의 앨범이다. 김광석의 [다시부르기]보다 10년 앞 선 1983년 대성음반에서 발표한 이광조의 음반은 리메이크란 표현을 쓰지 않았지만 사실상 앨범 수록곡 전체가 리메이크곡으로 구성된 최초의 리메이크 음반이다. 홍대 미대를 나온 이광조는 명동 해바라기 노래 동아리 출신이다. 대성음반에서

2005년 7월 반야월 쟈니리충무로 스카라 계곡 골목을 누비며

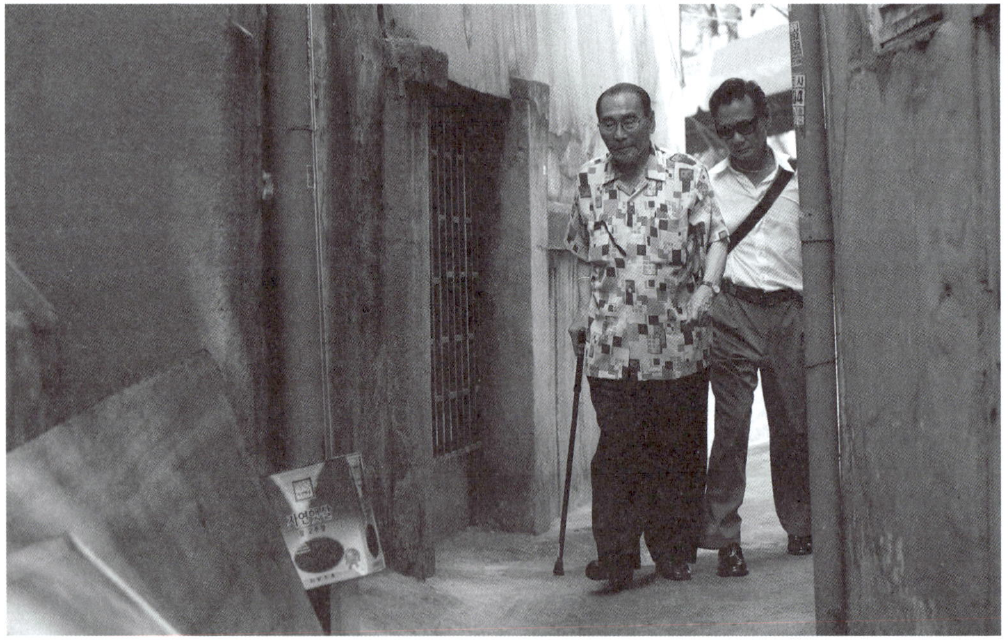

발표한 낙엽, 그리움 그리고 사랑 음반은 명동 해바라기 시절에 함께했던 김의철과 이정선의 작사작곡 노래들로 구성했다. 리메이크 음반이지만 문제는 원작을 능가할 정도로 이광조는 이 음반에서 절정의 가창력을 들려준다.

1-3. 명예의 전당

최근 많은 가수들의 자신의 데뷔 10주년 20주년 30주년 40주년 심지어 55주년을 기념하는 공연을 열고 있다. 그만큼 우리 대중가요도 연륜이 쌓였다는 증거이고 오랜 기간 대중의 사랑을 받으며 롱런하는 가수들이 늘어나고 있다는 증거다. 올해만 해도 주현미, 최진희, 이선희가 데뷔 30주년, 하남석 40주년, 남진은 50주년, 이미자는 55주년 기념공연을 치러냈다. 이는 한국 대중음악은 거장들의 전성시대로 접어들었다는 확실한 사례다. 30년 이상 활동을 계속하고 있는 혹은 빛나는 업적을 남긴 작고하거나 활동을 중단한 거장급 가수들과 작사, 작곡자, 연주자, 제작자 등 대중음악인을 대상으로 한 '명예의 전당'이란 전시는 상설전시도 훌륭한 상설 전시 아이템이다.

1-4. 음반의 발전, 변천사

대단히 교육적인 아이템으로 음반 미디어 발전, 진화 과정을 통해 한국 음악산업의 발전과 기술 발전과정을 보여줄 수 있는 상설 전시아이템이다. 음반 종류로는 유성기 SP, 7-8인치 싱글, 10인치, 12인치, 16인치 LP, 8mm 카트리치, 카세트테이프, 릴 테이프, 싱글 CD, 앨범 CD, 디지털 싱글 CD 등 실로 다양하다.

2. 기획 전시

기획 전시는 최소 1달에서 최대 6개월 정도의 한시적 기간의 이벤트성 전시를 의미한다. 기획 전시는 사회적 분위기와 트렌드를 적극 반영해 대중의 기호와 관심을 반영하는 흥미로운 아이템으로 기획되어야 효과가 극대화 될 수 있다. 대중음악 전 분야에 걸쳐 대중의 관심이 지대한 핫 트렌드에 대해 다양한 재미를 안겨주는 스토리텔링식 구성으로 접근하면 효율적일 것이다.

2-1. 한국영화, 드라마와 대중음악의 만남

한국영화와 대중가요는 오랜 기간 뗄 수 없는 불가분의 역학관계를 맺고 있다. 한국

50년대 한정무 로맨스 수첩 유성기 SP음반 도미도

▲ 60년대 가족계획포스터
● 60년대 공보부 제정 일하는 해 수출의 노래 음반
■ 60년대 음악감상실 세시봉 입장권
▼ 70년대 새마을노래 음반

최초의 창작가요인 이정숙의 〈낙화유수〉(김서정 작사작곡. 일명 강남달)는 1927년에 제작된 이구영감독의 무성영화 〈낙화유수〉의 주제가다. 1929년에 유성기음반으로도 발표되었다. 그러니까 한국인이 최초로 창작한 대중가요는 곧 영화주제가란 사실이다. 소리가 없던 무성영화시절에도 가수나 오케스트라가 쉴 새 없이 음악을 들려주었듯 영화에서 음악의 중요성은 절대적이다. 이미자, 남진, 나훈아 등 국민가수들은 하나같이 드라마와 영화주제가를 취입하며 인기가수가 되었다. 실제로 가수가 영화에 출연했거나 가수의 히트곡이 영화화된 자료는 상당수다. 이 전시와 관련된 자료 종류로는 드라마 대본, 음악관련 영화 영상기록물(비디오. DVD, VCD), 영화 OST음반, 대중음악 소재 영화 대본, 시대별 대중음악 관련 포스터, 리후렛, 팜프렛, 영화 스틸사진, 영화카드, 신문 잡지 광고 등 다양하다.

* 최초의 픽쳐 영화음반 OST 1958년 유니버샬레코드

1960년대에는 경주 불국사 방문 기념으로 종이 픽쳐 디스크가 제작되었고 각 대학과 호텔의 신년 인사, 개관, 개교기념으로 픽쳐 디스크들이 소량 제작되었다. 각종 기념물로 제작되어 귀한 존재가치를 뽐냈던 픽쳐 디스크는 1970년대 이후 자취를 감췄다. 한 참의 세월이 흐른 1993년. 가수 신윤정에 이어 가왕 조용필이 해운대 콘서트 실황을 소량 한정의 픽쳐 LP로 발표해 화제를 모았다. 물자와 기술이 열악했던 50년대에 국내 기술로 제작한 영화 OST 픽쳐 유성기 음반이 최초로 제작되었다. 실물이 확인된 음반은 단 3장이다. 1958년 4월 에 개봉한 신상옥감독의 영화 '지옥화' 음반은 주연배우 최은희와 김학의 충격적이고 노골적인 정사 장면 사진이 음반에 담겨있다. 같은 해에 개봉한 영화 '눈 내리는 밤'도 픽쳐 유성기음반으로 제작되었다. 한동안 필름이 망실된 영화로 알려졌다 최근 필름이 발굴된 이 영화의 픽쳐 유성기음반에는 1950년대 악극단 시절 '눈물의 여왕'으로 군림했던 전옥의 사진이 들어있다. 1958년 5월에 개봉한 고 김기영감독의 영화 '초설'도 있다. 이 영화는 오리지널 필름은 물론이고 시나

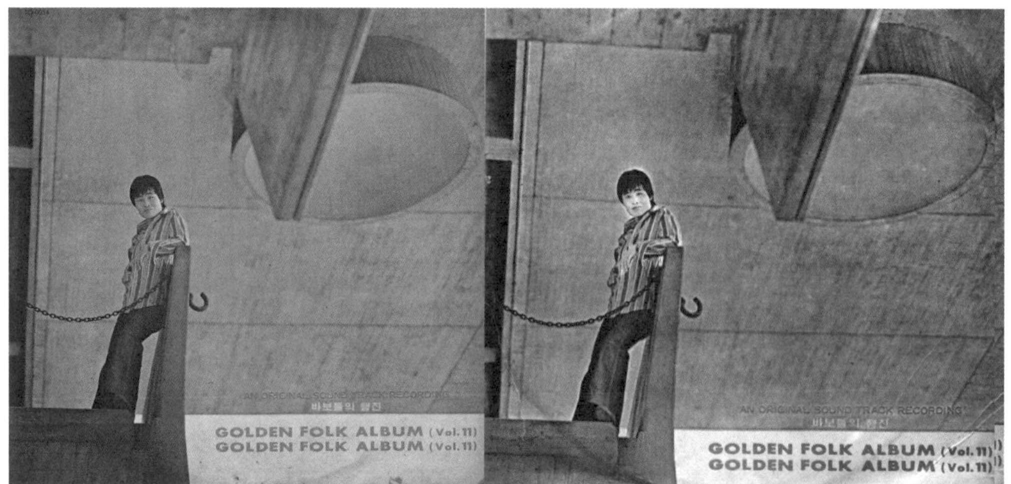

70년대 영화 바보들의 행진 OST 정규앨범과 해적판

리오조차 망실되었다. 이 음반들은 데이터베이스가 척박한 50년대 한국대중음악계는 물론이고 한국영화계의 소중한 유물로 손색이 없다.

2-2. 한국 가수 해외 진출사

2-3. 내한공연의 추억

과거 외국 유명가수들의 내한공연은 온 나라에 화제가 되었다. 내한공연을 했던 가수 중에는 한국어로 우리 노래를 불렀거나 음반을 취입하기도 했다. 미국 모던 포크의 대부로 불리는 피트 시거는 1950년 한국전쟁 때 동두천 철원지역에서 전투병으로 참전했다. 당시 그는 구슬픈 가락을 남과 북 병사 모두 부르는 것을 보고 이 노래가 한국인의 민족의 노래라는 것을 알게 되었다. 바로 〈아리랑〉이다. 그는 전역 후 미국에 돌아가 깊은 감명을 받았던 〈아리랑〉을 영어로 취입해 전 세계 소개하여 한국전쟁과 한국에 대해 널리 알린 인물이다. 〈아리랑〉을 부른 가수가 60년대에 또 등장했다. 달콤한 미성이 너무도 매력적인 당대 최고의 보컬리스트 냇킹콜이다. 냇킹콜은 1964년 내한해 시민회관에서 〈아리랑〉을 한국어로 부르는 놀라운 시도를 했다. 이 또한 최초의 기록이다. 실물을 보기가 쉽진 않지만 냇킹콜의 내한공연 '실황음반'이 존재한다.

냇킹콜 내한공연 이전에도 1963년 세계적인 재즈뮤지션 루이 암스트롱이 워커힐 개관 기념으로 내한해 공연을 했다. 그 무대에서는 15살 소녀가수 윤복희가 기막힌 모창으로 루이는 물론 객석을 뒤집어 놓았다. 1960년대는 루이 암스트롱, 패티 페이지, 냇킹콜, 루이 암스트롱, '미스 다이나마이트'로 불린 브렌다 리, 클리프 리차드, 벤쳐스 등 세계적인 가수들의 내한공연이 줄을 이었다. 그 중 프랑스 여가수 이베트 지로의 60년대 이뤄진 두 차례 내한공연과 70년대와 80년대 아다모의 내한공연은 샹송에 대한 국내 대중의 관심에 불을 지폈다. 이베트 지로는 최초로 내한공연을 펼쳤던 샹송가수이자 한국대중가요를 우리말로 취입한 최초의 샹송가수다. 그녀는 〈노오란 샤쓰의 사나이〉와 〈안개〉, 본인의 히트곡인 〈Papa Aime Maman〉를 〈엄마 좋아 아빠 좋아〉라는 제목으로 바꿔 앨범을 내 화제가 되었다.

　내한공연의 추억을 이야기할 때 반듯이 언급해야 될 가수는 클리프 리차트다. 전쟁의 잿더미에서 경제개발이 어느 정도 이루어지기 시작했던 1969년 클리프 리차드의 내한공연은 한국대중문화사에 청년문화의 출발점으로 아롱진 순간이었다. 시민회관에 이어 이대 강당에서 열린 그 공연에서 지금은 우리의 어머니뻘인 당대의 여학생들이 보여준 열광적인 모습은 조용한 아침의 나라를 발칵 뒤집어 놓은 엄청난 사건이었다. 20대 청년세대들이 처음으로 자신들의 목소리를 냈던 클리프 리차드 내한공연은 대중문화의 주역이 기성세대에서 20대 청년들로 옮겨가는 하나의 전환점이 된 상징적 사건이었다. 당시 실황도 여러 장의 음반으로 남겨졌다. 70년대 들어서도 내한공연은 밀바, 벤쳐스, 폴 모리아로 이어졌고 1980년 레이프카렛 숭의음악당 내한공연은 또 한 차례 화제가 되었고 1992년 2월 뉴키즈 온더 블록 올림픽공원 내한공연은 여학생이 사망하는 사고까지 발생했다. 1999년에는 마이클 잭슨이 잠실운동장에서 역사적인 내한공연을 했다. 이후 레이디 가가 등 수를 헤어리기 힘든 해외 팝스타들이 한국을 방문하고 있다. 한국이 아시아 음악시장의 허브로 성장했다는 증명이다.

▲ 1950년 9월 13일 UN군 위문 특별 쇼 한국무용 오리지널 사진
● 1952년 3월 한국전쟁 때 한명숙 지경애 뒤 이화란 김진선 등 가수들 보병6사단 사령부 전속 군예단원
▼ 1954년 금사향 홍콩아가씨 도미도레코드

◀ 1952년 한국전쟁 당시 지방특별이동선전대 거리공연. ▶ 1953년 공보처 6.25의 노래 제정 행사자료

2-4. 전국 지명 송 전시

2-5. 장르별 전시 (스토리텔링적인 주제별 전시)

장르나 주제로 구분하는 것은 워낙 광범위한 작업이다. 하지만 흥미를 유발시킬 수 있는 스토리텔링적인 주제별 전시는 꼭 필요하다. 예를 들어 한국의 중요 대중가수 100인, 영화 속에 등장하는 대중음악, 중요 작곡가, 어린이가수, 걸그룹, 록밴드, 남녀 혼성 보컬그룹, 그리고 한국 대중음악 최초의 자료들을 한 자리에 모으는 전시도 필수 적이다. 전시의 경우 고정 전시물과 기획 전시물로 나뉘어 한국대중음악사에 빛나는 불 멸의 작품들이나 덩치가 큰 기계물은 고정적으로 상시 전시하는 것이 좋을 것 같다. 장 르적으로 록, 포크, 트로트, 팝, 재즈 등 장르적으로도 뮤지션, 명반, 히트곡 위주로 구 분이 가능하다. 서울, 부산 등 전국의 지명이 들어간 노래를 정리해 지역특성을 보여주 며 전시하는 것도 재미있을 것이다. 해적판(일명 빽판), 금지곡이 수록된 음반과 자료, 각 종 관공서 발매 건전가요 음반, 국내가수의 외국 발매음반, 음반 속 가사지나 음반사들 의 레이블 전시도 특화된 전시품목이 될 것이다.

* 걸그룹 역사 자료 전시회

* 보이그룹 역사 자료 전시회

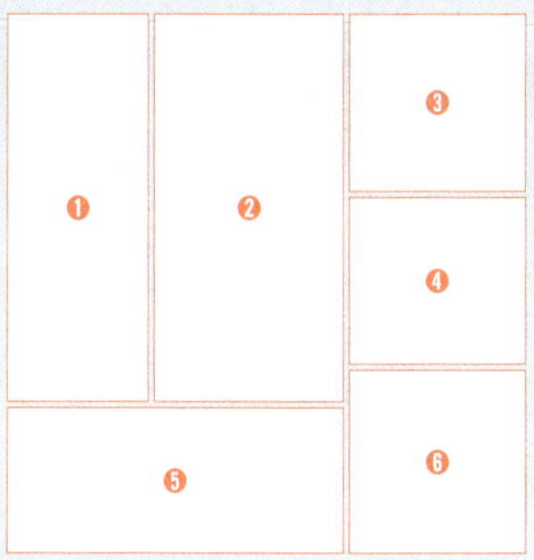

❶ 1956년 김시스터즈 출연 한국 최초 뮤지컬 영화 청춘쌍곡선 포스터
❷ 1957년 영화 청실홍실 포스터
❸ 1958년 영화 눈내리는밤 OST 픽쳐유성기 유니버샬
❹ 1958년 영화 지옥화 OST 픽쳐유성기 유니버샬
❺ 1957년 일선 장병 위문단 이난영 반야월 이시우 장소팔 고춘자 등
❻ 1958년 영화 초설 OST 픽쳐SP 유니버살레코드

* 댄스가수 계보학

노래를 좋아하는 우리민족은 예로부터 흥겨우면 노래와 더불어 춤이 절로 덩실덩실 이어졌다. 댄스는 생명이며 리듬이고 또 즐거움이라고들 말한다. 맘보, 차차차, 트위스트, 고고, 디스코, 힙합, 살사. 세상엔 참으로 다양한 종류의 춤이 있고 춤은 우리들의 생활을 흥겹고 풍요롭게 해준다. 이처럼 다양한 종류의 춤은 시대적 상황과 맞물려 그 형태를 바뀌가면서 급속히 확산되어왔다. 국내에 외국의 춤이 유입된 것은 미군주둔의 역사와 같이한다. 미군병사들의 여흥을 위해 유입된 것이 신나는 블루스와 록큰롤, 트위스트였고 특히 트위스트는 국내에서도 대중적으로 선풍적인 인기를 끌었다. 국내에서 70년대가 고고의 시대라면 60년대는 단연 트위스트 열풍지대였다. 동네 꼬마부터 트위스트는 기분 좋은 장소에서 빠질 수 없는 춤이었다. 남진의 〈님과 함께〉와 개다리춤도 당시 초중고등학교 소풍 때 빠질 수 없는 유흥의 단골메뉴였다. 70년대 말부터 국내에도 불어 닥친 디스코 열풍은 남녀노소 가리지 않고 확산됐다. 디스코텍이 생겨나고 놀이판이나 유흥에는 으레 디스코가 압도했다. 특히 국내의 디스코의 열기는 경제 성장기의 사회 분위기에 맞춰 한동안 상승세를 탔다. 90년대는 테크노 열풍 속에 예전의 살사 춤까지 다시 등장하고 젊은 층에서는 힙합춤이 패션, 음악, 스타일 등 패키지로 몰려들어 힙합 문화를 형성했다. 이 같은 춤들은 과거부터 지금까지 댄스가수들에 의해 대중에게 전파되어왔다.

국내 최초의 댄스가수 고 이금희다. 공식 활동도 가장 앞서있고 음반취입여부 때문이다. 허스키보컬에 화끈한 율동을 곁들인 그녀의 흥겨운 곡들은 부동자세로 노래하던

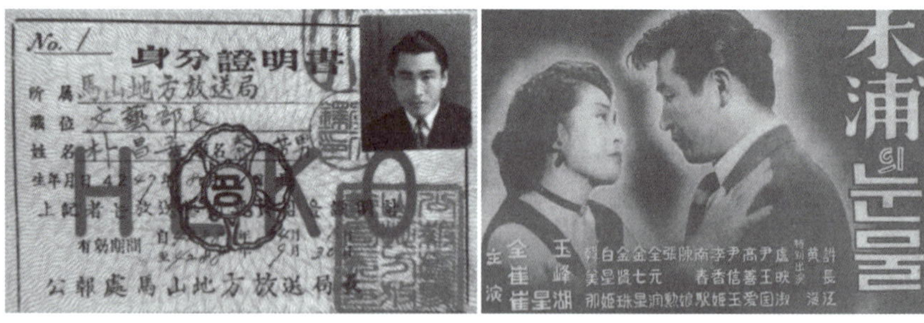

◀ 1955년 반야월 마산지방방송국 문예부장 신분증. ▶ 1958년 영화 목포의 눈물 전단지

1965년 10월 경복궁 주말의 야외쇼사진

정적인 가요계에 일대 지각변동을 몰고 왔다. 당시 터질듯한 몸매로 화끈한 춤을 곁들여 노래한 이금희는 뭇 남성들의 야릇한 시선을 한 몸에 받았다. 당시 그녀의 별명은 무대를 폭발시킬 것 같다고 해 '미스 다이나마이트'로 불렸다. 사실 이금희의 데뷔 이전인 1950년대 말에도 미8군 무대에는 미스K(혹은 먼로K)라는 걸출한 한국여성 댄스가수가 있었다. 여성임에도 당시로서는 상상할 수 없는 무대 위에 드러누워 춤을 추고 노래하는 파격적인 무대매너를 선보여 미군들의 넋을 빼놓은 걸출한 댄스가수였다. 하지만 일반무대 진출 전 미군 장교와 결혼 후 은퇴를 해버려 일반대중에게는 전혀 알려지지 않았다. '와일드 캐츠'라는 3인조 여성댄싱그룹도 있었다. 안무를 전문으로 했던 국내 최초의 여성댄싱그룹이다. 우리가 아는 동명의 록그룹 와일드 캐츠 탄생 이전에 등장했던 댄싱팀이다. 댄싱팀 와일드 캐츠의 리더는 힙합장르의 스타 드렁큰 타이거(서정권)의 어머니다.

1969년 청와대 경호실장 차지철 작사 조국의 찬가 7인치 음반

◀ 1970년 6월 29일 청개구리개관. ▶ 1970년 청개구리의 집 대강당 공연관객

50년대 화제의 영화 자유부인을 보면 당시의 나이트클럽 무대에서 화끈하게 춤을 추는 무희가 등장한다. 그렇게 보면 우리 대중문화 속에 등장하는 전문 춤꾼의 역사는 50년이 넘은 셈이다. 이금희 이후 여성댄스가수의 계보를 이은 것은 배인순 배인숙 자매로 구성된 펄시스터즈였다. 훤칠한 키에 미모까지 겸비한 노래 잘하는 대학생 자매 댄스듀엣의 등장은 대중음악사적으로도 중요한 모멘트로 평가받는다. 바로 오디오시대에서 비디오시대로의 전환이 시작된 터닝포인트로. 곧바로 등장한 김추자는 이금희의 계보를 잇는 대형댄스가수라 할 만 하다. 이후 나미, 인순이, 김완선, 김현정, 이효리, 최근의 원더걸스 등 걸그룹까지 여성댄스가수들의 등장은 끝없는 퍼레이드를 이루고 있다. 남성 댄스가수들의 경우 보수적인 시각 때문에 60년대 트위스트 김 이후 70년대에는 남진 정도를 거론할 수 있다. 80~90년대에 접어들면서 클론, 소방차, 박남정, 현진영, 서태지와아이들, 듀스를 필두로 박진영, 비, 모든 아이돌가수들은 노래와 춤을 병행하고 있다.

2-6. 정치사회적 사건과 연관된 노래

2-7. 국내외 이색 음반 전시

이색적이고 독특한 모양의 전 세계 희귀음반, 쉽게 볼 수 없는 변형 스타일 음반, 패티김 길옥윤 결혼기념음반, 김지하 죄수복 앨범, 픽쳐 디스크 등.

* 픽쳐디스크

픽쳐디스크는 레코드 전체에 그림이 그려진 음반을 말한다. 정규앨범이기보단 소량의 전시수집용 기념음반으로 희귀성과 더불어 그 화려한 시각적 매력이 상당한 음반이다.

1978년 희자매

이 음반은 유럽과 일본을 중심으로 60~70년대에 본격적으로 제작이 시작되어 80년대에 절정을 이뤘다. 세계적으로 유명한 픽쳐디스크는 요절한 미국의 섹시여배우 마릴린 먼로, 록음악의 전설 비틀즈, 지미 헨드릭스와 영화 스타워즈의 OST가 있다. 특히 사후에 온갖 의혹을 불러온 마릴린 먼로의 그림음반은 무명시절의 누드 사진이 수록되어 전 세계 마니아들의 표적이 되었다. 국내에서는 50년대에 제작한 몇 장의 영화 OST 픽쳐 유성기 음반부터 시작된다. 세간에는 '5~6장 쯤 나왔을 것'이라는 풍문이 있지만 현재까지 실물이 확인된 픽쳐 유성기 음반은 단 3장이다. 60년대에는 신년 기념으로 비닐 픽쳐디스크가 여러 종류가 제작되었고 불국사 방문 기념, 한일은행 창립기념, 대학과 호텔의 신년 인사, 개관, 개교기념으로도 소량 제작했었다. 이처럼 국내 픽쳐디스크는 60년대에 각종 기념물로 일반에 널리 애용되다 70년대에 자취를 감췄다. 그러다가 1993년 신윤정에 이어 가왕 조용필도 해운대 콘서트 실황을 소량 한정 LP로 발표했고, 가장 최근에는 2013년 김정미의 [NOW] 앨범이 제작되었다. 요즘은 거의 대부분 CD에 다양한 그래픽과 사진, 그림이 디자인되고 있다.

*** 해적판**

소위 '빽판'이라 불리는 음반이다. 라이센스 개념이 없었던 60~70년대에 대부분 레이블은 팝송과 클래식 해적판을 제작했었다. 이후 청계천을 중심으로 레이블도 없이 조악한 음질과 선정적인 재킷으로 제작된 불법 해적판이 넘쳐나던 시절도 있었다. 금지곡과 판매금지 앨범이 양산되었던 60~70년대 당시 인기 있던 이미자, 김추자, 송창식의 금지 가요음반도 해적판이 여러 장 제작되었다. 정규 앨범보다 더 구하기 힘든 귀한 아이템이다.

2-8. 중요 작곡자의 사단 소개

신중현, 박춘석, 길옥윤 등

2-9. 중요 음반 기획제작사 역사

2-10. 계절을 대표하는 시즌 명곡

화사한 계절 봄노래 중에는 꽃을 소재로 한 노래들이 참 많다. 목적지로 떠나는 차에서, 계곡에서, 해변의 파라솔 밑에서 듣는 흥겨운 리듬의 대중음악은 그동안 열심히 일하면서 쌓인 업무와 공부의 스트레스를 시원하게 한방에 해소해주는 청량제 역할을 해준다. 계절마다 제격인 노래가 있지만 여름노래는 다른 계절의 음악과는 그 성격이 확연히 다르다. 일단 멜로디와 가사가 청량하고 산뜻해야 하며 빠르고 신나야 한다. 시대별 댄스문화 역사를 장식한 트위스트 고고 디스코 레게 힙합 테크노 등의 댄스음악은 모조리 여름에 강세를 보여 왔다. 여름엔 신나는 노래가 제격이 아니겠는가. 가을 시즌송은 낙엽 이별 추억 고독 낭만 같은 가을의 정서를 대변하는 느리고 슬픈 정서가 가득하다.

2-11. 크리스마스 그리고 캐럴의 역사

2-12. 사랑노래를 통해 살펴보는 사랑의 정서 시대 변천사

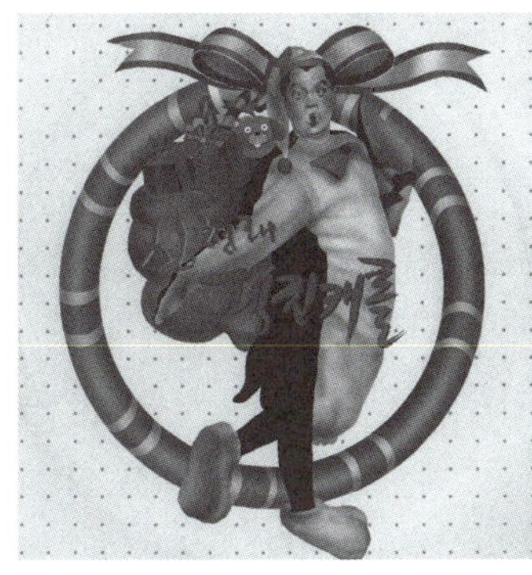

코믹 개럴음반 모음

2-13. 추억의 만화영화 주제가

2-14. 만담과 만요 코믹송의 추억

2-15. 가요계 '명품 콤비'가 빚어낸 명곡 이야기

어느 분야나 성공신화를 일궈내는 환상의 파트너가 있게 마련이다. 대중가요에도 히트 보증수표로 여겨졌던 황금 콤비는 무수하다. 100년의 역사를 자랑하는 한국 대중음악 역사를 살펴보면 어느 시대나 수많은 히트곡을 합작했던 명콤비들이 존재했고 그들이 발표한 노래에 대중은 위로받고 웃고 웃었다. 아무리 뛰어난 가창력을 지닌 가수나 능력을 지닌 작곡가, 작사가라 해도, 서로 간의 '궁합'은 예나 지금이나 변함이 없어 보인다. 30년대의 '남인수-박시춘-조명암' 콤비를 시작으로 '황금심-전수린-이부풍' 그리고 40~50년대의 '현인-박시춘-유호', 60대는 '현미-이봉조', '이미자-박춘석', '문주란-박춘석', '배호-나규호-전우', '패티김-길옥윤', '신중현-펄씨스터즈', '신중현-김추자', 70년대는 '김민기-양희은', '신중현-장현', '혜은이-길옥윤'이 그랬고 80년대에는 '조용필-김희갑-양인자', '이선희-양인자-김희갑', '이문세-이영훈', '변진섭-하광훈-박주연'이 그리고 90년대에는 '김건모-김창완', '쿨-윤일상' 2000년대에도 '테디-빅뱅', '용감한형제-손담비'로 그 찬란한 역사는 계속 이어지고 있다.

2-16. 명곡의 오리지널이 따로 있다

때론 노래 한 곡이 한 사람의 인생을 송두리째 바꾸어 놓기도 하고, 가끔은 음악 한 곡이 시간을 거슬러 우리를 오래 전 추억으로 안내하기도 한다. 옷을 살 때 보면 "정말

이게 나한테 딱이다~ 진짜 내 옷이다." 싶은 그런 옷이 있다. 노래도 그런 게 정말 있다. 최근 각종 서바이벌 프로그램들을 통해 과거의 명곡들이 수도 없이 리메이크 되고 있는데 우리가 알고 있는 노래엔 '임자'가 따로 있는 경우가 참 많다. 이 노래는 이 가수가 주인인줄 알았는데 사실은 오리지널 가수가 따로 있는 노래가 많다는 사실. 얼마 전 중견 가수들이 경연을 벌이는 프로그램에서 〈아름다운 강산〉의 가수가 이선희로 명기된 것을 보고 참 놀랬다. 그 노래의 오리지널 가수는 신중현과 더 맨의 리드보컬 박광수고 이선희 이전에도 신중현은 물론 수 십 명의 가수가 이미 취입을 했던 노래이기 때문이다. 우리에게 익숙한 명곡들이 사실은 가장 먼저 부른 가수와 오리지널 가수의 '오리지널 곡'이 따로 있다는 것을 알리는 전시는 흥미로울 것이다.

2-17. 시대별 군인들이 사랑한 역대 군대여신들

소위 '군대여신'이라 칭해지는 근사하고 섹시한 외모의 여자가수들은 군인들에게 훈련의 고된 피로를 풀어주는 오아시스 같은 존재다. 조선시대나 그보다 훨씬 이전의 시대에도 군의 사기를 높이기 위해 당대의 여자 예인들이 나름의 역할을 다했겠지만 대한민국이 건국된 1948년 이후 이 땅의 여가수들은 한국전쟁, 베트남 전쟁터와 군대를 오가며 장병들의 사기를 드높여왔다. 예나지금이나 젊은 청년인 장병들은 대부분 젊은 청년들이니 예쁘고 섹시하고 노래 잘 하고 춤 잘 추는 여자연예인을 좋아하는 점에선 한 치의 오차가 없다. 1948년 한국군 창설 이후 여자 연예인들이 처음으로 국가를 위해 헌신했던 시공간은 1950년 한국전쟁 시기다. 목숨 바쳐 적과 싸우는 장병들을 위문하기 위해 전방과 후방을 가리지 않고 전쟁터를 누볐던 백설희, 〈홍콩아가씨〉의 금사향은 50년대 장병들의 여신이었다.

월남파병이 최대 화두였던 60년대는 이미자, 이금희, 현미, 패티김, 김세레나 등은 파병장병들이 가장 열광했던 당대의 군대여신들이다. 한국최초의 댄스가수 이금희나 현미는 다이나믹한 노래와 율동으로 현지 베트남 군인들까지도 열광시켰던 여가수들이다. 특히 간들어지는 춤과 노래로 장병들의 애간장을 살살 녹였던 김세레나도 인기가 대단했었다. 이미자는 최다 위문공연을 다녀 온 가수인데 인기곡 〈동백아가씨〉를 들으며 파월장병들은 눈물바다를 이뤘다고 한다. 이들이 파월장병위문공연을 갈 때면 팬티를 한보따리 싸 가지고 갔다고 한다. 여자 속옷을 챙겨가지고 전쟁터에 나가면 죽지 않는다는 속설 때문이다.

70년대 군대여신은 김추자를 비롯해 이은하, 계은숙, 방미, 그리고 희자매, 와이트 캐츠가 단연 톱이다. 계은숙은 예쁘장한 외모로, 이은하와 방미 그리고 와일드 캐츠는 신

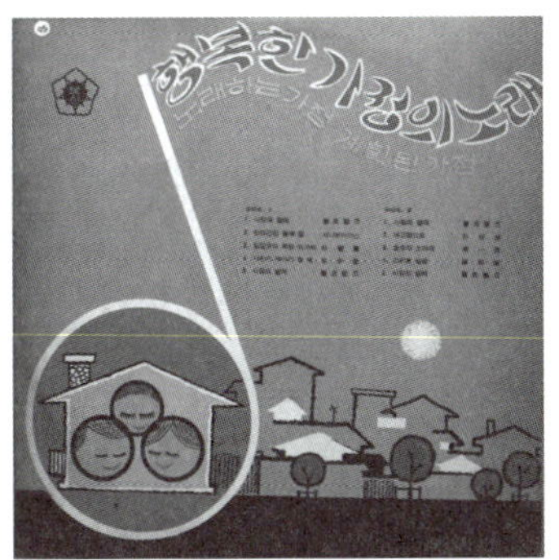

행복한 가정의 노래

나는 댄스(곡)로 희자매는 섹시한 춤과 노래로 군인들에게 소구할 수 있었다. 특히 혜은이와 상벽을 이루며 디스코 붐을 일으켰던 이은하의 밤차는 대단한 인기를 구가했었다. 80년대는 백치미가 압권이었던 댄스퀸 김완선과 은근한 여성스런 매력으로 절정의 인기를 구가했던 양수경 그리고 청순한 매력의 이지연이 단연 톱이었다. 90년대는 1993년부터 한동안 군인들의 인기조사에는 섹시미의 대명사로 통하던 가수겸 배우 엄정화가 단연 여왕이다. 이 외 청순한 이미지의 강수지와 섹시한 여성듀엣 비비도 인기가 대단했었다. 방위산업청에서 선정한 요즘 장병들이 선호하는 여신 걸그룹 1위 소녀시대로 시작한다. 소녀시대는 군대에서 하나의 종교로 여기질 정도로 큰 인기몰이를 하고 있다. 소녀시대가 군에 떳다하면 군용차 100대가 왔다갔다 분주하고 구보가 금지되며 내무실 밖으로 나가는 것조차 허락되지 않을 정도로 삼엄한 경비가 시작된다고 한다. 군대 내에서 "전우를 대하는 것을 소녀시대 대하듯"이란 표어까지 나올 정도라니 정말 대단한 인기 아닌가!

III. 마치며

찬란한 한국대중음악의 뿌리를 찾아가는 작업의 일환은 물론이고 케이팝의 미래를 위해 대중음악박물관이 해야 될 역할은 확고하다. '아는 만큼 보인다.'고 했다. 격동의 한국 근현대사와 궤를 함께 해오며 시대마다 대중의 희노애락을 담아낸 대중음악은 장구한 역사와 내공만큼이나 다양한 유물과 실현가능한 전시 아이템이 무궁무진하다. 문제는 존재 확인조차 힘들고 망실되어 실체조차 불분명한 한국대중음악의 중요 유물들을 발굴하고 보존하는 작업이 시급하다는 점이다. 다양한 유물이 확보된다면 상설 전시의 격과 규모가 업그레이드 될 것이고, 대중음악에 대한 이해와 애정이 높은 학예사들을 양성한다면 국내는 물론이고 외국인들의 관심과 재미를 높이는 다양한 스토리텔링이 가능한 흥미롭고 의미 있는 다채로운 기획전시가 가능할 것이다. 여기에 소개한 상설, 기획전시 아이템은 한정된 지면상 제한적으로 소개한 빙산의 일각일 뿐이다. **SOUND**

기획

SOUND FESTIVAL 2014
"그녀의 삶을 살다"

우리시대 여성 싱어송라이터 7인 : 장필순, 한희정, 요조, 타루, 최고은, 민채, 프롬

박준흠 | 대중음악SOUND연구소장

대중음악SOUND 발행인&편집인, SOUND FESTIVAL 2014 총감독, 가슴네트워크 대표, 서울종합
예술학교 공연제작학부 교수, 한국음악산업학회 공동창립준비위원장. 서브(1997~1999), 쌈넷/쌈지
사운드페스티벌(2000~2001), 광명음악밸리축제(2005~2006), 광주청소년음악페스티벌(2008),
인천펜타포트페스티벌(2010), 한국대중음악라이브홀릭(2011) 등을 기획했다. 저서로는 『이 땅에서
음악을 한다는 것은』『대한인디만세』『축제기획의 실제』『한국 음악창작자의 역사』『한국 대중음악 100
대 명반』 등 여러권이 있다. 현재 음악산업정책과 대중음악사 연구에 매진하고 있다.

장연이 | 대중음악연구자

어린 시절, 클래식 피아노에 손가락을 올린 순간부터 음악과 무관한 길은 생각지 못해 결국 실용음
악 작곡을 전공한 나름의 외골수. 5년 동안 〈EBS 스페이스 공감〉의 음악작가로 500여 팀의 아티스
트와 '공감(共感)'했고, 때때로 작업하는 음악 관련 글과 공연기획 등의 완전화를 위해 현재는 경희
대학교 일반대학원 공연예술학과에서 예술경영학 박사 과정을 밟고 있다.

페스티벌 사전 프로그램인 '한국음악산업학회(KAMI : Korean Association Of Music Industry) 창립준비
포럼'이 "음악산업 진흥을 위한 글로벌마케팅, 대중음악자료원, 음악산업학제 연구"를 주제로 7월 17일
(목) 마포아트센터 플레이맥에서 열린다. (※부제 : 음악과 와인이 있는 '한국음악산업학회' 창립준비 포럼)
메인 프로그램인 기획공연 '그녀의 삶을 살다(Vivre sa vie) – 우리시대 여성 싱어송라이터'는 7월 18일
(금)~19일(토) 양일간 마포아트센터 아트홀맥에서 총3회의 공연 및 시상식으로 구성된다. 마지막 공연
후 시상식과 함께 펼쳐질 예정인 특별한 콜라보레이션 무대도 주목할 대목이다.
7명의 그녀들이 스스로 선택한 '음악적 삶'을 여과 없이 선보일 SOUND FESTIVAL 2014는 향후 정식
명칭인 'SOUND FESTIVAL & AWARDS'로써, 매년 새로운 대중음악의 흐름을 반영한 기획을 마련해
서울은 물론 부산, 광주까지 확장할 예정이다. 보다 많은 이들에게 한국 대중음악의 현재를 전하고 같
이 미래를 만들어가고자 한다.

총감독 인사말

'음악시장(소비자) 저변확대 방안'을 마련하는 일은 대중음악SOUND연구소와 연구소에서 연간 2회 발행하는 대중음악 전문 무크지 '대중음악SOUND'가 안고 있는 화두이기도 합니다. 사실 개념은 "10대를 넘어, 20~40대가 대중음악을 지속적으로 소비할 '가치'와 '욕구'를 느낄 수 있도록 기획과 연구, 정책 작업을 함"으로 그리 어렵지 않은데, 그 방법론이 문제입니다.

음악산업을 성장시키기 위해서는 '음악소비자'를 폭발적으로 늘리기 위한 기획과 정책이 필요한데, 현재의 아이돌 중심 K-POP으로는 어렵다는 것을 쉽사리 짐작할 수 있습니다. 왜냐하면 아이돌 음악으로는 근본적으로 '20~40대 음악소비자'를 증대시키기가 어렵기 때문입니다. 아이돌 음악은 비슷한 제작, 유통, 소비 속성을 가지고 있는 공중파 TV, 인터넷 포털사이트, 모바일과 결합해서 '연예콘텐츠 소비자'를 양산할 수는 있지만 진정 '음악소비자'를 키우지는 못합니다. 여기서 소비매체 환경의 변화를 얘기하고, 음원소비자로 20~30대가 유입되지 않았냐고 얘기하는 것은 핀트가 어긋났다고 얘기하고 싶습니다. 그런 음원소비자들 마저도 전체 문화콘텐츠 소비자들 중에서 수적으로 그리 많지 않을뿐더러, 대개 5000원 수준의 월정액제 소비자 유형이라 소비금액도 적은 편입니다. 이는 5년 전에 발표된 문화부의 '음악산업진흥 5개년 계획'에서 2013년이 되면 음원시장이 1조원을 넘어설 것이라고 예측한 것과 달리 아직도 5000억원 수준에서 정체되고 있는 현실이 증명합니다.

또한 중요한 것은 음악산업의 양적 성장과 함께 '작품 중심의 뮤지션'이 한국에서 지속적으로 활동 가능한지 여부입니다. 하지만 현재 한국 음악 시장 지형에서는 '30대 이상의 아티스트'가 생존하기 어려운 현실입니다. 그렇다면, 현재 한국 언더그라운드/인디 뮤지션들의 창작, 연주 능력이 떨어지거나 상품적인 가치가 떨어져서 그들의 음악이 소비되지 않는 것일까요? 적어도 그렇지는 않다고 생각한다. 다시 말하지만, 문제는 대중음악을 예술적으로 산업적으로 정책적으로 바라보지 않는 시각에서의 오류이고, 음악시장을 활성화시키는 '기획과 정책'이 부재한 이유가 크다고 생각합니다.

대중음악SOUND연구소에서는 '음악시장(소비자) 저변확대 방안' 문제를 무크지 작업 안에서만이 아니라, 실제 현장 프로젝트로 진행해 보고 싶다는 생각을 예전부터 갖고 있었습니다. 2014년에 런칭하는SOUND FESTIVAL은 앞서 밝힌 생각의 일환으로 진행하고자 합니다.

박준흠 | SOUND FESTIVAL 총감독, 대중음악SOUND연구소장

그녀들과의 단 한번뿐인 만남,
'우리시대 여성 싱어송라이터 7인'의 축제.
SOUND FESTIVAL 2014가 시작된다.

사운드 페스티벌(SOUND FESTIVAL) 2014는 7월 18일(금)과 19일(토), 마포아트센터 아트홀맥에서 '삶'과 '음악'을 이야기하는 여성 싱어송라이터 장필순, 한희정, 요조, 타루, 최고은, 민채, 프롬 7인의 기획 공연과 시상식, 콜라보레이션 무대를 마련했다.

사운드 페스티벌은 아티스트의 음악성 혹은 활동성을 평가하여 개별 아티스트들을 시상하지 않는다. 또한 낮은 가격의 티켓에 수많은 출연진을 앞세우지 않는다. '음악소비자 저변 확대'라는 목표를 가지고 '음악시장에서의 이슈를 생산하는 것'이 사운드 페스티벌의 역할이자 사운드 페스티벌이 갖는 차별성이다.

현 시대 한국 대중음악 판의 주요 경향을 반영하는, 음악팬들이 진정 기다렸던 '생각 있는 페스티벌', 사운드 페스티벌 2014가 시작된다.

"그녀의 삶을 살다"(Vivre Sa vie)

배우가 되고 싶은 한 여인의 비극적 생애를 간결하고 냉담하게 그린 영화 '비브르 사비(Vivre sa vie,1962)'의 주인공 '나나'의 결정적인 대사가 있다.

"고개를 돌리는 것도, 눈을 감는 것도, 불행해지는 것도 나의 책임이에요."

영화 안에서 그녀는 그렇게 자신이 선택한 자신만의 삶을 살아냈다. K-POP이 미국 빌보드차트 상위권에 랭크되고, 유튜브 조회수 신기록을 세우기도 하는 요즘이다. 대중음악이 글로벌 문화의 중심에서 연일 양적, 질적으로 팽창하고 있지만, 음원 다운로드의 시대에서 스트리밍 서비스로 음악소비의 형태가 빠르게 옮겨가면서 음악의 중심이 흔들리는 것 또한 국내 대중음악의 현재이다. 여기, 오롯이 곡을 만들고, 의미를 새기고, 스스로의 목소리로 노래하며, 흔들림 없이 자신의 삶인 음악의 중심을 일구고 있는 7명의 여성 싱어송라이터들이 '사운드 페스티벌 2014'에 오른다.

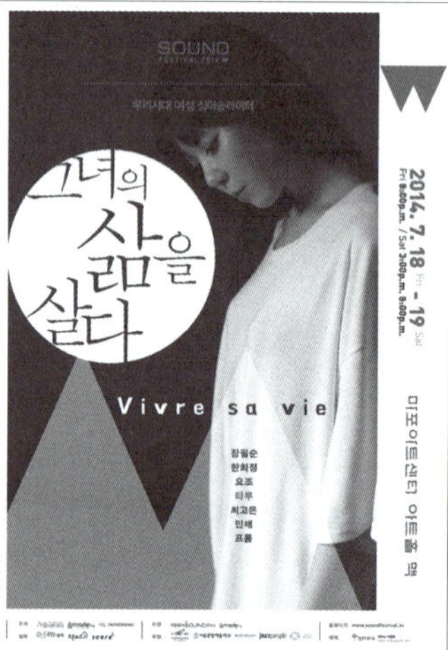
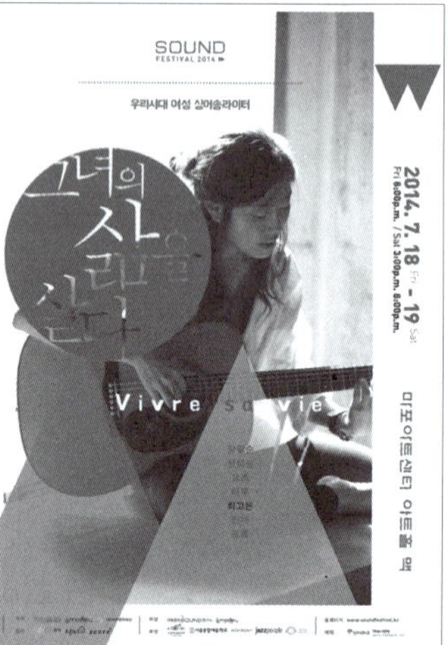

메인 포스터	장필순	한희정
요조	타루	최고은
민채	프롬	

우리시대 '여성 싱어송라이터'

사운드 페스티벌 2014가 강력히 던지는 화두는 '여성 싱어송라이터(Female Singer-songwriter)'이다. 여기서 '싱어송라이터'란 자신이 직접 작사, 작곡, 노래까지 전담하면서 자신만의 음악세계를 펼쳐나가는 뮤지션을 지칭한다. 백 여년의 연혁을 자랑하는 한국 대중음악사에서 쉽지 않은 작업임이 분명한 이 역할의 시작은 20세기 전반기에 활동한 채규엽의 〈유랑인의 노래〉(채규엽 작사·작곡·노래/ 콜럼비아 40087A. 1930년 3월 발매)로 밝혀졌다. 이후 1969년 서울 남산 드라마센터에서 한대수의 기념비적인 공연을 통해 비로소 현대적 어법의 싱어송라이터가 등장했고, 곧이어 문학성과 서사성을 더한 김민기가 가세하면서 이들 두 사람으로 상징되던 '남성 싱어송라이터의 역사'는 여전히 현재진행형이다. 이후의 싱어송라이터의 계보에서도 남성들의 주도적 역할을 중심으로 전개되었고, 이런 편향은 오늘에까지 그대로 이어지고 있다.

하지만 이러한 배경을 염두에 두고 2013년을 이야기한다면, 방향은 달라진다. 그동안

음악창작자로서의 성취도가 아닌 음악 외적인 관심으로 통용되기도 했던 이른바 '홍대여신', '우리시대 여성 싱어송라이터'는 2013년 진정한 의미의 '뮤즈(muse)'로 거듭날만한 작업물을 세상에 내놓았기 때문이다. 사운드 페스티벌 2014에 참여하는 7인 외에도 오지은, 희영, 수상한 커튼, 나는 모호, 김가영, 손지연, 정란, 조정희, 홍혜주, 김윤아(자우림) 등의 새 앨범은 2013년의 음악적 평가에 있어 가장 눈부신 성과였다. 그중에서도 SOUND FESTIVAL 2014에 의해서 선정된 7인의 여성 싱어송라이터(장필순, 한희정, 요조, 타루, 최고은, 민채, 프롬)는 오늘의 한국 대중음악 씬에서 가장 뜨거운 음악적 화두를 생산하고 있다. 가장 아름다운 시어를 만들어내고, 아름다운 선율을 지어내는 '여성 싱어송라이터의 전성기'를 본격적으로 열어낸 주역들이며, 이 7명의 여성 창작자들이 바로 사운드 페스티벌 2014의 그녀들이다.

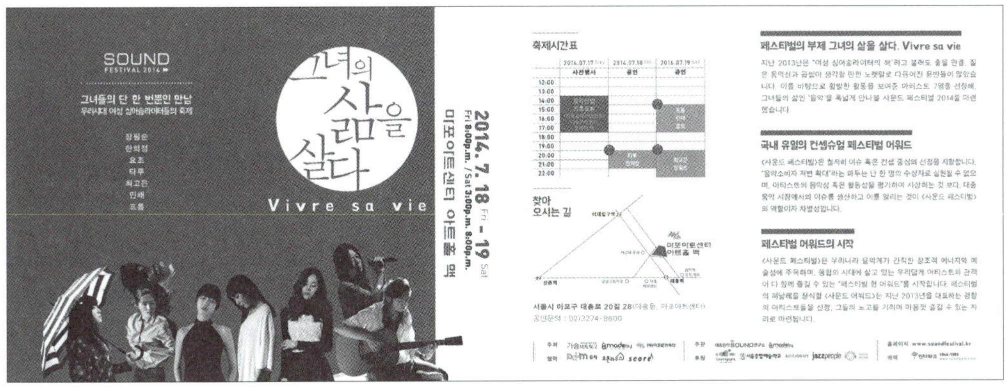

SOUND FESTIVAL 2014

이렇게 2013년 한국 대중음악의 주요한 경향인 '여성 싱어송라이터들의 자가발전'을 반영한 '기획 공연'과 이에 준하는 '시상식'이 결합된 독특한 형태의 음악축제로 많은 관심을 모으고 있는 '사운드 페스티벌 2014'.

사전 프로그램인 '한국음악산업학회(KAMI : Korean Association Of Music Industry) 창립준비 포럼'이 "음악산업 진흥을 위한 글로벌마케팅, 대중음악자료원, 음악산업학제 연구"를 주제로 7월 17일(목) 마포아트센터 플레이맥에서 열린다. (※부제 : 음악과 와인이 있는 '한국음악산업학회' 창립준비 포럼)

2014. 07. 17 Thu	2014. 07. 18 Fri	2014. 07. 19 Sat	
14:00~18:00	20:00~22:00	15:00~18:00	20:00~22:30
음악산업진흥 포럼 (한국음악산업학회 창립준비 포럼)	타루 TARU	프롬 FROMM	최고은 CHOI GONNE
	한희정 HAN HEEJUNG	민채 MINCHAE	장필순 JANG PHILSOON
		요조 YOZOH	SFA 2014 시상식
			스페셜 콜라보레이션 공연

〈SOUND FESTIVAL 2014 프로그램〉

메인 프로그램인 기획공연 '그녀의 삶을 살다(Vivre sa vie) – 우리시대 여성 싱어송라이터'는 7월 18일(금)~19일(토) 양일간 마포아트센터 아트홀맥에서 총3회의 공연 및 시상식으로 구성된다. 마지막 공연 후 시상식과 함께 펼쳐질 예정인 특별한 콜라보레이션 무대도 주목할 대목이다.

7명의 그녀들이 스스로 선택한 '음악적 삶'을 여과 없이 선보일 SOUND FESTIVAL 2014는 향후 정식명칭인 'SOUND FESTIVAL & AWARDS'로써, 매년 새로운 대중음악의 흐름을 반영한 기획을 마련해 서울은 물론 부산, 광주까지 확장할 예정이다. 보다 많은 이들에게 한국 대중음악의 현재를 전하고 같이 미래를 만들어가고자 한다.

▶ SOUND FESTIVAL 2014 개요

- **타이틀** : SOUND FESTIVAL 2014 "그녀의 삶을 살다 Vivre Sa Vie"
- **일시** : 2014년 7월 18일(금)~19일(토)
- **장소** : 마포아트센터 아트홀맥
- **출연** : 장필순, 한희정, 요조, 타루, 최고은, 민채, 프롬
  ※ 사전행사 : "음악산업 진흥을 위한 글로벌마케팅, 대중음악자료원, 음악산업학제 연구 _ 음악과 와인이 있는 '한국음악산업학회' 창립준비 포럼" (7월 17일, 2~6시, 마포아트센터 플레이맥)
- **주최** : 가슴네트워크, MADE–BY, 마포문화재단
- **주관** : 대중음악SOUND연구소, MADE–BY
- **협력** : 다음뮤직, 오픈하우스, 스코어, 한국음악산업학회
- **후원** : 한국문화예술위원회, 서울종합예술학교, 오디오가이, 재즈피플, 향뮤직, 한국음악실연자연합회, 함께하는 음악저작인협회
- **홈페이지** : http://www.soundfestival.kr
- **이메일** : sound@soundfestival.kr
- **페이스북** : https://www.facebook.com/soundfestival2014

▶ ARTIST LINE UP

그녀 1회 — 2014. 07. 18 Fri 20:00~22:00

*** 블라인드(Blind) 너머 스며드는 새벽녘처럼, 타루**

싱어송라이터로서 생애 첫 프로듀싱에 도전한 타루의 미니앨범 [Blind](2013)에는 더 깊고 솔직한 내면을 밝히며 그동안의 행보와는 다른 그림을 그렸다. 혹자는 흔한 사랑이야기라 할 만한 이야기일지라도, 타루의 이 앨범에는 깊어진 시선과 성숙이 담겼으며, 블라인드 너머 스며드는 새벽녘처럼, 그 흔한 사랑이야기에 보통의 마음들이 움직인다.

*** 날마다 타인처럼 새롭고도 아름답게, 한희정**

위트와 생경스러움이 넘쳐나는 디스코가 춤을 추듯, 타인이 된 것처럼 새로운 음악들을 풀어낸 한희정의 정규 2집 [날마다 타인](2013). 맑은 목소리에 투영된 섬세한 모노드라마는 변함없이 많은 이들의 귓가에 잔향을 남기고, '날마다 타인'처럼 새롭고도 아름답게 피어오른다.

그녀 2회 — 2014. 07. 19 Sat 15:00~18:00

*** 비로소 도착(Arrival)한 일상의 하이라이트, 프롬**

잘 도착했다는 인사로 시작된 프롬의 첫 여정 [Arrival](2013)에는 삶에서 만나는 여정, 정착에 관한 이야기들이 이어진다. 부드럽게 흘러가는 그녀의 멜로디는 풍성한 사운드가 감싸면서 조화를 이루었고, 눈여겨봐야할 시작으로 주목할 만하다. 보헤미안처럼 자유롭고 솔직한 프롬의 노래가 비로소 도착한 일상의 하이라이트는 바로 지금, 여기, 그대라고 전한다.

*** 투명하도록 매혹적인 랄랄라(LaLaLa), 민채**

재즈에 기반을 둔 민채의 목소리는 가냘프고 애처로우며 혹자는 '퇴폐적일만큼 매혹적이라는 첫인상을 이끌어낸다. 첫 EP [Heart Of Gold](2013)에는 자신만의 목소리가 분명함을 충분히 전했고,

그것은 충분히 투명하도록 매혹적인 그녀만의 랄랄라로써 정규 1집 [Shine on Me](2014)에 담겨졌다.

* 스스로 깨어난 음악의 쓸모, 요조

가장 자신다운 앨범이라 자평하는 요조의 [나의 쓸모](2013). 각각의 노래는 갸륵하고 쓸쓸하다가 해맑아지고, 또 씩씩하며, 불현듯 아프고 유쾌한 듯 애틋해지면서 다정하고도 슬퍼지는 흐름을 지녔다. 세상에 노래가 많아도 자신만의 노래를 엮겠다는 요조가 스스로 깨어난 음악의 쓸모를 한 음 한 음 씩씩하게 노래한다.

그녀 3회 – 2014. 07. 19 Sat 20:00~22:30

* 들숨과 날숨까지 가장 리얼(Real)하게, 최고은

원 테이크 녹음으로 진행된 최고은의 세 번째 EP [REAL](2013)에는 그녀의 유럽투어가 고스란히 담겼는데, 유럽의 어느 창고, 보일러실, 공방, 바닷가, 숙소, 베를린 장벽 등에서 노래하고 연주하고 녹음했다. 그녀의 노래에는 들숨과 날숨까지 가장 리얼고도 따스한 온기가 스며있다.

* 오래된 미래의 눈부신 세상, 장필순

오랜만에 발표한 정규 7집 [Soony Seven](2013)에는 여전히 아련한 장필순의 목소리가 가득하다. 오랜 세월 켜켜이 쌓아진 감성은 더욱 깊은 울림으로 생생해졌고, 곧 그녀만의 독자적인 음색과 색깔로 세상에 꺼내놓았다. 새벽 어스름 속에 동이 틀 무렵, 가장 '눈부신 세상'처럼, 그녀 자신이 오래된 미래임을 확인할 수 있다.

▶ SOUND AWARDS 2014

SOUND FESTIVAL은 우리나라 음악계가 간직한 창조적 에너지와 예술성에 주목하며, 융합의 시대에 살고 있는 우리답게 아티스트와 관객이 다 함께 즐길 수 있는 '페스티벌 형 어워드'를 시작합

니다.

2014년 제 1회 SOUND FESTIVAL(SOUND FESTIVAL 2014)의 피날레를 장식할 SOUND AWARDS는 지난 2013년을 대표하는 경향의 아티스트들을 선정, 그들의 노고를 기리며 마음껏 즐길 수 있는 자리로 마련됩니다. SOUND

한국음악산업학회 창립 의미와 대중음악의 비전

**대중음악이 엔터테인먼트를 넘어서 산업과 예술로써 조망되고,
아카데미(연구와 정책, 전문인력 양성) 영역으로 진입하는 첫 걸음**

박준흠 | 대중음악SOUND연구소장, 한국음악산업학회 공동창립준비위원장

대중음악SOUND 발행인&편집인, SOUND FESTIVAL 2014 총감독, 가슴네트워크 대표, 서울종합예술학교 공연제작학부 교수. 서브(1997~1999), 쌈넷/쌈지사운드페스티벌(2000~2001), 광명음악밸리축제(2005~2006), 광주청소년음악페스티벌(2008), 인천펜타포트페스티벌(2010), 한국대중음악라이브홀릭(2011) 등을 기획했다. 저서로는 『이 땅에서 음악을 한다는 것은』, 『대한인디만세』, 『축제기획의 실제』, 『한국 음악창작자의 역사』, 『한국 대중음악 100대 명반』 등 여러권이 있다. 현재 음악산업정책과 대중음악사 연구에 매진하고 있다.

2000년까지 음악산업이 음반시장 중심으로 급성장할 때에는 '음악산업정책 연구' 미비 부분이 별로 문제가 되지 않았지만, 2001년부터 음반시장 붕괴로 음악산업이 악화일로를 걷기 시작하면서부터는 그 중요성이 드러나고 있다. 현황 파악과 원인 분석도 제대로 되지 않는 상황이라 정확한 '정책대안'을 내놓지도 못하고 있는 현실이란 점이다. 즉, 체계적인 '음악산업정책 연구'가 부재한 상황에서는 현실진단이나 미래 전망이 미흡해서 온전한 정책기획을 할 수가 없다. 이런 상황이다 보니 2000년대 들어 음악시장이 속수무책으로 침체되는 지경에서도 대안을 내놓지 못했고, 음악시장이 거대 IT통신업체의 하부 구조로 편입되는 상황을 방치만 하고 있었다. 이는 국가적인 차원에서, 창조경제의 문화콘텐츠산업 측면에서 보면 매우 치명적인 결과를 초래하고 있다.

'악산업연구' 1호 발간을 기다리며[1]

2000년을 기점으로 한국에서 음반시장은 침체일로를 걷고 있고, 대중음악 사업자들은 대안적으로 음원시장과 공연시장을 키우는 노력들을 하고 있다. 하지만 음원시장은 초기 예상과 달리 큰 폭의 성장을 보여주지 않고 있다. 이는 MP3 불법다운로드가 만연했던 2000년대 초반을 지나서 SK텔레콤이 유무선 통합 음악서비스인 '멜론'을 2004년 11월에 런칭한 이후에도 크게 달라지지 않았다. 한국 음원시장에서 멜론이 갖는 의미는 정식으로 '음원시장'이 런칭되었다는 점과 함께 음원 판매에 대한 투명한 정산시스템이 개발되었다는 점을 의미한다. 하지만 음원제작자와 유통사 간의 분배의 불합리성으로 인해 음원제작자와 뮤지션의 수입이 보장되지 않는 점과 함께 음원 무제한 정액제로 인해 시장 자체가 커지지 않는 점 등이 아직까지도 문제로 남아 있다. 이 부분은 음원시장을 기반으로 사업을 하는 '순수 음악사업자'들에게 있어 지속적인 사업을 어렵게 하는 요소들 중 하나다. 물론 최근 들어 음원 요율과 무제한 정액제에 대한 개선이 이뤄지고는 있으나 아직까지 만족스런 상태는 아니다.

그런데 정작 문제는 현재 음악시장 상황에서 '법제' 부분으로 음원시장을 현격하게 키울 가능성이 얼마나 될지 여부다. 즉, 음원유통에서 월정액제 방식이 완전히 금지되고

---

1 '음악산업연구'는 한국음악산업학회의 학회지 명칭으로 예정되어 있습니다. 이 글은 대중음악SOUND연구소의 인사말에서 가져왔습니다. http://www.ksoundlab.com/soundlab/introduce.html

완전 종량제가 도입된다고 해도 실제로 음원시장이 얼마나 성장할 것인지는 장담할 수가 없다. 왜냐하면 음악소비자가 종량제에 맞춰 음악소비를 해줘야 하는데, 현재와 같이 음악생산은 아이돌 중심이고 음악소비는 10대 중심으로 이뤄지고 있는 상황에서는 음원시장이 근본적으로 성장할 가능성이 그리 커 보이지 않기 때문이다. 달리 말하면 현재 20대 이상은 음반과 음원 소비에 대해 관심을 끊은 지 오래되었거나 매월 일정 금액 이상은 쓰지 않을 가능성이 크다는 말이다. 후자로 인해 음원유통사들은 완전 종량제 실시를 꺼리는 것일지도 모른다.

한국에서 정식으로 '음악산업진흥정책'이 처음으로 나온 것은 노무현정부 들어와서이고, 이때부터 새 정부가 들어설 때마다 '음악산업진흥 5개년 계획' 형식으로 음악산업정책이 발표되었다. 이명박정부도 2009년 2월에 음악산업진흥 5개년 계획을 발표했다. 그 계획에는 5년 안에 '전세계 음악시장 10위권 진입'과 '음악시장 규모를 1조 7000억으로' 늘리는 것이 목표였다. 2008년 음악시장 규모 8,440억원에서 2013년에는 1조 7000억원으로 늘리려 했다. 발표에 따르면 2013년이 되면 한국의 음원시장 규모가 1조 1,300억원(연평균 16% 성장)이 될 것이라고 예상했었지만, 기대와 달리 2013년 음원시장은 직접 매출 규모가 약 5,000억원 대 수준일 것이다.

이런 수치를 보면 한국 음원시장의 문제는 단순히 종량제 전면 실시 하나로 해결될 문제가 아니라는 판단을 할 수가 있다.(물론 종량제 전면 실시는 필요하다.) 감히 단언하건데, 해결책은 음악소비자의 숫자가 획기적으로 늘어야 하고, 그들이 '지속적으로 소비할 수 있는 콘텐츠' 공급이 안정적으로 이루어지는 시스템 개발이 필요하다는 점이다. 이는 달리 말한다면, 영미권에서처럼 대중음악이 '대중예술'과 '뮤직비지니스' 경계에서 절묘하게 줄타기를 해야 한다는 점이고, 지금처럼 대중음악을 엔터테인먼트 영역 안에서만 사고하면 안 된다는 것이다. 오히려 대중음악을 '예술' 관점에서 보고 거기에 걸맞는 비즈니스 방식을 개발할 필요가 있고, 콘텐츠 개발 이전에 퀄리티 높은 '창작'이 선행되어야 한다는 점을 명심할 필요가 있다. 창작은 콘텐츠기획 관점에서 보면 기획을 할 '원천소스'이다.

사실 한국에서 대중음악은 '대중예술' 쪽에서도 '음악산업' 쪽에서도 진지하게 고민된 적이 별로 없고, 무엇보다도 '체계적으로' 논의된 바가 거의 없다는 것이 맹점이다. 일반적으로 대중음악을 대중예술 영역이 아닌 엔터테인먼트 영역에서만 바라보는 뿌리 깊은 습성이 아직까지도 존재하고 있고, 음악산업에 대한 심도 깊은 연구보고서는 문화관광연구원을 비롯한 기업연구소, 음악산업 유관협회에서도 거의 찾아보기가 어렵다. 정부의 음악산업정책은 2003년부터 5년에 한번씩 '음악산업진흥 5개년 계획'으로 발표되는 수준이고(2014년에 3차 진흥계획이 발표될 예정임), 2005년부터 한국콘텐츠진흥원에서 음악산업의 기초적인 현황을 담은 '음악산업백서'를 매년 발간하는 것이 다이다.

그러다보니 2000년까지 음악산업이 음반시장 중심으로 급성장할 때에는 '음악산업정책 연구' 미비 부분이 별로 문제가 되지 않았지만, 2001년부터 음반시장 붕괴로 음악산업이 악화일로를 걷기 시작하면서부터는 그 중요성이 드러나고 있다. 현황 파악과 원인 분석도 제대로 되지 않는 상황이라 정확한 '정책대안'을 내놓지도 못하고 있는 현실이란 점이다. 즉, 체계적인 '음악산업정책 연구'가 부재한 상황에서는 현실 진단이나 미래 전망이 미흡해서 온전한 정책기획을 할 수가 없다. 이런 상황이다 보니 2000년대 들어 음악시장이 속수무책으로 침체되는 지경에서도 대안을 내놓지 못했고, 음악시장이 거대 IT통신업체의 하부 구조로 편입되는 상황을 방치만 하고 있었다. 이는 국가적인 차원에서, 창조경제의 문화콘텐츠산업 측면에서 보면 매우 치명적인 결과를 초래하고 있다.

그리고 '음악산업 인프라'를 얘기하면서도 실제적으로 음악산업 진흥을 위해서 중장기적으로 가장 필요한 '음악산업 전문인력 양성'을 위한 대학/대학원 음악산업학제 시스템 문제는 논의조차 제대로 된 적이 없다는 것도 문제다. 아울러 그간의 '음악산업진흥 5개년 계획'을 보면 미래 전망에 관한 부분이 정확하지 않은데, 이와 같은 문제점들은 한번은 짚었어야 했다.

한국 음악산업의 진흥을 정말로 바란다면, 이제부터라도 '음악산업 성장을 위한 음악산업/음악정책 연구의 필요성'을 논해야 하고, 관이든 민간이든 '음악산업정책연구소'를 어떻게 운영할 것인지에 대한 논의를 진지하게 할 필요가 있다. 그간 대중음악에 관한 단발적인 문제제기와 처방 방식이 현실을 바꾸는 데 그리 유효하지 않았다는 것을 10여 년의 경험을 통해서 체득했으리라고 본다. 그런 점에서 보면, '음악산업정책연구소' 운영은 산업 측면에서 꼭 필요한 일이고, 이를 통해 '상시적'이고 '체계적'인 연구와 정책안 마련이 필요하다. 연구소의 현실적인 운영 방안을 생각하다 보면, 결국 또 이 문제는 '대학/대학원 학제'와 연결된다.

한국음악산업학회 소개

1) 명칭

- 한국음악산업학회 (KAMI : Korean Association Of Music Industry)

2) 설립취지

한국음악산업학회(KAMI : Korean Association Of Music Industry)는 한국에서 공식적으로는 처음으로 대중음악을 '산업, 정책' 영역에서 다루는 첫 번째 발걸음이 될 것이다. 해외의 사례와 달리 아직 국내 대학에 음악산업 학제(영미권의 music industry, music business 학제)는 없지만 역시 그 단계로 나아가는 첫 번째 발걸음이 될 것이다.

한국음악산업학회의 출발은 기존 실용음악뿐만 아니라 예술경영, 문화예술, 문화콘텐츠, 경영학, 경제학 등 음악산업 유관 학과 교수, 학생들 그리고 현재 음악산업계에 종사하고 있는 실무자들, 아울러 산업적인 관점으로 대중음악을 바라보는 데 흥미를 느끼는 모든 연구자들이 관련 논문을 발표할 수 있는 장이 마련됨을 의미한다. 이로 인해 본 학회는 한국 음악산업의 근본적인 발전에 힘을 보태는 역할을 할 것으로 생각한다.

■ 목적
- 음악산업, 음악정책, 음악경영, 대중음악사 연구
- 음악산업 연구, 성과 공유
- 음악산업계 네트워크
- 대학/대학원에 음악산업학제(뮤직비지니스학과) 신설

■ 범위
- 음악산업 전반
- 공연산업 전반 : 대중음악, 뮤지컬, 국악, 클래식 등

■ 대상
- 음악산업 종사자
- 실용음악 대학 교수, 학생
- 예술경영, 문화예술, 문화콘텐츠, 경영학, 경제학 등 음악산업 유관 대학 교수, 학생
- 중앙/지역 문화정책, 행정 분야 관계자들

• 산업적인 관점으로 대중음악을 바라보는 데 흥미를 느끼는 모든 연구자들

3) 연혁&비전

▶ **연혁**

• 2014년 3월 : 설립준비 모임

• 2013년 5월 : 학회 정관 마련

• 2014년 6월 : 학회 임원진 위촉

• 2014년 7월 17일 : 창립준비 포럼 개최. 회원 가입 진행.

"음악산업 진흥을 위한 글로벌마케팅, 대중음악자료원, 음악산업학제 연구"를 주제로 마포아트센터 플

레이맥에서 진행. (※부제 : 음악과 와인이 있는 '한국음악산업학회' 창립준비 포럼)

• 2014년 11월(예정) : 창립총회 & 1차 학술대회

▶ **비전**

• 창조경제의 중추적인 동력으로 음악콘텐츠산업을 성장시킴

• 대학/대학원에 음악산업학제(뮤직비지니스학과) 신설

• 향후 사단법인화, 등재지 발간 학회 지향

4) 한국음악산업학회 창립준비위원회

• 공동창립준비위원장 : 김재범(성균관대학교 경영대학/예술대학 교수), 박준흠(대중음악

SOUND연구소장, 서울종합예술학교 교수)

• 사무처 : 대중음악SOUND연구소(사무처장 : 이수정 / 간사 : 장연이)

5) 홈페이지, 이메일, 연락처

• 학회 홈페이지 : http://www.korami.org

• 학회 페이스북 : http://www.facebook.com/koramiorg

• 학회 이메일 : sound@korami.org

• 학회 연락처 : 031-946-2339

※ 대중음악SOUND연구소 : http://www.ksoundlab.com

한국음악산업학회 창립준비 포럼

음악과 와인이 있는 '한국음악산업학회' 창립준비 포럼

음악산업 진흥을 위한 글로벌마케팅, 대중음악자료원, 음악산업학제 연구

일시 : 2014년 7월 17일(목) 오후 2~6시

장소 : 마포아트센터 플레이맥

주최 : 한국음악산업학회, 가슴네트워크, 마포문화재단

주관 : 대중음악SOUND연구소

후원 : 한국문화예술위원회, 한국음악실연자연합회, 함께하는음악저작인협회, 메이
드바이

■ 포럼 프로그램

❖ 개회 (14:00–14:10)

❖ 오프닝 공연 (14:10–14:20)

• 출연진 : 타루

❖ 세션1 주제 : "글로벌마케팅; 한국 대중음악의 글로벌 음악시장 진출 – 'K-Pop'의
현황, 한계 그리고 극복 방안" (14:20–15:20)

• 사회 : 김재범(성대 경영대학/예술대학 교수, 한국음악산업학회 공동창립준비위원장)

• 발제 : 안석준(CJ E&M 음악사업부문 대표)

• 토론 : 김민경(소닉아일랜드 대표), 민원정(칠레 카톨릭대 교수) + 서병기(헤럴드경
제 대중문화선임기자)

❖ 세션2 주제 : "대중음악자료원; 한국대중음악자료원의 필요성과 건립 문제 – 산업
  적인 활용 방안"(15:20–16:20)
- 사회 : 김재범(성대 경영대학/예술대학 교수, 한국음악산업학회 공동창립준비위원장)
- 발제 : 류형규(maniadb.com 대표)
- 토론 : 김원찬(대한가수협회 사무총장), 유재진(함께하는음악저작인협회 전략기획
  팀장), 정훈(한국음악실연자연합회 사업국장)

❖ **Break Time** (16:20–16:40)
- 와인, 다과 마련

❖ 세션3 주제 : "음악산업학제; 대학/대학원 음악산업학제 신설의 필요성과 의미 –
  엔터테인먼트를 넘어서 예술과 산업으로 조망하는 첫 걸음"(16:40–17:40)
- 사회 : 박준흠(SOUND FESTIVAL 총감독, 한국음악산업학회 공동창립준비위원장)
- 발제 : 김보성(마포문화재단 대표)
- 토론 : 구문모(한라대 미디어콘텐츠학과 교수), 이우창(경희대 포스트모던음악과 교수),
  하종욱(대중음악SOUND기획위원, 메이드바이 대표)

❖ 폐회 (17:40–17:50)

"포럼 오프닝공연 뮤지션 타루"

"한국음악산업학회 창립준비 포럼 장소 _ 마포아트센터"

※ 참가비 없습니다. (단, 학회 회원이 아닌 경우 사정상 포럼책자를 드리지 못할 수도 있습니다.)

※ 각 세션에 대한 세부 내용은 추후 알려드리겠습니다.

※ 본 포럼은 SOUND FESTIVAL 2014(7/18~19, 마포아트센터 아트홀맥)의 사전행사로 진행됩니다. 자세한 내용은 한국음악산업학회 홈페이지를 참고하세요.

※ 학회 홈페이지와 포럼 당일 회원가입을 받을 예정입니다.

※ 학회 회원님들에게는 기념품으로 'SOUND FESTIVAL 2014 기념음반'을 드리고, 비회원인 경우 추첨을 통해 드릴 예정입니다.

한국음악산업학회 : http://www.korami.org

대중음악SOUND연구소 : http://www.ksoundlab.com

SOUND FESTIVAL 2014 : http://www.soundfestival.kr

한국음악산업학회 창립총회 + 1차 학술대회

날짜 : 2014년 11월 예정

장소 : 미정

주최 : 한국음악산업학회

주관 : 한국음악산업학회, 대중음악SOUND연구소

※ 7월 17일 창립준비 포럼 이후 결정할 예정임.

학회지 '음악산업 연구'(가칭) 논문투고와 발행 예정일

학회지 명칭은 가칭 '음악산업 연구'로 정했습니다. 학회지 1호는 2015년 2월 발간 예정입니다. 학회지에 실릴 논문의 투고 마감일은 2014년 12월로 잠정적으로 정했고, 1차 학술대회(11월 예정)에서 발표된 논문들과 학회에 투고한 논문들 중에서 일부가 채택되어 학회지에 실릴 예정입니다. 자세한 사항은 추후 공지하겠습니다. **SOUND**

음악산업 산학협력 수업사례

서울종합예술학교 공연제작콘텐츠학부 4학년 "뮤직비지니스 현장탐방"

박준흠 | 대중음악SOUND연구소장, 서울종합예술학교 공연제작학부 교수

대중음악SOUND 발행인&편집인, SOUND FESTIVAL 2014 총감독, 가슴네트워크 대표, 한국음악산업학회 공동창립준비위원장. 서브(1997~1999), 쌈넷/쌈지사운드페스티벌(2000~2001), 광명음악밸리축제(2005~2006), 광주청소년음악페스티벌(2008), 인천펜타포트페스티벌(2010), 한국대중음악라이브홀릭(2011) 등을 기획했다. 저서로는 『이 땅에서 음악을 한다는 것은』,『대한인디만세』,『축제기획의 실제』,『한국 음악창작자의 역사』,『한국 대중음악 100대 명반』 등 여러권이 있다. 현재 음악산업정책과 대중음악사 연구에 매진하고 있다.

김윤 | 서울종합예술학교 공연제작학부 4학년

'타인이 정해놓은 것을 따라가는 삶'이 아닌 '내가 그려나가는 삶'을 살고자 노력하는 대학생이다. 하고 싶은 것 많고, 가고 싶은 곳도 많아 상황적 여유가 생길 때마다 전시회 관람, 사진 공부, 여행 등 청춘이라는 시기에 걸맞게 많은 경험을 해보고 더 넓고 깊은 자아를 형성하기 위해 노력중이다. 서울예고 한국무용과를 졸업했다. 서울시 '재외동포 고국초청 프로젝트' 관련하여 중앙 M&B에서 인턴을 하였으며, 문화예술 및 넓은 세상에 대해 더 공부하고 싶어 뉴욕으로 떠나 많은 경험을 하고자 했다. 한국으로 돌아와 그린그루브 페스티벌 및 서울문화재단에서 방학기간을 이용하여 일하기도 했다. 향후 사회에서 규정지어놓은 성공이 아닌 나의 가치관에 부합하는 성공을 이룬 사람이 되고 싶다.

전채은 | 서울종합예술학교 공연제작학부 4학년

모든 예술 활동을 사랑한다. 글 쓰는 것이 좋아 매일 글을 쓴다. 취미로 왼손으로 그림을 그리기 시작해서 첫 번째 전시를 했다. 지금은 두 번째 전시회를 준비 중이다. 현재 내 안에 점을 찍으면서 나만이 할 수 있는 일을 생각하고 있다. 예술가이자 공연기획자인 나를 꿈꾼다.

■ 서울종합예술학교 공연제작콘텐츠학부 현장탐방수업 소개

1) 수업 개요

- 수업명 : "뮤직비지니스 현장탐방"
- 수업시간 : 매주 수요일 오후 3~6시
- 지도교수 : 박준흠
- 수강생 : 공연제작콘텐츠학부 4학년 20여명
- 탐방 글/사진 : 김윤, 전채은

2) 수업 취지

- 취업 문제는 학교뿐만 아니라 학생들에게 있어서도 최대 관심사임
- 학생들의 음악산업 현장에 대한 이해의 폭을 넓히고자 음악산업 관련 기업, 협회, 재단 등을 찾아가서 대표님 또는 간부급 실무자들에게 직접 강의를 들음
- 아울러 현장의 업무 환경 등을 직접 눈으로 보고 판단을 함

3) 수업 방법

- 대중음악 기업(협회 등) 탐방 & 네트워크 : 총 6~8회
- 현장탐방을 하기 전에 먼저 학생들은 해당 분야에 대해서 학습을 함

4) 현장탐방 분야

- 대중음악 음반, 음원, 공연, 매체와 관련된 기업 및 문화재단, 협회 등

① 마포문화재단/마포아트센터

날짜 2014. 3. 19.
미팅 이선아 공연팀장, 김준수 공연주임 외 여러분

▶ 마포문화재단 탐방

떨리는 마음을 가지고 첫 탐방을 위해 우린 마포문화재단으로 출발하였다. 마포문화재단에 도착하자 이선화 공연팀장님과 김준수 공연주임님, 이태희 기술감독님 및 하우스 매니저님이 나오셔서 우리를 맞이해 주었다. 우선 이태희 기술감독님께서 두 개의 공연장에 대해서 설명해주었다. 아트홀맥은 788석에 프로시니엄 형태의 중극장이고 다목적홀로 이용되며, 클래식 공연과 콘서트, 뮤지컬 공연을 할 수 있는 구조를 가지고 있다고 한다. 플레이맥은 소극장으로 블랙박스 형태로 좌석 이동이 가능하게 되어있고, 주로 영화상영 및 어린이 공연, 인디밴드 공연을 진행한다고 한다. 이선화 공연팀장님은 마포아트센터를 운영하고 있는 마포문화재단에 대해서 간단히 설명을 해주었다.

▶ Who Are You? 마포문화재단

마포문화재단은 마포구에서 운영하고 있는 산하재단이다. 2008년에 정식으로 출범했다. 전문화된 인력들로 이루어져 장기간에 걸쳐 마포구민의 문화복지와 삶의 질 향상을 위해서 일을 하고 있는 곳이다. 마포문화재단은 크게 운영관리본부와 사업기획본부로 나뉜다. 운영관리본부는 센터 운영과 관련한 일을 하고 있고, 경영지원팀, 고객지원팀으로 나뉘어져 있다. 사업기획본부는 지역문화팀, 공연전시팀, 생활체육팀, 문화교육팀으로 이루어져 있다.

마포아트센터는 2002년 개관하여 2008년 한 번의 리뉴얼을 거치면서 아트홀맥, 플레이맥, 갤러리 이렇게 세 개의 공간으로 만들었다. 마포아트센터는 다른 아트센터에 비해 기획공연 및 대관공연을 활발히 진행하고 있다. 최근 커뮤니티 아트 프로그램으로 지역민들과 소통할 수 있는 'Made In Mapo' 프로젝트를 기획하였다. 'Made In Mapo' 프로젝트는 지역 예술가와 함께 공연을 만들어 나가는 것으로, 홍대 인근에 거주하고 있는 인디 음악인들과 여러 가지 합동 기획공연을 하여 언론뿐만 아니라 관객들에게도 크게 호응 받았다.

▶ Q&A

Q 마포구민들이 대관 및 티켓을 구매 할 때 혜택이 있는지 궁금하다.

A 마포구민을 위해서 운영되고 있는 센터인 만큼 구민들에게 많은 혜택을 드리고 있다. 특히 대관 부분에서는 다른 공연장들의 비해 이례적으로 30% 정도 구민들에게 할인 혜택을 드리고 있다.

Q 마포아트센터에서 기획공연과 대관공연의 비율을 어느 정도 두는지 알고 싶다.

A 현재 하고 있는 프로젝트들에 비해서 기획공연이 차지하고 있는 비율이 굉장히 낮다. 7대3 정도이다. 하지만 다른 문화재단에서 운영하는 공연장들에 비해서는 기획공연을 많이 하는 편이다. 예산이 적지만 외부에서 공동기획을 제안하는 경우가 많아져서 그 비율도 높아지고 있다.

Q 클래식공연이나 재즈공연 등 공연분야 중 어디에 중점을 두고 있는지 궁금하다.

A 마포구에 있는 문화재단이므로 명분이 될 수 있는 홍대 인디문화 공연을 중심적으로 하고 있고, 이것은 마포구의 특성을 살리고 다른 문화재단과의 차별성을 가지려는 의도이다.

Q 마포문화재단의 직원 채용계획이 궁금하다.

A 문화재단 특성상 다른 기업들에 비해 정기적으로 공채를 하지는 않는다. 결원이 생겼을 경우 채용을 한다. 문화체육관광부, 예술경영지원센터 홈페이지 등을 통해서 채용정보들을 수집하고 있어야 한다. 그리고 현재 신설 문화재단들이 생기고 있기 때문에 더욱이 항상 체크해야한다. 채용정보가 안 나올 경우 관련부서에 직접 전화하는 용기도 필요하다. 이제는 공인된 외부의 인턴을 많이 해야 한다. 왜냐하면 실무에 도움이 되기 때문이다. 안산거리극축제, 하이서울페스티벌 등 축제 쪽 인턴도 알아보는 것이 좋다.

▶ Yoon & Chaen After Talking

윤이와 내가 마포문화재단을 나오자마자 이야기

한 것은 3학년 때 이 수업을 들었다면 학생들에게 더욱 피가 되고 살이 되었을 수업이라는 것이다. 막연하게 생각하고만 있었던 것들을 담당자분들에게 직접 들어보니 지금 해야 할 것들이 많이 정리되었기 때문이다. 취업에 대해서 진심어린 조언들과 정보들을 들어서 매우 유익한 시간이었다. 무엇보다 마음가짐을 준비하라던 조언이 가장 생각이 남았다. 쉽게 지치지 않고 취업준비를 할 수 있을 것 같다. 갑자기 우리들의 남은 탐방 일정도 궁금해 졌다.

▶ Add Something

마포문화재단은 인턴제도와 연수단원채용 프로그램으로 인력을 충원하는 방식을 가지고 있다. 일 년 정도의 기간 동안 일한다. 공연분야를 전공한 학부학생, 대학원생들이 실제로 이러한 제도로 많이 지원을 하는데, 인력을 충원하다보면 이론적으로 배운 것들이 실무적인 부분에서 괴리감을 보일 때가 있다. 그렇기 때문에 직원을 뽑는 데 있어서 실무적인 능력을 많이 보고 있다. 그래서 취업을 앞둔 4학년들은 많은 경험을 축적시켜 실무적인 능력을 갖추고 있어야 한다. 취업 부분으로 이야기를 심도 있게 해보자면, 마포문화재단은 행정을 많이 보고 있고 일의 90%가 문서작업이기 때문에 문서작성 및 편집능력이 중요하다. 기본적인 영상편집 등을 할 수 있는 능력이 있다면 취업을 앞둔 학생들에게 하나의 경쟁력이 될 수 있다. 여러 가지 실무와 연결된 자격증들이 있거나 잘 다룰 줄 안다면 취업을 해서 이런 것들을 배우는 시간을 줄여 일의 효율성을 높일 수 있다. 마지막으로는 문화마포재단은 공동으로 진행하

는 프로젝트가 만다보니 일하는 사람들 간의 유대관계가 좋아야 한다. 개인주의 성격과 까칠한 성격이면 같이 일하는 사람들이 힘들뿐만 아니라 공동프로젝트를 하는데 위험요소로 작용할 것이기 때문이다. SOUND

② 오디오가이레코드(Audioguy Records)

날짜 2014. 3. 26.
미팅 최정훈 대표

▶ 오디오가이 탐방

3월의 마지막 주, 이제 완전히 봄인 4월, 설레는 맘을 가지고 우리들은 두 번째 탐방을 시작했다. 경복궁역 3번 출구로 나와서 100M 직진하여 몸의 방향을 틀어 통의동 91-19 번지 4층, 우린 소란스럽지 않게 그리고 차분하게 자리 잡고 있는 오디오가이 레코드에 도착했다. 엘리베이터를 타고 4층에 도착하면 바로 스튜디오 공간이 펼쳐져 보인다. 심플한 객석의자들 앞에 스타인웨이 그랜드 피아노(Steinway Grand Piano)가 멋지게 있고, 그 뒤에는 녹음실이 있다. 오디오가이의 모든 공간배치와 인테리어들에서 대표님이 고심한 흔적들이 보였다. 음악을 저절로 사랑할 수 밖에 없는 공간이었다. 오후 3시 이곳에 다 모인 학생들은 어린왕자를 닮은 최정훈 대표님을 만났다.

▶ Who Are You? 오디오가이

올해로 창립 15주년이 되는 오디오가이는 클래식, 재즈, 어쿠스틱 장르들을 Recording/Mixing/Mastering, Location Recording, Audiophile Label, Studio Concert, Sound Consulting 작업 등을 하고 있다. 현재 작업한 음반은 70장 정도 된다. 오디오가이는 최정훈 대표님을 중심으로 4명의 직원들이 이 모든 과정을 함께 하고 있다. 수상내역으로는 2008년부터 2013년까지 한국대중음악상 최우수 재즈&크로스오버 노미네이트 및 최우수연주 수상을 하였다. All Making System을 구축하고 있으며 아티스트가 직접 전 과정에 참여할 수 있는 시스템을 가지고 다른 레이블과 차별성을 가지고 있다. 오디오가이가 가지고 있는 뮤직비지니스 마인드는 '음악 하는 사람들의 마음을 이해 할 수 있어야 하고, 기본적인 음악의 이해가 있어야 한다'는 것이다. 그리고 뮤직비지니스는 모든 기획이 그렇듯, 무(無)에서 유(有)를 만들어가는 것이고 계속해서 새로운 것을 생각하고 아이디어를 창출해 나가는 것이라고 말한다.

▶ Q&A

Q 지금 대학졸업을 앞둔 청춘들은 취업에 대한 많은 고민을 하고 있는데, 어떻게 25살부터 자기 사업을 하셨는지 궁금하다.

A 나는 중학교 시절 나의 꿈을 정했고, 고등학교 내내 학교공부 대신 나의 일을 시작했다. 음악 하는 형들 밑에서 배우면서 대학을 가지 않고 20살 때부터 본격적인 엔지니어링을 했고, 25살 때 부모님과 함께 살고 있는 집주소로 사업자등록을 하여 회사를 꾸려나갔다. 그때 당시 내가 천재인

줄 알았다. 첫 사랑 실패 이후 내가 천재가 아니
란 것을 깨달았지만 그때 당시 내가 하고 싶은 것
하나만 보며 여기까지 왔다.

Q 오디오가이의 주 수입원이 어떻게 되는지 궁
금하다.

A Recording 수입원이 꽤 많이 차지한다.

Q Open Kitchen을 어떻게 시작하게 되었는지
궁금하다.

A 음악분야에 종사하고 계시는 교수님에게 죄송한 말씀이지만, 나는 비지니스를 미술계에서 배웠다. Open Kitchen은 미술계에서 배운 비즈니스 기술이다. 미술계는 아주 오랜 세월부터 그림을 사고팔며 비지니스 기술이 많이 발달되어 있다. Open Kitchen은 손님과 주인이 요리를 같이 만들면서 감정적 교류를 하며 비지니스를 하는 형태로 아주 세련된 기술이다. 그리고 무엇보다 딱딱하지 않고 재미있다.

Q 많은 아티스트들과 작업을 하셨는데 그중에 기억에 남는 아티스트가 있는지 궁금하다.

A 하루에 2~3팀을 녹음하고 작업할 만큼 많은 아티스트들과 작업을 하고 있다. 분명 기억에 남은 아티스트들은 있다. 질문 자체의 답은 아닐 수도 있지만 나는 나의 일을 직업적으로 하지 않으려한다. 나에게는 수많은 아티스트들이 있지만, 아티스트에게 나는 첫 동반자일 수도 있을 것이기 때문에 매 작업마다 최선을 다해 한다. 그래서 모든 아티스트들이 기억에 남을 것이다.

▶ Yoon & Chaen After Talking

순수하고 꿈이 많은 어린왕자를 닮은 대표님은 취업의 문턱에 서있는 우리에게 고민을 잠시 접어두게 해 주었다. 그리고 생각하게 하였다. 중학교 시절 자신의 꿈을 찾았으며 고등학교부터 음반 레코딩 작업을 하면서 25살 때 사업자등록을 하고, 본격적으로 본인 사업을 하셨다. 고등학교 시절 안 해본 아르바이트 없이 2000만원을 모으셨다고 한다. 궁금한 것을 물어보는 것은 창피한일이 일이 아니라고 하셨던 대표님을 통해서 지금 우리에

게 필요한 것은 진정으로 자신이 원하는 것 그리고 나 자신이 누구인가에 관해 알아야 한다는 것을 일깨워 주었다.

▶ Add Something

최정훈 대표님께서 취업을 앞둔 4학년 학생들에게 오디오가이가 원하는 인재상을 이야기 해주었다. 그 첫 번째로는 영어 능력이다. 오디오가이는 해외 아티스트들과 많은 작업들을하기 때문에 영어를 잘 한다면 일 주어지는 양과 그 내용이 크게 달라진다. 때문에 자신의 능력을 발휘하기 위해서는 영어는 필수이다. 영어는 계속 강조해도 지나침이 없다. 두 번째는 인문학적인 소양이다. 음악은 인문학에서부터 나온다. 인문학 속에서 새로운 것을 발견하고 창조할 수 있기 때문에 끊임없이 기획을 해야 하는 오디오가이의 인재에게 꼭 필요한 요소이다. 세 번째는 미술, 건축 등 예술을 보는 안목과 예술적 감각이다. 아티스트뿐만 아니라 음반제작 작업을 할 때는 디자이너들과 작업을 많이 한다. 디자이너들과 피드백을 하고 원하는 것을 정확히 말하기 위해서는 예술적 감각이 필요하다. 네 번째는 대화를 할 줄 알아야 한다. 음반은 사람이 만들어가는 작업이다. 그렇기 때문에 사무적인 대화가 아닌 진심으로 듣고 이야기 할 줄 알아야 좋은 작품이 나올 수 있다. 마지막으로 음악을 사랑해야 한다. 최정훈 대표님은 취업을 앞 둔 친구들에게 무엇을 준비해야하는지 이렇게 구체적으로 알려주었다. **SOUND**

③ 파스텔뮤직(Pastel Music)

날짜 2014. 4. 9.
미팅 이응민 대표 외

▶ 파스텔뮤직 탐방

바람은 서늘하게 불고 햇살은 따뜻하다고 말하기에 충분했던 4월의 끝자락, 우리의 세번째 행선지 마포구 합정동에 위치한 파스텔뮤직으로 향했다. '봄'이 완연하게 느껴졌던 날, 도착한 파스텔뮤직의 첫인상은 '봄'처럼 새롭고 싱그러웠다. 1층의 사무실을 지나 계단을 통해 2층으로 올라가니 20명 남짓 앉을 수 있는 독립된 공간이 우리를 맞이했다. 벽면엔 그간 파스텔뮤직이 세상에 보여준 많은 음반들이 정갈하게 전시되어 있었고, 전시 되어있는 음반 한장 한장이 파스텔뮤직의 색깔과 철학 그리고 메세지를 담아낸 느낌이 가득했다. 그렇게 자유로운듯 정리된 공간에 삼삼오오 모여 착석을 시작했고, 창가 가득 들어오는 햇살을 만끽하며 파스텔뮤직의 이응민 대표님과 인사를 나누며 파스텔 탐방의 시작을 맞이했다.

▶ Who Are You? 파스텔뮤직

월드컵으로 뜨거웠던 2002년 창립한 파스텔뮤직은 해외 음반 라이선스를 시작으로 나아가 국내 인디 음반까지, 음반제작 및 기획을 하는 회사이다. 국내 뮤지션 발굴 및 앨범 발매에 그치는 것이 아니라 해외 뮤지션들의 앨범 발매에도 힘쓰고 있으며, 단순히 음반을 제작하는 것에 그치지

않고 온/오프라인에 걸친 음반유통사업 그리고 공연 기획 및 제작까지 다양한 분야에 걸쳐 활동하고 있다. 또 음반 관련 업무에서 벗어나, 음악을 이용한 다양한 콘텐츠를 활성화시키는데도 노력하고 있다. '커피프린스 1호점', '뉴하트' OST 작업 및 LG전자 쿠키폰 음원 제작을 비롯해 CF, 드라마, 영화까지 그 영역을 확대 시키고 있는 중이다. 현재 파스텔에는 에피톤프로젝트, 한희정, 짙은, 캐스커, 루시아 및 40여 팀의 국내외 아티스트들이 소속되어 있다. "반 발자국만 앞서서 활동한다"라는 마음으로 감성을 건드리고 공감대를 형성하는 음악콘텐츠를 기반으로 한 다양한 사업을 진행할 예정에 있는 파스텔, 앞으로의 행보가 기대가 된다.

▶ Q&A

Q 해외진출은 계획이 있으신지 궁금하다.

A 해외의 음반들을 라이선스 하는 경우도 있었지만 반대로 로컬 음반들을 일본이나 동남아로 수출하는 경우도 있다. 단발적이고 K-Pop 위주기 때문에 우리도 시장에 대해서 고민하고 있다. 태국, 대만, 중국 등 동남아 시장이 한국 시장보다 크기 때문에 쉬운 일은 아니지만, 최근 중국에선 프로듀싱한 음악을 수출했고, 앞으로도 중국

드라마 분야에는 꾸준히 진출할 듯 싶다.

Q 아이돌 음악 외에 한국의 다른 음악들이 진출할 가능성에 대해 어떻게 생각하시는지 궁금하다.
A 여러 가지 난제들이 있다. 특히 언어적인 부분이 크게 걸린다. 영어 외에 익숙하지 않은 언어로 음악을 들었을 때에 상당히 낯선 느낌을 받는다. 물론 현재에는 '한류'로 인하여 일본을 비롯한 많은 나라에서 한국어로 된 음악을 좋게 받아들이는 경우가 있지만, 음악 콘텐츠가 아닌 한 가수가 다른 나라에 가서 활동한다는 것은 자본과 노하우가 필요하다. 그렇기 때문에 음악 콘텐츠를 가지고 현지 가수와 현지 회사와 손을 잡고 콜라보레이션을 통하여 진출하는 방법이 그 시장에서 인기를 끌기에 가장 현실적인 방법이라고 생각한다.

Q 음악 콘텐츠를 기반으로 사업을 확장하신다고

했는데, 주력하시는 분야가 있는지 궁금하다.

A 기본적으로 음악이 중심이다. 예전에는 음악 시장에서 음반이 차지하는 비중이 상당히 컸는데, 이제는 시대가 달라지면서 음원적인 부분과 그 외의 부분이 점차 커지고 있다. 그래서 공연과 음원을 비롯한 드라마나 영화 등의 활동을 하려고 한다. 주력하는 분야가 특별히 있다기보다, 좀 더 전문성을 갖춘 음악과 시스템을 활용하여 '음악'이라는 장르에서 뻗어나갈 수 있는 많은 분야에서 활동하고자 한다.

▶ Yoon & Chaen After Talking

우리는 파스텔이 가지고 있는 철학, 파스텔이 생각하는 음반시장, 파스텔에서 이루어지는 여러 가지 업무가 어떻게 이루어지는지를 들었다. 2000년대 음반시장에만 국한된 게 아닌 음원시장 또는 새로운 분야로 나아가, 음악을 가지고 여러 형태로 확장시켜 플렉서블하게 변화하여 발전시킬 수 있는 음악시장에 대해 또 어떤 형태로 발전될 수 있을지에 대한 것을 고민하게끔 하는 시간이었다. 그저 인디음악계를 대표하는 회사로 알고 있었던 파스텔에 대한 패러다임을 완전히 새롭게 쓸 수 있는 시간이기도 하였다.

▶ Add Something

이전에는 음악을 좋아하는 사람들, 특히 파스텔의 음악을 좋아하는 사람들을 많이 채용하곤 했다고 하셨다. 시간이 많이 지나면서 일하는 사람들의 연령대가 달라지고 80년대 세대에서 90년대 세대로 바뀌었는데, 90년대 세대들은 더 자유로운 마인드를 가졌지만, 끈기와 스스로 성장할 수

있는 힘이 부족한 것 같다고 하시면서, 이런 부분에서 자기 자신이 마음가짐을 단단히 하는 게 중요하다는 말을 남기셨다. 또, 일에 열중할 수 있는 열정과 적극적인 자세로 임할 수 있는 사람이 되는 것이 첫 번째고, 자신이 이 일에 매진하고 정말 좋아서 시작해야 만이 일을 진정으로 즐길 수 있고 일의 능률을 올릴 수 있다는 것을 두 번째로 언급하셨다. 다방면에서 많은 경험을 하는 것이 중요하며 메이저씬이든, 인디씬이든 '좋다'라고 하는 음반들은 다 들어보는 것도 필요하다고 한다. 기본적으로 음악을 좋아하는 것도 중요하지만, 음악뿐만이 아닌 전반적인 사물에 대한 지속적인 관심이 많아야 유연한 사고로 이 분야에서 오랜 기간 즐거운 마음으로 일할 수 있다고 조언해 주었다. SOUND

날짜 2014. 4. 30.
미팅 하종욱 대표, 진영준 대표, 최은혜 기획팀장, 김희신 제작팀장 외

▶ 메이드바이 탐방

회사가 있는걸까, 라는 의문이 들 정도로 한가로운 주택가에 위치한 메이드바이를 찾았다. 담장을 열고 돌계단을 오르니, 잔디가 쫘르르 깔려있는 메이드바이의 마당엔 귀여운 강아지 두 마리가 자유롭게 뛰놀고 있는 모습이 눈앞에 펼쳐졌다. 가정집에 온듯한 메이드바이의 외관과 부합해 내부 역시 먼 친척집에 놀러온 편안한 느낌을 받게 했다. 하종욱 대표님의 안내에 따라 들어가니 마당이 훤히 보이는 창이 있는 20명 남짓 앉을 수 있는 공간이 있었고, 차례대로 착석하니 하종욱 대표님이 회사 '식구'들과 함께 점심에 비빔밥을 해먹었다는 말을 시작으로 '메이드바이'에 대한 소개를 시작하셨다.

▶ Who Are You? 메이드바이

메이드바이는 하종욱 대표와 진영준 대표가 호흡을 맞추며 회사 식구들과 함께 공연 시장을 그들만의 놀이터라고 생각하면서 내실이 단단한 회사가 되기 위해 10년이 넘는 세월을 함께 달려온 결과이다. 그러한 노력 아래 메이드바이는 현재 국내 최고의 전문가로 구성된 공연, 페스티벌, 이벤트 기획 및 제작 전문회사로써 자라섬

국제재즈페스티벌, 광주월드뮤직페스티벌, 인천펜타포트락페스티벌 등 굵직한 페스티벌들을 첫 회 때부터 시작하여 함께 발맞추어 진행해오고 있다. 유키 구라모토의 공연을 담당하여 기획하는 등 해외 아티스트 기획공연도 진행하고 있다. 또한 현대카드, 현대백화점 등을 통한 공연도 진행해오고 있다. 메이드바이에는 기획과 제작 파트가 함께 운영이 되고 있는데, 그러한 결과로 재즈부터 인디 공연, 국악, 페스티벌, 클래식까지 장르에 국한되지 않는 다양한 공연, 이벤트 및 행사를 진행할 수 있는 특장점을 가지고 있다.

▶ Q&A

Q 메이드바이에서 생각하는 기획 파트란?

A 시간과 아이디어를 가지고 계속 싸우는 사람들이 모여 있는 곳인 것 같다. 공연 날짜는 정해져있는 상태에서 그 속에서 무엇을 해야할까에 대한 시간적인 문제와 관객을 어떻게 하면 만족시키고 행복하게 할지에 대한 아이디어 문제를 가지고 해답을 찾기 위해서 고분군투하는 파트가

기획 파트인 것 같다.

Q 기획자로써 필요한 요소들이 많은데 그 중 중요한 점이 어떤 것인지 궁금하다.

A 스케줄링을 하는 건 기획자로써 꼭 필요한 요건이다. 공연기획을 하다보면 공연날짜선정에서부터 시작하여 대관, 아티스트 계약, 홍보 마케팅, 프로덕션 등의 절차가 있는데, 이 모든 것들이 효율적으로 상호관계를 이루면서 진행이 되려면 스케줄링 관리가 필수적이며 잘해내는 것이 관건이다.

Q 제안서를 작성하는데 있어서 특별히 생각해놓은 노하우가 있는지 궁금하다.

A 제안서 페이퍼를 작성하는데 있어 일단 첫 번째로 생각해야할 것은 보는 사람을 생각해서 작성하는 것이다. 고객의 취향을 미리 물어보고 그들의 니즈를 잘 파악하는 것이 제안서를 작성할 때 가장 중요하게 여겨야 할 것이라고 생각한다. 그리고 더 나아가 취지와 입장을 그들의 입장에서 생각하고 클라이언트의 기호에 맞는 것을 미리 캐치하여 작성하는 것이 노하우라 할 수 있겠다.

Q 메이드바이가 가지고 있는 철학은?

A 함께 일하는 '식구'와 함께라면 무엇이든지 할 수 있을 것 같다는 마음으로, 회사는 함께 일하는 동료들을 Co-Worker의 개념이 아닌 함께 생활하는 Family의 개념으로 함께한다. 무대는 환

타지를 보여주는 곳으로 관객들에게 꿈과 환상을 주기 위해 함께 노력하고 또 그것을 즐길 줄 아는 마음가짐으로 회사를 운영 중이다.

▶ Yoon & Chaen After Talking

현장탐방을 마치고 가장 기억에 남는 말은 '기획은 관객을 위해, 무대는 아티스트를 위해'라는 하종욱 대표님의 한마디였다. 저 한마디가 기획자로써 또 문화예술인으로써 어떤 곳을 바라보고 행동해야 할지에 대한 방향성을 확립해주는 듯 했

다. 야외 공연(페스티벌)이 많이 대중화 되면서 관객들이 야외 공연을 바라보는 생각들도 많이 전문화된 이 시점에 경험한 메이드바이의 방문은 앞으로 우리나라의 야외 공연을 넘어선 공연 문화가 점차 긍정적으로 변화하고, 또 다른 문화를 창출하며 흡수하는 변화를 불러일으킬 것이라는 것을 기대하게 만들었다.

▶ Add Something

'감나무 밑에서 감이 떨어지기를 기다려도 절대

직접적인 경험이 아니더라도 간접적인 경험도 얼마든지 자신에게 득이 되고 자산이 될 수 있음을 인지시켜 주었다. '열정을 기반으로 행동력 있는 사람'이 필요한 인재상이라는 종합적인 결론이다.

SOUND

감이 떨어지지 않는다'라는 말로 김희신 감독님께서 운을 떼셨다. "적극적으로, 일하고자 하는 마음에서만 그치지 말고 진짜 뛰어들어 실천을 하는 것이 첫 번째다"라는 실천력 있는 행동이 가장 중요하다의 메시지를 분명하게 전달해 주었다. 자기가 하고자 하는 분야가 있으면 물불 가리지 않고 많은 경험을 실제적으로 쌓는 것도 많은 도움이 될 수 있는 방법이라며 여러 가지 방법을 제안해 주었다. 또, 최은혜 기획팀장님은 무엇이든지 경험을 다방면으로 쌓는 것이 가장 중요하고, 꼭

날짜 2014. 5. 7.
미팅 최용묵 총무국장, 정훈 사업국장

▶ 한국음악실연자연합회 탐방

우리들은 40분간의 지하철 여행을 마치고 염창역에서 내렸다. 역에서 나와 서울에 이렇게 많은 건물들이 있는지 새삼 느끼면서 한국음악실연자연합회에 도착했다. 회의실에는 둥근 모양의 탁자 위에 우리를 위해 준비해주신 음료수와 자료들이 있었다. 우린 감사한 마음과 회의실이라는 곳에서 느껴지는 긴장된 마음을 가지고 강의를 해주실 분을 조심히 기다렸다. 그리고 조금 뒤 말끔히 양복을 입으신 두 분의 실무자님들께서 회의실에 들어오셨다. 다고 딱딱한 분위기에서 최용묵 총무국장님께서 "저희는 실연당한 사람들을 위한 협회가 아닙니다." 라는 말을 하시면서 가벼운 농담으로 우리들 사이에 있는 긴장감을 깨뜨려 주셨다. 간단한 서로의 인사를 마치고 최용묵 총무국장님과 정훈 국장님의 강의가 시작되었다.

▶ Who Are You? 한국음악실연자연합회

한국음악실연자연합회(이하 '음실연'이라함)는 저작인접권 집중관리 단체다. 음악실연자의 권익을 보호하고, 음악실연자의 상호 교류와 협력을 통하여 음악실연 활동의 증진을 기한다. 또한 음악실연자의 활동여건을 개선함으로써 그 지위향상을 도모하여 우리나라 문화발전에 이바지하기 위해 설립된 비영리 사단법인이다. 음실연은 1986년 12월 31일 개정된 저작권법(법률 제 3916호)에 의해 실연자의 저작인접권이 보호받게 되면서 그 저작인접권의 보호 및 관리를 위해 1988년 8월 8일 문화체육관광부의 법인설립 허가를 받게 되었으며, 동년 10월 14일 판매용음반 방송보상금 수령단체로 지정되면서 저작인접권의 보호를 위한 첫발을 내딛기 시작했다. 징수 및 분배를 보면 징수는 크게 신탁사용료와 방송보상금, 디지털음성송신보상금, 공연보상금이 있다. 분배는 분배대상의 금액을 확정한 후 사용내역과 음실연 실연정보 DB를 매칭하고, 분배기준에 따른 곡당 분배금을 산출해서 개별 실연자에게 분배한다. 음실연에는 이러한 징수와 분배 시스템이 구축되어 있다.

▶ Q&A

Q 외국하고 상호협약을 체결을 하는데, 우리나라에서만 흑자를 보이고 있을 때 상대국에서 협약을 거절할 수 있는지 궁금하다.

A 상호협약을 체결할 때 두 가지의 방법이 있다. 일본과의 협약과 같이 각국에서 발생하는 수익금의 일부를 징수하는 방법이 있고, 각국에서 발생하는 수익을 유보하는 경우가 있다. 예전에는 협약에서 유보하는 경우가 많았다. 하지만 국가 간

의 상호 교류가 활발해지면서 징수하는 경우가 많다. 특정 단체가 국가의 무역의 수지를 가늠하기는 힘든데, 그래서 이 징수가 흑자다 적자다, 라는 것을 판단하기에는 어려움이 따른다. 우리나라와 협약을 체결할 때 강요가 존재가 하지는 않지만 대부분 거시적으로 보고 협약을 체결한다.

Q 국내든 해외든 징수가 정확하게 이루어지고 있는지를 어떻게 아는지 궁금하다.

A 이 부분에 어려움이 따르는 것은 사실이다. 예를 들어 실연자가 곡의 크랫딧을 정확이 알지 못하는 경우도 많고, 요새는 디지털음반들이 많이 나오면서 단체에 신고를 하지 않으면 알 수 없는 부분들이 많다. 국내든 해외든 원시적인 방법으로 징수 하고 있다. 곡의 정보를 실연자가 알기란 쉽지 않다. 시스템적으로 구축되어 있지 않다보니 어려움들이 많은데 그래서 지금 시스템적으로 구축하려고 많은 노력을 하고 있는 상태이다.

Q 해외에서 징수된 금액을 받을 때 요청을 해야만이 받을 수 있는 것인지 궁금하다.

A 그건 계약서에 나와 있는 사항에 준수하여 진행하고 있다. 일 년에 두 번 정해서 할 수도 있고, 일 년에 한번 정한 날짜에 받을 수 있다. 국내 같은 경우는 분기별로 정산을 받는다.

Q 무용 쪽에서는 실연자가 자신의 권익을 어떤 식으로 보호받는지 궁금하다.

A 우리 같은 단체를 집중관리단체라고 한다. 집중되어 있는 곳에 가면은 실연자가 자신의 권익을 위해서 일일이 찾아다니지 않아도 권익을 지킬 수 있는 곳이기 때문이다. 아쉽게도 무용 쪽은 이러한 단체가 없다.

▶ Yoon & Chaen After Talking

오늘은 참으로 어려운 이야기들이 많았다. 그리고 법을 알아야 예술가들도 자신의 권리를 찾을 수 있다는 것을 배웠다. 한편으로는 고마움을 느꼈다. 기초적인 권익 보호를 위해 힘쓰시고 있기 때문이었다. 여러 가지 측면에서 사회가 움직이고 있는 것을 느꼈다. 탐방이 진행될수록 친구들의 질문들이 점점 심도가 깊어졌다. 그만큼 우리가 한 뼘 성장한 것 같아서 뿌듯함을 느꼈다. 오늘도 현장탐방을 다니면서 마음의 여유가 없어서 여행 갈 생각조차 할 수 없었던 4학년들에게 여행 다니는 느낌을 선물해 준 것 같다.

▶ Add Something

한국음악실연자협회에 대해서 좀 더 자세히 설명을 하려 한다. 음실연은 정부로부터 보상금관리

단체 지정 및 저작권 신탁관리업 허가를 받은 단체로 음실연에 가입하는 경우는 회원가입과 신탁가입으로 구분된다. 회원가입은 단체 구성원이 되는 상징적 의미를 갖지만, 신탁가입은 본인의 저작인접권을 음실연에 신탁하는 것으로 가입 시점부터 본인의 권리에 대한 이용허락 및 침해구제 등을 음실연이 행사하고 그에 따른 신탁사용료를 직접 분배받게 된다. 음실연에 가입하지 않으면 신탁사용료는 분배되지 않지만 보상금은 분배받을 수 있다. 다만 분배를 위해서는 본인이 참여한 앨범명, 곡제목, 참여분야, 입금계좌 등이 필요하기 때문에 비회원의 경우 신고 및 분배 신청을 해야만 한다. 방송실연자는 드라마, 영화에서 연기실연을 하는 실연자(탤런트, 성우, 코미디언 등)를, 음악실연자는 음악을 노래, 연주, 지휘하는 실연자(가수, 연주인, 지휘자 등)를 의미한다. 방송실연자의 저작인접권료는 연기자가 출연료를 받고 참여한 방송물이 최초 방송 이후 재방송되거나 비

디오테이프로 제작되어 배포되는 경우 발송된다. 음악실연자의 저작인접권료는 음악실연이 녹음된 음악이 인터넷 등으로 전송되거나, 방송, 공연 등을 통해서 발생한다. SOUND

6 빅히트엔터테인먼트(Big Hit Entertainment)

날짜 2014. 5. 14.
미팅 윤석준 제작총괄이사

▶ 빅히트엔터테인먼트 탐방

삼성동에는 코엑스, 포스코 등 수 많은 회사들이 있고, 그래서 회사원들이 많이 상주하는 곳이다. 많은 사람들이 삼성역을 오가고, 오늘도 이렇게 바쁘게 지나갈 때 아쉽게도 마지막 현장탐방 날이 왔다. 오늘의 장소는 삼성역 근처 서울종합예술학교 본관 1005호다. 빅히트엔터테인먼트 회사의 사정으로 오늘의 정차역은 삼성동이 되었다. 항상 여행을 하는 기분으로 현장탐방을 하던 우리는 조금은 아쉬운 마음을 가지고 빅히트엔터테인먼트 윤석준 제작총괄이사님을 기다렸다. 하지만 마지막 일정이 바뀌어도 좋은 점은 있었다. 특강 성격이 되어 공연제작콘텐츠학부의 연예매니지먼트 전공 친구들도 청강을 신청했기 때문이다. 마지막인 오늘도 열기가 뜨거웠다.

▶ Who Are You? 빅히트엔터테인먼트

빅히트엔터테인먼트는 작곡가이자 제작자인 방시혁 대표가 2005년에 설립한 회사이다. JYP와 협력관계를 가지고 있으며 GOD, 비, 백지영, 임정희, 2AM, 8Eight, 방탄소년단까지 방시혁 대표의 손에서 탄생했다. 빅히트엔터테인먼트는 현재 음악시장에 큰 영향력이 있는 회사이다.

오늘 강의해주실 분은 빅히트엔터테인먼트의 윤석준 제작총괄이사님이다. 이분을 좀 더 구체적으로 설명하자면, 루핀레코드(Lupin Records)의 대표였고 2004년에 일렉트로닉 음반을 발표한 뮤지션(제펫Jeppet)이기도 했다. 콘텐츠를 만드는 중요성을 느껴 음악제작 분야에 몸을 담게 되었고, 현재 빅히트엔터테인먼트에서 모든 음반제작에 관련된 것을 총괄하는 이사이다. 루핀레코드 대표로 있을 당시 캐스커 음반 출시 쏘울메이트 OST 음반제작, 015B의 10년만의 컴백 리메이크 음반도 제작 및 콘서트 투자를 진행했다. 인디씬에서 꿈을 이루면서 살다가 지금까지 못해본 분야에 대한 도전의식이 생겨 지금의 자리에 와있다고 한다. 그는 인디씬과 메이저씬 둘 다 몸을 담가본 사람이다. 해서 많은 사람들은 그에게 어느 분야가 나은지 물어볼 때 마다 그는 둘의 매력이 다르다고 이야기한다.

▶ Q&A

Q 해외진출은 어떤 식으로 진행되는지 궁금하다.

A 여러 가지 방식이 있다. 국가에 따라서 그 형태가 다르다. 일본 같은 경우 현지의 매니지먼트사와 제휴를 맺는다. 그 이유는 일본의 시장이 어마어마하게 크기 때문이다. 2AM의 경우 일본의 소

니뮤직과 제휴하고 있다. 그다음은 중화권이다. 여기는 에이전시개념이다. 현지에서 파트너가 있어야 한다. 하지만 최종 판단은 기획사 몫이다. 해외공연도 전략적이어야 한다. 해외공연을 자주 하러 다니면 가수의 희소성이 떨어진다. 빅뱅이 이번에 일본돔 투어를 했는데 성공할 수 있었던 요인은 희소성을 살렸기 때문이었다. 빅뱅은 데뷔 9년차임에도 불구하고 처음으로 하는 월드투어이었기 때문이다. 그만큼 해외진출에서도 많은 전략들이 필요하다.

Q 빅히트엔터테인먼트의 마케팅전략은 SM 방향인지 YG 방향인지 궁금하다.

A 굳이 따지자면 SM을 표방한다. 왜냐하면 비즈니스 측면에서는 SM이고, 가수들이 성장하기 바라는 바람이 있는 부분은 YG 방향이라고 말할 수 있다. 우리 아티스트들이 자체적으로 능력이 생겼으면 좋겠다는 마음이 크다.

Q 빅히트엔터테인먼트의 아이돌 방탄소년단은 어떤 식으로 음반이 제작되는지 궁금하다.

A 방탄소년단은 기본적으로 모든 곡을 멤버 스스로가 만든다. 하지만 회사에 있는 프로듀서들과 함께 다시 만들어 가는 과정을 거쳐 곡들이 탄생한다.

Q 빅히트엔터테인먼트가 상장을 기획하고 있다면 그 이후 사업방향이 어떨지 궁금하다.

A 상장을 기획하고 있는 것은 맞다. 하지만 그러려면 지금 회사에 방탄소년단 같은 팀이 두 개 더 있어야 할 것이다. 그리고 제3의 시장을 개발해야 한다고 생각한다. 예를 들어 SM이 하고 있는 노래방시장이던지 가수 트레이닝 노하우 과정을 판매 하는 등 가수와 상관없는 제3의 시장을 개발해야 한다고 생각한다.

▶ Yoon & Chaen After Talking

탐방을 마치고 윤이와 이야기를 함께 나누는 시간은 강의에서 놓쳤던 부분을 서로 메꿔주고 같이 공감했던 부분은 배가 돼서 돌아오는 시간이다. 그래서 탐방 끝나고 기다려지는 시간이다. 오늘은 자신의 분야에서 확신과 자신감을 보여주셨던 윤석준 이사님이 들려주신 이야기가 둘의 공감대를 형성하게 했다. 다양성과 서로 다른 분야에 대한 존중의 모습이었다. 인디씬과 메이저 가요시장에 대한 존중의 모습을 통해서 서로의 시장에 대한 존중이 기본이 되어야지 더욱더 성공할 수 있는 역량이 커질 수 있다, 라는 것을 마음으로 배웠다.

▶ Add Something

첫 번째로 들려준 이야기는 아이돌팬 시장의 확장성을 추구해야한다는 것이다. 대중가요 시장은 크게 본질적 매출과 비본질적 매출로 나뉠 수 있다. 본질적 매출은 음악감상 시장이고 비본질적 매출은 CF 등 저작권, 매니지먼트 시장이다. 하지만 아직까지는 이 두 시장에서 크게 수익을 낼 수 있는 구조가 되지 않는다. 그래서 이 두 시장의 중간 단계의 팬들을 기반으로 하는 콘서트, 음반, MD, 행사 등의 시장을 확장해야 수익을 극대화 시킬 수 있다. 이 시장을 더욱 개발을 해야 하는 추세로 나아가야 한다.

두 번째 이야기는 빅뱅에서 대성이 없었다면 지금의 빅뱅도 없었을 것이란 점이다. 아이돌을 만들 때는 많은 경우의 수를 따져서 만든다. 팀의 막내는 꼭 있어야 하고 과묵한 캐릭터도 있어야 하고 잘생긴 캐릭터도 있어야 한다. 즉 전략적인 접근으로 아이돌은 만든다는 것이다. 빅뱅의 대성도 치밀한 전략 속에서 나온 케이스인 것이다. 아이돌은 쉽게 만들어지지 않는다.

세 번째는 인생 선배로서의 조언으로 인적 네트워크의 중요성이다. 인디씬에서 메이저씬으로 넘어올 때 일렉트로닉 음반을 제작할 당시 만난 인맥 때문에 올 수 있었다. 다양한 대인관계를 통해서 기회를 만들 수도 있다는 것이다. 하지만 그 뒤의 일은 본인 노력의 몫이다. SOUND

대중음악SOUND연구소:
홈페이지 오픈과 함께 다양한 연구, 기획, 컨설팅 사업 개시

대중음악SOUND연구소

대중음악SOUND연구소는 2010년 9월에 발족을 해서 대외적인 활동방법으로 먼저 대중음악 전문 무크지(대중음악 SOUND)를 발행하는 방안을 선택했다. '대중음악SOUND연구소' 브랜드 홍보 방안이기도 한데, 이는 2007년 6월에 '가슴네트워크' 브랜드를 알리기 위해서 경향신문과 함께 '한국 대중음악 100대 명반' 선정 작업을 시작한 것과 유사하다. 또한 연구소의 정기간행물 성격이면서 연구결과물을 대외적으로 공유하는 방안으로 출판매체를 선택한 것이기도 하다. 이는 인력과 자본이 열악한 상황에서 가장 단시간 내에 효율적으로 소기의 성과를 얻기 위한 방안이다. 아울러 '대중음악SOUND연구소'와 연구소에서 주최/주관하는 'SOUND FESTIVAL', 연구소에서 주관하고 추진하는 '한국음악산업학회'를 기획적으로 연동하여 운영하고 있는데, 이 또한 인력과 자본이 열악한 상황에서 가장 효율적으로 결과물들을 얻어내기 위한 방안으로 선택한 '멀티태스킹(multi-tasking) 기획'의 일종이라고도 할 수 있다. 그래서 대중음악SOUND연구소–SOUND FESTIVAL 2014–한국음악산업학회 홈페이지는 디자인과 구조, 기능이 서로 연동되어 있고, 운영은 대중음악SOUND연구소에서 일괄로 한다. (3개 홈페이지 상단 우측을 보면 대중음악SOUND연구소–SOUND FESTIVAL 2014–한국음악산업학회 이렇게 링크가 되어 있다.)

현재까지 발행된 대중음악SOUND 1~9호에서 다룬 주제들을 보시면 알겠지만, 대중음악SOUND연구소의 핵심적인 관심사는 '음악산업, 음악정책, 대중음악사 연구'이다. 그리고 궁극적으로 얻고 싶은 결과물(운영의 이유)은 "음악소비시장 저변 확대를 통해 건강하게 음악산업을 성장시키는 것"이다. 쉽게 얘기해서, 1000만 관객 시대를 달성한 영화계를 보면 30~40대 영화소비층의 유입이 오늘날 영화시장 성장의 핵심요인인데, 대중음악계도 그러한 구조가 필요하다는 생각이다. 그래야만 뮤지션, 기획자, 마케터, 연구자, 비평가, 교육자 심지어는 음악마니아들까지 모두가 재생산하는 구조에서 생존하는 것이 가능하다. 그러려면 대중음악을 엔터테인먼트 시각 안에서만 보는 습성도 버려야 하고, 대중음악을 '예술'이자 '산업'으로 바라보는 인식의 대전환이 필요하다.

　그렇다면 그 '음악소비시장 저변 확대'를 어떻게 꾀할 수 있을 것인가? 이는 매우 어려운 과제이지만 불가능하지는 않다고 생각한다. 대중음악SOUND 연구소에서는 이를 핵심과제로 삼아 차근차근 전진할 것이다. 대중음악SOUND 창간호의 '편집인의 말'에서는 다음과 같이 말했는데, 이는 아직도 진행 중이고, 대중음악SOUND연구소는 그 역할을 꾸준히 조직적으로 해나가려고 한다. "〈대중음악SOUND〉가 직접적으로 척박한 대중음악 현실을 바꾸지는 못하더라도 그 '현실을 바꾸는 방법론'을 제시하는 매체가 되기를 희망한다."

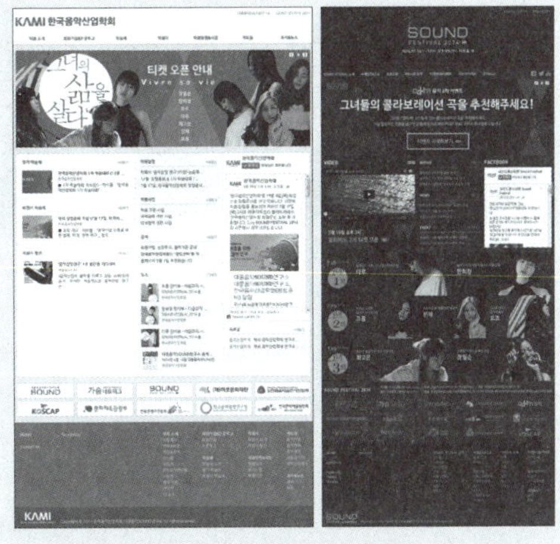

◀ 한국음악산업학회, ▶ SOUND FESTIVAL 2014

■ 연구소 사업

1. 자체사업

– 가슴네트워크축제 (2009~) : 공연, 출판, 어워드, 포럼, 학술제, 출반 프로그램 등

– 대중음악SOUND연구소 (2010~) : 대중음악 산업, 정책, 음악사 연구. 외부기관 연구용역(문화체육관광부, 한국콘텐츠진흥원 등)

– 대중음악SOUND (2010~) : 가슴네트워크/대중음악SOUND연구소에서 발행하는 국내 유일의 대중음악 전문 무크지. 연 2~3회 발행

– SOUND Festival & Awards (2014~) : 가슴네트워크/대중음악SOUND연구소에서 '음악시장 저변확대'를 목적으로 새롭게 런칭한 음악축제 & 어워드

◆ 대중음악SOUND 과월호

대중음악SOUND vol.1 "대한민국 대중음악의 현주소" (2010년, 선)

대중음악SOUND vol.2 "한국 대중음악 파워 100" (2011년, 선)

대중음악SOUND vol.3 "한국 대중음악 100년" (2011년, 포노)

대중음악SOUND vol.4 "대선공약 100대 과제 제안" (2012년, 포노)

대중음악SOUND vol.5 "한국 대중음악 엔터테인먼트산업"(2012년, 선)

대중음악SOUND vol.6 "대중음악진흥위원회" (2013년, 선)

대중음악SOUND vol.7 "한국 인디명곡 100선" (2013년, 스코어)

대중음악SOUND vol.8 "한국의 음악산업정책" (2014년, 스코어)

2. 협력사업

– 한국음악산업학회 (2014~) : 2014년 11월 창립 예정. 7월 17일에 SOUND FESTIVAL 2014의 사전행사로 '음악산업 진흥을 위한 글로벌마케팅, 대중음악자료원, 음악산업학제 연구' 진행.

■ 연구기획사업&컨설팅 제안

1. 연구사업

[연구 분야]

1) 음악산업

– '음악시장 저변확대'(음악소비자의 연령대 확대와 소비충실도 증대)를 위한 방법론 연구

 ▶ 관련 현장 프로젝트 진행 : 대중음악SOUND, SOUND FESTIVAL & AWARDS, 한국음악산업학회 등

2) 음악정책

– 대중음악 중장기, 현안 정책 연구 : 정책환경 분석, 대중음악 진흥을 위한 기본방향 설정, 법령/제도 개선

– 음악산업 중장기, 단기 지원책 제시 : 창작 및 제작지원, 유통시장 활성화, 공연 활성화, 인력양성, 인프라 구축, K–POP 해외진출 등

 ▶ 관련 현장 프로젝트 진행 : '음악산업진흥 중기계획(2014~2018)' 창작기반 분과 정책안 연구 등

3) 대중음악사

- 한국 대중음악 100년 아카이브 작업
- 대중음악 박물관, 자료원, 지원센터 설립&운영 연구
- 음악전문공연장(아레나공연장 등), 음악전문방송국 설립&운영 연구
  ▶ 관련 현장 프로젝트 진행 : '대중음악박물관 건립계획 연구보고서'(2014) 공동연구원 참여 등

[교육 분야]

- 음악산업학과(music industry, music business 대학/대학원 학제)를 통한 인력양성 방안, 커리큘럼 연구
- 음악산업/뮤직비지니스, 대중음악기획, 문화콘텐츠 학과 운영/커리큘럼 연구
  ▶ 관련 현장 프로젝트 진행 : 한국콘텐츠진흥원 '대중음악 전문인력 수요조사'(2012) 연구보고서 등

[출판 분야]

- SOUND음악산업총서 발간
- 연구 : 음악산업총론, 뮤직비지니스개론, 글로벌 뮤직마케팅, 한국 대중음악 100년 등
- 기획 : 축제, 공연, 매체, 출판, 아카이브 기획 등
  ▶ 관련 현장 프로젝트 진행 : 대중음악SOUND 발행 등

2. 기획사업

[대중음악 중심의 축제&마켓 기획]

1) 지자체 사이드 : 2005년 10월에 런칭된 '광명음악밸리축제'와 같이 지자체 정책에 입각한 축제 개발, 운영 등

2) 기업 사이드 : 2000년에 제 모습을 갖춘 '쌈지사운드페스티벌'처럼 기업의 신규사업 또는 문화마케팅 측면에서의 축제 개발, 운영 등

3) 정부문화정책 사이드 : 2014년 런칭된 'SOUND FESTIVAL & AWARDS'처럼 음악산업 진흥을 위한 정부정책 측면에서의 축제&마켓 개발, 운영 등

[대중음악 공연, 전시, 이벤트 기획]

1) 공연 : 2011년 6월 '올림픽홀 뮤즈라이브 개관기념공연'과 같이 한국 대중음악사의 주요 뮤지션들을 조명하는 방식의 공연기획 등

2) 전시 : 2009년 11~12월 가슴네트워크 10주년 행사 프로그램인 '한국 인디뮤지션 사진전'처럼 정확한 관점을 갖는 전시기획 등

3) 이벤트 : 2004년에 시작된 '한국대중음악상'처럼 비주류 뮤지션들을 공식적인 방식으로 조명할 수 있

는 시스템으로서의 이벤트기획 등

[대중음악 매체, 출판 기획]

1) 매체 : 1997년 12월에 창간된 월간 대중음악전문지 '서브(SUB)', 1999년 11월에 창간된 대중음악비평 웹진 '가슴', 2010년 창간된 음악산업, 음악정책, 대중음악사에 초점을 맞춘 '대중음악SOUND'와 같은 음악전문매체 기획 등

2) 출판 : 2007년 8월부터 1년 동안 매주 경향신문의 문화면을 활용해서 진행한 '한국 대중음악 100대 명반'과 이를 바탕으로 한 단행본 출판기획 등

[대중음악 아카이브 기획]

1) 한국 대중음악 100년(1907~) 연구 (※대중음악SOUND 3호 커버스토리 '한국 대중음악 100년' 참조)

2) 대중음악 인물 DB : 뮤지션, 세션맨, 프로듀서, 엔지니어, 기획자, 제작자, 연구자 등 인터뷰, 사진 기록 작업

3) 대중음악 음반 DB : 한국 대중음악 100년 음반목록 연구, 작업

[대중음악 아카데미 기획]

1) 2010년 1월에 문지문화원 사이에서 6개월 과정으로 진행한 '가슴네트워크 문화기획학교'와 같이 대중음악 전문인력을 양성할 수 있는 방안으로서의 아카데미

2) 향후 대학/대학원에 설치되어야 할 음악산업학제(music industry, music business 학과) 운영방안 연구, 기획

3. 컨설팅

▷ 대중음악 축제, 공연, 매체, 출판, 아카이브, 아카데미 등 운영

▷ 대중음악 공연장, 복합문화공간 운영

▷ 대중음악 박물관, 자료원 운영

■ 연구소 조직

연구소장 : 박준흠

선임연구원 : 권석정, 홍정택

연구원 : 김다래, 김미소, 김연미, 김정연(영국), 김혜린, 양인화, 이수정, 장연이, 최지연(미국)

※ 한국음악산업학회

– 공동창립준비위원장 : 김재범, 박준흠 / 사무처(대중음악SOUND연구소) : 이수정(사무처장), 장연이

[홈페이지, 연락처]

▷ 대중음악SOUND연구소

　　연구소 홈페이지 : http://www.ksoundlab.com

　　연구소 페이스북 : http://www.facebook.com/ksoundlabcom

　　연구소 문의 이메일 : sound@ksoundlab.com

▷ SOUND FESTIVAL & AWARDS

　　SOUND FESTIVAL 2014 : http://www.soundfestival.kr

　　페스티벌 페이스북 : http://www.facebook.com/soundfestival2014

　　페스티벌 문의 이메일 : sound@soundfestival.kr

▷ 한국음악산업학회

　　학회 홈페이지 : http://www.korami.org

　　학회 페이스북 : http://www.facebook.com/koramiorg

　　학회 문의 이메일 : sound@korami.org

▷ 대중음악SOUND

　　페이스북 : http://www.facebook.com/junheum

■ 〈공지〉 대중음악SOUND연구원 모집

대중음악SOUND연구소에서는 무크지 기획에 참여하고 취재와 기획조사를 담당할 'SOUND연구원'(비상근 활동가) 제도를 운영하고 있습니다. SOUND연구원 자격으로는 대중음악에 대한 관심과 애정이 지대해야하고, 기본적으로 성실해야 합니다. 또한 기획조사(자료 리서치) 능력이 요구되기 때문에 대중음악, 예술경영, 문화콘텐츠, 문화연구 관련 대학원 재학/졸업생들이 적절하지 않을까 합니다.

※ 자세한 사항은 연구소 홈페이지 공지(http://ksoundlab.com/xe/board_notice/1173)를 참조하세요.

※ 자격 요건에 맞는 경우에만 연락을 드리겠습니다. **SOUND**

함께하는음악저작인협회(KOSCAP) 발족

자들에게 많은 문제가 되어 왔던 것이 사실이다. 이러한 문제가 적지 않은 시간동안 누적되어 온 끝에 종래 단일 분야에 있어 복수의 신탁단체의 설립에 소극적이었던 문화체육관광부로 하여금 제2의 음악저작권신탁관리단체를 선정하도록 결심하게끔 하였으며, 지난해 12월 허가대상자로 선정된 이래 금년 2월 경, 함께하는음악저작인협회(KOSCAP)은 설립등기를 완료했다. 2012년 5월 임시총회에 따라 제반 규정을 정비한 후, 8월 경부터 영업개시를 할 것으로 예상한다.

Q 현재 임원진의 구성과 어떤 일을 하게 되는지?
A 이사장을 포함한 8명의 이사, 2명의 감사, 1명의 사외감사가 있다. 가수 서수남, 한대수, 엄인호, 오세균, 김광희, 타루 등의 이사와 가수 양하영, 이동은이 감사직을 맡고 있다. 기존의 협회에서 호칭하고 있는 회장이라는 직함대신 KOSCAP의 대표를 이사장이라고 명명하고 있는 것은 장르별 분과에 따를 각 회원들의 대표를 존중하고 그들의 결속력을 통한 새로운 차원의 협회를 만들어 가기 위함이다. KOSCAP은 기존의 단체와 같이 방송이나, 음원사이트, 노래방 등 음악을 사용하는 곳으로부터 사용료를 징수하여 작곡가, 작사가, 편곡자 등 저작권자들에게 분배하는 일을

Q KOSCAP을 발족하게 된 동기와 언제부터 정상적인 업무가 개시되는지?
A 대한민국의 음악저작권 신탁관리는 1964년 출범하여 1988년부터 저작권 신탁관리업 허가를 받은 한국음악저작권협회(KOMCA)가 독점적으로 주관해왔다. 이와 같은 독점적 구조는 그동안 수입배분의 투명성, 공정성 등에서 저작자 및 사용

맡게 된다. 투명성과 합리성을 기반으로 모든 저작인들의 만족할만한 배분과 모든 사용자들이 합당하고 정당한 사용료를 창출하는데 기존의 협회와 선의의 경쟁을 통하여 업무를 진행할 예정이다.

Q KOSCAP이 기존의 단체와 운영방식에서 다른 점이 있다면 어떤 것인가?

A 보다 향상되고 발전된 협회운영을 통하여 저작인들의 철저한 권리보호에 의한 배분과 지원 그리고 사용자들의 현실적인 사용료 지불을 통하여 함께 원원할 수 있는 시스템을 도입하겠다. 이와 같은 일을 실천하기 위하여 각 장르, 분과를 전문적으로 관리할 수 있도록 직원들의 교육과 마인드 강화를 통한 전문가시스템을 마련하여 모든 문제 발생 시에 즉각적으로 응답할 수 있는 업무시스템을 구축하여 저작자와 사용자 모두가 편안하게 이용하는데 신뢰감을 구축하겠다.

그리고 지난 3월말 엠넷미디어 대표이사, 서울예술전문학교 학장 등을 역임했던 김종진 대표이사를 전문경영인으로 조직구성과 사업구성에서 전문성을 확보했으며, 의사결정의 공정성과 함께 엄격한 내부관리를 통한 조직의 혁신과 원스톱 라이센스에 의한 국제협력 등 글로벌 음악적 스탠다드를 구축하는 데에도 최선을 다할 것이다.

또한 정확한 징수와 분배를 위하여 이사진들이 실질적인 업무에 참여하여 의견을 반영하는 참여시스템과 권리자와 사용자가 함께하는 맞춤형시스템의 도입으로

기존협회와의 분명한 차별화를 이룰 것이다.

Q 전국의 회원 수는 어느 정도이며 KOSCAP에 어느 정도의 회원들이 참가의사를 밝히고 있나?

A 기존 단체에 대략 17,000여명 이상의 저작자들이 저작권을 신탁하고 있지만, 실질적으로는 훨씬 더 많은 수가 있을 것으로 예측하고 있다. 이번 5월 임시총회에서 100여명이 참가의사를 밝힌 바 있으나, 실질적으로는 본격적인 영업개시일 이후에 더 많은 회원들이 합류할 것으로 예상하고 있다. 현재 기존 협회에 참여하지 않고 있는 서태지 등 많은 분들이 긍정적인 검토를 하고 있다. 협회의 홍보를 통한 전문경영인 정착과 사용자 편의 개선, 음악인 복지확대 등을 통한 투명하고 합리적인 이미지로 회원기반을 넓혀갈 예정이다.

Q 기존 협회에서 진행했던 인별포괄신탁제에서 탈피하여 '신탁범위선택제'를 추진하고 있다. 어떤 내용인가?

A KOSCAP이 새롭게 추진하려고 하는 것이 바로 정부가 추진 중인 신탁범위선택제이다. 지금까지 기존 협회는 저작권자의 모든 권리를 통째로 신탁하는 인별포괄신탁제만을 고집하고 있다. 하지만 신탁범위선택제가 시행되면 저작자가 자신이 만든 곡 중 일부 권리만 따로 떼어 신탁할 수 있어 다양한 권리를 행사할 수 있으며, 저작권자의 수입증대뿐만 아니라 관련사업 이익도 극대화할 수 있다는 장점이 있다.

Q 불합리한 규정이 있다면 모든 저작인들과 사용자들의 의견을 수렴하여 수정이 가능한 것인지?

A 가능하다. 기존 협회의 소송과 분쟁을 통한 문제해결에서 한층 민주적인 대화와 타협을 통한 당사자 간의 의견을 최대히 수렴하여 저작자와 사용자 모두가 함께할 수 있는 협회를 만들어 갈 것

이며, 임원진의 동의와 의결에 의한 각종 규정의 개정을 통하여 얼마든지 가능하다. 특히 노래연습장, 유흥·단란주점의 저작권료 징수·분배의 투명성 확보 등도 제반 업계 환경을 감안하여 현실적인 방법으로 징수할 방안을 검토중이다.

Q 앞으로 KOSCPA은 어떤 부분에 노력할 것인가?

A 음악전문 출판사 등 다양한 음악 관련 업종을 회원으로 가입시켜 저작권산업의 새로운 영역을 만들겠다. 또한 새로운 먹거리를 창출하고 급변하는 디지털환경에 맞추기 위하여 산·학계 협력, 아티스트 클러스터, 메세나 프로그램을 통한 대중음악의 창작지원에도 힘쓰겠다. 특히 젊은 작가들인 인디음악에 많은 지원을 아끼지 않을 것이며, K-POP의 전 세계화를 통한 한류발전에도 기여할 수 있는 터전을 만들겠다.

Q KOSCAP을 새롭게 출범하면서 모든 음악관계자들에게 희망의 메시지

A 새롭게 출범하고 있는 KOSCAP에 모든 음악 저작인들과 사용자들은 한층 진화되고 건설적인 협회운영에 희망을 가져도 좋다고 분명하게 말하고 싶다. 음악의 제작과 사용을 위한 중개자로서 협회의 역할은 상당히 중요하다. 저작인들에 대한 투명한 수익배분과 함께 왕성한 음악활동을 위한 지원, 사용자들의 합리적이고 정당한 사용료 징수등에서 가장 이상적이고 합리적인 방법으로 협회를 이끌어갈 수 있도록 많은 관심과 협조를 부탁드린다. SOUND

"우리시대 여성 싱어송라이터"
_ SOUND FESTIVAL & AWARDS 2014 기념음반

SOUND FESTIVAL 2014 "그녀의 삶을 살다 Vivre Sa Vie"
2014년 7월 18일(금)~19일(토), 마포아트센터 아트홀맥

사전행사 : "한국음악산업학회 창립준비 포럼" (7월 17일, 오후 2시, 마포아트센터 플레이맥) / 포럼에 참여하는 회원님들에게는 기념품으로 'SOUND FESTIVAL 2014 기념음반'을 드리고, 비회원인 경우 추첨을 통해 드릴 예정입니다.

주최 : 가슴네트워크, 메이드바이, 마포문화재단

주관 : 대중음악SOUND연구소, 메이드바이

협력 : 다음뮤직, 오픈하우스, 스코어, 한국음악산업학회

후원 : 한국문화예술위원회, 서울종합예술학교, 오디오가이, 재즈피플, 향뮤직, 한국
　　　음악실연자연합회, 함께하는음악저작인협회

- 한국음악산업학회 : http://www.korami.org

- 학회 페이스북 : http://www.facebook.com/koramiorg

- 학회 문의 : sound@korami.org / 031) 946-2339

- 대중음악SOUND연구소 : http://www.ksoundlab.com

- SOUND FESTIVAL 2014 : http://www.soundfestival.kr

TRACK LIST

■ SOUND FESTIVAL 2014 공연, 다음뮤직&대중음악SOUND 9호 인터뷰

1. 타루 – Ending ... from [Puzzle](2013/Old Records)

2. 타루 – Rainy ... from [Blind](2013/Old Records)

3. 프롬 – 도착 ... from [Arrival](2013/D Ocean)

4. 프롬 – 달, 말하다 ... from [Arrival](2013/D Ocean)

5. 민채 – Qui A Tue Grand Maman ... from [Heart Of Gold](2013/Evans Music)

6. 민채 – I Love You ... from [Shine On Me](2014/Evans Music)

7. 요조 – 안식 없는 평안 ... from [나의 쓸모](2013/Magic Strawberry Sound)

8. 요조 – Mr. Smith ... from [나의 쓸모](2013/Magic Strawberry Sound)

9. 최고은 – Song For You ... from [Good Morning](2011/Gonne)

10. 최고은 – No Energy ... from [Good Morning](2011/Gonne)

11. 장필순&함춘호 – 조금 알 것 같아요 ... from [그는 항상 내 안에 있네](2009/시니즈)

12. 장필순 – 맴맴 ... from [Soony Seven](2013/푸른곰팡이)

■ 대중음악SOUND 9호 인터뷰

13. 오지은 – Love Song ... from [지은](2007/Soundnieva)

14. 오지은 – 날 사랑하는 게 아니고 ... from [지은](2009/Happy Robot Records)

compiled by 박준흠(SOUND FESTIVAL 2014 총감독, 대중음악SOUND연구소장)

mastered by 최정훈(오디오가이레코드 대표)

---

thanks to : 올드레코드(타루, 이용원대표, 이상엽실장), 미러볼뮤직/디오션(프롬, 이창희대표, 전필규이사, 임대진이사), 에반스뮤직(민채, 홍세존대표, 레오실장), 매직스트로베리사운드(요조, 김형수대표, 홍달님실장), 소닉아일랜드(최고은, 김민경대표, 김미소 A&R담당 / 리웨이 이세미대리), 푸른곰팡이(장필순, 허성혁대표, 윤소라실장), 해피로봇레코드(오지은, 이소영대표), 오디오가이레코드(최정훈 대표)

Ending

작사 : 타루
작곡 : 타루
노래 : 타루

G   D   Em   Cadd9
많은 시간 - 을 - 헤매이다가 - 겨우 찾아낸 너였는데

G   D   Em   Cadd9   1. 4
- - - 난 또다시 - 이름도없이 - 길을 잃고혼자 - 서있어

2. 8   G   Em   Cadd9   Dsus4   D
널 기다리는 - 걸까 - 널 - 기다려야 - 하나

G   Em   Cadd9   D   D.S. al Coda
- 널 기다리는 - 걸까 - hah - - - - -

G   Em   Cadd9   Dsus4   D   F.O.
- 널 기다리는 - 걸까 - 널 - 기다려야 - 하나

Rainy

작사 : 타루
작곡 : 타루
노래 : 타루

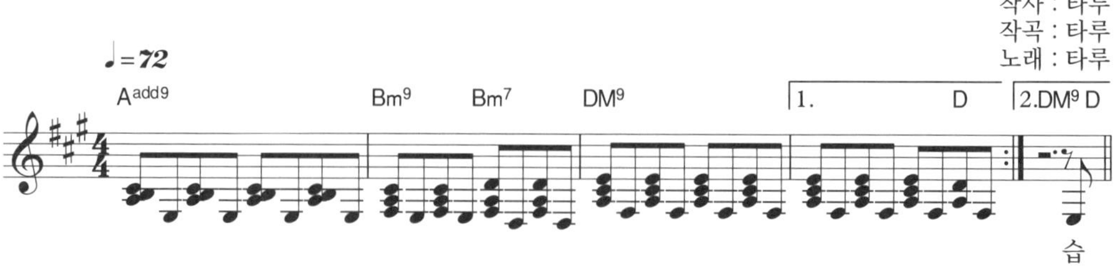

- 는 - 니 가 - 두 - 려 워 -   이

제 겨 우 - 잠 잠 해 진 나 - - 인 데 -   너

- 의 - 작 은 눈 빛 하 - - 나 도 -   나 -

1.
- 를 나 를 - 흔 - - 들 어 -   그

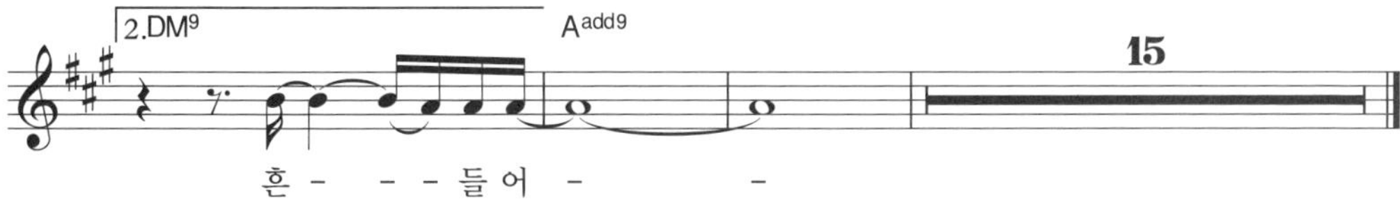
2.DM9   Aadd9
15
흔 - - - 들 어 -   -

도착

작사 : Fromm
작곡 : Fromm
노래 : Fromm

큰 먼곳 같죠 - 우리들의 - 어제가 - 낯선 -
럼 어떡하죠 - 내일을 견딜수없을텐 데
여 기 저 기 걸 어 봤 죠
표 정 없 이 지 나 치 는
낡 은 가 게 미 약 한 불 빛
많 은 사 람 어 지 러 워
나 도 - 이곳에 - 자연스 럽게 - 녹으면 - 맛있는데 알아 둘게요
나 도 - 이곳에 - 자연스 럽게 - 스미면 - 멋진가겔 알아 둘게요
- 자주나 를 보러 - 와줘요 - 언젠간
- 자주나 를 보러 - 와줘요 - 그렇게 - 해줘요 - 오늘은 피곤해서 - 이만

달, 말하다

작사 : Fromm
작곡 : Fromm
노래 : Fromm

A   B/A   G#m   C#m
여기저기 울려퍼-지던 - 노래들도 - - -
A   B/A   G#m   C#m
D.S. al Coda
변해가-네 - 잦아드-네 - - 이렇게 나홀로두고
A   B   C#m
닿지않는시 - -선을 -쫓네 -
A   B   C#m
같은자리에 -서늘- 보는 - 이런날 잊어-버리지말고
A   B/A   G#m   C#m
Stay by my   stay by my   stay by my side - - -
A   B/A   G#m   C#m
푸른밤   외로운   달빛의 노래- -
A   B/A   G#m   C#m   A
Stay by my   stay by my - - stay by my side -   Stay by my

Qui A Tue Grand Maman

작사 : Michel Polareff
작곡 : Michel Polareff
노래 : 민 채

I love you

작사 : 민 채
작곡 : 민 채
노래 : 민 채

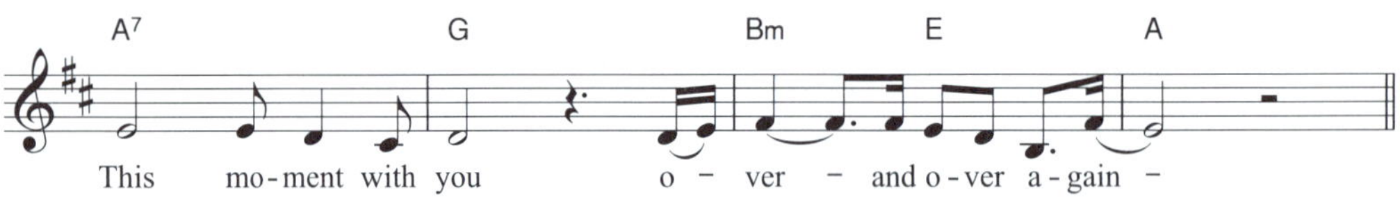

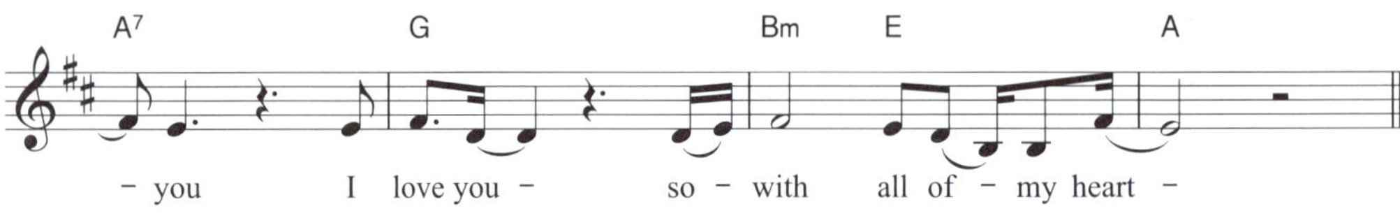

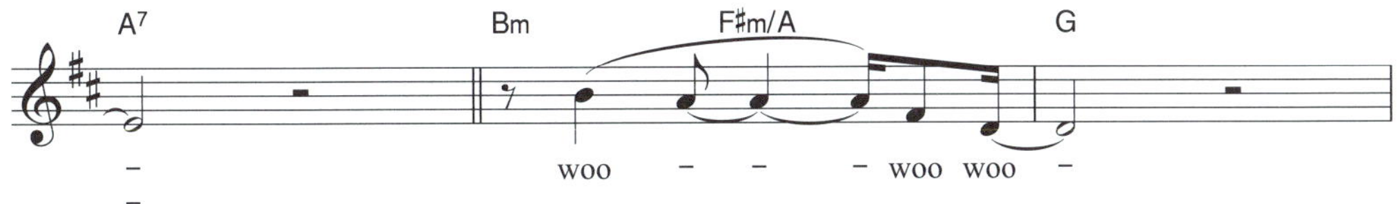
A7
Bm
F#m/A
G
woo woo woo

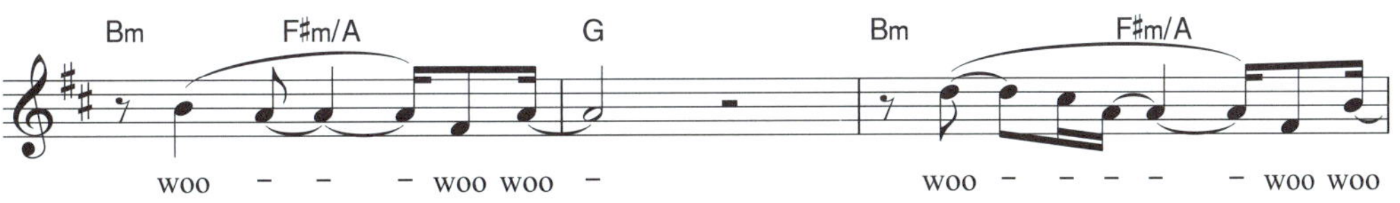
Bm
F#m/A
G
Bm
F#m/A
woo woo woo
woo woo woo

G
Bm
A
G
A
woo woo woo woo
um

8
D
A
G
D
A
G
D.S. al Coda
I love - you -
I will - cherish -

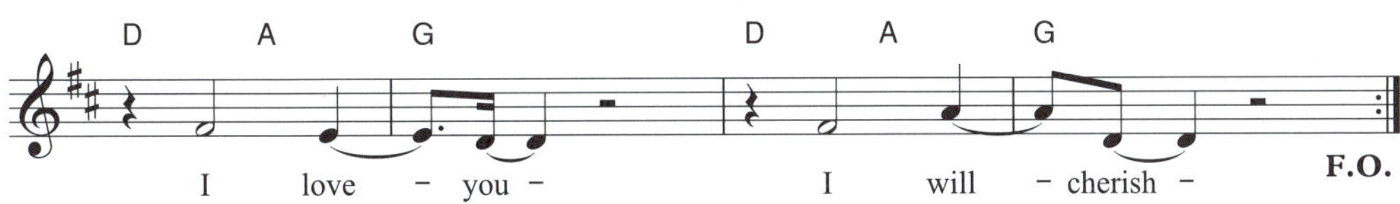
D
A
G
D
A
G
I love - you -
I will - cherish -
F.O.

안식 없는 평안

작사 : 요조
작곡 : 요조
노래 : 요조

♩ = 106

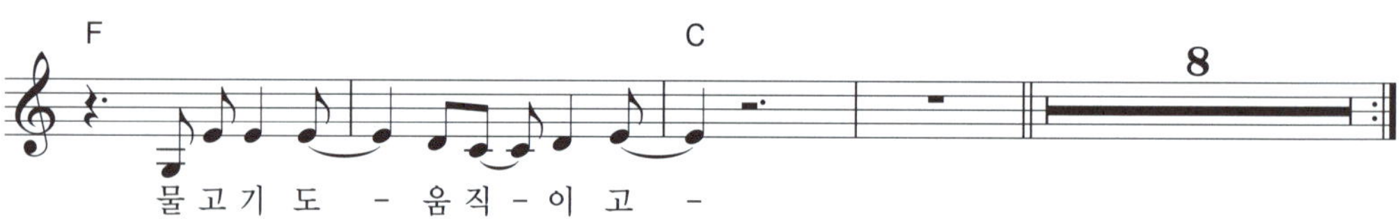

C
Gm7
외 로 워 지 지 않 으 - 려 면 -
계 속 걸 어 - 야 했

Cm7
C
16
- 어   앞 으 로 - 든 뒤 - 로 든 -

C
Gm7
가 만 히 - 있 었 - 더 니 -
아 무 것

Cm7
C
- 도   움 직 이 - 지 않 - 았 지 -

C
Gm7
외 로 워 지 지 않 으 - 려 면 -
계 속 걸 어 - 야 했

Cm7
C
Repeat 3times & Fine
- 어   앞 으 로 - 든 뒤 - 로 든 -

Mr. Smith

작사 : 요조
작곡 : 요조
노래 : 요조

♩ = 124

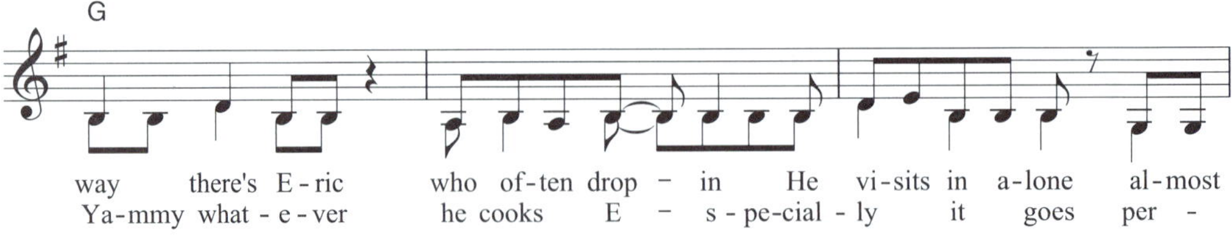

Am
e - very - day   But he does - n't look   too – –   lo - ne - ly   and he
fect with coke   But I   have a li – ttle   pro - bl – em   There are

C
knows too – – – –   ma - ny things –   Smith   likes
aw - ful   herbs   in   ta - cos   Smith – does - n't   un - der - stand – me

D   E   3
to   he   –   ar   his   sto - ries   Oh Smith
He does - n't un - der - stand – me   at all   Oh Smith

CM7
Did   E - ric   come   to - day
Don't put the herbs   in   that   I hate

GM9   2   CM7
Oh Smith   What kind of
Oh Smith   I love you

GM⁹
3
sec-rets did he spill – to you – this time   um – – – – –
but I'll kill you if you – do that – a-gain

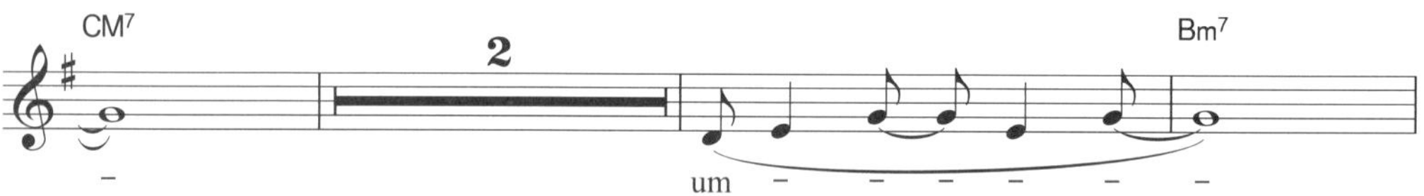

CM⁷
2
Bm⁷
–
um – – – – –

Bm⁷
CM⁷
um – – – – – –

D.S. al Coda
C/E D/F♯
CM⁷
I um – – – –

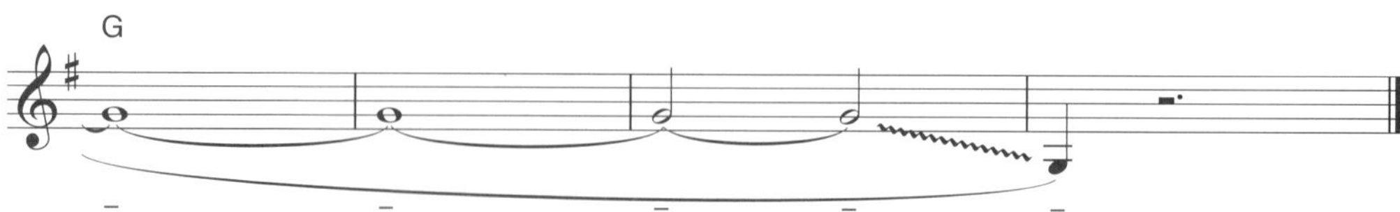

G
–   –   –

Song For You

작사 : 최고은
작곡 : 최고은
노래 : 최고은

C#m7   F#m7   B7   E   9
This is song — for you This — is song — for you This is song — —
D.S. al Coda

C#m7   F#m7   B7   E   3   3
I — was — wrong — — — and I was sel — fish I — — re-g-ret — —

C#m7   F#m7   B7   E
To save me from your — — past   and I will — try —   and — — try —

C#m7   F#m7   B7   E
This is song — for you This — is song — for you   This is song — —

C#m7   F#m7   B7   3   E
This is song — for you This — is song — for you   This is song — to my love

C#m7   F#m7   B7   E
This is song — for you This — is song — for you   This is song — —
F.O.

No Energy

작사 : 최고은
작곡 : 최고은
노래 : 최고은

Stop it stop it (Scat)
= 94
= 106
20
(Scat)
rit.
St-ring
= 92
comes and - goes and - goes a-way from - me - - Sto-ries
rise and - rise and - dis - a-ppear my - tongue - - D.S. al Coda
Stop it stop it (Scat)
No more ques-tions (Scat)
(Scat)
X 7times
Fine

조금 알 것 같아요

작사 : 장필순
작곡 : 장필순
노래 : 장필순

A   D   A   D   A   D   A   E
-것같아요- 내게주 -어진인생- 어느 누구도- 누구를 미워 할순없 -어요- 조금알

A   D   A   D   A   D   A   E
D.S. al Coda
-것같아요- 그댈만 -나게-된건- 당신이- 당신이내게 그댈보-냈죠

A   E   D   F#m
그댈 보냈죠 감사 해요 -   감사-해 -요-

D   1.   A
감사해요 -   그리고사랑-해 -요 어-

2.D   A
감사-해   사랑-해-요 -

D   F#m
나나-나-나- 나나-나-나- 나나-나-나- 나나-나-나-

D   A   Variation & F.O.
나 나-나-나- 나 나-나-나-   Hey

맴맴

작사 : 이규호
작곡 : 이규호
노래 : 장필순

D   D⁷   G   Gm/B♭   D/A   F#⁷/A#   Bm⁷   E/G#
- 맴 - 맴 - 내 소리 들리나 - 머나먼 시간의 빗줄 - 기 따라 서 - 기억

D/A   F#⁷/A   Bm⁷   F#/A#   D/A   B♭M⁷/D   3
의   방 창 문 으 - 로 흘러 - 흘 러 -

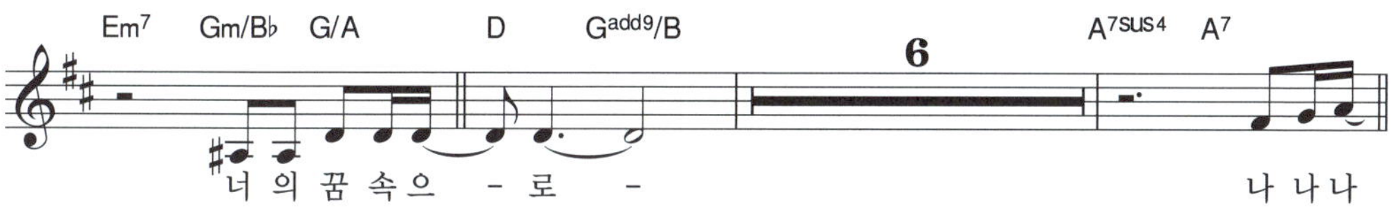
Em⁷   Gm/B♭   G/A   D   Gadd9/B   6   A⁷SUS4   A⁷
너 의 꿈 속 으 - 로 -   나 나 나

D   Gadd9/B   CM⁷   FM⁷   B♭M⁷   E♭M⁷   G/A   A⁷
-(맴 - 맴 -)나 나 나 -(맴 - 맴)나 나 나 -(맴 맴)나 는 노래 부 - 른다 - 나 나 나

D   G/B   Em⁷   A⁷ A⁷/C#   D D/F#   G   A/C#   A
- 맴 - 맴 - 나 나 나 - 맴 - 맴 - 나 나 나 - 맴 - 맴 - 너는 꿈꾼다 - 나 나 나

rit. - - - -
D   G/B   Em⁷   A A/C#   D D/F#   G   ASUS4   A
- 맴 - 맴 - 나 나 나 - 맴 - 맴 - 나 나 나 - 맴 - 맴 - 너를 잡지 못한다

Love Song

작사 : 오지은
작곡 : 오지은
노래 : 오지은

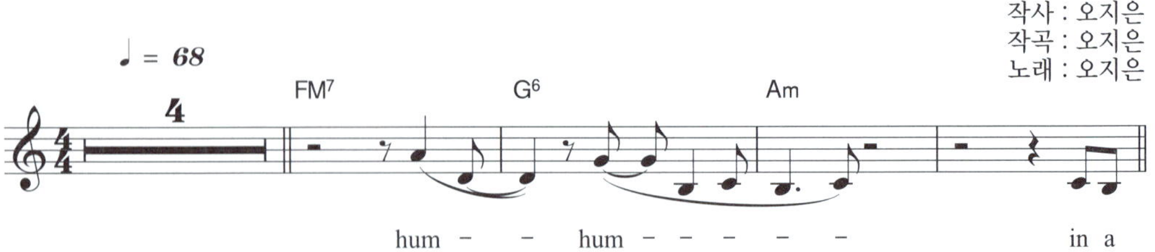

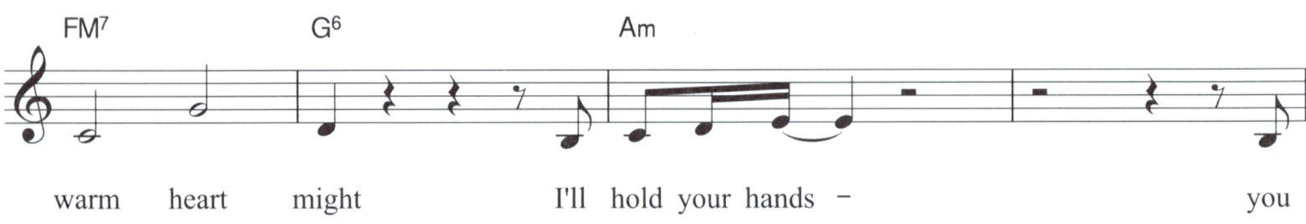

F G Am F G F G Am
feel like being a love-fool that I - al-ways be - - - you see me as a babe no

F G Am Em
that I - don't wa-nna be - - - - sitt-ing next you to - till - the

F Em Dm G Am G F
3
day I fill you up - - how won- der-ful - I'll stay I'll stay I'll stay stay -

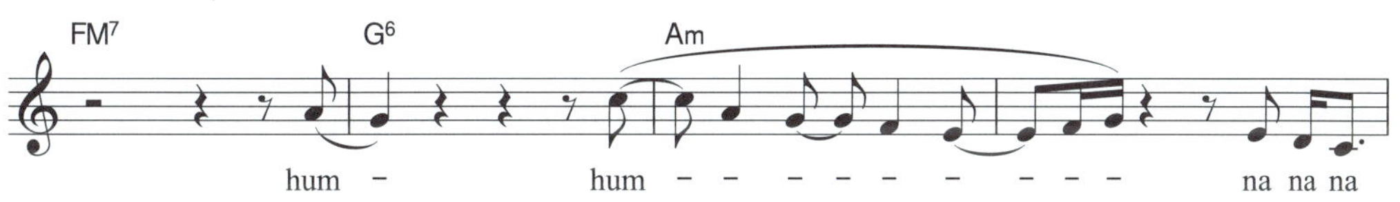
FM7 G6 Am
hum - hum - - - - - - - na na na

FM7 G6 Am D.S. al Coda
na na hum - - na - na na na - - in a

FM7 G6 Am
warm heart might won't let you go - huh - - - - - - you

FM7 G6 Am G F
hold me tight I have you - I have all - you're my

Fm F G Am F G
re-me-dy - feel like being a love-fool that I - al-ways be - - - you

F G Am F G Am Em
see me as a babe no that I - don't wa-nna be - - - - - sitt-ing next you to - till - the

F Em Dm G Am G F
day I fill you up - - how won der-ful - I'll stay I'll stay I'll stay stay -

날 사랑하는 게 아니고

작사 : 오지은
작곡 : 오지은
노래 : 오지은

날 사 랑 하는 - 게아 - 니 - 고 - - 날사랑하고있단너

의마음을 사랑하고있 는건아닌지 - - 날 바라보는 - 게아 - 니 - 고 - 날바라보고있단너

의 눈을 바라보고있 는 건 아 닌 지 - - -

는건아닌지 - 날 사 랑 하는 - 게아 - 니 - 고 - - - - 맘을 - 사 랑 하고있

는건아닌지 날 바 라 보는 - 게아 - 니 - 고 - -
Guitar solo & F.O.

Piano 피아노

美친 피아노 1
컬러로 심리를 파악하는
피아노 연주곡집
188×254 / 146면 / 4도 / 25,000원(CD포함)

美친 피아노 2
컬러로 심리를 파악하는
피아노 연주곡집
288×254 / 136면 / 4도 / 25,000원(CD포함)

피아노 秀 vol.1
뉴에이지 피아노 연주곡집
국배판 / 104면 / 단도 / 10,000원

피아노 秀 vol.2
뉴에이지 피아노 연주곡집
국배판 / 104면 / 단도 / 10,000원

뉴에이지 피아노 콜렉션
뉴에이지 피아노 연주곡집
국배판 / 268면 / 단도 / 18,000원

올댓재즈
영화 속 재즈 명곡 피아노 연주곡집
국배판 / 120면 / 단도 / 15,000원

피아노를 들려줄게
피아노 Songbook
국배판 / 208면 / 단도 / 18,000원

도 몰라도 미 칠 수 있다
피아노 독학 도서
197×257 / 152면 / 4도 / 18,000원(CD포함)

텐션 마스터링 기초편
재즈 코드 학습 이론 도서
국배판 / 124면 / 2도 / 15,000원

텐션 마스터링 고급편
재즈 코드 학습 이론 도서
국배판 / 136면 / 2도 / 15,000원

코드 보이싱 마스터
재즈 코드 보이싱 학습 이론 도서
국배판 / 168면 / 단도 / 20,000원

OST 악보집

겨울왕국 OST
피아노 연주곡집 초급편
애니메이션 겨울왕국 OST
피아노 연주곡집
227×305 / 70면 / 4도 / 8,000원

겨울왕국 OST
피아노 연주곡집 중급편
애니메이션 겨울왕국 OST
피아노 연주곡집
227×305 / 132면 / 4도 / 12,000원

겨울왕국 OST
피아노 연주곡집 개정판 초급편
애니메이션 겨울왕국 OST
피아노 연주곡집
227×305 / 64면 / 2도 / 6,000원

겨울왕국 OST
피아노 연주곡집 개정판 중급편
애니메이션 겨울왕국 OST
피아노 연주곡집
227×305 / 116면 / 2도 / 10,000원

Ukulele 우쿨렐레

**우쿨소년의
힐링 우쿨렐레 연주곡집**

우쿨렐레 연주곡집
국배판 / 168면 / 2도 / 18,000원(CD포함)

**우쿨소년의
우쿨렐레 세레나데**

우쿨렐레 고백Song 연주곡집
국배판 / 128면 / 2도 / 16,000원(CD포함)

**우쿨소년의
캐롤 우쿨렐레 연주곡집**

우쿨렐레 캐롤 연주곡집
국배판 / 96면 / 단도 / 12,000원(CD포함)

**장풀
우쿨렐레 연주 마스터 vol.1**

우쿨렐레 연주 악보집
188×257 / 128면 / 단도 / 18,000원(CD포함)

제임스 힐의 우쿨렐레 교실(학생용)1

우쿨렐레 교본
B5 / 60면 / 단도 / 12,000원(CD포함)

제임스 힐의 우쿨렐레 교실(학생용)2

우쿨렐레 교본
B5 / 72면 / 단도 / 12,000원(CD포함)

제임스 힐의 우쿨렐레 교실(학생용)3

우쿨렐레 교본
B5 / 72면 / 단도 / 12,000원(CD포함)

우쿨렐레를 들려줄게

우쿨렐레 연주곡집
B5 / 96면 / 4도 / 18,000원 / CD포함)

제임스 힐의 우쿨렐레 교실(교사용)1

우쿨렐레 교본 지도용
B5 / 72면 / 단도 / 10,000원

제임스 힐의 우쿨렐레 교실(교사용)2

우쿨렐레 교본 지도용
B5 / 84면 / 단도 / 10,000원

제임스 힐의 우쿨렐레 교실(교사용)3

우쿨렐레 교본 지도용
B5 / 84면 / 단도 / 10,000원

CCM 우쿨렐레 쉬운 연주곡집

CCM 우쿨렐레 연주 악보집
227×305 / 212면 / 2도 / 18,000원(CD포함)

Saxophone 색소폰

30일 색소폰 무한도전 (상)

색소폰 학습 도서
국배판 / 104면 / 2도 / 15,000원(CD포함)

30일 색소폰 무한도전 (하)

색소폰 학습 도서
국배판 / 104면 / 2도 / 15,000원(CD포함)

알토 색소폰 찬송가 40주 완성

알토 색소폰 속성 마스터 교본
국배판 / 108면 / 2도 / 12,000원

알토 색소폰 듀엣 앙상블곡집

알토 색소폰 연주곡집
국배판 / 256면 / 2도 / 18,000원(CD포함)

Guitar 기타

통기타 명곡집 501
가요 팝송 통기타 명곡집
210×297 / 792면 / 2도 / 23,000원

기타 愛 미치다
All-In-One 기타교본
국배판 / 248면 / 2도 / 22,000원(CD포함)

핑거스타일 기타 연주곡집
기타 핑거링 연주 악보집
227×280 / 372면 / 2도 / 20,000원

노동환의 로맨틱 기타 CCM 콜렉션
CCM 기타 연주 악보집
국배판 / 168면 / 2도 / 25,000원(CD포함)

30일 통기타 무한도전 (상)
통기타 학습 도서
국배판 / 104면 / 2도 / 8,000원

30일 통기타 무한도전 (하)
통기타 학습 도서
국배판 / 104면 / 2도 / 8,000원

Cello 첼로

이구일의 방과후 첼로 1
어린이 첼로 교본
국배판 / 84면 / 4도 / 6,000원

이구일의 방과후 첼로 2
어린이 첼로 교본
국배판 / 80면 / 4도 / 6,000원

이구일의 방과후 첼로 3
어린이 첼로 교본
국배판 / 80면 / 4도 / 6,000원

Contrabass 콘트라베이스

오구일 콘트라베이스 마스터
콘트라베이스 교본
210×290 / 408면 / 2도 / 28,000원(CD포함)

대중음악 & 그 밖의 도서

레전드 100 Song
음악 전문채널 Mnet에서 선정한
한국 대중음악사의 레전드 100곡
175×215 / 456면 / 4도 / 22,000원

레전드 100 Song 악보집
음악 전문채널 Mnet에서 선정한 한국
대중음악사의 레전드 100곡 악보
175×215 / 324면 / 4도 / 18,000원

우광혁의 7개 국어 뮤직 게임
국어, 영어, 불어, 독어, 이태리어, 일어.
중국어 7개 국어로 배우는 뮤직 게임
227×280배판 / 216면 / 단도 / 15,000원

기독교 음악

Songbook 1001
찬양 악보집
국배판 / 424면 / 2도 / 28,000원

재즈 피아노로 듣는
찬송가 베스트 23
찬송가 재즈 피아노 연주곡집
227×305 / 104면 / 2도 / 13,000원(CD포함)

예배 반주자를 위한
피아노 워십(CCM편)
CCM 반주 악보집
국배판 / 56면 / 단도 / 7,000원

예배 반주자를 위한
피아노 워십(찬송가편)
찬송가 반주 악보집
국배판 / 60면 / 단도 / 7,000원

마커스1
성가대를 위한 합창 편곡 시리즈
국배판 / 164면 / 단도 / 15,000원

마커스2
성가대를 위한 합창 편곡 시리즈
국배판 / 164면 / 단도 / 15,000원

실용음악 입시 문제집 시리즈

적중 실용음악통론
실용음악 입시 통론 평가 · 예상문제집
국배판 / 156면 / 4도 / 15,000원

적중 화성학
실용음악 입시 화성학 평가 · 예상문제집
국배판 / 152면 / 4도 / 18,000원

적중 작곡
실용음악 입시 작곡 평가 · 예상문제집
국배판 / 120면 / 4도 / 12,000원

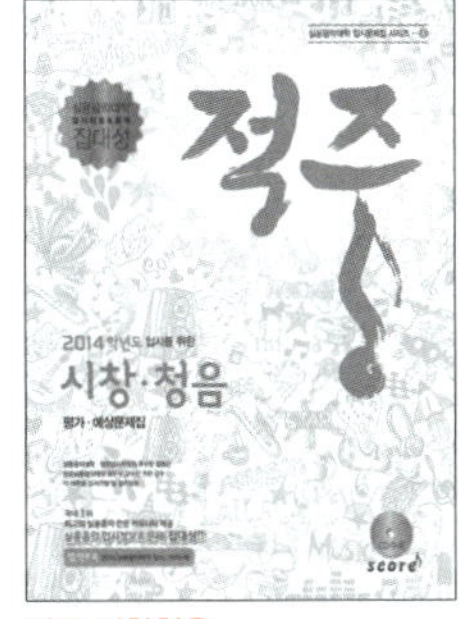

적중 시창청음
실용음악 입시 시창청음 평가 · 예상문제집
국배판 / 172면 / 4도 / 18,000원

적중 건반화성
실용음악 입시 건반화성 평가 · 예상문제집
국배판 / 152면 / 4도 / 15,000원

입시가이드북
적중 시리즈 전권 세트 구입 시 증정
도서

〈대중음악SOUND〉는
대중음악SOUND연구소/가슴네트워크와 오픈하우스/SCORE가 공동으로 발행하는 국내 유일의 대중음악 전문 무크지입니다.

all around music 대중음악
SOUND

vol.9 | 우리시대 여성 싱어송라이터

편집 및 발행인 박준흠
편집위원 김규항, 김보성, 김창남, 최규성
기획위원 권석정, 하나, 하종욱, 홍정택
제작진행 이정은
필진 권석정, 김윤, 박준흠, 이수정, 장연이, 전채은, 정일서, 조원희, 지승호, 최규성, 하종욱, 함영준
사진 김훈, 최규성 외
컨트리뷰터 김민경, 김재범, 김종진, 김준수, 김하진, 김형수, 김희신, 레오, 민채, 민푸름, 박선주, 백순진, 송순기, 오지은, 요조, 우정연, 유재진,
　　　　　　　윤석준, 윤소라, 이상엽, 이선아, 이세미, 이소영, 이응민, 이용원, 이창희, 임대진, 장필순, 전필규, 정상훈, 정훈, 진영준, 최고은,
　　　　　　　최다혜, 최용묵, 최은혜, 최정훈, 타루, 프롬, 허성혁, 홍달님, 홍세존
기획 대중음악SOUND연구소 / 가슴네트워크
후원　 **한국문화예술위원회**
　　　　　　　Arts Council Korea

대중음악SOUND연구소

연구소장 : 박준흠
연구원 : 김다래, 김미소, 김연미, 김혜린, 양인화, 이수정, 장연이, 최지연
전화 : 031-946-2339
이메일 : sound@ksoundlab.com
페이스북 : https://www.facebook.com/junheum
대중음악SOUND연구소 : http://www.ksoundlab.com
한국음악산업학회 : http://www.korami.org
SOUND FESTIVAL 2014 : http://www.soundfestival.kr

발행인 최우진
편집 조나단
디자인 이장규
영업 현석호
관리 김정숙
발행처 ㈜스코어 대표 정상우
등록 2012년 6월 7일 제313-2012-196호
ISBN 978-89-98522-84-1 (14670)
주소 서울시 마포구 동교로 13길 34 (121-896)
전화 02)333-3705
팩스 02)333-3745
판매원 오픈하우스 www.allmusicscore.com | www.openhousebooks.com